Autobiografia de um Iogue

Paramahansa Yogananda

tradução | Rafael Arrais

Autobiografia de um Iogue

Sumário

Prefácio (pág. **6**)
Agradecimentos do autor (pág. **8**)
Cap.1: Meus pais e minha infância (pág. **9**)
Cap.2: A morte de minha mãe e o amuleto místico (pág. **24**)
Cap.3: O santo com dois corpos (pág. **31**)
Cap.4: Minha fuga interrompida para o Himalaia (pág. **39**)
Cap.5: Um "Santo dos Perfumes" exibe suas maravilhas (pág. **54**)
Cap.6: O Swâmi Tigre (pág. **64**)
Cap.7: O santo que levitava (pág. **75**)
Cap.8: J. C. Bose, grande cientista da Índia (pág. **82**)
Cap.9: O devoto bem-aventurado e o seu romance cósmico (pág. **92**)
Cap.10: Eu encontro meu mestre, Sri Yuktéswar (pág. **102**)
Cap.11: Dois jovens sem um tostão em Brindaban (pág. **117**)
Cap.12: Os anos no ashram de meu mestre (pág. **129**)
Cap.13: O santo que não dormia (pág. **168**)
Cap.14: Uma experiência em Consciência Cósmica (pág. **178**)
Cap.15: O roubo da couve-flor (pág. **188**)
Cap.16: Burlando as estrelas (pág. **202**)
Cap.17: Sasi e as três safiras (pág. **213**)
Cap.18: Um milagreiro maometano (pág. **222**)
Cap.19: Meu mestre, em Calcutá, aparece em Serampore (pág. **229**)
Cap.20: Não visitamos Cachemira (pág. **234**)
Cap.21: Visitamos Cachemira (pág. **241**)
Cap.22: O coração de uma imagem de pedra (pág. **253**)

Cap.23: Eu recebo meu diploma universitário (pág. **261**)
Cap.24: Eu me torno um monge da Ordem dos Swâmis (pág. **270**)
Cap.25: Meu irmão Ananta e minha irmã Nalini (pág. **278**)
Cap.26: A ciência de Kriya Yoga (pág. **285**)
Cap.27: Fundando uma escola de ioga em Ranchi (pág. **294**)
Cap.28: Kashi, renascido e redescoberto (pág. **304**)
Cap.29: Rabindranath Tagore e eu comparamos sistemas educacionais (pág. **310**)
Cap.30: A Lei dos Milagres (pág. **317**)
Cap.31: Uma entrevista com a Mãe Sagrada (pág. **329**)
Cap.32: Rama é ressuscitado (pág. **341**)
Cap.33: Babaji, o Cristo-Iogue da Índia moderna (pág. **350**)
Cap.34: Materializando um palácio no Himalaia (pág. **360**)
Cap.35: A vida crística de Láhiri Mahasaya (pág. **373**)
Cap.36: O interesse de Babaji pelo Ocidente (pág. **387**)
Cap.37: Eu vou à América (pág. **398**)
Cap.38: Luther Burbank – um santo entre as rosas (pág. **409**)
Cap.39: Teresa Neumann, a católica estigmatizada (pág. **418**)
Cap.40: Eu retorno à Índia (pág. **429**)
Cap.41: Uma visita ao sul da Índia (pág. **437**)
Cap.42: Os últimos dias com meu guru (pág. **450**)
Cap.43: A ressurreição de Sri Yuktéswar (pág. **469**)
Cap.44: Uma visita a Mahatma Gandhi em Wardha (pág. **491**)
Cap.45: A mãe bengali "permeada de alegria" (pág. **512**)
Cap.46: A iogue que nunca se alimenta (pág. **521**)
Cap.47: Eu retorno ao Ocidente (pág. **535**)
Cap.48: Em Encinitas, na Califórnia (pág. **540**)
Notas (pág. **551**)
Epílogo: As aventuras de Makunda (pág. **582**)

Todo conteúdo original (em inglês) é de autoria de Paramahansa Yogananda e se encontra em domínio público. A tradução do inglês é de Rafael Arrais (2023).

Texto revisado segundo as regras do Acordo Ortográfico da Língua Portuguesa de 1990.

Organização e textos adicionais: Rafael Arrais
Prefácio por Walter Evans-Wentz

Fonte do arquivo original (Project Gutenberg):
gutenberg.org/files/7452/7452-h/7452-h.htm

Esta é uma edição de Textos para Reflexão
Para conhecer outras obras, visite o blog: textosparareflexao.blogspot.com

Design e diagramação: Ayon
Composto com Bembo e Century Gothic
Copyright © 2023 por Rafael Arrais (CdA v1.0)
Todos os direitos reservados

Prefácio

O valor da autobiografia de Yogananda é consideravelmente aumentado pelo fato dela ser um dos livros de língua inglesa sobre os sábios da Índia que foi escrito não por um jornalista ou estudioso estrangeiro, mas sim por um dos seus, um legítimo praticante – em suma, um livro sobre iogues escrito por um iogue. Como uma testemunha das vidas e poderes extraordinários dos santos hindus modernos, a obra tem ao mesmo tempo uma importância atual e um aspecto atemporal. Assim, que cada leitor possa apreciá-la, e ser grato ao seu ilustre autor, com quem eu tive o prazer de me encontrar tanto na Índia quanto nos Estados Unidos. Seu testemunho de vida incomum é certamente uma das maiores revelações das profundezas da mente e do coração hindu, assim como da riqueza espiritual da Grande Índia – sem dúvida, algo que raramente foi visto no Ocidente.

Para mim foi um privilégio ter encontrado um dos sábios cuja história de vida se encontra narrada nesta obra – Sri Yukteswar Giri. Nosso encontro se deu em Puri, Orissa, na Baía de Bengala. Naquele tempo ele era o líder de um pacato *ashram* [espécie de comunidade espiritual; eremitério] próximo ao mar, e estava primordialmente ocupado com o treinamento espiritual de um grupo de jovens discípulos. Ele demonstrou grande interesse pelo bem-estar geral dos norte-americanos e ingleses, e me perguntou acerca das atividades de Paramahansa Yogananda, seu principal discípulo, para com quem ele tinha um carinho especial. Em 1920, Sri Yukteswar havia pedido que Yogananda se dirigisse aos Estados Unidos e atuasse como uma espécie de emissário da sabedoria do Oriente.

Aquele sábio era um homem de voz e gestos gentis, cuja mera presença nos trazia alegria; ele era digno, sem dúvida, da reverência natural e espontânea dos seus discípulos. De fato, cada pessoa que o conhecia, fosse ou não de sua comunidade, o tinha na mais elevada estima. Eu posso me recordar vividamente de sua figura alta, retilínea e ascética, com suas vestes cor de açafrão que o marcavam como alguém que havia renunciado os afazeres mundanos – tal é a memória de quando ele me recebeu nas portas do seu *ashram*, dando boas vindas. Seu cabelo era longo e um pouco encaracolado, e ele ostentava uma graciosa barba na face. Seu corpo era firme, com músculos condicionados, e ao mesmo tempo belo e esbelto. Quando caminhava, seus passos eram enérgicos. Ele havia escolhido a cidade sagrada de Puri como morada terrena. Para lá se dirigiam diariamente multidões de devotos hindus, vindos de todas as províncias da Índia. Seu destino, em geral, era o famoso Templo de Jagannatha, "Senhor do Mundo". Foi em Puri que Sri Yukteswar cerrou pela última vez seus olhos mortais, em 1936, sabendo que sua encarnação havia alcançado um final triunfante.

Eu sou profundamente grato por poder dar este testemunho da santidade e da grandeza de caráter de Sri Yukteswar. Contente em viver longe da multidão, ele se dedicou sem reservas e pleno de tranquilidade ao ideal de vida que Paramahansa Yogananda, seu discípulo, descreveu para os tempos futuros.

Walter Evans-Wentz
Antropólogo, escritor e tradutor norte-americano; mais conhecido por ter sido um dos primeiros tradutores do *Livro Tibetano dos Mortos*.

Agradecimentos do autor

Eu tenho um débito profundo para com a Srta. L. V. Pratt pelo seu exaustivo trabalho editorial sobre o manuscrito deste livro. Também devo agradecimentos a Srta. Ruth Zahn pela organização do sumário, ao Sr. C. Richard Wright pela permissão em utilizar trechos do seu diário de viagens pela Índia, e ao Dr. W. Y. Evans-Wentz pelas sugestões e encorajamento.

Paramahansa Yogananda
28 de Outubro de 1945
Encinitas, Califórnia

Dedicado à memória de
Luther Burbank
um santo norte-americano

1. Meus pais e minha infância

As características peculiares da cultura indiana têm sido há tempos a busca pelas verdades derradeiras e, ao mesmo tempo, a relação entre guru [1; ver Notas na pág. 551] e discípulo. Meu próprio caminho me conduziu a um sábio aos moldes de Cristo, cuja bela história de vida ficou gravada na pedra da eternidade. Ele foi um dos grandes mestres que formam tudo o que restou da riqueza da Índia. Emergindo a cada nova geração, eles têm sido um muro de proteção espiritual em torno de sua terra, evitando que seu destino fosse o mesmo da Babilônia e do Egito.

Minhas memórias mais antigas abrangem traços anacrônicos de uma encarnação anterior. Eu me recordo claramente de uma existência longínqua, quando fui um iogue [2] entre as neves do Himalaia. Tais indícios do passado, graças a um elo imensurável, permitiram que eu também tivesse vislumbres do futuro.

Algumas humilhações da infância ainda não desvaneceram de minha memória. Era com ressentimento que eu tomava consciência de ser incapaz de me locomover e me expressar livremente. Sucessivas ondas de oração erguiam-se dentro de mim ao reconhecer tamanha impotência física. Minha forte vida emocional exprimiu-se mentalmente, através de palavras vindas de muitas línguas. Entre a confusão interna de idiomas, pouco a pouco acabei me acostumando a ouvir as sílabas bengalis de meu povo. Como os adultos se iludem quando avaliam o alcance de um cérebro infantil, julgando que ele se limita tão somente aos brinquedos e as brincadeiras!

A fermentação psicológica, não encontrando possibilidades de se expressar através de meu corpo imaturo, dava origem a muitas crises de choro obstinadas. Ainda me recordo da desorientação e do assombro que meu desespero provocava em toda a minha família. Lembranças mais felizes também me assaltam: as carícias de minha mãe, as primeiras tentativas que fiz para balbuciar frases e dar os primeiros passos. Estes triunfos infantis, normalmente logo esquecidos, não obstante criam em nós um alicerce natural de autoconfiança.

O grande alcance de minha memória não é um caso isolado. Hoje sabemos que há muitos iogues que conservaram a consciência de si mesmos, sem quaisquer interrupções, durante a dramática transição da vida para a morte – e de uma vida para outra. Caso o homem fosse tão somente um corpo, a sua desintegração física seria para ele o término de sua identidade. Mas se, no decurso dos milênios, os profetas falaram a verdade, então o homem é em essência uma alma, incorpórea e onipresente.

Apesar de insólitas, recordações nítidas da primeira infância não são tão raras quanto se imagina. Durante minhas viagens por diversos países, eu ouvi dos lábios de homens e mulheres confiáveis o testemunho de suas memórias de uma idade muito próxima ao período de amamentação.

Cheguei ao mundo em 5 de janeiro de 1893, em Gorakhpur, no nordeste da Índia, perto das montanhas do Himalaia. Ali passei meus primeiros anos. Éramos oito irmãos: quatro meninos e quatro meninas. Eu, Mukunda Lal Ghosh [3], fui o quarto a nascer (e o segundo menino).

Meu pai e minha mãe eram bengalis, da casta dos xátria [4]. Ambos foram abençoados com uma natureza de santos. O mútuo amor que os uniu, tranquilo e digno, nunca se expressou com frivolidade. Sua harmonia conjugal perfeita era o foco de serenidade em torno do qual girava a algazarra de oito filhos pequenos.

Meu pai, Bhágabati Charan Ghosh, era bondoso e sério; em certas ocasiões, mostrava grande rigor. Embora todos nós tivéssemos muita afeição para com ele, mantínhamos uma certa distância que beirava a reverência. Sendo notável em matemática e lógica, ele se guiava primordialmente pelo seu intelecto. Mas minha mãe era uma rainha do coração, e nos educou inteiramente através do amor. Depois que ela morreu, meu pai passou a externar mais sua ternura íntima, e eu notei que seu olhar muitas vezes parecia se transmutar no olhar de minha mãe.

Foi na presença de mamãe que tivemos nossos primeiros contatos agridoces com as Escrituras. Ela recorria ao *Mahabharata* e ao *Ramayana* [5] para nos trazer histórias que pudessem ser aplicadas vantajosamente às exigências disciplinares. Assim, instrução e castigo caminhavam de mãos dadas.

Em sinal de respeito ao meu pai, mamãe nos vestia cuidadosamente, todas as tardes, para recebê-lo ao retornar do escritório. O cargo que ele ocupava podia ser equiparado ao de vice-presidente numa das maiores companhias ferroviárias da Índia: a de Bengala Nagpur. Seu trabalho frequentemente lhe obrigava a realizar viagens e mudanças de residência, de modo que nossa família viveu em diversas cidades durante minha infância.

Mamãe era generosa, e sempre tinha a mão aberta para todos os necessitados. Papai também era caridoso, mas seu respeito à lei e à ordem se estendia até o orçamento doméstico. Em certa quinzena, mamãe gastou com a alimentação dos pobres mais do que papai gastava num mês inteiro.

"Por favor, só lhe peço que seja caridosa dentro de limites razoáveis" — Mesmo uma repreensão suave de seu esposo era de suma gravidade para minha mãe. Sem revelar aos filhos seu desacordo com papai, ela fez vir uma carruagem de aluguel até a porta de nossa casa:

"Adeus, estou indo embora para a casa de minha mãe" — Eis um antiquíssimo ultimato!

Rompemos em choro e lamentações. Nosso tio materno chegou no momento certo. Segredou a meu pai um conselho herdado, por certo, de algum sábio antigo.

Após papai ter pronunciado algumas palavras de esclarecimento e conciliação, mamãe, satisfeita, mandou a carruagem embora. Assim findou a única grande divergência de que tive conhecimento entre meus pais. Recordo-me, no entanto, de uma discussão característica:

"Por favor, preciso de dez rúpias para dar a uma pobre mulher que veio bater à nossa porta" — O sorriso de mamãe era bem persuasivo.

"Por que dez rúpias? Uma é o bastante" – Papai acrescentou esta justificação: "Quando meu pai e meus avós faleceram subitamente, eu soube pela primeira vez o que era a pobreza. Pela manhã, comia somente uma pequena banana, antes de caminhar vários quilômetros até a escola. Mais tarde, na universidade, sofri tamanha privação que me vi forçado a pedir a um rico juiz o auxílio de uma rúpia por mês. Ele recusou, declarando que mesmo uma rúpia tinha o seu valor."

"Com que amargura você se lembra da recusa dessa rúpia!" – O coração de minha mãe teve um instante de lógica – "Você gostaria que essa mulher tivesse de recordar dolorosamente a recusa das dez rúpias de que tanto necessita com urgência?"

"Você venceu!" – Com o gesto imemorial dos esposos que se dão por vencidos, meu pai abriu a carteira – "Aqui está uma nota de dez rúpias. Entregue-a com os meus melhores votos de felicidade."

Papai tinha a tendência de dizer "não" a qualquer proposta nova. Sua atitude para com aquela desconhecida, que tão depressa despertara a compaixão de minha mãe, era um exemplo de sua habitual cautela. De fato, a aversão em aceitar algo imediatamente é apenas uma homenagem ao princípio de "reflexão necessária". Sempre achei meu pai justo e equilibrado em seus julgamentos. Se eu pudesse reforçar meus numerosos pedidos com um ou dois bons argumentos, ele invariavelmente colocava ao meu alcance o objetivo desejado – fosse uma viagem durante as férias ou uma nova motocicleta.

Meu pai foi um disciplinador austero de seus filhos, desde pequeninos. Mas sua atitude para consigo mesmo só podia ser classificada como espartana. Por exemplo, ele nunca frequentou o teatro, mas buscava suas recreações em várias práticas espirituais e na leitura do *Bhagavad Gita* [6]. Repudiava todo luxo e usava um par de sapatos velhos até que se tornassem imprestáveis. Seus filhos chegaram até a comprar automóveis, quando seu uso se tornou popular, mas papai contentava-se em pegar o bonde para ir diariamente ao escritório.

Papai não tinha interesse em acumular dinheiro por amor ao poder. Em certa ocasião, depois de organizar o Banco Urbano de Calcutá, negou-se a tirar vantagens disso e não guardou para si nenhuma ação. Quis apenas cumprir um dever cívico durante as horas de folga. Ele realizou sozinho o trabalho de três homens! O contador informou à companhia. Tem direito a 125 mil rúpias (em torno de 415 dólares [7]) por compensações atrasadas. O tesoureiro enviou a papai um cheque com esse valor. Meu pai lhe deu tão pouca importância que acabou se esquecendo de mencionar o fato à família. Mais tarde, meu irmão mais novo, Bishnu, ao ser informado de um grande depósito em sua conta bancária, fez perguntas a papai.

"Por que me orgulhar com um lucro material?" — Papai respondeu. "Quem procura alcançar o equilíbrio mental não se alegra em demasia com o lucro nem se desespera com o prejuízo. Tenha sempre em mente que o homem chega sem dinheiro a este mundo, e dele parte igualmente sem levar uma única rúpia!"

Pouco depois de seu casamento, meus pais tornaram-se discípulos do grande mestre Láhiri Mahasaya [8], de Benares. Esta associação fortaleceu o temperamento de meu pai, que já era ascético por natureza. Certa ocasião, mamãe fez uma confidência notável à minha irmã mais velha, Roma: "Seu pai e eu nos unimos como marido e mulher apenas uma vez por ano, com o intuito de termos filhos".

Meu pai conheceu Láhiri Mahasaya pela primeira vez por intermédio de Abinash Babu [9], empregado de um ramal da Estrada de Ferro Bengala Nagpur. Em Gorakhpur, Abinash Babu monopolizava meus ouvidos infantis com histórias cativantes acerca de muitos dos santos da Índia. Concluía invariavelmente prestando um tributo às glórias superiores de seu próprio guru.

"Alguma vez lhe contaram em que circunstâncias extraordinárias seu pai se tornou discípulo de Láhiri Mahasaya?" — Foi numa tranquila tarde de verão, quando Abinash e eu sentávamos na varanda de minha casa, que ele me fez esta excitante pergunta. Movi a cabeça em sentido negativo, com um sorriso de satisfação antecipada.

Este foi o seu relato:

"Anos atrás, antes de você nascer, supliquei a meu chefe – que era seu pai – uma licença de sete dias para me ausentar do trabalho para que pudesse visitar meu guru em Benares. Seu pai ridicularizou meu plano: 'Vai se converter em um fanático religioso? Concentre-se em seu trabalho no escritório, se quiser progredir'.

Naquele dia, voltando triste para casa por uma estradinha no bosque, encontrei-me com seu pai que era transportado numa liteira. Ele dispensou os servidores que o conduziam e passou a caminhar ao meu lado. Procurando me consolar, começou a discorrer sobre as vantagens de lutar pelo sucesso mundano. Mas eu o escutava bastante distraído. Meu coração repetia: *Láhiri Mahasaya, não posso viver sem lhe contemplar!*

O caminho nos conduzia à orla de um campo tranquilo, onde os raios do sol ao entardecer coroavam a ondulante elevação do capim bravo. Paramos bem ali, admirados. E então, a alguns metros de nós, apareceu subitamente a forma de meu grande guru!

'Bhágabati, você é muito duro com seu empregado!'

A voz ressoava em nossos ouvidos atônitos. Meu guru desapareceu tão misteriosamente quanto havia surgido. De joelhos, eu exclamava: *Láhiri Mahasaya! Láhirí Mahasaya!* Durante alguns momentos, seu pai ajoelhou-se, assombrado com a cena, e permaneceu imóvel. Até que se recuperou e me disse:

'Abinash, não só lhe dou licença, mas também a concedo a mim mesmo a fim de partirmos amanhã para Benares. Devo conhecer este grande Láhiri Mahasaya, capaz de se materializar à vontade para interceder por você! Levarei minha esposa comigo e pedirei a este mestre que nos inicie na senda espiritual. Você nos guiará até ele?'

Sem dúvida! Eu transbordava de alegria ante a resposta miraculosa à minha prece e a rápida e favorável alteração no curso dos acontecimentos.

Na noite seguinte, seus pais e eu viajamos de trem para Benares. Lá chegando durante o dia, cobrimos certa distância num trole e depois tivemos

de caminhar por ruelas estreitas para atingir a moradia isolada de meu guru. Entrando em sua pequena sala, fizemos uma reverência ao mestre, que se encontrava na habitual posição de lótus. Ele piscou os olhos penetrantes e os direcionou ao meu chefe: 'Bhágabati, você é muito duro com seu empregado!'
Suas palavras eram as mesmas que ele havia pronunciado dois dias antes no campo de Goralchpur. E então acrescentou: ' Eu me alegro por ter permitido a Abinash me fazer esta visita; e terem vindo, você e sua esposa, em companhia dele'.
Para alegria de seu pai e sua mãe, meu guru os iniciou na prática espiritual de Kriya Yoga [10]. Seu pai e eu, discípulos espirituais do mesmo guru, temos sido amigos íntimos desde aquele memorável dia da visão. Láhiri Mahasaya manifestou interesse especial em seu nascimento, Mukunda, e sua vida estará com certeza relacionada com a dele; as bênçãos do mestre nunca falham."

Láhiri Mahasaya deixou este mundo pouco depois de eu haver chegado. Seu retrato, em uma moldura ornamentada, sempre permaneceu no altar de nossa família, em cada uma das cidades para onde meu pai era transferido por necessidade do trabalho. Muitas manhãs e muitas noites nos encontraram, eu e mamãe, em meditação diante do altar improvisado, oferecendo flores aromatizadas com pasta de sândalo. Juntando incenso e mirra às nossas devoções, honrávamos a Divindade que se manifestara com plenitude em Láhiri Mahasaya.

Sua fotografia teve uma influência transcendental em minha vida. À medida que eu crescia, o pensamento focalizado no mestre crescia junto comigo. Em meditação, eu via com frequência sua imagem fotográfica destacar-se da pequena moldura e, assumindo forma vivente, vir se sentar diante de mim. Quando eu tentava tocar os pés de seu corpo luminoso, ele voltava a se transformar em fotografia. No período de transição da infância para a adolescência, aconteceu que Láhiri Mahasaya deixou de ser a pequena imagem exterior encerrada numa moldura, para surgir em minha própria mente, convertido e ampliado em presença vívida e luminosa. Em momentos de prova e confusão, eu costumava invocá-lo numa prece, encontrando em meu interior a sua orientação consoladora.

No início eu me afligia por não o ter mais neste mundo, em seu corpo físico. Quando comecei a descobrir sua secreta onipresença, já não voltei a me lamentar. Ele escrevera, repetidas vezes, a todo discípulo demasiado ansioso em visitá-lo: "Por que vir me contemplar em carne e osso, quando estou sempre dentro do raio de visão de seu *kutástha* [olho espiritual]?"

Láhiri Mahasaya

Aproximadamente aos oito anos de idade eu conheci a bênção de uma cura maravilhosa, graças à fotografia de Láhiri Mahasaya. Tal experiência intensificou ainda mais meu amor. Nessa época eu morava em nossa grande propriedade familiar de Ichapur, em Bengala, e contraí o cólera asiático. Fui desenganado pelos médicos, que nada mais podiam fazer por mim. Ao lado de meu leito, mamãe me incentivava a contemplar com afinco o retrato de Láhiri Mahasaya, preso à parede, acima de minha cabeça.

"Curve-se diante dele, mentalmente!" – Ela sabia que a excessiva fraqueza me impedia até mesmo de erguer as mãos para saudá-lo. "Se oferecer sua devoção e ajoelhar interiormente diante dele, sua vida será salva!"

Olhei fixamente a fotografia e contemplei uma luz muito cintilante que envolvia meu corpo e o quarto inteiro. Minha náusea e outros sintomas incontroláveis desapareceram; eu estava curado. De imediato, me senti forte o bastante para me inclinar e tocar os pés de minha mãe: era meu gesto de reconhecimento pela fé incomensurável que ela demonstrara ter em seu guru. Minha mãe comprimia a cabeça repetidas vezes contra o pequeno retrato: "Ó Mestre Onipresente, agradeço-Te por Tua luz ter curado meu filho!"

Compreendi que ela também havia testemunhado o resplendor cintilante através do qual me recobrei instantaneamente de uma doença fatal.

Um de meus bens mais preciosos é essa mesma fotografia. Oferecida a meu pai pelo próprio Láhiri Mahasaya, ela irradia uma vibração santificada. Esta imagem teve uma origem miraculosa. Ouvi a história contada por Káli Kumar Roy, outro discípulo espiritual do guru, e amigo de meu pai.

Parece que Láhiri Mahasaya tinha verdadeira aversão a ser fotografado. Apesar dos seus protestos, um dia fotografaram o mestre com um grupo de devotos, entre os quais Káli Kumar Roy. Surpreendido, o fotógrafo descobriu que a chapa, na qual se divisavam claramente as imagens de todos os discípulos, apenas revelava um espaço vazio no centro, onde ele esperava que aparecesse a figura de Láhiri Mahasaya. O fenômeno foi amplamente comentado e discutido.

Certo estudante, muito hábil na arte fotográfica, chamado Ganga Dhar Babu, apostou que a imagem fugidia do mestre não lhe escaparia. Na manhã seguinte, quando o guru se colocava em posição de lótus num assento de madeira com um biombo por trás, Ganga Dhar Babu chegou com seu equipamento. Tomando todas as precauções para o sucesso, tirou meticulosamente um total de doze fotografias. Ao revelá-las, encontrou em cada uma a impressão do assento de madeira com o biombo, mas a figura do mestre novamente havia sumido.

Em lágrimas e com seu orgulho em frangalhos, Ganga Dhar Babu procurou seu guru. Muitas horas se passaram antes que Láhiri Mahasaya quebrasse o silêncio com um comentário cheio de significado:

"Eu sou Espírito. Pode a sua câmara fotográfica refletir o Invisível Onipresente?"

"Vejo que é impossível! Mas, ó santo senhor, desejo ardentemente um retrato de seu templo corpóreo. Minha visão era estreita: até hoje eu não tivera consciência que nele o Espírito habita em toda plenitude."

"Então volte amanhã cedo. Posarei para você."

O fotógrafo veio e focalizou sua máquina uma vez mais. Desta feita, a sagrada figura não se cobriu de insondabilidade misteriosa; apareceu, muito nítida, na chapa. O mestre jamais posou para outro retrato; pelo menos, nunca vi outro [11].

[*Nota do Editor:* A fotografia já foi reproduzida neste capítulo.]

Os traços fisionômicos de Láhiri Mahasaya, de casta universal, dificilmente sugerem a etnia a que ele pertencia. O intenso deleite de sua comunhão com Deus é levemente denunciado pelo sorriso enigmático. Seus olhos, semiabertos, indicam um certo interesse pelo mundo externo; e ao mesmo tempo, semicerrados, revelam sua absorção na beatitude interior. Alheio aos pobres atrativos mundanos, estava sempre desperto para atender generosamente aos problemas espirituais daqueles que o procuravam.

Pouco depois de minha cura, graças à luz que se projetou através da fotografia de Láhiri Mahasaya, tive uma visão de grande influência espiritual. Certa manhã, enquanto estava sentado em meu leito, alcancei uma concentração profunda:

"Que há por trás da obscuridade dos olhos?" – Este pensamento inquiridor me assaltou a mente. De imediato, uma imensa luz manifestou-se em minha visão interna. Divinas figuras de santos, sentados em posição de lótus, em cavernas de montanhas, alinhavam-se como imagens de um filme em miniatura; filme este que se passava na grande tela de radiações surgida no interior de minha testa.

"Quem sois?" – Perguntei em voz alta.

"Somos iogues do Himalaia." – Faltam palavras para descrever a resposta celestial; meu coração, estremecido, foi inundado de beatitude.

"Ai, como anseio ir ao Himalaia e tornar-me um de vós!" – A visão desvaneceu, mas seus raios de prata expandiram-se em círculos cada vez maiores, até o infinito.

"Que maravilhoso esplendor é este?"

"Eu sou *Íswara* [12]. Eu sou luz!" – A voz se assemelhava a nuvens murmurantes.

"Quero me unir a Ti!"

Do lento desvanecer deste meu divino êxtase, me restou a herança de uma inspiração permanente para buscar a Deus. "Ele é Alegria eterna, sempre renovada!" – Tal lembrança perdurou muito após o dia desta minha experiência mística.

Outra recordação de minha infância é digna de nota – literalmente, pois carrego a sua cicatriz até hoje. Certa manhã, bem cedinho, minha irmã mais velha, Uma, estava sentada comigo sob uma árvore de neem [amargosa] em nossa casa de campo em Gorakhpur. Ela me ajudava no estudo de minha primeira cartilha em bengali, nos momentos em que eu consentia desviar minha vista de alguns papagaios que, ali perto, bicavam os frutos maduros de amargosa.

Uma se queixou de um inchaço em sua perna e foi buscar um frasco de unguento. Aproveitei e untei meu antebraço com um pouco de pomada.

"Por que esfrega remédio num braço sadio?"

"Bem, irmã, sinto que amanhã vou ter um furúnculo. Estou experimentando o unguento no lugar onde a inflamação vai aparecer."

"Mas que menino mentiroso!"

"Irmã, não me chame de mentiroso até ver o que acontecerá amanhã." – Eu estava indignado.

Ela, sem se deixar impressionar, me chamou de mentiroso por três vezes. Então, uma resolução rígida como diamante soou em minha voz quando lhe dei esta resposta, pronunciando palavra por palavra, lentamente:

"Pelo poder da vontade em mim, afirmo que amanhã terei um enorme furúnculo exatamente neste lugar de meu braço; e o seu furúnculo estará duas vezes mais inchado que hoje."

Na manhã seguinte, encontrei um valente furúnculo no lugar indicado; já o de Uma tinha de fato duplicado seu tamanho. Gritando agudamente, minha irmã correu para mamãe:

"Mukunda virou um necromante!"

Com severidade, mamãe me instruiu a nunca usar o poder da palavra para fazer o mal. Desde aquele dia eu sempre recordei seu conselho e o segui fielmente.

Um cirurgião arrancou o meu furúnculo. Uma cicatriz, até hoje bem visível, mostra onde o médico fez a incisão. Em meu antebraço direito existe um sinal memorável do poder imanente na límpida palavra do homem.

Aquelas frases simples e aparentemente inofensivas, pronunciadas a Uma com profunda concentração, possuíram suficiente força oculta para explodir como bombas e produzir efeitos definidos, embora prejudiciais. Anos mais tarde compreendi que o poder vibratório da linguagem poderia ser dirigido com sabedoria para liberar nossa vida de dificuldades, e dessa forma operar sem deixar cicatrizes nem censuras [13].

Nossa família se mudou para Lahore, no Punjab. Ali comprei um retrato da Mãe Divina, sob a forma da Deusa Káli [14], que santificou um modesto altar na sacada interna de nossa casa. Fui dominado por uma convicção inequívoca de que todas as minhas preces pronunciadas naquele santo lugar seriam realizadas.

Um belo dia, de pé nessa sacada e ao lado de Uma, observei dois meninos empinando pipas sobre o telhado de dois edifícios vizinhos, separados de nossa casa por uma ruela estreita.

"Por que está assim tão quieto?" – Perguntou-me Uma, dando um empurrão de brincadeira.

"Estou pensando como seria maravilhoso se a Mãe Divina me desse tudo o que eu pedisse."

"Suponho que Ela lhe daria aquelas duas pipas ali!" – O riso de minha irmã era zombeteiro.

"E por que não?" – Comecei a rezar silenciosamente para obtê-las.

Na Índia, os meninos fazem competições e apostas com pipas cujas linhas são recobertas de cola e vidro moído. Cada jogador procura cortar a linha de seu adversário. Finalmente, uma pipa solta voa sobre os telhados; é divertido correr atrás dela para apanhá-la. Mas como eu e Uma estávamos numa sacada interior, recoberta de telhas, parecia impossível que uma pipa de linha cortada viesse cair em nossas mãos; sua linha naturalmente passaria flutuando sobre o telhado. Do outro lado da rua estreita, os competidores começaram o combate. Uma das linhas foi cortada e imediatamente a pipa flutuou em minha direção. Devido à súbita ausência de brisa, ela permaneceu imóvel por um momento no ar; nessa pausa, a linha se enroscou num cacto que havia no terraço do prédio em frente: a linha se envolveu no cacto de tal maneira que formou um extenso e perfeito laço no ar, perfeitamente ao alcance de minhas mãos. Entreguei o troféu a Uma.

"Foi somente um grande acidente, e não uma resposta à sua prece. Se outra pipa cair em sua mão, então acreditarei."

Os olhos pretos de minha irmã mostravam muito mais assombro que suas palavras. Continuei minha prece, com intensidade crescente. Um puxão mais forte dado à linha pelo outro jogador causou a perda brusca de sua pipa. Esta veio bem em minha direção, dançado no vento. Meu útil ajudante, o cacto, novamente prendeu a linha num laço bastante extenso para que eu pudesse alcançá-lo. Apresentei meu segundo troféu a Uma.

"É certo que a Mãe Divina o escuta! Tudo isto é misterioso demais para mim!"

E logo após minha irmã fugiu dali, como uma pequena corça assustada.

2. A morte de minha mãe e o amuleto místico

O maior desejo de minha mãe era o de ver meu irmão mais velho casado.

"Ai, quando eu contemplar a face da esposa de Ananta, terei encontrado o céu na terra!" – Era comum ouvir mamãe expressar com tais palavras o seu arraigado sentimento hindu pela continuidade da família.

Eu já contava meus onze anos quando Ananta ficou noivo. Mamãe estava em Calcutá, supervisando alegremente os preparativos para o enlace. Papai e eu ficamos sozinhos em nossa casa em Bareilly, ao norte da Índia, para onde ele tinha sido transferido após dois anos de permanência em Lahore.

Naquele tempo eu já havia presenciado o esplendor dos ritos nupciais de minhas duas irmãs mais velhas, Roma e Uma; no entanto, como Ananta era o primogênito, os preparativos foram muito meticulosos. Mamãe, em Calcutá, recepcionava numerosos parentes que chegavam de regiões distantes, todos os dias. Alojava-os confortavelmente numa casa ampla, recém-adquirida, situada em Amherst Street, 50. Tudo estava pronto: as deliciosas iguarias do banquete, o trono vistoso no qual meu irmão seria carregado até a casa da noiva, as fileiras de luzes coloridas, os gigantescos elefantes e camelos feitos de papelão, as orquestras indiana, inglesa e escocesa, os comediantes e artistas profissionais, os sacerdotes que celebravam os ritos antigos etc.

Papai e eu, com espírito festivo, havíamos planejado nos reunir à família em tempo oportuno para a cerimônia. Pouco antes do grande dia, porém, tive uma visão de mau presságio.

Isto se deu em Bareilly, à meia noite: eu dormia ao lado de meu pai no terraço de nosso bangalô, quando fui acordado pelo franzir peculiar do mosquiteiro estendido sobre a cama. As frágeis cortinas se abriram e vi a amada figura de minha mãe.

"Acorde seu pai!" – Sua voz era como um sussurro. "Peguem o primeiro trem que partir, o das quatro da madrugada. Corram até Calcutá, se quiserem me ver!" – A aparição desvaneceu.

"Pai, pai! Mamãe está morrendo!" – O terror em minha voz o despertou imediatamente. Em soluços, lhe trouxe a notícia fatídica.

"Não se impressione com essas alucinações." – Meu pai, como de costume, deu sua negativa a uma situação nova. "Sua mãe se encontra em saúde perfeita. Se recebermos más notícias, partiremos amanhã."

"Papai nunca se perdoará por não haver partido agora." – Disse para mim mesmo; e a angústia me fez acrescentar: "Nem eu o perdoarei."

A manhã seguinte despontou melancolicamente; e, com ela, o telegrama explícito: "Mãe gravemente enferma; casamento adiado; venham imediatamente".

Papai e eu partimos como dementes. Um de meus tios veio ao nosso encontro numa estação onde tínhamos de fazer baldeação. Uma estrondosa locomotiva puxando seus vagões vinha em nossa direção com aceleração telescópica. De meu conflito interior brotou a determinação repentina de me atirar aos trilhos, sob as rodas do trem. Sentindo que ela já não estava entre nós, eu não podia suportar um mundo de súbito calcinado até os ossos. Eu amava minha mãe como ao ser mais querido sobre a face da Terra. Seus consoladores olhos negros tinham sido meu refúgio em todas as insignificantes tragédias de minha infância.

"Ela ainda vive?" – Eu tive de me controlar para fazer esta derradeira pergunta a meu tio. De imediato, ele compreendeu todo o desespero em minha face. "Claro que vive!" – Respondeu. Mas era difícil crer naquela resposta.

Quando chegamos à nossa casa em Calcutá, foi só para defrontar, aturdidos, o mistério da morte. Sofri um colapso e depois mergulhei num estado de quase torpor. Muitos anos se passaram antes que meu coração se conformasse. Meu grito e meu pranto, como tempestades renovando-se diante das próprias portas do céu, afinal impeliram a Mãe Divina a se apresentar. Suas palavras trouxeram o bálsamo da cura às feridas que ainda ardiam:

"Sou Eu que tenho velado por ti, vida após vida, na ternura de todas as mães! Contempla em Meu olhar os dois olhos negros, os formosos olhos perdidos que tens tanto buscado!"

Papai e eu regressamos a Bareilly logo após os ritos crematórios da bem amada. Todas as madrugadas, bem cedinho, em sua memória, eu fazia uma melancólica peregrinação à frondosa árvore sheoli que sombreava o prado verdejante em frente ao nosso bangalô. Em momentos poéticos, imaginava que as flores brancas de sheoli se derramavam com espontânea devoção sobre o altar do prado. Misturando minhas lágrimas ao orvalho que tombava, muitas vezes observei uma estranha luz de outro mundo emergindo da aurora. Dores intensas me assaltavam; eram dores da saudade de Deus. Sentia-me fortemente atraído para o Himalaia.

Um de meus primos, recentemente chegado de uma viagem às montanhas sagradas, veio nos visitar em Bareilly. Escutei com toda atenção seus relatos sobre a cordilheira elevada, residência de iogues e swâmis [15].

"Fujamos para o Himalaia!" – Tal sugestão feita um dia a Dwarka Prasad, o jovem filho de nosso caseiro em Bareilly, não foi de seu agrado. Ele denunciou meu plano a meu irmão mais velho, recém-chegado para visitar papai. Em vez de sorrir com tolerância do projeto impraticável de um menino, Ananta se aproveitou disso para me ridicularizar:

"Onde está a sua túnica alaranjada? Não pode ser um swâmi sem ela."

No entanto suas palavras provocaram em mim uma estranha comoção. Pintaram-me com toda nitidez um quadro específico, onde eu próprio era um monge, perambulando pelas terras da Índia. Talvez as palavras de Ananta tivessem despertado lembranças de uma vida anterior; em todo caso, percebi com que naturalidade eu usaria a túnica daquela Ordem Monástica, de fundação antiquíssima.

Conversando certa manhã com Dwarka, senti que o amor por Deus descia sobre mim com a força de uma avalanche. Meu companheiro prestava atenção fragmentada à minha ininterrupta eloquência – enquanto eu, encantado, me ouvia por inteiro.

Na tarde daquele mesmo dia fugi para Naini Tal, no sopé do Himalaia. Ananta perseguiu-me com arrojo; fui tristemente forçado a regressar a Bareilly. A única peregrinação que me permitiam era o passeio à árvore sheoli todas as madrugadas. Meu coração chorava pelas duas Mães perdidas, a humana e a Divina.

A morte de mamãe deixou no tecido da família um rasgo irreparável. Papai nunca voltou a se casar, vivendo sozinho o resto de sua vida, por cerca de mais quarenta anos. Assumindo o difícil papel de pai e mãe de seu pequeno rebanho, ele se tornou notavelmente mais terno e acessível. Com serenidade e discernimento, resolvia os diversos problemas da família. Após as horas de trabalho no escritório, retirava-se como um ermitão à cela de seu quarto, praticando Kriya Yoga em doce tranquilidade.

Muito após a morte de minha mãe, tentei contratar uma enfermeira inglesa para cuidar dos detalhes que tornariam mais confortável a vida de meu pai. Mas ele abanou a cabeça em negativa:

"Os cuidados para comigo terminaram com a partida de sua mãe." – Seus olhos miravam remotamente o que era o objeto de devoção de toda a sua vida. "Não aceitarei os serviços de nenhuma outra mulher."

Catorze meses depois da partida de minha mãe, eu soube que ela havia me deixado uma importante mensagem. Ananta estava presente ao lado de seu leito de morte, e registrou suas palavras. Embora ela tivesse recomendado que a revelação me fosse feita um ano após a sua morte, meu irmão a retardou. Em breve ele partiria de Bareilly para Calcutá, a fim de se casar com a jovem escolhida por mamãe [16]. Uma noite, ele me chamou para uma conversa a sós:

"Mukunda, tenho relutado em lhe dar uma estranha mensagem." – A voz de Ananta tinha um tom resignado – "Temi que se inflamasse o seu desejo de abandonar o lar. Mas, de qualquer forma, você está revestido de fervor divino. Quando o capturei recentemente a caminho do Himalaia, firmei esta resolução: não devo adiar por mais tempo o cumprimento de uma solene promessa."

Então, enquanto me entregava uma caixinha, meu irmão transmitiu a mensagem de mamãe:

"Deixe que estas palavras sejam minha bênção póstuma, meu bem-amado filho Mukunda! Chegou a hora em que devo relatar alguns fenômenos extraordinários acontecidos após o seu nascimento. Conheci a senda reservada a você quando ainda era um bebê em meus braços. Carreguei-o ao colo, naquele tempo, em visita a meu guru em Benares. Eu mal podia ver Láhiri Mahasaya, sentado em meditação profunda, quase totalmente escondido atrás de uma multidão de discípulos. Eu acalentava o meu filhinho e, ao mesmo tempo, fazia uma prece para que o grande guru nos percebesse ali – e abençoasse. Minha súplica silenciosa crescia em intensidade; ele entreabriu os olhos e fez sinal para que eu me aproximasse. Os outros me abriram caminho respeitosamente; reverenciei-o, tocando seus pés sagrados. Então, Makunda, Láhiri Mahasaya o sentou sobre as pernas dele e pôs a mão em sua testa, como uma forma de batismo espiritual:
'Mãezinha, seu filho será um iogue. Tal qual um motor espiritual, ele conduzirá muitas almas ao reino de Deus.'
Meu coração saltou de alegria porque minha súplica secreta fora atendida pelo guru onisciente. Pouco antes de seu nascimento, Mukunda, Láhiri Mahasaya me disse que você seguiria o caminho dele. Mais tarde, meu filho, sua visão da Grande Luz foi testemunhada por mim e por sua irmã Roma.

Estávamos em um quarto próximo, e o observávamos imóvel em seu leito. Seu rostinho se iluminou, e sua voz soou com determinação de ferro quando você falou sobre viajar ao Himalaia em busca do Divino.

Foi assim, meu filho querido, que eu compreendi que a sua senda está muito além das ambições mundanas. O mais singular evento de minha vida me trouxe uma confirmação posterior; um evento que agora me impele a dar-lhe, mesmo em meu leito de morte, esta mensagem: foi uma entrevista com um sábio no Punjab, quando nossa família vivia em Lahore. Certa manhã, a criada entrou em meu quarto e me disse:

'Senhora, um estranho sádhu [17] está aqui. Ele insiste em *ver a mãe de Mukunda*.'

Tais palavras, tão singelas, vibraram uma corda profunda em meu coração. Fui imediatamente cumprimentar o visitante. Curvando-me a seus pés, em reverência, senti que estava na presença de um verdadeiro homem de Deus. Eis o que ele me disse:

'Mãe, os grandes mestres desejam que saiba que sua permanência na Terra não será longa. Sua próxima doença será a última [18].'

Então correu um silêncio durante o qual não me senti nenhum pouco alarmada; pelo contrário, experimentei a vibração de uma grande paz. Finalmente, ele se dirigiu a mim mais uma vez:

'A senhora deve ser a depositária de um amuleto de prata. Mas eu não lhe darei o talismã agora: para demonstrar a veracidade de minhas palavras, ele se materializará em suas mãos amanhã, enquanto estiver meditando. Em seu leito de morte, você deverá instruir seu filho mais velho, Ananta, para que guarde o amuleto durante um ano e então o entregue a seu segundo filho. Mukunda entenderá o significado do talismã, proveniente de Grandes Seres. Ele o receberá precisamente na época em que estiver pronto para renunciar a todas as esperanças mundanas e começar sua busca essencial, a busca de Deus. Então, após ele ter conservado o amuleto por vários anos, quando este já tiver servido o seu propósito, o talismã desaparecerá. Ainda que esteja guardado no esconderijo mais secreto, o objeto retornará ao lugar de onde veio.'

Ofereci esmolas [19] ao santo e me inclinei diante dele com grande reverência. Sem aceitar minha oferenda, ele me abençoou e partiu. Na manhã seguinte, enquanto meditava sentada, um amuleto se materializou entre as palmas de minhas mãos, exatamente como o sádhu tinha prometido. Eu só o notei por conta de seu contato liso e frio contra minha pele. Então, guardei-o cuidadosamente por mais de dois anos, e agora o deixo sob a custódia de Ananta. Não chore minha partida, pois serei introduzida por meu guru nos braços do Infinito. Adeus, meu filhinho; a Mãe Cósmica o protegerá."

Com a posse daquele amuleto, uma rajada de luz desceu sobre mim, e muitas recordações adormecidas despertaram. O talismã, redondo e verdadeiramente antigo, estava coberto de caracteres sânscritos. Compreendi que procedia de mestres de vidas anteriores, mestres que guiavam meus passos desde o Invisível. Ainda havia outro significado, mas um novo dono pode não desvendar completamente a intimidade de um amuleto, se assim preferir [20].

Como o talismã por fim desvaneceu em meio a circunstâncias profundamente infelizes de minha vida, e como sua perda foi o arauto da chegada de um guru, não contarei tal história neste capítulo.

O menino, todavia, frustrado em suas tentativas de atingir o Himalaia, viajava para muito longe, todos os dias, nas asas de seu amuleto.

3. O santo com dois corpos

"Pai, se eu prometer retornar à nossa casa, sem coerções, poderei fazer uma excursão a Benares?"

Meu pai raramente levantava obstáculos à minha grande predileção por viagens. Mesmo quando eu era só um menino, ele me permitiu visitar muitas cidades e lugares de peregrinação. Em geral, um ou dois amigos me acompanhavam; viajávamos confortavelmente com passes de primeira classe, fornecidos por papai. Sua posição de alto funcionário na estrada de ferro favorecia tremendamente os nômades da família.

Papai me prometeu que iria estudar aquela proposta. No dia seguinte, chamou--me e ofereceu-me uma passagem de ida e volta, de Bareilly a Benares, certo número de rúpias em notas e duas cartas:

"Eu tenho uma proposta de negócios para fazer a um amigo em Benares, Kedar Nath Babu. Infelizmente perdi seu endereço, mas acredito que você poderá lhe entregar esta carta por intermédio de nosso amigo comum, Swâmi Pranabananda. Este swâmi também é um discípulo de Láhiri Mahasaya, e alcançou elevada estatura espiritual. Creio que a sua companhia lhe fará bem; esta segunda carta lhe servirá de apresentação." – E, piscando um dos olhos, papai acrescentou: "De agora em diante, meu filho, você não terá nenhum motivo para fugir de casa!"

Assim, eu parti com o entusiasmo de meus doze anos (embora a idade nunca tivesse diminuído meu prazer de contemplar novas paisagens e rostos desconhecidos). Chegando em Benares, logo me dirigi à residência do swâmi. A porta de entrada estava aberta; encontrei um quarto, longo como um corredor, no primeiro andar. Um homem atlético, usando uma tanga, estava sentado em posição de lótus, numa plataforma pouco acima do chão. Os cabelos tinham sido rapados, e da face sem rugas pendia uma vistosa barba; um sorriso de beatitude flutuava em seus lábios. Para afastar meu pensamento de estar sendo um intruso em sua casa, ele me cumprimentou como a um velho amigo:

"*Baba anand* (alegria para você, querido)." – Suas boas vindas foram expressas de todo coração, com uma voz quase infantil. Ajoelhei-me e toquei seus pés.

"O senhor é Swâmi Pranabananda?"

Ele moveu a cabeça afirmativamente.

"Você é o filho de Bhágabati?" – Ele fez a pergunta antes que eu tivesse tempo de retirar do bolso a carta de meu pai. Espantado, estendi-lhe a carta de apresentação, agora desnecessária. Sem abri-la, ele acrescentou:

"Não se aflija, eu localizarei Kedar Nath Babu para você." – O santo me surpreendeu outra vez com sua clarividência: teve apenas um olhar para o envelope. Em seguida, fez algumas referências afetuosas a meu pai: "Sabe, estou recebendo duas pensões. Uma, por recomendação de seu pai, para quem trabalhei anteriormente na estrada de ferro. Outra, por recomendação de meu Pai Celestial, para quem terminei conscientemente meus deveres terrenos nesta vida."

Achei muito obscura a sua última frase.

"Que espécie de pensão recebe do Pai Celestial? Ele atira dinheiro em seu colo?"

O swâmi deu uma risada juvenil.

"Eu me refiro a uma pensão de paz insondável, a recompensa por muitos anos de profunda meditação. Agora, nunca peço dinheiro. A satisfação de minhas escassas necessidades materiais está mais que garantida. No futuro, você entenderá o significado de uma segunda pensão."

Terminando repentinamente a conversa, o santo ficou perfeitamente imóvel. Um ar de esfinge o envolveu. De início, seus olhos brilharam como se observassem algo interessante, depois se tornaram como que sem vida. Seu silêncio me deixou confuso; ele ainda não me dissera como eu poderia encontrar o amigo de meu pai. Um tanto inquieto, deixei meu olhar trafegar pelo quarto vazio: com exceção de nós dois, era como um deserto; eventualmente meus olhos errantes pousaram em suas sandálias de madeira, sob o estrado.

"Ó pequeno senhor [21], não se preocupe. O homem a quem veio procurar estará aqui dentro de meia hora." – O iogue estava lendo meu pensamento: em todo caso, algo não muito difícil naquele momento!

Uma vez mais ele se interiorizou num silêncio impenetrável. Meu relógio indicava que trinta minutos tinham decorrido quando o swâmi se levantou.

"Creio que Kedar Nath Babu está chegando à porta da rua." – Disse ele.

Ouvi alguém subindo as escadas. Repentinamente, senti um misto de assombro e incompreensão; meus pensamentos eram velozes mas confusos. "Como é possível que o amigo de meu pai tenha sido intimado a comparecer aqui sem que um mensageiro o fosse chamar? O swâmi não falou com ninguém desde a minha chegada!"

Sem hesitação, deixei o quarto e desci as escadas. No meio do caminho, encontrei um homem magro, de pele clara e estatura média. Ele parecia estar com pressa.

"O senhor é Kedar Nath Babu?" – A excitação dava colorido especial à minha voz.

"Sim, eu mesmo. E você por acaso não é o filho de Bhágabati que está esperando por mim?" – Ele sorriu amigavelmente.

"Senhor, como lhe ocorreu vir até aqui?" – Eu sentia frustração e ressentimento por não poder explicar sua presença ali, justamente naquele momento.

"Ora, hoje tudo está sendo misterioso! Há menos de uma hora atrás, eu saía de meu banho no Ganges, quando Swâmi Pranabananda se aproximou. Não faço a menor ideia de como soube que eu estava lá. Então, ele me disse: 'O filho de Bhágabati está à sua espera em meu apartamento. Pode vir comigo, eu levo você até lá.' Concordei de bom grado. Assim, caminhamos lado a lado, mas logo o swâmi, usando sandálias de madeira, tomou misteriosamente a dianteira, apesar de eu estar calçando sapatos reforçados para andar pelas ruas. De repente, Pranabananda parou e me fez uma pergunta:
'Quanto tempo levará para chegar em minha casa?'
'Cerca de meia hora.' – Eu respondi.
Então, ele me olhou de forma enigmática e retrucou:
'Devo deixá-lo para trás; nos encontraremos em minha casa, onde o filho de Bhágabati e eu estaremos à sua espera.'
E, antes que eu pudesse replicar, ele se adiantou velozmente e desapareceu entre a multidão. Por isso eu vim para cá tão depressa quanto me foi possível."

Tal explicação aumentou ainda mais o meu assombro. Perguntei-lhe há quanto tempo conhecia o swâmi.

"Bem, nós tivemos alguns encontros no ano passado, mas isso já faz algum tempo. Foi com prazer que o revi na escadaria do Ganges esta manhã."

"Não posso crer nos meus ouvidos! Será que estou enlouquecendo? O senhor encontrou Pranabananda numa visão ou realmente o viu, tocou-lhe a mão e escutou o ruído de seus passos?"

"Ora, não sei onde está querendo chegar meu rapaz." – Ele ficou vermelho de indignação. "Não estou mentindo. Não pode compreender que era somente por intermédio do swâmi que eu poderia saber que você me esperava aqui?"

"Pois eu lhe garanto que esse homem, Swâmi Pranabananda, não se afastou de minha vista nem por um instante desde que entrei aqui há cerca de uma hora." – E, sem hesitação, lhe contei toda a história, repetindo a conversa que tivera com o swâmi.

Seus olhos se arregalaram bastante, e então ele me disse:

"Ora, estamos vivendo nesta era materialista ou estamos sonhando? Nunca esperei testemunhar tal milagre em minha vida! Julguei que este swâmi era um homem comum e agora descubro que pode materializar um corpo extra e operá-lo à distância!"

Logo depois, decidimos entrar juntos no quarto do santo. Kedar Nath Babu apontou para os sapatos sob o estrado.

"Olha, são as mesmas sandálias que ele usava na escadaria do Ganges" – Ele sussurrou – "E vestia apenas uma tanga, exatamente como agora."

Quando o visitante se inclinou diante dele, o santo voltou-se para mim com um sorriso irônico:

"Ora, por que ficou espantado com isso tudo? A sutil unidade do mundo dos fenômenos não é oculta aos verdadeiros iogues. Eu vejo e converso instantaneamente com meus discípulos na distante Calcutá. Eles também podem transcender à vontade qualquer obstáculo de matéria densa."

Foi provavelmente no intuito de atiçar o ardor espiritual em meu jovem peito que o swâmi condescendeu em falar mais de seus poderes, aos quais ele intitulou de rádio e televisão astrais. Todavia, em vez de entusiasmo, senti apenas um medo aterrador. Talvez porque eu estivesse destinado a empreender minha divina busca sob a direção de determinado guru, Swâmi Yuktéswar, a quem ainda não havia encontrado. Assim, naquele momento não me senti disposto a aceitar Pranabananda como meu instrutor. Encarei-o com certa desconfiança, conjeturando se era mesmo ele que eu via à minha frente, ou seu segundo corpo.

O mestre procurou dissipar minha inquietude, me dirigindo um olhar de alento espiritual e dizendo algumas palavras inspiradoras sobre seu guru:

"Láhiri Mahasaya foi o maior iogue que conheci. Ele era a própria Divindade revestida de carne."

Se um discípulo, refleti, pode materializar uma forma carnal extra à vontade, que milagres não estarão ao alcance de seu mestre?

"Vou lhe dar uma ideia do quanto é inestimável a ajuda de um guru. Eu costumava meditar com outro discípulo durante oito horas, todas as noites. Nós precisávamos trabalhar no escritório da estrada de ferro durante o dia. As práticas noturnas tornavam difícil o cumprimento de meus deveres diurnos de empregado, e por isso desejava dedicar meu tempo integralmente a Deus. Durante oito anos perseverei, meditando por metade de cada noite. Obtive resltados maravilhosos; profundas percepções espirituais iluminaram a minha mente. Mas sempre persistia um véu delgado entre mim e o Infinito. Mesmo desenvolvendo esforços sobre-humanos, a união definitiva me era negada. Então, certa noite eu fiz uma visita a Láhirj Mahasaya e supliquei sua divina intercessão. Continuei a importuná-lo durante o restante daquela noite:

'Ó angélico guru, minha angústia espiritual é tanta que não posso mais suportar a vida sem ver o Supremo Bem Amado, face a face!'

'Mas o que posso fazer? Você deve meditar mais profundamente.'

'Estou apelando a Ti, ó Deus meu Mestre! Contemplo-Te materializado perante mim num corpo físico; abençoa-me para que eu possa perceber-Te afinal sob Teu aspecto infinito!'

Então, Láhiri Mahasaya estendeu a mão num gesto benigno e me disse:

'Agora você pode ir e meditar. Intercedi por você junto a Brahma [22].'

Em estado de elevação indescritível e incomensurável, regressei à minha casa. Ao meditar, naquela mesma noite, alcancei o ardente ideal de minha vida. Agora desfruto incessantemente desta pensão espiritual. Desde aquela noite, o Criador Beatífico nunca mais permaneceu oculto a meus olhos, por trás do véu da ilusão."

Ao final de seu relato, a face de Pranabananda irradiava pura luz divina. Naquele instante, a paz de um outro mundo penetrou em meu coração; todo o meu medo tinha como que voado para longe. Em seguida, o santo fez outra confidência:

"Alguns meses depois voltei a visitar Láhiri Mahasaya, e tentei lhe agradecer por me ter concedido aquela dádiva infinita. Na mesma ocasião, mencionei outro problema que ainda me afligia:
'Ó guru divino, não posso mais trabalhar no escritório. Por favor, liberte-me. A face de Brahma tem me mantido constantemente inebriado.'
'Ora, então peça sua aposentadoria à administradora da estrada de ferro.'
'Mas que razão poderei lhes dar, considerando que tenho poucos anos de serviço?'
'Diga o que sente.'
No dia seguinte, fiz o requerimento. O médico procurou entender melhor que fundamento havia para aquela solicitação prematura, e eu tentei explicar o que se passava comigo:
'Durante meu trabalho, experimento uma sensação avassaladora que sobe pela espinha dorsal [23], penetra meu corpo inteiro e me incapacita para o cumprimento de minhas tarefas [24].'
Sem mais perguntas, o médico me recomendou calorosamente para a aposentadoria. Recebi-a sem grande demora. Sei que a vontade divina de Láhiri Mahasaya operou através do médico e dos chefes da estrada de ferro, incluindo seu pai. Automaticamente, eles obedeceram à direção espiritual do grande guru e me deixaram livre para uma vida de comunhão incessante com o Bem Amado."

Depois desta extraordinária revelação, Swâmi Pranabananda mergulhou novamente em um de seus longos silêncios. Logo me despedi, tocando seus pés com reverência, e recebendo de volta a sua bênção:

"Sua vida pertence ao caminho da renúncia e da ioga. Ainda o verei outra vez, junto a seu pai." – Os anos trouxeram a confirmação de ambas as predições.

Kedar Nath Babu caminhava a meu lado na escuridão crescente. Entreguei-lhe a carta de meu pai, e logo meu companheiro a leu debaixo de um dos lampiões da rua.

"Muito bem, seu pai sugere que eu aceite um emprego no escritório da estrada de ferro em Calcutá. Que agradável, olhar para o futuro aguardando ao menos uma das aposentadorias de que goza Swâmi Pranabananda! Mas é impossível, pois não posso deixar Benares. Infelizmente ainda não tenho dois corpos!"

4. Minha fuga interrompida para o Himalaia

"Abandone a sala de aula dando algum pretexto qualquer e alugue um coche [espécie de carruagem]. Pare na travessa lateral, onde ninguém em minha casa possa vê-lo."

Estas foram minhas instruções finais a Amar Mitter, um colega de escola secundária que havia planejado me acompanhar ao Himalaia. Nós tínhamos escolhido o dia seguinte para realizar nossa fuga. Era necessário tomar algumas precauções, pois meu irmão Ananta exercia vigilância redobrada. Ele decidira frustrar os planos de fuga que suspeitava estarem preenchendo minha mente. O amuleto, como um fermento espiritual, trabalhava silenciosamente em meu interior. Eu esperava encontrar, em meio às neves do Himalaia, o mestre cuja face muitas vezes aparecia em minhas visões.

Minha família estava morando em Calcutá, para onde papai fora transferido em definitivo. Assim, obedecendo ao costume patriarcal hindu, Ananta trouxe sua noiva para viver em nossa casa, agora em Gurpar Road, 04. Enquanto isso, num quartinho do sótão, eu me entregava a meditações diárias, preparando minha mente para a busca divina.

A memorável manhã chegou com uma chuva pouco auspiciosa. Escutando o ruído das rodas do coche de Amar passando pela rua, embrulhei rapidamente um cobertor, um par de sandálias, duas tangas, um rosário, a fotografia de Láhiri Mahasaya e um exemplar do *Bhagavad Gita*. Atirei o embrulho pela janela de meu quarto no segundo andar. Desci as escadas correndo e passei pelo meu tio, que comprava peixe na porta.

"Ora, mas que excitação é essa?" – Ele lançou sobre mim um olhar cheio de suspeita.

Eu apenas sorri com ar inocente e avancei rumo à viela. Apanhando meu embrulho no chão, reuni-me a Amar com a cautela de um conspirador. Primeiramente fomos para Chandni Chank, uma zona comercial da cidade. Durante alguns meses, havíamos economizado o dinheiro de nosso lanche para comprar roupas inglesas. Tendo em mente que meu esperto irmão desempenharia facilmente o papel de detetive, nosso plano era tentar iludi-lo, disfarçados em trajes europeus.

Eventualmente paramos no meio de nosso caminho até a estação, para que se reunisse ao grupo meu primo, Jotin Ghosh (a quem eu chamava de Jatinda). Era um novo convertido, suspirando por um guru no Himalaia. Preparamos sua nova roupa inglesa e ele a vestiu. Trata-se de uma excelente camuflagem, pensávamos esperançosos. Uma grande euforia dominava nossos corações.

Agora só nos faltavam sapatos de lona. Levei meus companheiros a uma loja onde estavam expostos calçados com sola de borracha. Artigos de couro, obtido pela matança de animais, não deveriam ser usados numa viagem sagrada. Assim, me detive na rua para remover a capa de couro de meu *Bhagavad Gita* e as correias de couro de meu *sola topee* [capacete colonial inglês].

Na estação, compramos passagens para Burdwan, de onde planejávamos fazer baldeação e pegar outro trem para Hardwar, no sopé do Himalaia. Assim que o trem partiu junto conosco, dei rédea solta a algumas de minhas gloriosas previsões, gozando delas antecipadamente – até que não pude deixar de colocá-las em palavras:

"Imaginem só! Nós seremos iniciados pelos mestres e experimentaremos o transe da consciência cósmica. Nossos corpos serão carregados de tal magnetismo que os animais ferozes do Himalaia, ao se aproximarem, ficarão instantaneamente domados. Os tigres não passarão de dóceis gatinhos caseiros, à espera de nossas carícias!"

Este comentário, que descrevia perspectivas fascinadoras – tanto metafórica quanto literalmente –, produziu um sorriso entusiástico em Amar. Jatinda, todavia, desviou os olhos e os direcionou para a paisagem fugidia na janela.

"Vamos dividir o dinheiro em três partes." – Jatinda rompeu um longo silêncio com esta sugestão – "Cada um de nós deverá comprar sua própria passagem em Burdwan. Assim, ninguém na estação desconfiará de que estamos fugindo juntos."

Sem suspeitar de nada, concordei. Ao anoitecer, nosso trem parou em Burdwan. Jatinda foi ao guichê de passagens; Amar e eu ficamos sentados na plataforma. Esperamos cerca de quinze minutos; depois, preocupados, inquirimos sobre seu paradeiro. Procurando em todas as direções, gritávamos o nome de Jatinda com a insistência da angústia. Mas ele tinha desaparecido nos desconhecidos e obscuros arredores da pequena estação.

Fiquei completamente abatido, num estado de choque próximo do torpor. Não acreditava que Deus pudesse abençoar um incidente tão depressivo! Minha romântica fuga em direção a Ele, a primeira que fora fruto de um cuidadoso planejamento, tinha sido estragada de maneira cruel.

"Amar, devemos voltar para casa. Eu chorava feito criança. O adeus insensível de Jatinda é um mau presságio. Nossa viagem se destina ao fracasso."

"Ora, é esse o seu amor a Deus? Você não tem forças para suportar o pequeno teste da traição de um companheiro?"

Graças à ideia sugerida por Amar, de que se tratava tão somente de uma provação enviada por Deus, meu coração se acalmou. Logo nos refizemos com os famosos doces de Burdwan: *sitabhog* (manjar para a deusa) e *motichur* (pepitas de pérola doce). Horas depois, tomamos o trem para Hardwar, via Bareilly. Fazendo a baldeação no dia seguinte em Moghul Serai, discutimos um assunto vital enquanto esperávamos na plataforma:

"Amar, em breve poderemos vir a ser interrogados pelos funcionários da estrada de ferro. Não estou subestimando a astúcia de meu irmão! Aconteça o que acontecer, não direi uma única mentira."

"Mukunda, eu só lhe peço que não fale, não ria nem faça qualquer tipo de gesto enquanto eu falar."
Neste momento, um funcionário europeu da estação se aproximou de mim. Ele agitava um telegrama, cujo conteúdo eu pude adivinhar de imediato.

"Estão fugindo de casa, com raiva de algum familiar?"

"Não!" – Fiquei satisfeito por ele ter escolhido palavras que me permitiram lhe dar esta resposta enfática. Não era a raiva, mas "a mais divina melancolia" a responsável por meu comportamento pouco convencional.

Então o funcionário se voltou para Amar. O duelo de inteligente sutileza que sustentaram não me permitiu manter o aconselhado porte estoico diante da situação.

"Onde está o terceiro jovem?" – O homem colocou toda autoridade possível em sua voz – "Vamos, não adianta mentir."

"Senhor, percebo que está usando óculos. Não pode ver que somos apenas dois?" – Amar sorriu descaradamente – "Não sou um mágico, não posso tirar alguém da cartola."

O funcionário, visivelmente desconcertado com esta impertinência, buscou atacar outro campo vulnerável:

"Qual é o seu nome?"

"As pessoas me chamam de Thomas. Sou filho de mãe inglesa e pai hindu convertido ao cristianismo."

"Qual é o nome de seu amigo, rapaz?"

"Eu o chamo de Thompson."

Naquela altura, quase não me era mais possível segurar o riso; sem cerimônia, caminhei para o trem que, providencialmente, dava o apito de partida. Amar veio atrás, acompanhado pelo funcionário, que se tornara crédulo e prestativo ao ponto de nos alojar em um compartimento reservado a europeus. Evidentemente lhe doía ver dois jovens de sangue meio-inglês viajarem numa seção destinada aos nativos. Quando ele se despediu educadamente, eu logo reclinei meu assento e libertei minhas gargalhadas. Já o semblante de Amar trazia incontida satisfação por haver ludibriado daquela forma um funcionário europeu veterano.

Na plataforma, eu tinha dado um jeito de ler o telegrama. Era de meu irmão Ananta e dizia: "Três jovens bengalis, vestidos de maneira inglesa, fogem de casa, direção Hardwar, via Moghul Serai. Favor detê-los até minha chegada. Ampla recompensa por seus serviços."

Assim, enquanto seguíamos viagem, fui obrigado a reprovar meu amigo:

"Amar, eu o preveni que não deixasse em sua casa itinerários com horas assinaladas. Meu irmão deve ter encontrado algum anotação por lá."

Como um cordeiro arrependido, Amar reconheceu sua falta. Decorrido mais algum tempo de viagem, paramos brevemente em Bareilly, onde Dwarka Prasad nos esperava com mais um telegrama de Ananta. Dwarka tentou valentemente nos deter. Convenci-o de que nossa fuga não fora realizada por motivos fúteis. Como já tinha feito antes, Dwarka recusou meu convite de partir para o Himalaia.

Seguimos viagem até que à noite, enquanto nosso trem se detinha em certa estação e eu cochilava, Amar foi acordado por outro funcionário inquiridor. Este também foi vítima do híbrido sortilégio de "Thomas" e "Thompson". O trem nos levou a uma chegada triunfal em Hardwar, ao despontar a aurora. As majestosas montanhas se avolumavam convidativas à distância. Como um raio, atravessamos a estação e nos misturamos à multidão local, respirando nossa liberdade. Nosso primeiro ato foi mudar de roupa, envergando trajes indianos, pois Ananta certamente descobrira nosso disfarce europeu. Uma premonição de captura não saía de minha mente.

Reconhecendo que seria prudente partir de Hardwar sem tardar, compramos passagens para prosseguir em direção ao norte, até Rishikesh, terra santificada pelos pés de muitos mestres, desde épocas imemoriais. Eu já ia subindo no trem; mas, enquanto Amar se atrasava na plataforma, acabou sendo abruptamente detido pelo grito de um policial. Este indesejado vigilante nos escoltou até a delegacia de polícia e confiscou nosso dinheiro. Sendo muito cortês, explicou que era seu dever nos reter ali até a chegada de meu irmão mais velho.

Ao saber que nosso destino de fuga era o Himalaia, o oficial relatou uma estranha história:

"Vejo que são alucinados por santos! No entanto, jamais encontrarão maior homem de Deus do que um santo com quem estive ainda ontem. Um irmão de armas e eu o vimos pela primeira vez há cinco dias. Patrulhávamos o Ganges, em caçada feroz a um assassino. Tínhamos ordem de capturá-lo vivo ou morto. Sabíamos que ele usava disfarce de sádhu para roubar os peregrinos. Daí, a pouca distância, descobrimos uma figura cujos sinais coincidiam com a descrição do criminoso. Ele não tomou conhecimento de nossa ordem de 'alto lá!'; então corremos para subjugá-lo. Ao chegar por trás dele, brandi minha machadinha com tremenda força; o braço direito do homem foi quase completamente decepado.

Sem proferir um grito, ou sequer olhar a ferida horrenda, o desconhecido simplesmente prosseguiu com sua passada veloz, para o nosso assombro. Quando enfim o alcançamos e saltamos à sua frente, ele nos disse com uma voz mansa:

'Não sou o assassino que vocês procuram.'

Eu fiquei profundamente mortificado ao ver que havia ferido um sábio de olhar divino. Prostrei-me a seus pés, implorei seu perdão, ofereci-lhe meu turbante para estancar o sangue que jorrava em abundância. Mas o santo apenas me lançou um olhar de bondade, e disse:

'Filho, foi um engano compreensível de sua parte. Siga o seu caminho e não se reprove. A Mãe Divina toma conta de mim.' – Ele agarrou o braço pendente, apertou-o em seu lugar junto ao ombro e... ó maravilha! o braço grudou no lugar e, inexplicavelmente, o sangue parou de jorrar. – 'Volte dentro de três dias e me verá completamente curado; eu estarei ali, sob aquela árvore. Assim não sentirá mais remorso.'
Ontem, meu companheiro e eu fomos ansiosamente ao lugar combinado. O sádhu estava lá, e permitiu que nós examinássemos seu braço. Nenhuma cicatriz era visível, nem qualquer vestígio de ferimento!
'Vou para as solidões himalaicas, via Rishikesh.' – O sádhu nos abençoou e partiu com pressa. Sinto que minha vida ganhou nova elevação espiritual, graças à sua santidade."

O policial concluiu seu relato com lágrimas nos olhos; aquela experiência, sem dúvida alguma, o havia comovido e transportado a profundezas além da vida habitual. Com um gesto expressivo, ele me estendeu um recorte de jornal sobre o milagre. No estilo sensacionalista de certos periódicos (que infelizmente não faltam, mesmo na Índia!), a versão do repórter era um tanto exagerada; informava que o sádhu quase fora decapitado!

Amar e eu lamentamos não conhecer o grande iogue que perdoara seu perseguidor à maneira de Cristo. A Índia, materialmente pobre durante os dois últimos séculos, possui no entanto um lastro inesgotável de riqueza divina: por vezes "arranha-céus espirituais" podem ser vislumbrados, à beira do caminho, até mesmo por homens mundanos como este policial.

Agradecemos o oficial por ter aliviado nosso tédio com sua história maravilhosa. Ele provavelmente tentava insinuar ser mais afortunado que nós; sem qualquer esforço, havia cruzado o caminho de um santo iluminado; enquanto isso, nossa busca árdua havia findado não aos pés de um mestre, mas numa mísera delegacia de polícia.

Tão perto do Himalaia e, todavia, em nosso cativeiro, tão longe, confessei a Amar que eu sentia meu impulso de busca da liberdade ser multiplicado.

"Vamos escapar assim que tivermos uma oportunidade. Podemos ir a pé à sagrada Rishikesh." – Sorri para lhe dar coragem.

Meu companheiro, porém, tinha se tornado pessimista assim que a firme escora de nosso dinheiro nos foi arrancada.

"Se nos embrenharmos a pé na perigosa jângal [parque nacional], terminaremos não na cidade dos santos, mas no estômago dos tigres!"

Três dias depois, chegaram Ananta e o irmão de Amar. Amar saudou seu irmão com afetuoso alívio. Já eu permaneci inconciliável; Ananta só obteve de mim severa repreensão. Com brandura, meu irmão me disse:

"Eu compreendo como se sente. Tudo que lhe peço é que me acompanhe a Benares para conhecer certo sábio, e logo depois a Calcutá, para visitar nosso pai por alguns dias, pois ele está muito aflito com toda essa situação. Então, poderá retomar sua busca por um mestre neste lugar."

Amar interveio neste ponto da conversação para declarar que não tinha qualquer intenção de retornar a Hardwar comigo. Ele estava gozando o calor da família. Eu, por outro lado, tinha certeza de que jamais abandonaria minha busca até chegar ao guru.

Nosso grupo viajou de trem para Benares. Ali obtive resposta singular e instantânea para uma de minhas preces.

Um plano habilidoso tinha sido arquitetado previamente por Ananta: antes de ir ao meu encontro em Hardwar, ele se detivera em Benares para pedir a uma autoridade em matéria de Escrituras Sagradas a concessão de uma entrevista, mais tarde, quando voltasse comigo. O erudito e seu filho prometeram a Ananta que tentariam me dissuadir de vir a ser um sannyási [25].

Ananta me levou até essa casa. O filho, um jovem de maneiras exageradas, me cumprimentou no pátio. Em seguida, dedicou-se a proferir um longo discurso filosófico. Pretendendo conhecer por clarividência o meu futuro, queria lançar ao descrédito minha ideia de seguir a vida monástica:

"Você terá dissabores constantes e nunca achará Deus, se insistir em abandonar suas responsabilidades ordinárias. Não pode simplesmente queimar seu passaporte do karma [26] fugindo das experiências no mundo."

Em minha resposta, as palavras imortais do *Bhagavad Gita* subiram de meu coração até meus lábios:

"Até mesmo alguém com o pior dos karmas, se em Mim medita sem pausa, queima os efeitos de suas más ações. Transforma-se em um ser de alma excelsa e atinge em breve a paz definitiva. Tenha certeza disto: o devoto que confia em Mim jamais perece!" [IX, 30-31]

Os prognósticos forçados do jovem não abalaram minha confiança. Com todo o fervor de meu coração, orei a Deus em silêncio:

"Por favor, tira-me deste embaraço e me responda, aqui mesmo, se Tu desejas que eu leve uma vida de renúncia ou a de um homem mundano!"

Naquele momento, notei um sádhu de nobre aparência, além dos limites da propriedade do erudito. Evidentemente ouvira algo da animada conversação entre mim e o pretenso clarividente, pois o desconhecido me chamou a seu lado. Um imenso poder fluía de seus olhos tranquilos:

"Filho, não dê atenção a esse ignorante. Em resposta à sua prece, o Senhor me encarrega de lhe assegurar que seu caminho nesta vida é unicamente o da renúncia."

Com espanto e gratidão, dei um sorriso de felicidade intensa ao receber tal mensagem decisiva.

"Afaste-se desse homem!" – O ignorante chamava por mim, do pátio. Meu santo guia levantou a mão para me abençoar e afastou-se lentamente.
"Este sádhu é, como você, um doido varrido." – Desta vez, era o erudito de cabelos grisalhos quem fazia a encantadora observação. Ele e o filho me

olhavam com ar fúnebre: "Ouvi dizer que ele também abandonou seu lar por uma vaga procura de Deus."

Então, dei as costas a ambos. Disse a Ananta que eu não estava disposto a sustentar mais discussões com os donos da casa. Meu irmão concordou em partir imediatamente; assim, logo embarcamos de trem para Calcutá.

"Senhor detetive, como descobriu que eu fugira com dois amigos?" – Dei vazão à minha curiosidade interrogando Ananta em nossa viagem para casa. Ele sorriu maliciosamente antes de responder:

"Em sua escola, descobri que Amar havia deixado a sala de aula sem retornar. Na manhã seguinte, fui à casa dele e achei um itinerário de trens com horários assinalados. O pai de Amar estava de saída e dizia ao cocheiro: 'Meu filho não irá à escola comigo esta manhã; ele desapareceu.' Respondia o empregado: 'Ouvi um cocheiro, meu colega, dizer que seu filho e dois companheiros, vestidos com trajes europeus, tomaram o trem na estação de Howrah e presentearam com sapatos de couro o condutor dos cavalos.' Assim havia obtido três pistas: o horário, o trio de jovens amigos e a roupa inglesa."

Eu ouvia as revelações de Ananta com um misto de bom humor e de vergonha. Que mal endereçada tinha sido a nossa generosidade para com o cocheiro!

"Sabendo disso, naturalmente corri ao telégrafo para enviar mensagens aos chefes de estação em todas as cidades que Amar havia assinalado no horário dos trens. Ele havia sublinhado Bareilly; telegrafei a seu amigo Dwarka, que mora lá. Depois, através de um inquérito em nossa vizinhança em Calcutá, soube que o primo Jatinda esteve ausente por uma noite, mas voltou para casa na manhã seguinte, vestido de modo europeu. Então, eu o convidei para sair e jantar comigo. Ele aceitou e pronto, desarmado por minha atitude amigável. No caminho eu o conduzi, sem que suspeitasse, à delegacia de polícia. Jatinda foi cercado por diversos policiais que eu havia escolhido especialmente por seu aspecto feroz. Assim, diante daqueles olhares ameaçadores, nosso primo concordou em explicar sua misteriosa conduta: 'Eu parti rumo ao Himalaia, mentalmente flutuando num mar de alegria. Estava vibrante, entusiasmado diante da perspectiva de encontrar os mestres. Mas, quando Mukunda disse que durante nossos êxtases nas cavernas do Himalaia os tigres ficariam fascinados e sentariam à nossa volta como gatinhos mansos, minha alma gelou; gotículas de suor brotaram em minha testa. *E se não for assim?* – Pensei – *Se a natureza carnívora dos tigres não se modificar pelo poder de nosso transe espiritual, seremos mesmo tratados com a delicadeza dos gatos domésticos?* – Em minha imaginação, já me via hóspede compulsório do estômago de algum tigre; e não era entrando de uma só vez, de corpo inteiro, mas a prestações, em diversos pedaços!'

Minha raiva contra o desaparecido Jatinda logo se transmutou em riso. A hilariante explicação, dada no trem, valia por toda a angústia que ele havia me causado. Mas devo confessar que senti leve satisfação: Jatinda, também ele, não escapara de um encontro com a polícia!"

"Ananta, você nasceu um cão de caça autêntico!" – Em meu divertimento ainda havia um pouco de raiva contida. "Em todo caso, direi a Jatinda que estou contente por sua conduta não ser o fruto de disposições traiçoeiras, como me havia parecido, mas tão somente o seu instinto de sobrevivência em ação!"

Em nosso lar em Calcutá papai, bastante comovido, suplicou que eu mantivesse meus pés errantes contidos, ao menos até que tivesse encerrado os estudos secundários. Durante minha ausência, ele tinha carinhosamente amadurecido um plano, contratando um santo versado nas Escrituras, Swâmi Kebalananda [27], para vir com regularidade à nossa casa.

"Este sábio será o seu instrutor de sânscrito" – Anunciou meu pai, cheio de confiança.

Papai tinha a esperança de satisfazer meus anseios espirituais com instruções de um filósofo erudito. Todavia, num baralho sutil, as cartas logo mostraram outro jogo: meu novo mestre, longe de oferecer conhecimentos cheios de aridez intelectual, converteu-se em um abanador para atiçar, entre as cinzas, as brasas de minha aspiração por Deus. Meu pai não sabia que Swâmi Kebalananda era discípulo de Láhiri Mabásaya, e um dos de mais elevada espiritualidade. O grande guru tivera milhares de discípulos, silenciosamente atraídos pelo poder irresistível de seu divino magnetismo. Bem mais tarde, eu soube que Láhiri Mabásaya muitas vezes definia Kebalananda como um rishi, ou seja, um sábio iluminado.

O belo rosto de meu instrutor tinha, por moldura, barba e cabelos abundantemente encaracolados. Seus olhos negros eram sinceros, lembrando a transparência do olhar de uma criança. Todos os movimentos de seu corpo delgado revelavam a determinação em repouso. Sempre cortês e pleno de bondade, ele havia se estabelecido firmemente na consciência do infinito. Muitas de nossas horas mais felizes foram passadas, juntos, em profunda meditação de Kriya Yoga.

Kebalananda era notável autoridade nos antigos *shastras* ou livros sagrados; conquistara, por conta de sua erudição, o título de Shastri Mahasaya. Ainda assim o meu progresso na disciplina do sânscrito era praticamente nulo. Eu aproveitava toda oportunidade para me ver livre daquela gramática prosaica e conversar sobre ioga e Láhiri Mahasaya. Um dia, tive a honra de ouvir meu professor falar de seu convívio pessoal com o mestre:

"Bem, eu tive a rara felicidade de permanecer ao lado do mestre durante uma década. Seu lar em Benares era a meta de minha peregrinação todas as noites. O guru encontrava-se sempre em sua pequena sala de recepção no andar térreo. Ao sentar-se em posição de lótus num banco de madeira sem encosto, seus discípulos formavam uma semicírculo a seus pés. Seus olhos cintilavam e bailavam com alegria divina [28]. Ele costumava mantê-los semicerrados, contemplando, através do olho telescópico interior, a esfera de beatitude perene. Raras vezes se alongava ao discursar. De vez em quando o seu olhar focalizava um estudante precisando de ajuda; então, palavras impregnadas de vibrações curativas e consoladoras fluíam numa avalanche de luz.

De fato, uma paz indescritível florescia dentro de mim ao simples olhar do mestre. Sua fragrância me inebriava, como se viesse de um lótus do infinito. Estar com ele, mesmo sem trocar uma palavra durante muitos dias, era uma experiência que alterava todo o meu ser. Se alguma barreira invisível se interpunha no caminho de minha concentração, eu ia meditar aos pés do guru. Ali atingia facilmente estados de consciência sutilíssimos. Tais percepções me escapavam na presença de instrutores menores. O mestre era um templo vivente de Deus, cujas portas secretas se abriam para todos os discípulos através da devoção.

Láhiri Maliásaya não era um mero intérprete erudito das Escrituras. Sem esforço algum, ele mergulhava na 'Biblioteca Divina'. Da fonte de sua onisciência, emanavam os pensamentos como gotas de orvalho, e as palavras, como espumas. Possuía a chave maravilhosa que destrancava a profunda ciência filosófica, ocultada nos *Vedas* há milênios atrás. Se lhe pediam que explicasse os diferentes planos de consciência mencionados nos textos arcaicos, concordava sorrindo:

'Atingirei tais estados e, ao mesmo tempo, lhes direi o que estou percebendo.'

Era, assim, diametralmente oposto aos professores que aprendem as Escrituras de memória e depois explicam abstrações das quais não têm nenhuma experiência.

'Por favor, explique os versículos sagrados à medida que o significado deles lhe vier à mente.' – O guru costumava dar esta ordem a um discípulo próximo. – 'Não se preocupe, eu guiarei seus pensamentos para que faça a interpretação correta.'

Desta forma, muitas das percepções de Láhiri Mahasaya puderam ser registradas, acrescidas de volumosos comentários feitos por vários estudantes. No entanto, o mestre jamais nos ensinou a acreditar servilmente nessas coisas:

'Palavras são apenas conchas. Adquira a convicção da presença de Deus através do seu próprio contato com a Beatitude, em sua meditação.'

Assim, fosse qual fosse o problema do discípulo, o guru aconselhava Kriya Yoga como solução:

'A chave da ioga não perderá sua eficiência quando eu não estiver mais presente no corpo para guiar meus discípulos. É uma técnica que não pode ser encadernada, arquivada e esquecida, tais quais as inspirações teóricas. Continuem sem interrupções no caminho de libertação através do Kriya, pois seus poderes residem em sua prática.'

Eu mesmo considero o Kriya Yoga o mais eficiente recurso de salvação, pois o homem aplica seu esforço pessoal na busca do Infinito." – E, tendo dito isso, Kebalananda concluiu seu testemunho: "Através do seu uso, o Deus Onipotente, oculto em todos os homens, tornou-se uma encarnação visível em Láhiri Mahasaya, e até mesmo em alguns de seus discípulos."

Um milagre crístico, realizado por Láhiri Mahasaya, ocorreu na presença de Kebalananda. Um belo dia meu santo tutor relatou a história, afastando os olhos dos livros de sânscrito abertos sobre a mesa:

"Um discípulo cego, chamado Ramu, despertou minha compaixão. Afinal, por que ele não teria luz em seus olhos, quando servia com tanta fidelidade nosso mestre, em quem a Divindade resplandecia plenamente? Certa manhã, procurei falar com Ramu; todavia, ele se sentava pacientemente, durante horas, refrescando o ar em torno de seu guru com um *punkha* – espécie de abanador feito à mão, com folhas de palmeira. Quando finalmente o devoto deixou o lar do mestre, eu o segui:

'Ramu, há quanto tempo você é cego?'

'Desde o nascimento, senhor! Meus olhos jamais foram abençoados com um vislumbre do sol.'

'Quem sabe nosso guru onipotente possa ajudá-lo. Suplique sua ajuda, por favor!'

No dia seguinte, Ramu se aproximou de Láhiri Mahasaya, mas estava tímido. O discípulo sentia quase vergonha de pedir que uma benesse física fosse acrescentada à sua superabundância espiritual.

'Suplico a meu mestre, dentro de quem está Aquele que ilumina o cosmos: conduza a Sua luz aos meus olhos para que eu também possa perceber o tênue resplendor do sol.'

'Ramu, alguém o levou a me colocar em uma posição difícil. Eu não tenho o poder de curar.'

'Senhor, o Infinito dentro do guru pode de fato curar.'

'Isso é bem diferente, Ramu. Para Deus não há limites! Ele, que acende as estrelas e as células da carne com misterioso esplendor de vida, pode lhe trazer, seguramente, o brilho da visão aos olhos.'

Em seguida, o mestre tocou a testa de Ramu no ponto médio entre as sobrancelhas [29] e disse:

'Mantenha sua mente concentrada aí, e cante com frequência o nome do profeta Rama [30] ao longo de sete dias. O esplendor do sol terá uma aurora especial para você.'

E, como prometido, ao fim daquela semana, aconteceu! Pela primeira vez em sua vida, Ramu contemplou a bela face da natureza. Deus Onisciente havia, sem erro, induzido o discípulo a repetir com fé o nome de Rama, por ele adorado acima de todos os santos. A fé de Ramu era o solo devocional já arado, onde germinou a poderosa semente da cura permanente, plantada por seu guru."

Kebalananda ficou em silêncio por um momento, e depois prestou novo tributo a seu guru:

"Era evidente, em todos os milagres realizados por Láhiri Mahasaya, que ele jamais consentia que o 'ego' [31] fosse considerado a força causal. Por conta de sua perfeita submissão ao Supremo Poder de Curar, o mestre permitia que este fluísse livremente através de si. Os diversos corpos que foram espetacularmente curados através de Láhiri Mahasaya tiveram, um dia, de alimentar as fogueiras de cremação. Todavia, o silencioso despertar de espíritos que ele operou, os discípulos crísticos por ele formados, são eles os seus milagres imperecíveis."

No final das contas, eu nunca cheguei a ser um erudito em sânscrito; Kebalananda me ensinou uma sintaxe mais divina.

5. Um "Santo dos Perfumes" exibe suas maravilhas

"Tudo tem sua época, e há um tempo determinado para todo objetivo sob o céu." [*Eclesiastes*, 3:1]

Infelizmente eu não possuía esta sabedoria de Salomão para me consolar; meus olhos buscavam, insistentemente, em qualquer passeio longe de casa, identificar a face do guru ao qual estava destinado. Meu caminho, entretanto, não se cruzou com o dele antes do final dos meus estudos secundários.

Dois anos se passaram entre minha tentativa de fuga ao Himalaia, com Amar, e o dia extraordinário em que Sri Yutéswar apareceu em minha vida. Nesse intervalo, conheci diversos sábios: o Santo dos Perfumes, o Swâmi Tigre, Nagendra Nath Bháduri, o mestre Mahasaya e o famoso cientista bengali Jâgadís Chandra Bose.

Bem, o meu encontro com o Santo dos Perfumes teve dois preâmbulos: um harmonioso e outro humorístico.

"Deus é simples. Tudo o mais é complexo. Não procure valores absolutos no mundo relativo da natureza."

Tais verdades últimas da filosofia chegaram com suavidade aos meus ouvidos, enquanto eu permanecia silencioso num templo, perante a imagem de Káli [32]. Virando, me deparei com um homem alto, cujo traje, ou antes a ausência deste, o denunciava como sendo um sádhu errante.

"O senhor verdadeiramente penetrou na perplexidade dos meus pensamentos." – Eu lhe sorri agradecido – "Cabeças mais sábias que a minha têm ficado um tanto confusas ante o enigma da natureza, onde se mesclam aspectos benignos e terríveis, simbolizados por Káli!"

"Ora, poucos desvendaram o mistério dela! O bem e o mal são enigmas desafiadores que a vida coloca perante cada inteligência, tal qual a esfinge. Sem atingir uma solução, a maioria dos homens paga a multa com sua vida: a pena máxima, tanto hoje quanto nos dias de Tebas; só aqui e ali, de vez em quando, aparece uma figura solitária que nunca se dá por vencida. Ela arranca da ilusão da dualidade (maya) [33] a verdade indivisível da unidade."

"Percebo que fala pleno de convicção, senhor."

"Por um longo tempo me exercitei numa introspecção honesta, me aproximando da sabedoria por um caminho primorosamente doloroso. O autoexame, a implacável observação dos próprios pensamentos, é uma experiência árdua e devastadora. Pulveriza o ego mais resistente. A verdadeira autoanálise opera matematicamente para produzir videntes. Pela via oposta, quem envereda pela extrospecção, pelas auto aprovações, se torna um egoísta, fiado em seu direito à interpretação particular de Deus e do universo."

"Sem nenhuma dúvida, a verdade se retira humildemente diante dessa arrogante originalidade." – Acrescentei, encantado com aquele debate de ideias.

"O homem não poderá compreender nenhuma verdade eterna enquanto ele mesmo não se libertar de suas próprias pretensões. A mente humana, poluída por lodo milenar, fervilha de vida repulsiva, animada por incontáveis ilusões mundanas. Esforços empreendidos nos campos de batalha empalidecem e reduzem-se à insignificância quando o homem, pela primeira vez, tem de lutar contra inimigos dentro de si! Não se trata mais de adversários mortais, que podem ser conquistados pelo poder devastador das armas de guerra. Onipresentes, incansáveis, perseguindo o homem mesmo durante o sono, sutilmente equipados com armas de emanações etéreas, tais soldados, ignorantes apetites sensuais, buscam nos assassinar a todos. Insensato é o homem que enterra seus ideais e se rende a um destino vulgar. O que ele poderá parecer no fim das contas, senão uma criatura impotente, desastrada, abjeta?"

"Mas, respeitável senhor, não lhe despertam simpatia as multidões desorientadas?"

O sábio permaneceu silencioso por um momento, depois deu uma resposta indireta a minha indagação:

"Devemos amar a ambos, ao Deus Invisível, repositório de todas as virtudes, e ao homem visível, aparentemente destituído de qualquer virtude. Por certo, tal empreitada é muitas vezes desconcertante. Mas a inteligência do homem se encontra à altura do problema. O exame interior não tarda em mostrar uma unidade em todas as mentes humanas: o forte parentesco dos motivos egoístas. Pelo menos nesse sentido, a fraternidade dos homens nos é revelada. Uma assombrosa humildade segue-se logo após este descobrimento nivelador. E assim, amadurecemos a compaixão por nossos companheiros de jornada, cegos às potências curadoras da alma – que permanecem lá dentro, aguardando a sua exploração."

"Eu penso, senhor, que os santos de todas as épocas sentiram essa mesma piedade pelas dores do mundo."

"Somente o homem superficial perde a empatia para com as aflições do próximo, na medida em que submerge em seu próprio e estreito sofrimento." – A face austera do sádhu agora estava notadamente mais suave – "Quem pratica o dissecar de si mesmo, experimenta uma expansão de piedade universal. É aliviado das demandas ensurdecedoras de seu ego. O amor a Deus floresce em um solo como este. A criatura enfim se volta para seu Criador, senão por outro motivo, ao menos para perguntar com angústia: 'Por que, Senhor, por quê?' — Através das ignóbeis chicotadas da dor, o homem é conduzido afinal à Presença Infinita, cuja beleza deveria ser a única a fasciná-lo."

Eu e o sábio nos encontrávamos no Templo de Kálighát, em Calcutá, onde fazia uma visita para conhecer sua famosa magnificência. Porém, com um gesto que varria os arredores, meu companheiro de ocasião declarou ser dispensável toda aquela imponência artística:

"Tijolos e argamassa não nos cantam melodia alguma; o nosso coração abre-se somente para o cântico do ser humano."

Vagávamos à entrada do templo, à luz convidativa do sol; ao nosso redor, uma multidão de devotos entrava e saía. O sábio me examinava, pensativo, até que disse:

"Você é jovem. A Índia também é jovem. Os antigos rishis [34] estabeleceram padrões indestrutíveis de vida espiritual. Seus antigos aforismos bastam aos nossos dias e à nossa terra. Tais preceitos disciplinares ainda modelam a Índia, sem jamais terem sido afetados por novas modas espirituais, e sem necessidade de adulteração para enfrentar os ardis do materialismo. Eles nos guiaram por milênios, mais numerosos do que os especialistas se dão ao trabalho de calcular! O Tempo, cético dentre os céticos, revalidou o mérito dos *Vedas*. Faça deles a sua herança!"

Ao me despedir respeitosamente do eloquente sádhu, ele me revelou algo que havia percebido através de sua clarividência:

"Hoje, após sair daqui, você terá uma experiência incomum."

Abandonei o recinto do templo e segui perambulando pelas ruas, sem objetivo definido. Ao virar uma esquina, me deparei com um velho conhecido, uma dessas pessoas cujos poderes de elocução ignoram o tempo e abraçam a eternidade.

"Permitirei que siga seu caminho" – Foi a sua promessa – "depois de me contar tudo o que aconteceu durante os seis anos em que estivemos separados."

"Que paradoxo! Preciso deixá-lo agora."

No entanto, enquanto me segurava pelo braço, ele arrancava de mim retalhos de informação. "Mais parecia um lobo faminto" – pensei, me divertindo com a situação; quanto mais extensamente me obrigava a falar, com mais gula ele farejava outras notícias. Em meu íntimo, supliquei à Deusa Káli que inventasse um meio de eu escapar dali sem ser indelicado.

Subitamente, meu companheiro me deixou. Suspirei aliviado e redobrei as passadas, temendo uma recaída em sua febre por novidades. Ouvindo passos apressados atrás de mim, aumentei a velocidade. Sequer ousava olhar para trás. Todavia, com um salto, o jovem me alcançou, segurando-me educadamente pelo ombro:

"Eu me esqueci de lhe falar sobre Gandha Baba (o Santo dos Perfumes). Aquela casa tem a honra de hospedá-lo." – E apontou para uma moradia próxima – "Não deixe de ir vê-lo; é interessante, você terá uma experiência incomum. Adeus." – E, desta feita, ele realmente me deixou.

A predição do sádhu, expressa com as mesmas palavras momentos antes no templo de Kálighát, não me saía da mente. Intrigado, entrei na casa e vi que me encontrava numa espaçosa sala de recepção. Uma pequena multidão de gente estava sentada, à maneira oriental, aqui e ali, sobre o espesso tapete alaranjado. Um murmúrio de temor respeitoso chegou aos meus ouvidos:

"Eis aqui Gandha Baba, sobre a pele de leopardo. Ele pode conferir o perfume natural de qualquer flor para outra sem aroma, revivificar uma flor murcha, ou fazer com que a pele de uma pessoa exale uma fragrância deliciosa."

Observei diretamente o santo; logo, seu olhar também pousou no meu. Era um homem gordo, barbado, de pele escura e grandes olhos brilhantes.

"Tenho prazer em vê-lo aqui, filho. Diga o que deseja. Gostaria de algum perfume?"

"Para quê?" – Confesso que sua pergunta me pareceu um tanto infantil.

"Para experimentar a via miraculosa da apreciação de perfumes."

"Está competindo com Deus na fabricação de perfumes?"

"Que tem isso? Deus fabrica perfumes com ou sem competidores."

"Sim, mas Ele modela frascos de pétalas muito frágeis, para uso temporário. O senhor também pode materializar flores?"

"Eu costumo me concentrar em materializar perfumes, amiguinho."

"Assim as fábricas de perfume irão à falência."

"Nada tema, eu permitirei que elas mantenham o seu comércio! Meu único propósito é demonstrar o poder de Deus."

"Mas senhor, é realmente necessário provar Deus? Ele não está realizando milagres em todas as coisas, em todo lugar?"

"Sim, sim, mas nós também deveríamos manifestar algo de Sua infinita variedade criativa."

"Quanto tempo lhe custou para dominar sua arte?"

"Doze anos."

"Para fabricar aromas por meios astrais! Parece-me, honrado santo, que o senhor andou desperdiçando uma dúzia de anos; tudo para produzir fragrâncias que poderia obter por algumas rúpias em qualquer floricultura."

"Ora, mas os perfumes desaparecem junto com as flores!"

"Os perfumes desaparecem com a morte. Por que eu deveria desejar aquilo que satisfaz somente ao corpo?"

"Senhor filósofo, sua inteligência me satisfaz. Agora estenda a sua mão direita." – Ele fez um gesto de bênção.

Eu me encontrava a alguns passos de distância de Gandha Baba, e nenhuma outra pessoa se encontrava próxima o bastante para alcançar meu corpo. Estendi a mão que o iogue nem sequer me tocou.

"Que perfume você deseja?"

"Rosa."

"Que assim seja."

Para grande surpresa minha, um encantador perfume de rosa brotou, intenso, da palma de minha mão. Sorridente, retirei uma grande flor branca e inodora de um vaso nas proximidades.

"Estas pétalas sem fragrância podem ser impregnadas com o perfume do jasmim?"

"Que assim seja."

O aroma do jasmim emergiu instantaneamente da flor. Agradeci ao autor das maravilhas e me sentei ao lado de um dos seus discípulos. Este me informou que Gandha Baba, cujo nome próprio era Vishudhananda, havia aprendido muitos espantosos segredos iogues de um mestre no Tibete. Ele ainda me assegurou que o iogue tibetano atingira idade superior a mil anos.

"Seu discípulo, Gandha Baba, nem sempre opera demonstrações aromáticas empregando a simples forma verbal, conforme você viu agora pouco." – O estudante falava de seu mestre com óbvia admiração. "Sua conduta difere bastante, de acordo com a diversidade de temperamentos das testemunhas. Ele é maravilhoso! Entre seus adeptos contam-se muitos membros das altas esferas intelectuais de Calcutá."

Em meu íntimo, decidi não me juntar àquela soma de discípulos. Um guru tão literalmente "maravilhoso" não correspondia ao meu gosto. Agradecendo educadamente a Gandha Baba, parti dali. Enquanto caminhava de volta ao meu lar, refletia acerca dos três encontros diversos daquele mesmo dia.

Chegando à entrada de nossa casa em Gurpar Road, fui recebido por minha irmã Uma:

"Ora, mas que requinte é esse, deu para usar perfumes agora!"

Sem dizer uma palavra, ofereci minha mão para que ela pudesse apreciar o perfume.

"Que atraente fragrância de rosa! É inusitadamente forte."

Pensei comigo que ela era, na realidade, "fortemente inusitada"; a seguir, em silêncio, coloquei a flor astralmente perfumada sob as narinas de Uma.

"Oh, eu amo jasmim!" – Ela pegou a flor. Seu rosto exprimia certa confusão enquanto aspirava repetidamente o aroma de jasmim, de um tipo de flor que ela sabia muito bem ser inodora. Sua reação desfez minhas suspeitas de que Gandha Baba tivesse me induzido a um estado de autossugestão, onde somente eu poderia perceber os perfumes.

Mais tarde, ouvi de um amigo, Alakananda, que o Santo dos Perfumes tinha um poder específico; um tipo de poder que eu desejaria que todos os famintos do mundo também tivessem:

"Eu estava presente, com uma centena de outros convidados na casa de Gandha Baba, em Burdwan." – Contou-me Alakananda – "Era uma ocasião de gala. Como o iogue tinha fama de poder extrair objetos do ar, fui lhe pedir, rindo, que materializasse algumas tangerinas, frutas que não se colhiam naquela estação do ano. Imediatamente, estufaram-se os pãezinhos achatados, *lúchis* [tipo de pão indiano], visíveis em todas as folhas de banana que serviam de pratos. Cada um dos envelopes feitos de pão escondia uma tangerina descascada. Provei a minha com certo receio, mas acabei achando deliciosa."

Anos mais tarde, mediante a realização interna, compreendi como Gandha Baba efetuava tais materializações. Mas, infelizmente, o método está fora do alcance das multidões famintas do mundo.

Os diferentes estímulos sensoriais a que o homem reage – táctil, visual, gustativo, auditivo e olfativo – são produzidos por variações vibratórias nos elétrons e prótons. As vibrações, por sua vez, são reguladas por "vitatrons", forças vitais muito refinadas ou energias ainda mais sutis que as atômicas; já os "vitatrons" são inteligentemente animados pelas cinco ideias que constituem a substância mental matriz dos sentidos.

Gandha Baba, sintonizando com a força cósmica por meio de certas práticas de ioga, era capaz de dirigir os "vitatrons", de modo a recombinar sua estrutura vibratória e assim alcançar o resultado desejado. Assim, seus perfumes, frutas e outros milagres eram materializações autênticas no mundo vibratório exterior, e não sensações internas produzidas por hipnose.

A prática de milagres, tais como os efetuados pelo Santo dos Perfumes, é algo espetacular, mas inútil do ponto de vista da espiritualidade. Não tendo outro objetivo além do simples entretenimento, são distrações diante da busca e do efetivo conhecimento de Deus.

O hipnotismo tem sido usado por médicos em operações de menor importância, como espécie de clorofórmio psíquico para pessoas que poderiam ser prejudicadas por um anestésico. O estado hipnótico, no entanto, é nocivo às pessoas submetidas a ele com muita frequência; ao seu efeito psicológico negativo sucede, com o tempo, a degeneração das células cerebrais. Hipnotizar é violar o território da consciência alheia.

Os fenômenos temporários do hipnotismo nada têm de similar com os milagres produzidos por homens unificados com a Divindade. Despertos em Deus, os verdadeiros santos efetuam alterações neste mundo de sonho, sempre através de uma vontade em harmonia com o Sonhador da Criação Cósmica.

Os mestres desprezam a exibição de poderes exóticos. Certa vez, o místico persa Abu Said riu de alguns faquires, praticantes do ascetismo muçulmano, que se orgulhavam de seus poderes miraculosos sobre a água, o ar e o espaço:

"Ora, uma rã também se sente em casa dentro d'água!" – Observou Abu Said, com refinada ironia. "O corvo e o abutre cruzam facilmente os ares; o diabo está presente, ao mesmo tempo, no Oriente e no Ocidente. Um homem verdadeiro é o que vive com retidão entre seus companheiros, o que compra e vende e, todavia, nem por um instante se esquece de Deus!

[35]" – Já noutra ocasião, o grande instrutor persa expressou sua opinião acerca da vida religiosa: "É abandonar o que tiver na cabeça (desejos e ambições egoístas); é dar livremente o que tiver na mão; e jamais recuar ante os golpes da adversidade!"

E, no fim das contas, nem o sábio imparcial do Templo de Kálighát, nem o iogue treinado no Tibete aplacaram meu anseio ardente por um guru. Meu coração não necessitava de um tutor para suas certezas; podia, por si só, gritar um espontâneo "bravo!", tanto mais ressoante quanto menos frequentemente era arrancado de seu silêncio.

Quando enfim encontrei meu mestre, ele me ensinou, tão somente pela sublime beleza do exemplo, toda magnitude de um verdadeiro homem.

6. O Swâmi Tigre

"Descobri o endereço do Swâmi Tigre. Amanhã lhe faremos uma visita."

Esta sugestão vinha de Chandi, um dos meus colegas da escola secundária, e foi muito bem acolhida. Eu estava ansioso por conhecer o santo que em sua vida pré-monástica havia capturado alguns tigres, valendo-se tão somente de suas mãos nuas. Em mim residia, vigoroso, um entusiasmo de menino por façanhas tão notáveis.

A manhã do dia seguinte nos envolveu num frio invernal, mas Chandi e eu partimos alegremente. Depois de buscas inúteis em Bhowanipur, fora de Calcutá, chegamos à casa certa. Pendiam da porta duas argolas de ferro que fiz soar ruidosamente. Inabalável ao estrondo, um criado se aproximou com passadas lentas. Deixava subentendido, com seu sorriso irônico, que visitantes barulhentos não tinham o poder de perturbar a tranquilidade da casa de um santo.

Compreendendo a silenciosa repreensão, meu companheiro e eu agradecemos o convite para entrar na sala. Nossa longa espera ali nos encheu de apreensões. Na Índia, a lei não escrita para os que buscam a verdade é a paciência – dessa forma um mestre pode, propositadamente, submeter à prova a paciência de quem anseia encontrá-lo. Tal ardil psicológico é livremente empregado no Ocidente por médicos e dentistas!

Enfim conduzidos pelo criado, Chandi e eu entramos no quarto de dormir. O famoso Swâmi Sohong [nome monástico do Swâmi Tigre] estava sentado sobre o leito. Seu corpo descomunal nos causou alguma estranheza. Permanecemos perto da porta, emudecidos e com os olhos arregalados. Nunca antes havíamos contemplado um tórax daquela amplitude, nem um bíceps do tamanho de bolas de futebol. Sobre o imenso pescoço, o seu rosto calmo, porém de aparência feroz, apresentava flutuantes cabelos encaracolados, barba e bigode. Cintilavam em seus olhos escuros qualidades de pombo e de tigre. Não vestia roupas, exceto uma pele de tigre ao redor da cintura musculosa.

Recuperando a fala, meu amigo e eu cumprimentamos o monge, expressando nossa admiração por suas proezas na exótica arena de felinos:

"Por gentileza, seria possível nos dizer como é possível subjugar com os próprios punhos o mais feroz dos animais da jângal, o tigre real de Bengala?"

"Meus filhos, para mim, lutar com tigres não é nada de extraordinário. Eu poderia lutar com um agora mesmo, se necessário." – Ele deu uma risada de menino. – "É que para vocês um tigre é um tigre; mas, para mim, é um filhote de gato."

"Swâmi, penso que eu poderia impressionar meu subconsciente com a ideia de que os tigres são filhotes de gato; mas poderia eu convencer os próprios tigres de que eles são gatinhos?"

"Bem, é evidente que a força também se faz necessária! De um bebê, que confunde o tigre com um gato doméstico, não se deve esperar a vitória! Mas minhas mãos são armas poderosas o suficiente."

Em seguida, ele nos pediu para acompanha−lo até o pátio, onde esmurrou a borda de um muro; um tijolo caiu e se espatifou no chão: pela fenda, comparável ao espaço de um dente perdido pelo muro, o céu se insinuava atrevidamente. Sentia−me aturdido de espanto; pensei: quem pode remover de um só golpe um tijolo cimentado em uma parede sólida deve poder, por certo, arrancar os dentes de um tigre!

"Existem homens com força física comparável à minha; todavia, falta−lhes a tranquila confiança. Os que têm corpos musculosos, mas mentes frágeis, podem muito bem desmaiar diante da simples visão de um animal selvagem saltando com liberdade pela floresta. O tigre, em sua ferocidade selvagem, em seu ambiente nativo, é muito diferente do animal de circo dopado com ópio! No entanto, muitos homens de força hercúlea têm se visto aterrorizados e desamparados ante a investida de um tigre de Bengala. Assim, o tigre converteu o homem, mentalmente, em um gato medroso. É perfeitamente possível a um homem, possuidor de corpo vigoroso e imensa determinação, inverter a situação e forçar o tigre a se convencer de que é um gatinho indefeso. Quantas vezes eu mesmo o consegui!"

Eu estava bastante inclinado a acreditar que o titã à minha frente era capaz de realizar a metamorfose do tigre em gato. Ele emanava um ar professoral; Chandi e eu o escutávamos com todo o respeito.

"Cabe à mente manejar os músculos. A força de uma martelada depende da energia que nela se aplica; o poder expresso pelo corpo, o instrumento físico do homem, depende de sua vontade mais arraigada, assim como de sua coragem. O corpo é literalmente construído e sustentado pela mente. Sob a pressão de instintos de vidas anteriores, fraquezas e forças vão se infiltrando gradualmente na consciência humana e eventualmente se expressam como hábitos que, por sua vez, moldam um corpo desejável ou indesejável. A fragilidade física tem origem mental; em uma espécie de círculo vicioso, o corpo enfraquecido pelos hábitos constrange a mente. Se o senhor permite ao servo que lhe dê ordens, este se torna autocrático; assim também, a mente acaba por se tornar escrava quando se submete aos ditames do corpo."

Por conta de um pedido nosso, o impressionante swâmi concordou em narrar algumas histórias de sua vida.

"Minha primeira ambição foi lutar com tigres. Minha vontade era poderosa, mas meu corpo ainda era frágil." – Uma exclamação de surpresa escapou de meus lábios. Parecia incrível que este homem, agora com "ombros de Atlas, feitos para sustentar os céus", pudesse ter conhecido a fragilidade. Ele prosseguiu:

"Foi através de uma indomável persistência em pensamentos de saúde e força que venci minha situação desvantajosa. Assim, sinto que tenho todo o direito de exaltar o soberano poder mental que considero o verdadeiro dominador dos tigres de Bengala."

"Swâmi, você acredita que eu poderia lutar com tigres?" – Esta foi a primeira e última vez que um desejo tão bizarro me passou pela cabeça!

"Sim." – Ele sorriu – "Mas há diversas espécies de tigres; alguns vagam pelas selvas dos desejos humanos. Nenhum benefício espiritual advém de golpear as feras até deixá-las inconscientes. É preferível se sagrar vitorioso nas proezas internas."

"Ó senhor, nós podemos saber como você se converteu de domador de tigres selvagens em um domador de paixões selvagens?"

O Swâmi Tigre silenciou. Seus olhos assumiram uma expressão longínqua, evocando visões de anos distantes no passado. Percebi neles a sua breve luta mental para decidir se iria responder aquele meu pedido. Finalmente, sorriu em concordância:

"Quando minha fama atingiu o auge, fiquei inebriado de orgulho. Resolvi não só lutar contra os tigres, mas exibir-me em domá-los com o uso de artimanhas. Então iniciei minhas exibições públicas com sucesso satisfatório. Uma noite, porém, meu pai entrou em meu quarto com ar pensativo:

'Filho, venho lhe trazer palavras de advertência; gostaria de salvá-lo de males futuros, produzidos pelas mós trituradoras de causa e efeito.'

'Precisa ser tão fatalista, meu pai? Devo permitir que a superstição represe as águas impetuosas de minhas atividades?'

'Não sou fatalista, meu filho. Mas creio na justa lei de retribuição, como ensinam as Santas Escrituras. Há ressentimento contra você na família da selva; e algum dia ele cobrará um preço.'

'Ora, me surpreende que pense assim, pai, pois você conhece muito bem o que são os tigres: belos, mas impiedosos! Quem sabe? Meu sangue talvez injete um pouco de consideração e de juízo em suas torpes cabeças. Se eu sou um mestre na escola de aperfeiçoamento da floresta, é para lhes ensinar boas maneiras! Por favor, pai, pense em mim como um domador de tigres, e jamais como um matador de animais. Como poderiam minhas boas ações me prejudicar? Assim, eu lhe peço que não me imponha uma ordem que altere o meu estilo de vida.'"

Chandi e eu ouvíamos com atenção, compreendendo o dilema de seu passado. Na Índia, um filho não desobedece levianamente aos desejos dos pais. O Swâmi Tigre prosseguiu a história:

"Em um silêncio estoico, papai considerou os motivos expostos; e logo depois, com palavras graves, me fez esta revelação:
'Ó meu filho, você me obriga a relatar uma predição de mau agouro, proferida pelos lábios de um santo. Ele se aproximou de mim ontem, quando, sentado no pórtico, eu fazia minha meditação diária: *Querido amigo, trago uma mensagem para seu filho beligerante. Pare com suas atividades selvagens. Se não o fizer, de seu próximo encontro com um tigre resultarão ferimentos gravíssimos, e durante seis meses ficará enfermo, às portas da morte. Então, abandonará suas práticas anteriores, e enfim se tornará um monge.*'
Todavia, toda aquela narrativa não me impressionou. Considerei que papai tinha sido somente uma vítima crédula de algum fanático alucinado."

O Swâmi Tigre fez esta confissão com um gesto de impaciência, como se reconhecesse a sua própria tolice. Em áspero silêncio, por longo tempo, parecia esquecido de nossa presença no recinto. Quando retomou o fio da narrativa, o fez de súbito, com uma voz oprimida pelo arrependimento:
"Pouco depois do aviso de meu pai, visitei a capital de Cooch Behar. Aquela terra pitoresca era nova para mim, e ali esperava desfrutar um período de sossego. Todavia, como ocorria em toda parte, uma multidão curiosa me acompanhava pelas ruas. Eu podia escutar alguns fragmentos de comentários sussurrados:
'Veja, este é o homem que luta com tigres selvagens!'

'São pernas ou troncos de árvore o que ele tem?'
'Olha a cara dele! Deve ser a encarnação do próprio rei dos tigres!'
Como vocês bem sabem, a garotada das aldeias funciona como a última edição de um jornal! Com que velocidade os boletins orais do mulherio, sempre atualizados, circulam de casa em casa! Dali a poucas horas, a cidade inteira fervilhava de excitação; tudo devido à minha presença.

Certa noite, enquanto relaxava tranquilo, ouvi o ruído de cascos de cavalo a galope. Eles pararam bem em frente à minha morada. Um grupo de policiais altos, usando turbantes, entrou.

Surpreso com aquela situação, eu recuei. 'Tudo é possível vindo desta gente da lei', pensei, 'talvez queiram me levar para me impor um trabalho fora de minha alçada.' Os oficiais, no entanto, se curvaram em respeito a minha pessoa:

'Honrado senhor, fomos enviados para lhe dar boas-vindas em nome do Príncipe de Cooch Behar. Ele tem o prazer de convidá-lo para uma visita ao seu palácio, amanhã cedo.'

Considerei brevemente aquele convite. Por alguma razão obscura, senti um grande pesar em imaginar aquela interrupção em minha viagem, tão tranquila até então. Mas a atitude suplicante dos policiais me comoveu e acabei aceitando o convite.

Sem que esperasse, no dia seguinte havia guardas aguardando em minha porta. Eles me escoltarem com extrema cortesia de meu alojamento até uma carruagem magnífica, puxada por quatro corcéis. Um servidor segurava um guarda-sol ornamentado, a fim de me proteger dos escaldantes raios solares. Aproveitei o agradável passeio através da cidade e dos bosques situados em seus arredores. O descendente real em pessoa estava à porta do palácio para me receber. Ele me ofereceu o seu próprio assento de brocado a ouro, e sentou-se sorridente numa cadeira mais simples.

'Todas estas cortesias vão me custar caro!' – Pensei, com assombro crescente. As intenções do príncipe ficaram mais claras depois de algumas frases banais:

'Corre em minha cidade o boato de suas lutas com tigres selvagens, nas quais se envolveu de mãos nuas. É verdade?'

'É a pura verdade.'

'Mal posso acreditar! Você é um bengali de Calcutá, alimentado com o arroz do povo das cidades. Por favor, seja franco: por acaso lutou com tigres dopados pelo ópio ou fatigados pela desnutrição?' – Sua voz era baixa e sarcástica; seu discurso era todo floreado de acentos provincianos.

Como eu não me dignei a responder ao insulto embutido em sua pergunta, o príncipe prosseguiu:

'Pois eu o desafio a lutar com Raja Begum, meu tigre recém-capturado. Se tiver sucesso em resistir a ele, se puder amarrá-lo com uma corrente e sair da jaula ainda consciente, será o novo dono desse tigre-real de Bengala! Milhares de rúpias e outras numerosas dádivas lhe serão entregues como prêmio. Todavia, caso se recuse a enfrentá-lo em combate, divulgarei em todo o principado que você não passa de um impostor.'

Suas palavras insolentes me feriram como uma saraivada de balas. Devolvi-lhe, como único tiro, minha concordância indignada. O príncipe, meio erguido em sua cadeira de tanta excitação, caiu sobre o assento, inclinando-se para trás com um sorriso sádico. Diante daquela cena, pude recordar dos imperadores romanos que se alegravam ao enviar os cristãos para as arenas com feras selvagens. Ele concluiu:

'Então a nossa luta será marcada para daqui a uma semana. Lamento não poder permitir que veja o tigre antes do combate.'

Não sei se o príncipe temia que eu hipnotizasse a fera, ou quem sabe lhe desse ópio secretamente.

Enfim saí do palácio, notando, com um sorriso nos lábios, que o régio guarda-sol e a carruagem com emblemas heráldicos agora haviam desaparecido.

Durante a semana que se seguiu, preparei meticulosamente o espírito e o corpo para a provação vindoura. Através de meu criado, eu soube de histórias fantásticas. A terrível predição do santo, feita a meu pai, de algum modo fora espalhada para outras terras, crescendo em fantasia à medida que viajava. Muitos aldeões humildes acreditavam que um espírito maligno, amaldiçoado pelos deuses, havia reencarnado sob a forma de um tigre. Durante a noite, tal besta assumia várias configurações demoníacas; mas, durante o dia, apresentava-se como um felino de pelo listrado. O rumor afirmava que este tigre demônio fora enviado propositadamente para me humilhar.

Outra versão fantasiosa dizia que as preces dos felinos ao Céu dos Tigres obtiveram resposta sob a forma de Raja Begum. Seria ele o instrumento que me haveria de punir: eu, o audacioso bípede que tanto havia insultado toda a raça dos tigres! Um homem que, ao invés de pelo animal, tinha a pele nua; uma criatura destituída de compridos dentes caninos, que ousava desafiar um tigre de patas formidáveis, armadas com garras poderosas! Os camponeses diziam que o vigor do veneno concentrado de todos os tigres atingidos pela humilhação tinha ganhado ímpeto suficiente para pôr em movimento leis ocultas, leis que terminariam por provocar a queda do orgulhoso domador de tigres.

Eventualmente, meu criado também me informou que o príncipe estava atuando como um empresário da luta entre o homem e a fera. Ele supervisionou a construção de um pavilhão à prova de chuva, destinado a acomodar milhares de espectadores. No centro, uma enorme jaula de ferro, circundada por um compartimento externo de segurança, abrigava Raja Begum. O tigre cativo rugia sem cessar, sedento de sangue. Davam-lhe pouca alimentação, para que nele se mantivesse aceso um apetite feroz. O príncipe esperava, quem sabe, que eu fosse o banquete de recompensa para aquela fome ávida.

Multidões de pessoas, residentes na cidade ou vindas dos subúrbios, compravam entradas com pressa, respondendo ao rufo dos tambores anunciando o exótico embate. Mesmo assim, no dia do combate centenas de pessoas tiveram de regressar a seus lares, visto que a lotação havia esgotado. Muitos homens se enfiaram adentro pelas aberturas da tenda, ou preencheram todos os espaços vazios sob as galerias."

Na medida em que a história do Swâmi Tigre se aproximava do clímax, minha excitação crescia; Chandi, ao meu lado, também estava num estado de arrebatamento silencioso.

"Entre os rugidos atemorizantes de Raja Begum e o ensurdecedor ruído da multidão, fiz minha aparição. Estava sereno e tranquilo, mas vestindo tão somente uma tanga em volta da cintura. Abri o ferrolho do compartimento de segurança e fechei-o, calmamente, atrás de mim. O tigre farejou sangue. Saltando com estrondo contra as grades, ele me endereçou uma saudação feroz. A audiência silenciou-se de medo piedoso; eu parecia um cordeiro mansinho diante da fera enfurecida.

Com três passos, consegui adentrar a jaula; no mesmo instante em que bati a porta, Raja Begum se atirou sobre mim. Minha mão direita foi furiosamente rasgada. Sangue humano, a maior delícia que um tigre pode saborear, jorrou em medonhas cascatas. A profecia do santo parecia prestes a se concretizar.

De imediato, procurei me refazer do choque produzido pelo primeiro ferimento sério que recebi em toda a minha vida. Ocultando os dedos ensanguentados sob a tanga, lancei meu braço esquerdo num murro de quebrar ossos. A fera cambaleou e retrocedeu, rodopiando no fundo da jaula, e logo saltou novamente em minha direção. Então eu lhe castiguei a cabeça, repetidas vezes, com o famoso golpe de meu punho.

Mas Raja Begum havia provado meu sangue; e este agia como o primeiro gole de vinho que enlouquece o alcoólatra, há tempos em abstenção. Pontuados por seus rugidos ensurdecedores, os assaltos da fera cresciam em fúria. Minha defesa inadequada, por contar com somente um dos braços, me tornava vulnerável a garras e presas. Eu ainda podia oferecer, no entanto, violenta retribuição. Mutuamente ensanguentados, lutávamos contra a morte. A jaula era um pandemônio, com sangue salpicado em todas as direções; respiros de dor e apetite mortal escapavam das goelas do tigre.

'Deem um tiro no homem! Matem a fera!'

Gritos desencontrados vinham da multidão. Homem e fera moviam-se tão rapidamente que o tiro de um guarda se perdeu noutro rumo. Concentrei toda a minha força de vontade, dei um grito selvagem e lancei meu derradeiro e decisivo murro. O tigre desmaiou. Enfim, estava quieto."

"Como um gatinho!" – Não pude evitar o comentário.

O swâmi sorriu, em apreciação, e prosseguiu com a sua absorvente narração:

"Raja Begum tinha sido vencido. Seu régio orgulho se viu ainda mais humilhado: com minhas mãos laceradas, audaciosamente forcei suas mandíbulas a se abrirem. Durante um dramático momento, conservei minha cabeça dentro daquela bocarra letal. Procurei uma corrente e vi que no chão havia uma pilha delas. Retirando uma, amarrei o tigre pelo pescoço às barras da jaula. Triunfante, avancei para a porta. Entretanto, aquele demônio encarnado, Raja Begum, possuía um vigor digno de sua suposta origem diabólica. Com incrível bote, livrou-se da corrente e saltou sobre minhas costas. Suas mandíbulas se cravaram profundamente em meu ombro, e eu caí violentamente. Mas, num piscar de olhos, consegui girar o corpo, e agora o tinha preso debaixo de mim. Sob uma chuva de golpes impiedosos, o traiçoeiro animal mergulhou em semiconsciência. Desta vez, acorrentei-o com mais cuidado. Enfim, vagarosamente abandonei a jaula.

Então, me vi envolto por um novo rugido, desta vez, de puro deleite. A algazarra da multidão que alegremente me aclamava parecia partir de uma única e gigantesca garganta. Apesar de ter saído da jaula desastrosamente ferido, eu havia cumprido as três condições da luta: atordoar o tigre, acorrentá-lo e abandonar a jaula sem pedir auxílio. Como acréscimo, tão drasticamente ferira e aterrorizara a agressiva fera que ela achara melhor desprezar o prêmio oportuno de ter minha cabeça em sua boca!

Após o cuidadoso tratamento de minhas feridas, fui homenageado: guirlandas de flores envolveram meu pescoço, e inúmeras moedas de ouro foram atiradas aos meus pés. A cidade inteira viveu um período de festa, com diversas comemorações. Intermináveis comentários ecoaram em toda a parte a respeito de minha vitória sobre o maior e o mais selvagem dos tigres selvagens. Conforme o prometido pelo príncipe, o próprio Raja Begum me foi presenteado, mas não senti orgulho algum. Uma mudança espiritual tinha ocorrido em meu coração: parecia-me que, ao sair tão ferido daquela jaula, eu havia fechado a porta para todas as minhas ambições mundanas.

Logo depois, seguiu-se um período infeliz. Durante seis meses estive entre a vida e a morte, com o sangue envenenado. Assim que melhorei o bastante para deixar Cooch Beliar, regressei à minha cidade natal.

'Sei que meu instrutor é o santo que fez a sábia advertência' – Confessei humildemente a meu pai. – "Ó, se ao menos eu pudesse encontrá-lo novamente!" – Meu anseio era sincero; e assim foi que, um dia, o santo apareceu sem qualquer aviso.

'Chega de domar tigres!' – Disse, com firmeza e tranquilidade. 'Venha comigo. Desta vez eu vou lhe ensinar a subjugar as feras da ignorância que vagam pelas selvas da mente humana. Você está acostumado com o público: que agora ele seja uma galáxia de anjos, entretida com seu domínio da ioga!'

Assim, fui iniciado na via espiritual por meu santo guru. Ele abriu as portas de minha alma, cobertas de ferrugem e emperradas pelo desuso. De mãos dadas, em breve estávamos rumando para o meu treinamento no Himalaia."

Chandi e eu nos curvamos aos pés do swâmi, agradecidos pelo esboço que havia nos traçado de sua vida cinematográfica. Meu amigo e eu nos sentimos amplamente recompensados pela longa espera probatória na tediosa antessala!

7. O santo que levitava

"Eu vi um iogue se manter no ar, a certa distância do chão, diante de um grupo de pessoas; isso foi ontem à noite." – Contava meu amigo Upendra Mohun Chowdhury, bastante impressionado.

Respondi ao seu relato com um sorriso de entusiasmo:

"Talvez eu possa adivinhar o nome dele. Por acaso não era Bhádurí Mahasaya, que mora em Upper Circular Road?"

Upendra acenou com a cabeça afirmativamente, um pouco desapontado por não ser o portador de notícias de primeira mão. Minha curiosidade pelos santos era bem conhecida entre meus amigos; eles ficavam encantados quando conseguiam me levar até uma nova pista.

"O iogue vive tão perto de minha casa que o visito com alguma frequência." – Tendo dito isso, o rosto de Upendra expressou grande interesse, daí eu lhe fiz outra confidência: "Ele me permitiu assistir a feitos notáveis. Bhaduri Mahasaya é especialista nos vários pranayamas [36] da antiga ioga óctupla ensinada por Patânjali [37]. Certa vez, realizou o Bliastríka Pranayama diante de mim com força tão assombrosa que parecia uma autêntica tempestade a se desencadear no quarto! A seguir, extinguiu aquela respiração, que mais parecia uma série de trovões, e permaneceu imóvel em elevado estado de *superconsciência*. A aura de paz que se formou no ambiente após a tormenta foi tão vívida que jamais a esqueci."

"Ouvi dizer que o santo nunca sai de casa." – O tom de voz de Upendra exprimia algum ceticismo.

"De fato, é verdade! Durante os últimos vinte anos, ele sempre viveu dentro de casa. Só abranda a regra que impôs a si mesmo nas épocas de nossos festivais sagrados, quando vai até a calçada; mesmo assim permanecendo diante de sua própria porta! Os mendigos se aglomeram lá perto, pois Bháduri Mahasaya é conhecido por seu terno coração."

"Mas como ele pode permanecer no ar, desafiando a lei da gravidade?"

"Ocorre que o corpo de um iogue perde sua densidade depois de praticar certos pranayamas. Então, pode levitar, ou pular daqui para ali, à maneira de uma rã saltitante. Até mesmo santos não praticantes de qualquer ioga formal foram vistos em levitação durante um estado de intensa concentração em Deus."

"Pois eu gostaria de conhecer melhor tal sábio. Você costuma comparecer às suas reuniões à noite?" – Os olhos de Upendra cintilavam de curiosidade.

"Sim, vou com certa frequência. Eu me divirto bastante, ele é muito espirituoso em sua sabedoria. Todavia, às vezes o meu riso prolongado estraga a solenidade de suas reuniões. O santo não se importa, mas os seus discípulos me comem com os olhos, furiosos."

Naquela mesma tardinha, ao voltar da escola para casa, passei pelo claustro de Bháduri Mahasaya e decidi lhe fazer uma visita. Para o grande público, o iogue se mantinha inacessível. Um discípulo solitário, residente no andar térreo, defendia o retiro de seu mestre. O estudante era uma espécie de burocrata, restrito a sua rotina: perguntou-me, de maneira formal, se eu tinha "uma entrevista marcada". Seu mestre surgiu no momento exato para me salvar de uma expulsão sumária:

"Deixe Mukunda passar quando ele quiser." – E o sábio piscou um olho para mim. – "Minha regra de isolamento não existe para meu próprio conforto, mas para o dos outros. Gente mundana não aprecia a franqueza que lhe destrói as ilusões. Os santos não são apenas raros, mas desconcertantes. Até nas Escrituras pode-se, com alguma frequência, encontrá-los deixando os demais embaraçados e confusos!"

Segui Bháduri Mahasaya a seus aposentos austeros no andar superior, de onde raramente se ausentava. Os mestres geralmente ignoram o panorama da balbúrdia do mundo e permanecem fora de foco, enquanto ocupam o centro dos milênios. Os contemporâneos de um sábio não são apenas aqueles de seu tempo estritamente presente.

"Ó maharishi [grande sábio], de todos os iogues que eu conheço, o senhor é o único que vive sempre dentro de casa."

"Bem, é que às vezes Deus planta os seus santos em solos inesperados, para não imaginarmos que podemos reduzi-Lo a uma regra!"

O santo fixou seu corpo vibrante na posição de lótus. Embora já fosse um septuagenário, não demonstrava sinais de decrepitude ou de vida sedentária. Com todo vigor e aprumo, tinha um porte ideal em todos os aspectos. Sua face, segundo descrições de livros antigos, era a de um rishi. De cabeça nobre e abundante barba, sentava-se invariavelmente ereto e firme, com os olhos imóveis, focalizados na Onipresença.

Eventualmente eu e o santo entramos em meditação, juntos. Uma hora depois, sua voz suave alcançou meus ouvidos:

"Você entra em silêncio com frequência, mas já desenvolveu *anubháva* [a percepção real de Deus]?" – Em outras palavras, ele me recordava que eu devia amar a Deus mais do que a meditação. Não confunda a técnica com a meta.

Então, ele me ofereceu algumas mangas e, com a inteligência espirituosa que eu achava tão encantadora, comentou:

"Geralmente as pessoas apreciam mais Jala Yoga (união com o alimento) do que Dhyâna Yoga (união com Deus)."

Seu trocadilho me pegou de jeito.

"Que gargalhada você tem!" — Uma cintilar afetuoso surgiu em seus olhos. Trazia o rosto sempre sério, mas nele se distinguia a marca sutil de um sorriso extático. A verdade é que seus grandes olhos de lótus ocultavam um riso divino. — "Aquelas cartas vêm de longe, da América." — O sábio indicou diversos envelopes volumosos sobre a mesa. — "Sabe, eu mantenho correspondência com algumas sociedades cujos membros se interessam por ioga. Estão descobrindo a Índia uma vez mais, com um senso de orientação mais apurado que o de Colombo! Eu me sinto feliz em poder ajudá−los. O conhecimento da ioga, como a luz do dia, é livre para todos que desejam recebê−lo. O que os rishis perceberam como essencial à salvação humana não precisa ser diluído para alcançar o Ocidente. Semelhantes em alma, embora diferentes em experiência externa, nem o Ocidente nem o Oriente florescerão se alguma forma disciplinar de ioga deixar de ser praticada."

O santo pousou demoradamente seus olhos serenos em mim, e naquele momento não pude perceber que seu discurso era uma profecia velada. Somente agora, ao escrever estas palavras, compreendo o pleno significado das insinuações casuais, muitas vezes feitas por ele, de que no futuro eu levaria para a América os ensinamentos da Índia.

"Maharishi, por que não escreve um livro sobre ioga para o benefício do mundo?"

"Estou treinando alguns discípulos. Eles e sua linhagem de estudantes servirão como volumes vivos, provas concretas contra a desintegração natural do tempo e as interpretações superficiais dos críticos."

Permaneci sozinho com o iogue até seus discípulos chegarem no início da noite. Em seguida, Bháduri Mahasaya começou um de seus inigualáveis discursos. Tal qual uma espécie de inundação pacífica, suas palavras impeliram para longe os detritos mentais de seus ouvintes, levando-os a flutuar em direção a Deus. Suas parábolas admiráveis eram expressas em um bengali fluente.

Nessa noite, Bháduri explicou detalhadamente diversas questões filosóficas relacionadas com a vida de Mirabai, princesa medieval de Rajput, que abandonou a corte para buscar a companhia dos santos. Um grande sannyási, Sanatana Goswâmi, se recusou a recebê-la por ser uma mulher; mas a resposta dela o trouxe humildemente a seus pés:

"Diga ao mestre que eu ignorava existir outro Ser Masculino no universo que não Deus; e, perante Ele, não somos todos seres femininos?" (trata-se de um conceito, encontrado nas Escrituras, que tem Deus como único Princípio Criador Ativo, e compreende toda a criação como maya [passiva]).

Mirabai compôs muitas canções de êxtase, que ainda hoje são um dos tesouros da Índia. Aqui eu trago a minha tradução de uma delas:

Acaso pelo banho diário Deus pudesse ser percebido,
Logo eu me tornaria uma baleia nas profundezas;
Acaso comendo raízes e frutos Ele pudesse ser compreendido,
Com todo prazer eu me verteria numa cabra das redondezas;
Acaso a contagem dos rosários O desvelasse,
Eu recitaria minhas preces com contas gigantescas;
Acaso ao me curvar ante imagens de pedra eu pudesse revelá-Lo,
Então adoraria humildemente um monte de pedregulhos;
Acaso ao beber leite o Senhor pudesse ser ingerido,
Então muitos bezerros e criancinhas O conheceriam;
E se, pelo abandono da esposa, alguém pudesse invocá-Lo,
Não haveria milhares de eunucos?

Mas Mirabai sabe que na via até o Ser Divino
Só mesmo o Amor é indispensável.

Diversos estudantes colocaram rúpias nos chinelos de Bháduri, postos ao seu lado quando ele sentou na posição iogue. Esta respeitosa oferenda é um costume na Índia, e indica que o discípulo depõe seus bens materiais aos pés do guru. Os amigos agradecidos são o próprio Deus disfarçado, Ele que vela pelo que é Seu.

Um estudante, ao se despedir, dirigiu-se com ardor ao sábio patriarcal:

"Mestre, o senhor é maravilhoso! Renunciou às riquezas e ao conforto para buscar Deus e nos ensinar a sabedoria!"

Todos sabiam que Bháduri Mahasaya havia renunciado a uma opulenta herança em sua juventude; quando, com a mente unificada, adentrou a via da ioga.

"Ora, você está invertendo as coisas!" – A face do santo expressava repreensão, porém de forma amorosa. – "Deixei para trás algumas rúpias desprezíveis, alguns prazeres mesquinhos, e adquiri um império cósmico de interminável beleza. Então, como podem dizer que renunciei algo? Hoje eu conheço a alegria de partilhar o tesouro. Chamam isso de sacrifício? As multidões míopes do mundo são as verdadeiras renunciantes! Renegaram a posse de um bem divino sem paralelo, em troca de um mísero punhado de brinquedos mundanos!"

Ri-me disfarçadamente deste paradoxo sobre a renúncia, que reveste com o rico manto de Creso qualquer santo mendicante, enquanto transforma todos os milionários orgulhosos em mártires inconscientes.

"A ordem divina organiza nosso futuro com mais sabedoria que qualquer companhia de seguros." – As palavras finais do mestre eram o credo comprovado de sua fé. – "O mundo está cheio de crentes preocupados com a segurança externa. Seus pensamentos amargos são como cicatrizes em suas testas. Mas Aquele que nos deu ar e leite, desde o primeiro sopro de vida, sabe como prover Seus devotos, dia após dia."

Depois daquelas aulas, prossegui com minhas peregrinações à casa do santo. Com silencioso fervor, ele me ajudou a alcançar *anubbáva*. Todavia, um dia ele se mudou para Ram Mohan Roy Road, a grande distância de onde eu morava. Seus amorosos discípulos lhe haviam construído um novo eremitério – conhecido como "Nagendra Math" [38].

Muito embora aqui eu avance muitos anos em minha história, registrarei as últimas palavras que ouvi de Bháduri Mahasaya. Pouco antes de embarcar para o Ocidente, procurei-o e ajoelhei-me com humildade para receber a sua bênção de despedida:

"Filho, vá para a América. Tome a dignidade da antiga Índia como seu escudo. A vitória está escrita em sua fronte; o nobre povo distante o receberá muito bem."

8. J. C. Bose, grande cientista da Índia

"A invenção do telégrafo sem fio, por Jâgadis Chandra Bose, antecedeu de vários anos a suposta descoberta de Marconi."

Ouvindo tal afirmação provocante enquanto caminhava pela calçada, me aproximei de um grupo de professores que estavam empenhados numa discussão científica. Se o motivo que me levou a tentar saber mais daquele assunto foi o orgulho patriótico, eu só posso lamentar. Todavia, não posso negar meu grande interesse em tornar evidente o papel de liderança que a Índia pode desempenhar na física em si – e não somente na metafísica.

"Senhor, que pretende dizer com isso?" – Perguntei.

O professor respondeu educadamente:

"Bose foi o primeiro a inventar um detector independente de fios para as ondas de radiodifusão, e um instrumento para indicar a refração das ondas elétricas. Porém, o inventor hindu não explorou comercialmente suas descobertas. Sua atenção logo se desviou do mundo inorgânico para o orgânico. Suas descobertas revolucionárias em fisiologia vegetal estão ultrapassando até mesmo suas radicais realizações como físico."

Agradeci a explicação do professor, e ele acrescentou:

"O grande cientista dá aulas na Universidade da Presidência [Presidency College], onde é um dos meus colegas."

No dia seguinte, fui visitar o sábio em sua casa, que por acaso era próxima da minha, em Gurpar Road. Há muito tempo que eu o admirava com distância respeitosa. O recluso botânico me cumprimentou delicadamente. Era um homem robusto, com seus cinquenta anos, de belas feições, cabelo grosso, testa larga e os olhos de sonhador. A exatidão que colocava em suas palavras apontava os hábitos de uma longa vida consagrada à ciência:

"Eu voltei recentemente de uma visita a sociedades científicas do Ocidente. Seus membros manifestaram extraordinário interesse por delicados instrumentos de minha invenção, que mostram a unidade indivisível da vida [39]. O crescógrafo Bose permite ampliar em até dez milhões de vezes [a observação do crescimento das plantas]. O microscópio aumenta alguns milhares de vezes e, apesar disso, deu impulso vital à ciência biológica. O crescógrafo poderá desvendar horizontes incalculáveis."

"O senhor contribuiu muito para apressar o abraço do Oriente e do Ocidente com os braços impessoais da ciência."

"Fui educado em Cambridge. É admirável o método ocidental que consiste em submeter toda teoria à meticulosa verificação da experiência. Eu sempre tenho aliado tal procedimento empírico ao dom de introspeção que veio de minha herança oriental. Juntos, estes dois processos de conhecimento me permitiram sondar os silêncios dos reinos da natureza, incomunicáveis há longo tempo. Os gráficos registrados por meu crescógrafo [40] são provas, mesmo para os olhos mais céticos, de que as plantas possuem um sistema nervoso sensitivo e uma vida emocional variada. Amor, ódio, alegria, medo, prazer, dor, excitabilidade, estupor e inúmeras outras respostas a estímulos são tão universais nas plantas como nos animais."

"Ó professor, o palpitar da vida, um só para toda a criação, poderia parecer tão somente uma imagem poética antes da sua descoberta! Eu mesmo conheci um santo que jamais arrancava uma flor; ele me dizia: 'A roseira ostenta orgulhosa a sua beleza; devo tomar-lhe o botão entreaberto, afrontar sua dignidade com meu rude gesto e deixá-la nua?' Ora, as palavras de compassiva empatia daquele santo foram literalmente comprovadas, professor, por suas descobertas científicas."

"O poeta é íntimo da verdade, enquanto o cientista se aproxima dela desajeitadamente. Venha ao meu laboratório algum dia, e poderá ver com os próprios olhos uma demonstração inequívoca de meu crescógrafo."

Agradecido, aceitei seu convite e me despedi. Soube mais tarde que o botânico deixara a Universidade da Presidência e planejava fundar um centro de pesquisas em Calcutá.

Quando o Instituto Bose foi inaugurado, compareci ao culto de consagração. Centenas de visitantes entusiastas perambulavam pela propriedade. Eu estava encantado com o simbolismo artístico e espiritual daquele novo lar da ciência. Seu portão de entrada é uma relíquia centenária trazida de um santuário distante. Tendo à frente um tanque de lótus [41], uma escultura feminina empunhando uma tocha simboliza o respeito hindu pela mulher como a imortal portadora da luz. Um pequeno templo num jardim é consagrado ao Númeno, o que existe por trás e além de todos os fenômenos. A ausência de qualquer imagem em seu altar simboliza a ideia da divindade incorpórea.

O discurso de Bose nesta festividade poderia muito bem ter sido proferido pelos lábios inspirados de um dos antigos rishis:

"Hoje eu consagro este Instituto não simplesmente como um laboratório, mas como um templo!" – A reverente solenidade de suas palavras estendeu-se como um manto invisível sobre a multidão que lotava o auditório. – "Na sequência de minhas pesquisas, fui inconscientemente levado às fronteiras da física e da fisiologia. Para meu assombro, descobri que as fronteiras entre os reinos do vivo e do não vivo desvaneciam, dando lugar ao surgimento de pontos de contato entre eles. Assim, a matéria inorgânica era percebida como algo não inerte, algo que vibrava intensamente sob a ação de diversas forças.

Uma reação universal parecia colocar o metal, a planta e o animal sob a mesma lei. Todos exibiam essencialmente os mesmos fenômenos de fadiga e depressão, com possibilidades de recuperação e de exaltação, assim como a falta de resposta permanente que podemos associar à morte. Preenchido de reverente temor diante desta incrível generalização, foi com grandes esperanças que anunciei minhas descobertas para a Royal Society: descobertas comprovadas por experimentos. Os fisiologistas que estavam presentes, no entanto, me aconselharam a limitar minhas pesquisas ao campo da física, onde reconheciam meu sucesso, em vez de invadir os seus reinos em conserva. Eu involuntariamente me desviei rumo ao domínio de um sistema de castas desconhecido, e ofendi sua etiqueta.

Também vi surgir um inconsciente preconceito teológico: o que confunde ignorância com fé. Muitos frequentemente se esquecem disso: se Deus nos cercou deste perene mistério evolutivo da criação, também nos implantou o desejo de perguntar e de entender. Incompreendido pelos outros durante muitos anos, vim a compreender que a vida de um devoto da ciência está inevitavelmente repleta de esforços intermináveis. Cabe a ele vislumbrar sua vida como uma ardente oferenda, encarando perda e ganho, sucesso e fracasso, como um só evento.

Com o passar do tempo, as sociedades científicas mais adiantadas do mundo aceitaram minhas teorias e descobertas, e reconheceram a importância da contribuição da Índia para a ciência. Afinal, pode alguma coisa pequenina ou limitada satisfazer para sempre a mente da Índia? Unindo sua tradição perenemente viva a um poder vital de rejuvenescimento, nosso país se readaptou a si mesmo, através de incontáveis transformações. Sempre encontramos hindus que, desprezando o prêmio imediato da hora que passa, buscaram a realização dos mais altos ideais da vida não através da renúncia passiva, mas pelo esforço ativo. Os fracos, que recusaram o combate, nada adquiriram, porque a nada renunciaram. Só quem lutou e venceu pode enriquecer o mundo, ofertando generosamente os frutos de sua experiência vitoriosa.

O trabalho já empreendido pelo Laboratório Bose sobre a sensibilidade mineral e as revelações inesperadas da vida vegetal desvendaram vastos setores de pesquisa em física, fisiologia, medicina, agricultura, e até mesmo em psicologia. Problemas até então considerados insolúveis são hoje trazidos à esfera da investigação experimental.

Todavia, o grande triunfo não se obtém sem rigorosa exatidão. Esta é a razão do extenso conjunto de instrumentos hipersensíveis e aparelhos que projetei: estão todos expostos, em seus estojos e caixas, no saguão do Instituto. Eles denotam esforços prolongados para que possamos ir além das aparências enganadoras, e penetrar na realidade que permanece invisível. Eles simbolizam, igualmente, o trabalho contínuo, o cansaço e a persistência nesta jornada, assim como os recursos invocados para transcender as limitações humanas. Todos os cientistas criadores sabem que o verdadeiro laboratório é a mente onde, por trás das ilusões, eles podem desvelar as leis da verdade.

As conferências realizadas aqui não serão meras repetições de conhecimentos já vulgarizados. Anunciarão novas descobertas, demonstradas pela primeira vez nestas salas. Através da publicação regular dos trabalhos do Instituto, estas contribuições indianas alcançarão o mundo inteiro. Enfim se tornarão propriedade pública. Nenhuma patente jamais será requerida por nós. O espírito da cultura hindu exige que nos conservemos para sempre livres da profanação de utilizar o conhecimento apenas para o nosso benefício pessoal.

Além disso, desejo que as oportunidades oferecidas por este Instituto sejam, tanto quanto possível, postas ao alcance de pesquisadores de todos os países. Quanto a este tema, esforço-me para levar adiante as tradições de meu país. Há vinte e cinco séculos, a Índia acolhia estudiosos de todas as partes do mundo em suas antigas universidades de Nalanda e Taxila.

Muito embora a ciência não seja nem do Oriente nem do Ocidente, e sim internacional em sua universalidade, a Índia se encontra especialmente capacitada para fazer grandes contribuições nesta área [42]. A ardente imaginação hindu é capaz, de um conjunto de fatos aparentemente contraditórios, extrair uma nova ordem; ainda assim, tal ordem estará sujeita ao reexame constante da meditação sobre o tema. Mas é justamente esta restrição o que confere à mente o poder de se manter na busca pela verdade com paciência infinita."

Lágrimas escorriam de meus olhos diante das últimas palavras do cientista. Ora, "paciência" não seria um dos sinônimos da Índia, confundindo igualmente o Tempo e os historiadores? Voltei a visitar o Centro de Pesquisas logo após o dia da inauguração. O grande botânico, fiel à sua promessa, me recebeu em seu silencioso laboratório.

"Ligarei o crescógrafo a esta samambaia; veja: a ampliação é tremenda. Se o rastejar de um caracol fosse ampliado na mesma proporção, o animalzinho pareceria estar viajando com a velocidade de um trem expresso."

Meu olhar se fixou atentamente na tela que refletia a sombra ampliada da samambaia. Pequeninos movimentos de vida eram agora claramente perceptíveis; a planta estava crescendo, devagarinho, ante meus olhos fascinados. O cientista tocou a extremidade da samambaia com uma vareta de metal. A pantomina que se desenvolvia culminou numa parada brusca, reiniciando seus eloquentes ritmos quando a vareta foi retirada.

"Você viu como uma leve interferência exterior é prejudicial a estes tecidos sensíveis?" – Bose comentou. – "Veja: agora administrarei clorofórmio e, em seguida, um antídoto."

O clorofórmio deteve o crescimento; o antídoto o fez reviver. Os movimentos evolutivos observados na tela me arrebatavam mais do que o enredo de um filme. Meu amigo (no caso, no papel de vilão) introduziu um instrumento aguçado numa parte da samambaia; a dor manifestou-se por agitações espasmódicas. Quando ele passou uma navalha transversalmente pela haste, a sombra agitou-se com violência e, em seguida, se aquietou – era o ponto final da morte.

"Usando clorofórmio antecipadamente numa árvore gigantesca, consegui uma transplantação de grande sucesso. Normalmente, esses monarcas da floresta morrem muito depressa depois de seu transplante para um novo território." – Jagadís sorria, feliz, ao narrar a operação para salvar uma vida. – "Os gráficos de meus delicados aparelhos provaram que as árvores têm um sistema circulatório; os movimentos da seiva correspondem à pressão do sangue no corpo dos animais. A ascensão da seiva não pode ser explicada pelas teorias mecânicas mais avançadas, como, por exemplo, a da atração capilar. O problema foi solucionado pelo crescógrafo, que revelou a atividade das células vivas. Ondas peristálticas irradiam-se de um tubo cilíndrico que se estende ao longo da árvore e serve de verdadeiro coração! Quanto mais nosso conhecimento avança, mais admirável é a prova de que um plano uniforme liga uma forma a todas as outras na natureza multiforme."

O grande cientista me mostrou outro instrumento de sua invenção:

"Agora irei demonstrar experimentos com um pedaço de estanho. A força vital presente nos metais responde adversa ou favoravelmente aos estímulos. Marcas de tinta registrarão as diversas reações."

Profundamente absolvido por aquilo tudo, observei o gráfico que registrava as ondas características da estrutura atômica. Quando o professor aplicou o clorofórmio ao metal, a escrita vibratória no gráfico parou. Reiniciou na medida em que o estanho voltava lentamente a seu estado normal. Meu amigo ministrou-lhe um veneno químico. Simultaneamente com o último tremor do estanho, a agulha, de maneira dramática, escreveu no gráfico a notícia da morte.

Os instrumentos Bose demonstraram que os metais como, por exemplo, o aço usado em tesouras e maquinário, estão sujeitos à fadiga e recuperam sua eficiência com repousos esporádicos. A pulsação da vida nos metais sofre lesões sérias, ou é extinta, quando eles são eles alvos de correntes elétricas ou de poderosa compressão.

Circulei meu olhar pelas numerosas invenções, testemunhos eloquentes de uma engenhosidade incansável.

"Senhor, é de se lamentar que o desenvolvimento da agricultura em grande escala não seja acelerado pelo uso mais amplo de seus incríveis aparelhos. Não seria possível utilizar alguns deles em rápidos experimentos de laboratório para indicar a influência de vários tipos de fertilizantes no crescimento dos vegetais?"

"Perfeitamente. Meus instrumentos terão inúmeras aplicações quando usados pelas gerações futuras. Raras vezes o cientista conhece a gratidão de seus contemporâneos; a ele basta possuir a alegria do serviço criativo."

Expressando meu imenso reconhecimento pelo seu trabalho, me despedi do sábio incansável. Pensei comigo: "Pode a fertilidade assombrosa de um gênio esgotar-se algum dia?".

Fato é que nenhum esgotamento lhe veio com os anos. Inventando um complicado instrumento, o "Cardiógrafo Ressonante", Bose prosseguiu realizando amplas pesquisas com incontáveis plantas da Índia. Uma enorme e insuspeita farmacopeia de drogas úteis foi descoberta. O cardiógrafo, construído com precisão infalível, permite indicar num gráfico até um centésimo de segundo, e mede pulsações infinitesimais na estrutura de plantas, animais e seres humanos. O grande botânico previu que o uso de seu cardiógrafo levará à vivissecção em plantas, e não mais somente em animais.

"Ministrado ao mesmo tempo a uma planta e a um animal, um remédio apresenta, segundo demonstram os registros paralelos, uma espantosa unanimidade de efeitos." – Ele destacou. – "Tudo o que existe no homem foi prefigurado na planta. Experimentos com os vegetais contribuirão para diminuir o sofrimento tanto em seres humanos quanto em animais."

Anos mais tarde, as descobertas botânicas de Bose foram referendadas por outros cientistas. O *New York Times* noticiou com estas palavras um trabalho realizado em 1938 na Universidade de Columbia:

"Foi comprovado, ao longo dos últimos anos, que minúsculos impulsos elétricos são produzidos quando os nervos transmitem mensagens entre o cérebro e outras partes do corpo. Estes impulsos foram medidos por delicados galvanômetros e aumentados milhões de vezes por modernos aparelhos amplificadores. Até agora, não se achou qualquer processo satisfatório para estudar sua passagem pelas fibras nervosas dos animais ou do homem, devido à grande velocidade com que tais impulsos viajam. Agora os doutores K. S. Cole e H. J. Curtis descobriram que as células longas e simples da nitela [ou nitella], planta de água doce usada com frequência em aquários de peixes dourados, são virtualmente idênticas às das fibras nervosas simples. E, além disso, descobriram que fibras da nitela, ao serem excitadas, propagam ondas elétricas similares em tudo, exceto em velocidade, às ondas das fibras nervosas dos animais e do homem. Assim se verificou que os impulsos nervosos elétricos nas plantas são muito mais lentos que nos animais. Os pesquisadores de Columbia, por conta disso, aproveitaram esta descoberta para filmar em câmara lenta a passagem dos impulsos elétricos nos nervos.

Dessa forma, a planta nitela pode vir a ser uma espécie de Pedra de Roseta para decifrar os segredos hermeticamente guardados na zona fronteiriça entre a mente e a matéria."

O poeta Rabindranath Tagore teve uma sólida amizade com este cientista hindu tão pleno de idealismo. O doce cantor de Bengala dedicou a Bose os versos abaixo [43]:

Ó Eremita, diga com as palavras autênticas
Daquela antiga canção chamada Sama: *"Levanta! Desperta!"*
Diga para o homem que ostenta sua erudição shástrica
Em disputas vãs, pedantes e inúteis,
Diga para aquele tolo fanfarrão que venha encarar
A face da natureza espalhada nesta terra imensa;
E envia este mesmo chamado aos seus colegas cientistas,
Para que juntos, ao redor do ritual do fogo,
Todos possam se reconhecer. E que nossa Índia,
Nossa terra ancestral, também possa se voltar para si;
Que possamos retomar o trabalho persistente,
O dever e a devoção; e que a Índia possa outra vez adentrar
No transe da sagrada meditação; deixemos que ela sente

Uma vez mais imperturbável, sem desejos nem conflitos,
Pura, em seu elevado assento:
Guia de todos os povos.

9. O devoto bem-aventurado e o seu romance cósmico

"Pequeno senhor, sente-se, por favor. Estou falando com minha Mãe Divina."

Eu havia adentrado o quarto em silêncio, com grande temor. A aparência angélica de Mestre Mahasaya me deixou deslumbrado. Com sua barba alva e sedosa, e seus grandes olhos luminosos, ele parecia ser a própria encarnação da pureza.
Seu queixo erguido e suas mãos entrelaçadas fizeram com que eu compreendesse que minha primeira visita o perturbara em meio às suas devoções.
Suas singelas palavras ao me saudar produziram em mim o mais violento efeito até então experimentado. Eu julgara que a amargura da separação, profundamente sentida na morte de minha mãe, fosse a medida de todas as angústias. Agora, uma nova consciência, a de estar separado de minha Mãe Divina, dava lugar a uma indescritível tortura espiritual. Caí ao chão, aos prantos.

"Pequeno senhor, se acalme!" – O santo demonstrava, com pesar, que entendia o que eu estava passando naquele momento.

Abandonado num oceano de desolação, me agarrei nos seus pés como um náufrago se agarra a uma tábua salvadora:

"Ó santíssimo senhor, interceda por mim! Pergunte à Mãe Divina se tenho algum merecimento aos Seus olhos!"

A sagrada promessa de interceder por outra pessoa não é algo tão simples ou fácil; o mestre foi constrangido ao silêncio. Sem qualquer resquício de dúvida, eu estava convencido de que Mestre Mahasaya lidava intimamente com a Mãe do Universo. Era profundamente humilhante constatar que meus olhos estavam cegos para Aquela que, no mesmo instante, era perceptível ao olhar imaculado do santo. Apertando-lhe os pés sem pudor e surdo aos seus delicados protestos, implorei novamente pela graça de sua intervenção.

"Levarei sua súplica à Bem Amada." – A capitulação do mestre veio, enfim, com um sorriso lento e compassivo.

Que poder havia naquelas poucas palavras para que meu ser sentisse alívio em seu tempestuoso exílio?

"Senhor, por favor não se esqueça de sua promessa! Voltarei em breve, em busca da mensagem." – Esperança e júbilo ecoavam em minha voz que, instantes atrás, se afogava em soluços de angústia.

Desci a longa escadaria, oprimido por recordações. Esta casa em Amherst Street 50, então atual residência de Mestre Mahasaya, fora certa vez o lar de minha família e o cenário da morte de minha mãe. Aqui meu coração humano havia se despedaçado pela mãe desaparecida; e aqui, hoje, meu espírito se sentia crucificado pela ausência da Mãe Divina. Santas paredes! Elas eram as testemunhas silenciosas de meus opressivos sofrimentos – e, por fim, de minha cura.

Com passos ansiosos, regressei a meu atual lar em Gurpar Road. Buscando o isolamento de meu pequeno quarto no sótão, ali permaneci em meditação por até dez horas. Eventualmente, a escuridão da calorosa noite hindu foi subitamente iluminada por uma visão maravilhosa.

Num halo de esplendor, a Mãe Divina estava diante de mim. Sorrindo ternamente, sua face era pura beleza:

"Eu sempre lhe amei! Eu sempre lhe amarei!"

O som celestial de sua voz ainda ecoava no ar quando Ela desvaneceu.

O sol da manhã seguinte mal havia nascido e eu já fazia minha segunda visita ao Mestre Mahasaya. Subindo as escadas daquela moradia de lembranças tão penetrantes, cheguei a seu aposento no terceiro andar. A maçaneta da porta fechada fora envolvida num pano: era uma insinuação, pensei, de que o santo queria estar só. Eu permanecia irresoluto no lugar quando a porta se abriu pela mão acolhedora do mestre. Prontamente, ajoelhei-me ante seus pés sagrados. Em seguida, tentei assumir um ar de solenidade, ocultando o júbilo divino e a alegria de estar novamente naquela presença:

"Senhor, é muito cedo, reconheço, mas vim em busca de sua mensagem. A Mãe Amada disse algo a meu respeito?"

"Ora, mas que pequeno senhor travesso!"

Ele não acrescentaria outro comentário. Evidentemente minha pretensa seriedade não o impressionara nenhum pouco.

"Por que tão misterioso, tão evasivo? Será que os santos nunca falam abertamente?" – Talvez eu o tenha provocado além da medida.

"Você precisa me testar? Foi para isso que veio?" – Seus olhos revelavam plena compreensão. – "Posso acrescentar nesta manhã uma só palavra à garantia que você recebeu ontem, às dez horas da noite, da própria Mãe Belíssima?"

Mestre Mahasaya tinha governo total sobre as comportas de minha alma transbordante: uma vez mais, caí prostrado a seus pés. Desta vez, porém, minhas lágrimas brotavam do êxtase, e não de sofrimentos anteriores.

"Você crê que sua devoção não comoveu a Misericórdia Infinita? A Maternidade de Deus que você venerou sob ambas as formas, a humana e a divina, nunca poderia deixar sem resposta suas lágrimas desamparadas."

Mas afinal quem era este santo singelo, cuja mínima demanda ao Espírito Universal obtinha tão doce consentimento? Seu papel neste mundo era modesto, como convinha ao homem de maior humildade que conheci até hoje. Nesta casa de Amherst Street, Mestre Mahasaya [44] dirigia uma pequena escola secundária para meninos. Jamais saiu de seus lábios uma única palavra de repreensão; nenhuma régua ou palmatória era necessária para manter a disciplina. De fato, uma matemática superior era ensinada naquelas modestas salas de aula, assim como uma química de amor ausente dos livros didáticos. Ele irradiava sua sabedoria mais pelo contágio espiritual que pelo preceito inacessível. Consumido de autêntica paixão pela Mãe Divina, o santo, tal qual uma criança, não exigia respeito exterior.

"Não sou seu guru; ele virá um pouco mais tarde." – Ele me explicou. – "Guiado por ele, a sua experiência com o Divino, em termos de amor e devoção, será traduzida em termos de sabedoria insondável."

Todos os dias, ao chegar a tardinha, eu me dirigia a Amberst Street. Procurava o divino cálice de Mestre Mahasaya; tão cheio que, dia após dia, suas gotas se derramavam em meu ser. Nunca antes eu me curvara em reverência tão absoluta; agora, pisar o mesmo chão santificado pelas pegadas de Mestre Mahasaya era para mim um imenso privilégio.

Certa noite, cheguei em sua casa segurando um colar florido:

"Por favor, use esta guirlanda de flores de champak que fiz especialmente para o senhor." – Mas o santo se afastou timidamente, recusando repetidas vezes a homenagem. Porém, ao perceber minha mágoa, enfim consentiu, sorrindo.

"Bem, já que ambos somos devotos da Mãe, você pode colocar a guirlanda neste templo de carne, como oferenda a Ela, que nele habita." – Em sua vasta natureza faltava espaço onde pudesse se colocar a mais insignificante consideração egoísta. – "Amanhã nós iremos ao Dakshinéswar, o Templo de Kali, perpetuamente santificado por meu guru." – O santo era discípulo de um mestre semelhante a Cristo, Sri Paramahansa Ramakrishna.

Na manhã seguinte, realizamos a viagem de seis quilômetros e meio, de barco, pelo célebre rio Ganges. Entramos no Templo de Kali, de nove cúpulas, onde as figuras da Mãe Divina e de Shiva descansavam sobre um lótus de prata polida, com suas mil pétalas meticulosamente cinzeladas. Em seu encantamento, Mestre Mahasaya resplandecia. Entregava-se a seu inexaurível romance com a Amada. Enquanto ele cantava o nome Dela, meu coração arrebatado parecia despedaçar-se, como o lótus, em mil pétalas.

Logo depois caminhamos pelo sagrado ambiente, parando em um bosque de tamargueiras. A resina característica exalada por esta árvore era um símbolo do manjar celeste que Mestre Mahasaya me concedia naquele passeio. Suas invocações a Deus prosseguiam. Sentei-me rigidamente imóvel na grama, por entre as flores rosadas e plumosas das tamargueiras. Temporariamente ausente do corpo, voei a grande altitude, e vi paisagens sublimes.

Esta foi a primeira de muitas peregrinações a Dakshinéswar com o sagrado mestre. Com ele aprendi a doçura de Deus sob o aspecto de Mãe, ou Divina Misericórdia. O santo, semelhante a um menino, sentia pouca atração pelo aspecto de Pai, ou Justiça Divina. O julgamento severo, exato, quiçá matemático, era alheio à suavidade de sua natureza.

"Ele pode servir, nesta terra, como um protótipo dos anjos celestes!", pensei com carinho no coração, enquanto o observava em suas orações.

Sem um suspiro de censura ou de crítica, ele media o mundo com seus olhos há muito familiarizados com a Prístina Pureza. Corpo, mente, linguagem e ações se harmonizavam sem qualquer esforço com a simplicidade de sua alma.

"Meu mestre assim me disse": evitando afirmações pessoais, o santo costumava terminar seus sábios conselhos com este tributo. Tão profundo era o seu sentimento de identidade com Sri Ramakrishna que Mestre Mahasaya já não se considerava o autor de seus próprios pensamentos.

De mãos dadas, nós caminhávamos numa noite ao longo do quarteirão de sua escola. Minha alegria turvou-se ante a chegada de um certo conhecido nosso — indivíduo pretensioso, que nos atormentava com seus longos discursos.

"Percebo que este homem não lhe agrada." — O sussurro do santo não foi ouvido pelo outro sujeito, fascinado por seu próprio monólogo. — "Bem, eu já falei com a Mãe Divina sobre isso. Ela compreende nossa triste situação. Logo que chegarmos àquela casa vermelha, Ela nos promete recordar a este homem de assuntos mais urgentes."

Meus olhos se focaram no local de salvação. Ao chegar ao portão vermelho, o homem deu meia-volta e partiu sem dar explicações, sem mesmo acabar a sua última sentença ou se despedir. A paz retornou à atmosfera violentada.

Em outra ocasião, eu caminhava só nas proximidades da estação ferroviária de Howrah. Detive-me por um instante junto a um templo, criticando em silêncio um pequeno grupo de homens que, acompanhados por tambor e címbalos, entoavam furiosamente um hino religioso.

"Com que falta de devoção usam o divino nome do Senhor, repetindo-o mecanicamente", refleti. A repentina aparição de Mestre Mahasaya, aproximando-se de mim com passos rápidos, me deixou espantado.

"Senhor, como chegou aqui?"

Ignorando minha pergunta, o santo respondeu a meu pensamento:
"Não é verdade, pequeno senhor, que o nome do Amado soa com doçura em todos os lábios, seja de ignorantes ou de sábios?" — Ele passou o braço em torno de mim, afetuosamente; senti-me transportado, como num tapete mágico, à Presença Misericordiosa.

"Você gostaria de ver alguns bioscópios?" – Tal pergunta, vinda, uma tarde, de um recluso como Mestre Mahasaya, me deixou desconcertado; o termo "bioscópio" era usado na Índia daquele tempo para designar filmes cinematográficos [45].

Concordei, alegre de estar em sua companhia em quaisquer circunstâncias. Assim, uma breve caminhada nos trouxe ao jardim próximo da Universidade de Calcutá. Meu amigo indicou-me um banco próximo ao *goldighi*, ou lago:

"Pois bem, vamos nos sentar aqui por alguns minutos. Meu Mestre me aconselhou a meditar sempre que eu visse uma extensão de água. A superfície de um lago como este nos recorda da vasta serenidade divina. Todas as coisas podem se refletir na água; assim, o próprio universo também se espelha no lago da Mente Cósmica. Era isto o que dizia meu *gurudeva* [guru iluminado], frequentemente."

Logo depois entramos num dos salões da Universidade, onde se realizava uma conferência. Era chatíssima, embora variasse de vez em quando pela projeção de algumas ilustrações, igualmente desinteressantes.

"Então, era este o tipo de filme que o mestre queria me mostrar", eu pensava comigo, impaciente, muito embora não me atrevesse a magoar o santo, contando meu aborrecimento. Todavia, ele se inclinou para o meu lado e fez uma confidência:

"Ora, meu pequeno senhor, vejo que não lhe agrada este bioscópio. Comuniquei a situação à Mãe Divina. Ela concorda conosco. Diz Ela que as luzes elétricas vão se apagar agora e não voltarão a acender enquanto não tivermos saído desta sala."

Ele acabava de me segredar tais palavras quando a sala mergulhou na escuridão. O professor, cuja voz estridente emudeceu de espanto por um momento, observou:

"A instalação elétrica deste salão me parece estar com algum tipo de defeito."

Durante o intervalo, eu e o Mestre Mahasaya aproveitamos para abandonar o recinto. Mas quando olhei para trás, já no corredor de saída, vi que o salão se achava outra vez iluminado.

"Pequeno senhor, este bioscópio o desapontou, mas penso que gostará de um outro, bem diferente." – O santo e eu estávamos parados na calçada em frente ao edifício da Universidade. Delicadamente, ele me golpeou o peito, sobre o coração.

Um silêncio transformou tudo. Assim como os filmes falados se tornam mudos quando o aparelho de som está com defeito, da mesma forma a Mãe Divina, por algum estranho milagre, extinguiu o tumulto terrestre. Pedestres, carruagens puxadas a cavalos, automóveis, carros de bois, troles com rodas de ferro, prosseguiam todos em seu ir e vir, sem som algum. Como se tivesse um olho onipresente, eu observava as cenas atrás de mim e de ambos os lados com tanta facilidade quanto o que estava à minha frente. Todo o espetáculo da atividade naquela pequena zona de Calcutá deslizava diante de mim sem o menor ruído. Semelhante ao brilho moribundo de brasas debaixo de fina camada de cinzas, uma suave luminescência permeava aquela visão panorâmica.

Meu próprio corpo nada mais parecia que uma sombra entre inúmeras outras, embora estivesse lá, imóvel, enquanto as demais esvoaçavam silenciosamente de cá para lá. Muitos jovens, amigos meus, se aproximavam e se afastavam; apesar de terem olhado diretamente para mim, não deram sinais de terem me reconhecido.

A singular experiência produziu em mim um êxtase além das palavras. Eu bebia nas profundezas de alguma fonte de beatitude. Então, de repente, meu peito recebeu outro leve golpe de Mestre Mahasaya. O pandemônio mundano explodiu em meus ouvidos contrariados. Eu cambaleava como se tivesse sido brutalmente desperto de um sonho que tinha a delicadeza de uma teia de aranha. O vinho transcendente foi posto fora de meu alcance.

"Ora, meu pequeno senhor, vejo que este segundo bioscópio lhe agradou muito mais." – O santo sorria. Eu esbocei o movimento de me ajoelhar a seus pés. – "Você não pode fazer isso agora! Sabe que Deus também reside no templo de seu corpo! Você não permitirá que a Mãe Divina toque meus pés com essas mãos!"

Se alguém observasse o despretensioso mestre e eu, ao nos afastarmos da calçada apinhada de gente, certamente suspeitaria que estivéssemos embriagados. Eu sentia como se as sombras descendentes do crepúsculo também estivessem, em harmonia conosco, embriagadas de Deus.

Tentando com palavras pobres fazer justiça à brandura de Mestre Mahasaya, pergunto a mim mesmo se ele e outros santos cujos caminhos cruzaram com o meu sabiam que, anos mais tarde, num país do Ocidente, eu estaria escrevendo sobre suas vidas de devotos divinos. Fosse este o caso, a sua presciência não surpreenderia a mim; nem mesmo, espero, aos leitores que me acompanharam até aqui.

Santos de todas as religiões alcançaram a percepção de Deus através do singelo conceito da Amada Cósmica. O Absoluto é *nirguna*, "sem qualidade", e *acintya*, "inconcebível"; por isso, o pensamento e o anseio humanos sempre O personalizaram, [inclusive] sob a forma de Mãe Universal. A combinação do teísmo pessoal e da filosofia do Absoluto é uma antiquíssima conquista do pensamento hindu, exposto nos *Vedas* e no *Bhagavad Gita*. Esta "reconciliação dos opostos" satisfaz o coração e a cabeça; *bhákti* (devoção) e *jnâna* (sabedoria) são, em essência, o mesmo. *Prapátti*, "tomar refúgio em Deus" e *sarângati* "entregar-se à Compaixão Divina", são realmente os caminhos do mais alto conhecimento.

A humildade de Mestre Mahasaya e de todos os outros santos brota do reconhecimento de sua total dependência (*seshátva*) do Senhor: como única Vida e único Juiz. O homem, sintonizado com Deus, experimenta alegria genuína e ilimitada, pois a Beatitude é a Sua verdadeira natureza: "A primeira das paixões da alma e da vontade é a alegria" [referência a São João da Cruz].

Em todas as épocas, aproximando-se da Mãe com espírito de infância, Seus devotos atestam que sempre a encontram disposta a participar do jogo da existência com eles. Na vida de Mestre Mahasaya, as manifestações do jogo divino ocorreram em ocasiões importantes e não importantes. Aos olhos de Deus nada é grande ou pequeno. Se Ele não houvesse construído o pequenino átomo com perfeita exatidão e beleza, poderiam os céus ostentar a impressionante luminosidade [das estrelas] de Vega ou de Arcturo? Seguramente, as distinções entre "importante" e "não importante" são desconsideradas pelo Senhor – a fim de evitar que, pela falta de um alfinete, o cosmo inteiro desmorone!

10. Eu encontro meu mestre, Sri Yuktéswar

A fé em Deus pode produzir qualquer milagre, menos o de passar nas provas sem ter estudado.

Com desagrado, fechei o livro "inspirador" que escolhera para ler num momento ocioso. "A exceção mencionada pelo autor revela sua completa falta de fé", pensei. "Pobre sujeito, que grande respeito demonstra pela lâmpada do estudante acesa noite afora!"

A minha promessa a papai foi a de que eu terminaria meus estudos secundários. Não pretendia me passar por aluno extremamente estudioso. Sucediam os meses e eu me encontrava com maior frequência não na sala de aula, mas em lugares de retiro, ao longo dos *ghats* de banho [estruturas ou escadarias próximas de rios] em Calcutá. O iogue sente grande atração pelos terrenos próximos a tais retiros, usados para a incineração de cadáveres e especialmente repulsivos à noite. Quem busca a Essência Imortal não pode desmaiar à vista de alguns crânios descarnados. A fragilidade humana torna-se manifesta ante o melancólico espetáculo de um ossuário. Dessa forma, eram de natureza completamente diferente as vigílias dos estudiosos acadêmicos e as minhas, à meia-noite.

A semana de provas finais na Escola Secundária Hindu se aproximava com rapidez. Este período de interrogatórios, tal qual assombrações sepulcrais, inspira um terror bem conhecido. Minha mente, todavia, prosseguia em paz. Desafiando os espectros, eu tratava de exumar uma ciência que não se encontra nos salões de conferências. Entretanto, me faltava a arte de Swâmi

Pranabananda, que facilmente aparecia em dois lugares ao mesmo tempo. Meu raciocínio (embora a muitos possa parecer ilógico) era o de que a Inteligência Divina perceberia meu dilema e me livraria de maiores complicações. A irracionalidade do devoto surge de milhares de demonstrações inexplicáveis do auxílio de Deus, quando estamos em dificuldade.

"Olá, Mukunda! Mal consigo vê-lo ultimamente!" – Um colega me abordou, numa tarde, em Gurpar Road.

"Olá, Nantu! Minha invisibilidade na escola perece ter me colocado numa situação realmente difícil." – Eu desabafei, diante de seu olhar amigo.

Nantu, que era um aluno brilhante, riu cordialmente; minha afirmação não deixava de ter seu aspecto cômico.

"Ora, vejo que você está completamente despreparado com a proximidade das provas. Suponho que cabe a mim ajudá-lo com isso."

Embora simples, tais palavras transmitiram uma divina promessa aos meus ouvidos; com entusiasmo renovado, visitei o lar de meu amigo. Bondosamente, Nantu esboçou a solução para vários problemas que, segundo ele previa, seriam apresentados pelos professores.

"Estas questões são como iscas que prenderão na armadilha das provas muitos alunos confiantes. Lembre-se das respostas e escapará sem ser pego."

Quando parti, a noite já estava bem avançada. Preenchido de erudição imatura, rezei fervorosamente para que ela permanecesse comigo durante a fase crítica dos próximos dias. Nantu havia me preparado em várias matérias, mas acabou esquecendo, sob a pressão do tempo, do meu estudo de sânscrito. Ardorosamente, lembrei a Deus este descuido.

Veio a manhã seguinte e fui caminhar, repassando meus novos conhecimentos ao ritmo dançante de meus passos. Ao tomar um atalho por entre as ervas de um quarteirão não construído, meu olhar caiu sobre algumas folhas soltas e impressas. Agarrei-as, triunfante: em minha mão estavam versos sânscritos! Resolvi procurei um erudito para ajudar este inseguro intérprete. Sua esplêndida voz encheu o ar com a doce beleza do antiquíssimo idioma [46].

"Mas é pouco provável que estes versículos excepcionais o ajudem na prova de sânscrito." – O erudito devolveu as folhas, com ceticismo.

Todavia, foi justamente a familiaridade com aquele poema específico que me habilitou, no dia seguinte, a passar na prova de sânscrito. Graças a providente ajuda de Nantu, também obtive o grau mínimo para aprovação em todas as matérias.

Assim, papai teve a alegria de me ver cumprir minha promessa, pois concluí o curso secundário. Meu reconhecimento voltou-se rapidamente para Deus, cuja orientação inequívoca percebi naquela visita à casa de Nantu, e igualmente naquele trajeto inusitado pelo terreno baldio coberto de detritos. Deus, em dupla travessura, dera expressão a Seu plano oportuno para me salvar.

Folheei então o livro posto de lado anteriormente, cujo autor negara a Deus a primazia nas salas de prova. Não pude evitar o riso após pensar comigo mesmo: "Eu apenas aumentaria ainda mais a confusão deste indivíduo se lhe contasse que a meditação em Deus, inclusive perto de cadáveres, é um atalho para o diploma de escola secundária!"

Em meu novo ciclo, planejei abertamente deixar o lar paterno. Em companhia de um jovem amigo, Jitendra Mazumdar [47], decidi ingressar num eremitério Mahamandal, em Benares [de Sri Bharat Dharma Mahamandal], para receber sua disciplina espiritual.

A desolação tomou conta de mim, certo dia, ao considerar que iria me separar de minha família. Desde a morte de mamãe, crescera em mim um grande carinho por meus dois irmãos menores, Sananda e Bishnu, e por minha irmã mais nova, Thamu. Corri para meu retiro, o pequeno sótão que havia testemunhado tantas cenas de meu turbulento *sádhana* [caminho preliminar para Deus]. Após quase duas horas de pranto, me senti singularmente transformado, como se tivesse feito uso de um ingrediente alquímico. Todo apego [48] desaparecera; minha resolução de procurar Deus, o Amigo dos Amigos, tornou se inflexível como o diamante.

"Faço meu último apelo." – Meu pai estava consternado quando fui até ele para receber sua bênção. – "Não nos abandone, nem a mim, nem a seus aflitos irmãos e irmãs."

"Pai venerado, como posso expressar todo o meu amor por ti? Maior, porém, é meu amor pelo Pai Celestial, que me deu o presente de ter um pai perfeito nesta terra. Permita que eu vá, para retornar, um dia, compreendendo um pouco mais dos mistérios divinos."

Com o relutante consentimento paterno, deixei o lar de minha família para me encontrar com Jitendra, já em Benares, no eremitério. Assim que cheguei, o jovem chefe, Swâmi Dayananda, cumprimentou-me com cordialidade. Alto e magro, de aspecto introspectivo, ele me impressionou de modo favorável. Sua bela face tinha a serenidade de um Buda.

Foi oportuno encontrar, em minha nova residência, um sótão onde eu dava um jeito de passar as madrugadas e as manhãs. Os membros do ashram [o mesmo que eremitério], conhecendo pouco de práticas meditativas, pensavam que eu deveria empregar todo o meu tempo livre em tarefas de organização. Elogiaram-me por meu trabalho, ao longo das tardes, em seu escritório.

"Não busque capturar Deus tão depressa!" – Tal zombaria, de um residente do eremitério, acompanhou uma de minhas jornadas matinais no sótão.

Em seguida me dirigi a Dayananda, ocupado em seu pequeno santuário com vista para o Ganges:

"Swâmiji [49], não entendo o que exatamente é exigido de mim aqui. Busco a percepção direta de Deus. Sem Ele, não posso me satisfazer com a filiação a um grupo ou a execução de boas obras."

O eclesiástico de túnica alaranjada me deu uma palmadinha afetuosa. Encenando uma censura, repreendeu alguns discípulos que estavam por perto:

"Não aborreçam Mukunda. Ele vai aprender nossos costumes."

Achei por bem ocultar minhas dúvidas quanto a sua última afirmação. Os estudantes deixaram a sala, mas sem darem sinais de que se sentiam, de alguma forma, humilhados pela reprimenda (eles provavelmente compreenderam a encenação). Dayananda ainda tinha outras palavras para me dizer:

"Mukunda, eu percebi que seu pai lhe envia dinheiro com certa regularidade. Devolva-o, por favor; você não necessita dele aqui. Uma segunda regra para sua disciplina se refere à comida: mesmo que sinta fome, não diga a ninguém."

Se a privação de comida era evidente em meus olhos, não saberia dizer. Mas que eu estava com fome, disso sabia perfeitamente. A primeira refeição no eremitério ocorria invariavelmente ao meio-dia. Em minha casa, eu era acostumado a comer um substancioso lanche às nove da manhã.

Estas três horas de intervalo se tornavam cada dia mais intermináveis. Ficou no passado o tempo em que, em Calcutá, eu podia repreender a cozinheira por um atraso de dez minutos. Agora eu tentava controlar meu apetite; completei um jejum de vinte e quatro horas. Com deleite redobrado, aguardei o meio-dia seguinte.

"O trem de Dayanandaji está atrasado; não comeremos antes de sua chegada." – Jitendra me trouxe estas notícias desoladoras.

Num gesto de amável acolhida ao swâmi, que já estava fora há duas semanas, muitas iguarias foram preparadas. Pelo ar viajava um aroma apetitoso; só este me sendo ofertado, que outra coisa poderia eu engolir senão meu orgulho pelo jejum de ontem?

"Ó Senhor Deus, apressa o trem!" O Provedor Divino, pensei, dificilmente poderia ser incluído na interdição com que Dayananda me silenciara. A atenção de Deus concentrava-se, todavia, em algum outro lugar; o relógio, em andar vagaroso, percorria as horas. A escuridão descia quando nosso dirigente entrou pela porta. Cumprimentei-o com a mais pura e evidente alegria.

"Dayanandaji irá tomar banho e meditar antes de podermos servir a refeição." – Jitendra aproximou-se de mim outra vez como um pássaro de mau agouro.

Eu estava à beira de um colapso. Meu jovem estômago, desabituado à privação, protestava com torturante vigor. Imagens que eu vira, de vítimas da fome, bailavam diante de mim como almas penadas.

"A próxima morte por inanição em Benares é prevista para este ashram, e agora mesmo", pensei. A ameaça condenatória foi sustada às vinte e uma horas. Enfim, soava a convocação para a ambrosia! Em minha memória, permanece nítida aquela refeição noturna, como uma das horas mais perfeitas de minha vida.

A absorção intensa não me impediu de perceber que Dayananda comia com um espírito ausente, distraído. Ele estava, é evidente, acima de meus prazeres grosseiros.

"Swâmiji, o senhor não tinha fome?" – Enfim saciado, eu me encontrava a sós com o dirigente em sua sala de estudos.

"Ora, claro que sim! Passei os últimos quatro dias sem comer nem beber. Nunca me alimento nos trens, saturados, como estão, de vibrações heterogêneas de gente mundana. Observo rigorosamente as regras shástricas [50] dos monges de minha ordem. Alguns dos nossos problemas, referentes à organização de nosso trabalho, permanecem em minha mente. Esta noite, é verdade, acabei negligenciando meu jantar. Mas por que a pressa? Amanhã tratarei de fazer uma refeição mais completa."

Minha vergonha era tamanha que me sufocou. Mas o dia de tortura que eu havia passado não fora tão facilmente esquecido; arrisquei outro comentário:

"Swâmiji, eu me sinto confuso ao seguir suas instruções. Supondo que eu nunca peça e que ninguém me dê comida, acabarei morrendo de inanição."

"Pois então morra!" — Este conselho alarmante cortou o ar. — "Morra se for preciso, Mukunda! Jamais creia que você vive pelo poder do alimento e não pelo poder de Deus! Ele, o criador de toda espécie de nutrição, Ele, que conferiu o apetite, providenciará a nutrição para Seu devoto. Não pense que é o arroz que o sustenta, nem que o dinheiro ou os homens garantem sua subsistência. Poderiam eles ajudá-lo se Deus lhe retirasse o sopro da vida? Eles são apenas instrumentos divinos. É por alguma habilidade sua que a comida é digerida em seu estômago? Use a espada de seu discernimento, Mukunda! Corte os elos dos agentes intermediários, e perceba a Causa Única!"

Senti tais palavras incisivas penetrarem em mim até a medula dos ossos. Desvanecia no ar uma secular ilusão de que os imperativos do corpo suplantam os da alma. Naquela hora e lugar, saboreei a integral suficiência do Espírito. Em quantas cidades estrangeiras, em minha vida posterior de viagens incessantes, tive ocasião de pôr à prova a serventia desta lição, aprendida num ashram de Benares!

O único tesouro que me acompanhou desde Calcutá foi o talismã de prata do sádhu, legado a mim por mamãe. Guardando-o durante anos, eu o tinha agora cuidadosamente escondido em meu quarto no eremitério. Para renovar minha alegria com o testemunho do amuleto, certa manhã eu abri a caixa fechada. A cobertura estava intacta, mas o talismã havia desaparecido. Com pesar, rasguei seu invólucro e me certifiquei do ocorrido. De acordo com a predição, ele havia desvanecido no éter de onde o sádhu o fizera surgir. Minhas relações com os discípulos de Dayananda só pioravam com o tempo. Os residentes implicavam comigo, incomodados com meu isolamento. Aderindo rigorosamente à meditação no verdadeiro Ideal – afinal, por isso eu deixara meu lar e todas as ambições mundanas –, eu era alvo de críticas superficiais vindas de todos os lados.

Dilacerado de angústia espiritual, entrei certa madrugada no sótão, decidido a orar até que uma resposta me fosse concedida:

"Misericordiosa, ó Mãe do Universo; ensina-me Tu mesma através de visões, ou através de um guru enviado por Ti!"

Horas se passaram sem que minhas súplicas, pontilhadas de soluços, tivessem resposta. Então, subitamente, senti como se fosse elevado corporalmente a uma esfera ilimitada.

"Teu Mestre vem hoje!" – Uma celestial voz feminina veio de todas as partes e de parte alguma.

A sublime experiência foi interrompida por um grito surgido de um local específico. Um jovem clérigo, que detinha o apelido de Habu, me chamava da cozinha.

"Mukunda, chega de meditação! Precisam de você para uma tarefa."

Fosse qualquer outro dia, eu provavelmente teria respondido com impaciência; mas ali, apenas enxuguei minha face umedecida pelas lágrimas e obedeci à intimação sem pestanejar. Juntos, Habu e eu saímos para um mercado distante, na seção bengali de Benares. O sol inclemente da Índia ainda não chegara ao topo do céu, e nós seguíamos fazendo nossas compras nos bazares. Abríamos caminho através da colorida miscelânea de donas de casa, guias, sacerdotes, viúvas trajadas com simplicidade, brâmanes com ar de dignidade e ubíquos touros sagrados. Enquanto Habu e eu prosseguíamos, voltei minha cabeça para examinar uma ruazinha estreita, quase imperceptível.

Um homem de aspecto crístico, em suas roupas ocres de swâmi, permanecia imóvel no fim da viela. Ele me pareceu instantaneamente familiar, como se fosse um velho conhecido; por um momento, meu olhar curioso demorou-se nele. Em seguida, a dúvida me assaltou.

"Você está confundindo este monge errante com alguém conhecido", pensei. "Sonhador, siga seu caminho."

Então, cerca de dez minutos depois, senti em meus pés uma dormência pesada. Como se tivessem virado pedra, eles eram incapazes de me conduzir adiante. Tentei dar meia volta, e percebi que meus pés reconquistaram a mobilidade. Voltei-me de novo na direção em que estava seguindo, e o curioso peso me reteve no lugar.

"O santo está me atraindo magneticamente!" Com tal conclusão em mente, empilhei meus pacotes nos braços de Habu. Ele estivera observando com assombro minhas caminhadas erráticas, e agora não conseguia conter a gargalhada:

"Makunda, o que tem você? Ficou louco?"

Uma algazarra de emoções me impedia de dar qualquer réplica; com uma corrida veloz e silenciosa, me afastei dali.

Voltando atrás em meus passos como se estivesse calçado com asas, atingi novamente a viela estreita. Meu rápido olhar descobriu a tranquila figura que olhava firmemente em minha direção. Alguns passos ansiosos depois, eu estava a seus pés:

"Gurudeva [guru iluminado]!" – Sua face divina era a mesma que eu tinha visto em milhares de visões. Estes olhos pacíficos, numa cabeça leonina com barba pontuda e mechas de cabelo flutuante, haviam frequentemente surgido na escuridão de meus devaneios noturnos, como prova de uma promessa que eu não compreendera inteiramente.

"Você que é meu, você veio a mim!" – Meu guru pronunciou tais palavras repetidas vezes, em bengali, com a voz trêmula de alegria. – "Quantos e quantos anos não esperei por você!"

Então, nós nos mesclamos em silenciosa unificação; naquele momento as palavras nos pareciam algo da mais grosseira superfluidade. A eloquência fluía em cântico silencioso do coração do mestre ao do discípulo. Com uma antena de incontestável percepção interior, senti que meu guru conhecia Deus e me levaria até Ele. A obscuridade de minha presente vida desvaneceu-se numa frágil madrugada de memórias pré-natais. O tempo é como uma peça de teatro cujos três atos, passado, presente e futuro, são cíclicos, recorrentes. Este não era o primeiro sol que me surpreenderia prostrado ante aqueles santos pés.

Pegando em minha mão, meu guru me levou até sua residência temporária, na seção Rana Mahal da cidade. Sua figura atlética se movia com passadas firmes. Alto, ereto, naquela época com seus 55 anos, era ativo e vigoroso como um jovem. Seus olhos escuros eram grandes, belos, de sabedoria insondável. O cabelo levemente ondulado suavizava uma face de absoluto poder. Em todo ele, a força se mesclava sutilmente com a gentileza.

Enquanto nos aproximávamos do terraço de pedra de uma casa próxima ao Ganges, ele me disse afetuosamente:

"Eu lhe darei meu ashram e tudo o que possuo."

"Senhor, vim para obter sabedoria e a experiência de Deus. Estes são os tesouros que busco em ti!"

O rápido crepúsculo da Índia desceu metade de sua cortina antes que meu mestre falasse outra vez. Seus olhos continham uma ternura insondável:

"Eu lhe dou meu amor incondicional."

Palavras preciosas! Um quarto de século se passou antes que eu tivesse outra prova verbal de seu amor. Seus lábios eram estranhos ao ardor das palavras; o silêncio condizia melhor com seu coração oceânico.

"Você me dará o mesmo amor, incondicional?" – Ele pousou em mim os olhos cheios de entusiasmada confiança, como um olhar de criança.

"Eu lhe amarei eternamente, gurudeva!"

"O amor comum é egoísta, obscuramente enraizado em desejos e satisfações. O amor divino é incondicional, ilimitado, imutável. As inconstâncias do coração humano desaparecem para sempre ao toque extasiante do puro amor." – Ele acrescentou, humildemente – "Se algum dia você assistir à minha queda do estado de percepção de Deus, por favor, prometa que irá colocar minha cabeça em seu colo e me ajudar a retornar ao Amado Cósmico que ambos adoramos."

Então, ele se ergueu na sombra que se adensava e me conduziu a um dos recintos no interior da casa. Enquanto comíamos mangas e doces de amêndoas, foi surgindo discretamente em sua conversa um conhecimento íntimo de minha natureza. Eu me sentia maravilhado com a grandeza de sua sabedoria, mesclada com uma humildade inata.

"Não se lamente pelo seu amuleto. Ele serviu o seu propósito."

Como um espelho divino, meu guru havia captado claramente o reflexo de minha vida inteira.

"A vívida realidade de sua presença, mestre, é uma alegria que transcende qualquer símbolo."

"É tempo de mudança, já que você se acha descontente em seu ashram atual."

Eu não tinha feito quaisquer referências à minha vida; agora, aliás, elas pareciam supérfluas! Entendi, observando seu comportamento natural, que ele não desejava ver manifestações de assombro por conta da extensão de sua clarividência. O seu ego não necessitava de nenhuma adulação.

"Você deveria voltar a Calcutá. Por que excluir seus parentes do seu amor à humanidade?"

Sua sugestão me deixou consternado. Minha família andava prevendo meu regresso, apesar de eu não ter respondido a numerosas súplicas feitas por carta. "Deixem o filhote de pássaro voar pelos céus metafísicos", Ananta havia comentado. "Suas asas se fatigarão na atmosfera densa. Ainda o veremos em voo descendente em direção ao lar, para então fechar suas asas e pousar, humildemente, no ninho da família." Com esta desalentadora imagem bem viva em minha mente, eu estava resolvido a não executar nenhum "voo" em direção a Calcutá.

"Senhor, não regressarei ao lar. Todavia, irei segui-lo a qualquer parte. Por favor, me dê o seu nome e endereço."

"Swâmi Sri Yuktéswar Giri. Meu ashram principal está em Serampore, na rua de Rai Ghat. Estou aqui, apenas durante alguns dias, visitando minha mãe."

Sri Yuktéswar Giri

Maravilhei-me com o intrincado jogo de Deus com Seus devotos. Serampore fica a somente vinte quilômetros de Calcutá; entretanto, estando naquelas regiões eu nunca tinha percebido sequer um vislumbre de meu guru. Para que o nosso encontro acontecesse, tivéramos de viajar à antiga cidade de Kasi (Benares), santificada pelas recordações de Láhiri Mahasaya. Também os pés de Buda, Shânkarachárya e muitos outros iogues crísticos haviam pisado naquele mesmo solo.

Guardei obstinado silêncio. Logo meu guru percebeu minha dificuldade:

"Pensa que seus parentes vão rir de você?"

"Não voltarei."

"Voltará dentro de trinta dias."

"Nunca."

Sem aliviar a tensão daquela controvérsia, me inclinei com reverência a seus pés e parti. Caminhando na escuridão da meia-noite, de volta ao eremitério, fiquei admirado com o fato de aquele encontro miraculoso ter se encerrado com uma nota desarmônica. Eram os dois pratos da balança de maya, que equilibram toda alegria com uma dor! Meu jovem coração ainda não era maleável sob os dedos transformadores de meu guru.

Na manhã seguinte, notei uma hostilidade crescente na atitude dos membros do ashram. Cravavam de pregos os meus dias com invariável rudeza. Três semanas se passaram, e Dayananda teve de partir do eremitério para assistir a uma conferência em Bombaim. O inferno desabou sobre minha cabeça angustiada.

"Mukunda é um parasita, aceitando a hospitalidade de nosso eremitério sem retribuir adequadamente." — Ouvindo este comentário, pela primeira vez lamentei ter obedecido à solicitação de devolver meu dinheiro a papai. Com o coração oprimido, procurei meu amigo Jitendra.

"Eu vou embora. Por favor, transmita minhas desculpas respeitosas a Dayanandaji, quando ele voltar."

"Eu também vou partir! Minhas tentativas para meditar aqui não foram mais felizes que as suas." — Jitendra estava igualmente determinado a abandonar aquele ashram.

"Encontrei um sábio semelhante a Cristo. Vamos visitá-lo em Serampore."

E assim o "pássaro" se preparou para o "voo descendente", perigosamente próximo de Calcutá!

11. Dois jovens sem um tostão em Brindaban

"Caso papai o deserdasse, seria bem merecido Mukunda! Que tolo você é, desperdiçando sua vida!" – Um sermão de irmão mais velho me assolava os ouvidos.

Jitendra e eu, recém-saídos do trem e cobertos de poeira, tínhamos chegado ao lar de Ananta, recentemente transferido de Calcutá para a velha cidade de Agra. Meu irmão era auditor no departamento de obras de uma estrada de ferro.

"Você sabe muito bem, Ananta, que busco minha herança no Pai Celestial."

"Em primeiro lugar, o dinheiro; Deus pode vir depois! Quem vai saber? A vida pode ser muito longa."

"Deus em primeiro lugar; pois o dinheiro é Seu escravo! Quem vai saber? A vida pode ser muito curta."

Minha réplica foi provocada pelas circunstâncias, e não a apoiava em nenhum pressentimento... (no entanto, alguns anos depois o tempo de Ananta chegaria ao fim, e ele adentraria a terra onde as notas de dinheiro já não tinham valor algum).

"Ora, uma sabedoria adquirida no eremitério, eu suponho! Mas vejo que abandonou Benares." – Os olhos de Ananta cintilavam de satisfação; ele ainda esperava fixar minhas asas no ninho da família.

"Minha estada em Benares não foi infrutífera! Ali encontrei tudo o que meu coração ansioso buscava! Pode estar certo de que não eram seu erudito nem seu filho!"

Ananta juntou-se a mim numa gargalhada de reminiscência; ele foi obrigado a admitir que o "clarividente" de Benares, seu escolhido, tinha dado provas de ser míope.

"E quais são seus planos de agora em diante, meu irmão aventureiro?"

"Jitendra me convenceu a vir até Agra. Aqui vamos contemplar as belezas do Taj Mahal [o famoso mausoléu indiano]." – Expliquei. – "Depois iremos ver meu guru, a quem encontrei recentemente, e cujo ashram se localiza em Serampore."

Ananta cuidou de nos alojar com todo conforto em sua casa. Mais de uma vez, ao longo da noite, percebi seus olhos fixos em mim, pensativos. "Conheço esse olhar", pensei. "Está tramando uma cilada!"
A trama de meu irmão teve o seu desfecho durante nossa primeira refeição na manhã seguinte.

"Então você se sente muito independente da riqueza de papai."

O olhar de Ananta expressava inocência enquanto ele retornava às farpas de nossa conversa no dia anterior.

"Estou consciente de minha dependência de Deus."

"Ora, falar é fácil! A vida lhe serviu de escudo até agora! Mas que situação dura não seria se você fosse obrigado a recorrer à Mão Invisível para seu alimento e abrigo! Logo estaria mendigando nas ruas!"

"Jamais! Não depositaria minha fé nos transeuntes em vez de colocá-la em Deus! Ele pode conceber para Seu devoto milhares de recursos para além da alcunha de mendigo!"

"Mais retórica! Suponha que eu sugira que sua gloriosa filosofia seja testada neste mundo tangível?"

"Eu concordaria! Você confina Deus a um mundo especulativo?"

"Isso nós veremos. Hoje você terá a oportunidade de ampliar ou de confirmar meu próprio ponto de vista!" – Ananta fez uma pausa para dar dramaticidade ao momento; em seguida, falou devagar e com seriedade na voz. – "Eu proponho enviá-lo esta manhã, junto com seu amigo Jitendra, para a cidade vizinha de Brindaban. Você não deve levar uma só rúpia; não deve mendigar nem alimento nem dinheiro; não deve revelar sua situação a ninguém; não deve passar o dia sem comer; assim, se voltar aqui em casa antes da meia-noite sem ter violado uma única regra do nosso teste, eu serei o homem mais espantado de Agra!"

"Aceito o desafio!" – Não havia hesitação alguma em minhas palavras ou em meu coração. Gratas lembranças da Beneficência Instantânea reverberavam em minha memória: minha cura de cólera mortal através do apelo à fotografia de Láhiri Mahasaya; o divertido presente dos dois papagaios no terraço de Lahore; o amuleto oportuno durante o desânimo em Bareilly; a mensagem decisiva por intermédio do sádhu que se aproximou do pátio do erudito em Benares; a visão da Mãe Divina e Suas sublimes palavras de amor; Sua rápida atenção, através de Mestre Mahasaya, a meus pequeninos aborrecimentos; a orientação de última hora, que materializou meu diploma de escola secundária; e a derradeira bênção, meu mestre vivente, emergido da bruma dos sonhos de toda a minha vida. Eu jamais admitiria a insuficiência de minha "filosofia", em qualquer tipo de embate, no áspero campo de provas do mundo!

"Bem, a sua disposição é um crédito ao seu favor. Vou levá-lo até o trem imediatamente." – Disse Ananta. E, se voltando para o boquiaberto Jitendra, prosseguiu. – "Você deve ir junto: como testemunha e, provavelmente, como segunda vítima!"

Meia hora depois, Jitendra e eu estávamos com as passagens de ida, para nossa viagem. Paramos num canto isolado da estação e examinamos um ao outro. Ananta ficou satisfeito porque não carregávamos valores ocultos; nossos simples *dhótis* [51] não escondiam mais do que o necessário.

Como a fé invadia o reino sério das finanças, meu amigo protestou:

"Ananta, me dê uma ou duas rúpias como medida de cautela, Então, poderei lhe telegrafar caso algo saia errado."

"Jitendra!" – Minha exclamação foi de radical censura. – "Não continuarei com o teste se você levar dinheiro como forma de garantia."

"Mas há algo de tranquilizador no tilintar das moedas." – Jitendra nada mais acrescentou, pois o encarei com severidade.

"Mukunda, não sou destituído de coração." – Um toque de humildade ecoava junto à voz de Ananta. É possível que sua consciência o afligisse; talvez por enviar dois jovens sem dinheiro a uma cidade desconhecida; talvez devido ao seu próprio ceticismo religioso. – "Se por qualquer sorte, acaso ou graça, você passar com sucesso pelo ordálio de Brindaban, vou pedir que me aceite como seu novo discípulo."

Em acordo com aquela situação exótica, tal promessa também continha certa irregularidade. O irmão mais velho numa família hindu raramente se inclina ante os mais novos; recebe respeito e obediência, em segundo lugar, logo depois do pai. Todavia, não restava tempo para meu comentário; nosso trem já iria partir.

Jitendra manteve um silêncio melancólico, enquanto o trem cobria a distância. Então finalmente meu amigo se manifestou: inclinando-se, beliscou-me dolorosamente em lugar sensível.

"Não vejo sinal algum de que Deus vai nos fornecer nossa próxima refeição!"

"Fique tranquilo, ó incrédulo Tomé; o Senhor está trabalhando a nosso favor."

"Você não pode fazer com que Ele se apresse? Já me sinto esfomeado só ao considerar as perspectivas à nossa frente. Deixei Benares para ver o mausoléu do Taj, não para entrar no meu próprio!"

"Ora, se anime Jitendra! Não estamos prestes a ter nosso primeiro vislumbre das sagradas maravilhas de Brindaban? [52] Sinto profunda alegria ao pensar que irei pisar no solo santificado pelos pés do divino Krishna."

Momentos depois, a porta de nosso compartimento se abriu, e dois homens entraram e tomaram assento. A próxima parada do trem seria a última.

"Jovens, vocês têm amigos em Brindaban?" – O desconhecido, que se sentara bem à minha frente, revelava um interesse surpreendente em nossas figuras.

"Não é da sua conta!" – Desviei rudemente o olhar.

"É bem provável que estejam fugindo de suas famílias sob a magia do Ladrão de Corações [referência ao Senhor Krishna]. Eu mesmo também possuo um temperamento devocional. Dessa forma, é meu dever cuidar para que recebam alimento e abrigo neste calor tão forte."

"Não, nos deixe sozinhos. O senhor é muito amável, mas se engana se nos julga fugitivos de casa."

Isto encerrou aquela conversa. O trem parou. Quando Jitendra e eu descemos na plataforma, nossos companheiros ocasionais nos tomaram pelo braço e chamaram um veículo de tração animal. Apeamos em frente a um ashram majestoso, situado entre árvores verdejantes, de canteiros bem conservados. Logo ficou claro que nossos benfeitores eram conhecidos ali; um sorridente jovem nos guiou sem comentário a uma sala de recepção. Pouco tempo depois, juntou-se a nós uma senhora idosa, de aparência nobre.

"Gauri Ma, os príncipes não puderam vir." – Um dos homens dirigiu-se à anfitriã do ashram. – "No último instante, seus planos foram alterados; eles enviam sinceras desculpas; mas trouxemos outros dois hóspedes. Assim que nos encontramos no trem, senti atração por eles; são devotos do divino Krishna."

"Adeus, jovens amigos." – Nossos dois conhecidos caminharam em direção à porta. – "Se Deus quiser, nos encontraremos outra vez."

"Sejam bem-vindos aqui." – Gauri Ma sorriu maternalmente. – "A verdade é que vocês não poderiam ter chegado num dia melhor. Eu esperava dois benfeitores de sangue real, patronos deste eremitério. Que desperdício seria se os alimentos que cozinhei não achassem ninguém para apreciá-los!"

Estas amáveis palavras tiveram efeito imediato e surpreendente sobre Jitendra: ele caiu em lágrimas. As "perspectivas" que meu amigo temia encontrar em Brindaban estavam se convertendo em entretenimento de reis; o repentino ajustamento mental era demasiado forte para ele. Nossa anfitriã o fitou com curiosidade, mas sem comentar nada; quiçá estivesse familiarizada com caprichos de adolescentes.

O almoço foi anunciado. Gauri Ma nos precedeu no caminho para um pátio, pleno de aromas apetitosos, onde a refeição seria servida. Ela desapareceu numa cozinha próxima.

Confesso que havia premeditado aquele momento. Escolhendo o local apropriado no corpo de Jitendra, dei-lhe um beliscão tão doloroso como o que ele me havia me dado no trem.

"Ó incrédulo Tomé, o Senhor Deus trabalha, e depressa!"

A anfitriã retornou com um *punkha* [espécie de leque]. Ela nos abanou com firmeza, à moda oriental, enquanto cruzávamos as pernas em assentos de mantas com ornamentos. Discípulos do ashram iam e vinham, servindo cerca de trinta pratos. Em vez de "refeição", eu deveria descrevê-la como "um suntuoso banquete". Desde que chegamos a este planeta, Jitendra e eu nunca antes havíamos degustado tais iguarias.

"Ora, de fato são pratos dignos de príncipes, Honrada Mãe! Não posso imaginar que atividade seus régios benfeitores encontraram que fosse mais urgente que comparecer a tal banquete! A senhora nos proporcionou uma recordação para o resto da vida!"

Obrigados ao silêncio pelas condições impostas por Ananta, não podíamos explicar à bondosa senhora que nossos agradecimentos tinham duplo significado. Nossa sinceridade, pelo menos, era evidente. Partimos com sua bênção e um convite atraente para revisitar o eremitério.

Fora dele, o calor reinava impiedoso. Meu amigo e eu procuramos o abrigo da majestosa árvore de cadamba, na porta do ashram. Seguiu-se novo diálogo duro. Jitendra encontrava-se outra vez apreensivo:

"Em que bela enrascada você me meteu! Nosso almoço foi apenas um incidente de boa sorte! Como poderemos ver os aspectos interessantes desta cidade sem termos conosco um único tostão? E como vai me levar de volta à casa de Ananta?"

"Você esquece Deus rapidamente, agora que seu estômago está cheio." – Minhas palavras eram duras, mas sem serem amargas. – "Como é curta a nossa lembrança dos favores divinos! Nenhum homem vivo deixou de ver respondidas algumas de suas preces."

"De fato, eu não posso esquecer minha loucura ao me aventurar numa viagem dessas com um doido como você!"

"Cale-se, Jitendra! O mesmo divino Senhor que nos alimentou nos mostrará Brindaban e nos devolverá a Agra."

Um jovem esbelto, de agradável aparência, aproximou-se com passadas rápidas. Parando sob nossa árvore, curvou-se diante de mim e disse:

"Querido amigo, o senhor e seu colega devem ser estranhos por aqui. Permita que eu seja seu anfitrião e guia."

É quase impossível a um hindu empalidecer, mas naquele momento foi justamente o que vi na face de Jitendra. Mesmo assim, recusei educadamente a oferta.

"Não, não pode ser que me dispense." – O alarme do desconhecido teria sido cômico em outras circunstâncias.

"Por que não?"

"O senhor é meu guru." – Seus olhos fitaram os meus, estavam plenos de convicção. – "Durante minhas devoções do meio-dia, o bendito Senhor Krishna me apareceu numa visão. Mostrou-me duas figuras desamparadas debaixo desta mesma árvore. Uma face era a sua, meu mestre! Eu a vi muitas vezes em meditação! Que alegria seria para mim se aceitasse meus humildes serviços!"

"Eu também me alegro que tenha me encontrado. Nem Deus nem o homem nos desampararam!" – Muito embora eu estivesse imóvel, sorrindo para o rosto ansioso diante de mim, uma obediência interna prostrou-me ante os Pés Divinos.

"Queridos amigos, não podem me dar a honra de se hospedarem em minha casa?"

"Você é muito amável; mas nós já somos hóspedes de meu irmão em Agra."

"Ora, ao menos me deixarão a lembrança de haver percorrido Brindaban em sua companhia."

Concordei com alegria. O jovem, cujo nome era Pratap Chatterji, chamou uma carruagem. Visitamos o Templo Madanamohana e outros santuários de Krishna. A noite caiu antes de terminarmos nossas devoções no templo.

"Com licença, vou ver se consigo *sandesh* [tipo de doce hindu]." – Pratap entrou em uma loja na estação ferroviária.

Jitendra e eu perambulamos ao longo da ampla rua, agora repleta de gente na noitinha um pouco mais fresca. Nosso amigo sumiu por algum tempo, mas voltou com doces e guloseimas como presente.

"Por favor, permita que eu ganhe este mérito religioso." – Pratap sorriu suplicante enquanto estendia um maço de notas de dinheiro e duas passagens, recém-compradas, para Agra.

Aceitando todos aqueles presentes, minha reverência dirigiu-se à Mão Invisível que, embora esquecida por Ananta, havia até mesmo se excedido em generosidade.

Em seguida procuramos um lugar vazio perto da estação.

"Pratap, vou instruí-lo no Kriya de Láhiri Mahasaya, o maior iogue dos tempos modernos. A técnica dele será o seu guru."

A iniciação terminou em meia hora. Em seguida, eu disse ao novo discípulo:

"O Kriya é seu *chintamani* [joia mítica com poder de realizar os desejos]. Tal técnica tão simples, como você acaba de ver, incorpora a arte de apressar a evolução espiritual do homem. As Escrituras hindus ensinam que o ego reencarnante requer um milhão de anos para obter a liberação de maya. Este período natural é imensamente encurtado pelo Kriya Yoga. Assim como o crescimento das plantas pode ser acelerado muito além de seu ritmo normal, como Jâgadis Chandra Bose demonstrou, da mesma forma o desenvolvimento psicológico do homem pode ser apressado por meios científicos. Seja assíduo em suas práticas, e um dia alcançará o Guru de todos os gurus."

"Sinto um arrebatamento ao encontrar esta chave de ioga, buscada há tanto tempo!" – Respondeu Pratap, pensativo. – "Seu efeito desobstrutivo sobre as limitações sensoriais me deixará livre para ingressar em esferas superiores. A visão do Senhor Krishna, hoje, só poderia mesmo significar o meu maior bem."

Então, sentamos por um instante em silenciosa compreensão; depois, caminhamos lentamente para a estação. A alegria me inundava ao pegar o trem, mas este foi um dia de lágrimas para Jitendra. Meu afetuoso adeus a Pratap foi pontuado por soluços abafados de meus dois companheiros. A viagem de volta novamente encontrou Jitendra em descontentamento, só que desta vez contra si mesmo.

"Ai! Quão rasa é a minha confiança; meu coração tem sido uma pedra! Porém, no futuro, jamais duvidarei da proteção de Deus outra vez."

Estávamos próximos da meia-noite. As duas "Cinderelas", enviadas sem dinheiro, entraram no quarto de Ananta. Tal como ele irrefletidamente havia previsto, suas feições davam um estudo sobre o espanto. Em silêncio, espalhei sobre a mesa as notas de dinheiro.

"Jitendra, a verdade!" – O tom de Ananta era jocoso. – "Este jovem não esteve participando de um assalto, esteve?"

Todavia, à medida que a narrativa prosseguia, meu irmão foi se tornando mais sério e, por fim, até mesmo solene:

"A lei de oferta e procura atinge reinos mais sutis do que eu poderia julgar." – Ananta falou com um entusiasmo espiritual que eu jamais havia observado nele. – "Bem, pela primeira vez, compreendo sua indiferença aos cofres e às vulgares acumulações mundanas."

Apesar de já avançarmos na madrugada, meu irmão insistiu em receber *diksha* [iniciação] em Kriya Yoga. O "guru" Mukunda teve, basicamente na mesma noite, de arcar com a responsabilidade de dois "discípulos espontâneos".

Na manhã seguinte, nossa primeira refeição decorreu numa harmonia que estivera ausente há apenas um dia. Eu eventualmente sorri para Jitendra e disse:

"Você não será ludibriado em seu desejo de visitar o Taj. Vamos contemplá-lo antes de partir para Serampore."

Após nos despedirmos de Ananta, meu amigo e eu logo nos achamos diante da glória de Agra, o Taj Mahal. Em mármore branco, ofuscante sob o sol, ergue-se no horizonte como uma visão de pura simetria. Em sua volta há um cenário perfeito de ciprestes escuros, gramados verdejantes e lago tranquilo. O interior é primoroso, esculpido à semelhança de rendas e incrustado de pedras semipreciosas. Delicadas grinaldas emergem intrincadamente de mármores nas cores marrom e violeta. A iluminação vem da cúpula e desce sobre os memoriais do Imperador Shah Jahan e de Mumtaz Mahall, rainha tanto de seu império quanto de seu coração.

De turismo, já era o bastante. Eu ansiava por meu guru. Jitendra e eu viajamos bem cedinho de trem para o sul, em direção a Bengala.

"Mukunda, não vejo minha família há meses. Mudei de ideia: talvez eu visite seu guru mais tarde, em Serampore."

Meu amigo, a quem se podia benevolamente descrever como um sujeito de temperamento vacilante, separou-se de mim em Calcutá. Pegando mais um trem, em breve cheguei a Serampore, cerca de vinte quilômetros ao norte.

Estremeci de maravilhoso assombro ao me dar conta de que vinte e oito dias haviam se passado desde o encontro com meu guru em Benares. "Você virá até mim dentro de quatro semanas!" E aqui estava eu, com o coração ribombando, de pé, dentro de um pátio na silenciosa rua de Rai Ghat. Ali, entrei pela primeira vez no ashram onde passaria a melhor parte de meus dez anos seguintes, com o Jnânavatar ("a encarnação da sabedoria") da Índia.

12. Os anos no ashram de meu mestre

"Você veio."

Sri Yuktéswar me cumprimentou. Ele estava sentado numa pele de tigre estirada no chão de uma sala de estar que se abria para a sacada. Sua voz era fria, seu comportamento sem emoção.

"Sim, querido Mestre, aqui estou para segui-lo." – E, me ajoelhando, toquei os seus pés.

"Como pode me seguir? Você ignora meus desejos."

"De agora em diante, não mais, guruji! Seu desejo será a minha lei!"

"Assim é melhor! Então agora eu posso assumir responsabilidade por sua vida."

"E de boa vontade eu lhe transfiro este peso, mestre."

"Assim, o meu primeiro pedido é para que volte ao lar, que retorne ao convívio com sua família. Também quero que ingresse na faculdade em Calcutá. Sua educação deverá continuar."

"Muito bem, senhor." – Tentei ocultar minha consternação. Livros inoportunos continuariam a me perseguir por quantos anos? Primeiro papai, agora Sri Yuktéswar!

"Algum dia, você irá ao Ocidente. Seu povo será mais receptivo à antiga sabedoria da Índia caso o desconhecido instrutor hindu tiver algum grau universitário."

"O senhor sabe o que é melhor, guruji." – Minha tristeza se evaporou naquele instante. A referência ao Ocidente me soou como algo enigmático e remoto; mas a oportunidade de agradar a meu mestre pela obediência era imediata, essencial.

"Você estará por perto lá em Calcutá; venha aqui sempre que encontrar algum tempo."

"Todos os dias, caso possível, mestre! Eu aceito, agradecido, sua autoridade em todos os detalhes de minha vida, mas com uma condição."

"Qual?"

"Que você me prometa revelar Deus para mim!"

Seguiu-se uma hora de debate sereno. A palavra de um mestre não pode ser falsificada; não é dada levianamente. As implicações à garantia que eu suplicava abriam imensas perspectivas metafísicas. Um guru deve se encontrar verdadeiramente em certo grau de intimidade com o Criador antes de poder obrigá-lo a aparecer! Percebi a unidade de Sri Yuktéswar com Deus e estava decidido, como seu discípulo, a me aproveitar desta vantagem.

"Você tem a disposição exata!" – Então, o consentimento do mestre compassivo enfim chegou. – "Que o seu desejo seja o meu desejo."

Uma sombra que perdurara a vida inteira sumiu de meu coração. A busca incerta, de cá para lá, havia chegado ao fim. Eu havia encontrado, enfim, abrigo eterno em um verdadeiro guru.

"Venha, vou lhe mostrar o eremitério." – O mestre se ergueu de seu tapete de pele de tigre. Olhando ao redor do recinto, percebi, numa parede, um retrato enfeitado com um raminho de jasmim.

"Láhiri Mahasaya!" – Eu disse, aturdido.

"Sim, meu divino guru." – O tom de voz de Sri Yuktéswar vibrava de reverência. – "Ele foi, como homem e como iogue, maior do que qualquer outro mestre cuja vida tenha entrado em meu campo de investigação."

Em silêncio, me curvei diante do retrato tão familiar. As homenagens de minha alma elevaram-se, velozes, até o mestre incomparável que, abençoando minha infância, tinha guiado meus passos até aquele instante.

Conduzido por meu guru, caminhei pela casa e por seus arredores. Grande, antigo e bem construído, o ashram era circundado por um pátio, e este por um muro de pilares maciços. As paredes externas estavam cobertas de musgo; pombas esvoaçavam sobre o telhado horizontal e cinzento, compartilhando do ashram sem cerimônias. Atrás, um horto agradável apresenta árvores frutíferas, mangueiras e bananeiras. Os quartos superiores tinham varandas que se abriam para o pátio em três das faces do edifício, que possuía andar térreo e superior. Um espaçoso salão térreo, de teto alto sustentado por colunas, era usado, segundo me disse o mestre, principalmente durante as festividades anuais do Durgapuja [53]. Uma escada estreita levava à sala de estar de Sri Yuktéswar, cuja pequena sacada abria para a rua.

O ashram estava mobiliado estritamente com o necessário; tudo era simples, limpo e útil; viam-se diversas cadeiras, bancos e mesas em estilo ocidental.

O mestre me convidou para passar aquela noite ali. Um jantar de legumes temperado com curry nos foi servido por dois jovens discípulos que recebiam treinamento espiritual.

"Guruji, por favor, me conte algo de sua vida." – Eu tinha cruzado as pernas numa esteira de palha junto de sua pele de tigre. As estrelas amistosas pareciam bem próximas, pouco além da varanda.

"Meu nome de família foi Pryia Nath Karada. Eu nasci aqui mesmo, em Serampore [em 10/05/1855], onde meu pai era um próspero homem de negócios. Deixou-me esta mansão ancestral, que é atualmente o meu ashram. Meus estudos formais na escola foram curtos; de fato, achei-os tediosos e superficiais. Na juventude, assumi as responsabilidades de chefe de família e tive uma filha, agora casada. Na maturidade, fui abençoado pela orientação de Láhiri Mahasaya. Após a morte de minha esposa, ingressei na Ordem dos Swâmis e recebi o novo nome de Sri Yuktéswar Giri [54]. Bem, estes são meus humildes dados biográficos."

O mestre abriu um sorriso a ver a ansiedade em meu rosto. Como todos os esboços biográficos, suas palavras deram os fatos exteriores sem revelar o homem interno.

"Guruji, eu gostaria de ouvir algumas histórias de sua infância."

"Bem, eu lhe contarei algumas: cada uma com sua lição de moral!" – Os olhos de Sri Yuktéswar cintilavam em advertência. – "Certa vez minha mãe tentou me assustar com a medonha história de um fantasma num quarto escuro. Fui lá imediatamente, e exprimi meu desapontamento por não haver encontrado o tal fantasma. Mamãe nunca mais voltou a me contar histórias de horror. Moral: encare o medo de frente, e ele deixará de perturbá-lo."

Em seguida, prosseguiu:

"Outra lembrança da infância evoca meu desejo de possuir um cachorro feio que pertencia a um vizinho. Transformei minha própria casa numa algazarra, durante semanas, para obter aquele bicho. Meus ouvidos ficaram surdos às ofertas de outros animaizinhos de aparência mais agradável. Moral: o apego nos cega; empresta um halo imaginário de atração ao objeto desejado."

E havia mais:

"Uma terceira história se refere à plasticidade da mente na juventude. Certa vez, ouvi mamãe comentar: 'Um homem que aceita trabalho sob as ordens de outro é um escravo.' Esta impressão calou tão fundo em mim que, mesmo após meu casamento, recusei todas as ofertas de emprego. Enfrentei os gastos investindo a herança de minha família em terras. Moral: sugestões boas e positivas deveriam instruir os ouvidos sensitivos das crianças; afinal, suas primeiras ideias perduram como gravuras em metal."

Em seguida, o mestre se entregou a um silencio imóvel. Por volta de meia-noite, me conduziu até uma estreita cama de lona. O sono foi profundo e doce naquela primeira noite sob o teto de meu guru.

Sri Yuktéswar escolheu a manhã seguinte para me conceder sua iniciação em Kriya Yoga. Anteriormente, eu já havia a mesma técnica de dois discípulos de Láhiri Mahasaya: papai e meu instrutor particular de sânscrito, Swâmi Kebalananda. Na presença mestre, no entanto, eu senti um poder único, transformador; ao seu toque, uma grande luz abriu caminho em meu ser, como a glória de incontáveis sóis brilhando conjuntamente. Um dilúvio de beatitude inefável inundou meu coração até alcançar suas profundidades mais ocultas.

No dia seguinte a tarde já estava bem avançada quando consegui me decidir a deixar o eremitério.

Ao atravessar a porta de meu lar em Calcutá, a profecia de meu mestre era realizada: "Você voltará dentro de trinta dias." Nenhum de meus parentes fez comentários ferinos ou sarcásticos. Eu temia possíveis alusões ao reaparecimento do "pássaro que voava em céus metafísicos".

Subi até meu quartinho no sótão e lhe lancei olhares afetuosos, como se fosse um ser vivo: "Você foi a testemunha das meditações, lágrimas e tempestades de meu sádhana. Agora atingi o porto de meu divino mestre".

Papai e eu sentamos juntos na quietude da noite, e ele me contou, com largo sorriso no rosto:
"Filho, estou contente por nós dois. Você enfim encontrou seu guru, e foi da mesma forma miraculosa em que no passado eu achei o meu. A sagrada mãe de Láhiri Mahasaya protege nossas vidas. Seu mestre demonstrou ser não um santo inacessível do Himalaia, mas um homem divino e próximo. Minhas preces tiveram resposta: em sua busca de Deus, você não se afastou para sempre do meu convívio."

Aliás, papai também estava contente por meus estudos formais serem reiniciados. Ele logo tomou as providências necessárias: fui matriculado, no dia seguinte, na Universidade da Igreja Escocesa, em Calcutá.

Então, transcorreram alguns meses felizes. Meus leitores, sem dúvida, chegaram à suposição perspicaz de que fui pouco assíduo nos cursos universitários: o ashram de Serampore era um atrativo demasiadamente irresistível. O mestre aceitou minha constante presença sem maiores comentários. Para meu alívio, poucas vezes se referia às salas de aula. Embora fosse claro para todos que eu não era alguém talhado para ser um erudito, de tempos em tempos eu dava o meu jeito e estudava o suficiente para obter as notas mínimas de aprovação.

A vida quotidiana do ashram fluía suavemente, com variações ocasionais. Meu guru costumava acordar antes da madrugada. Deitado ou, às vezes, sentado no leito, ele entrava em estado de samádhi [55]. Era muito simples descobrir quando o mestre havia acordado: dava-se uma interrupção brusca de seus roncos estupendos [56]. Um ou dois suspiros; às vezes um pequeno movimento do corpo. Em seguida, um estado silencioso, com ausência de respiração: ele se encontrava no êxtase profundo da ioga.

Nenhuma refeição pela manhã; antes de tudo, advinha um longo passeio pelas margens do Ganges. Aquelas caminhadas matinais ao lado de meu guru, como ainda são tão vívidas, tão reais! Na fácil ressurreição da memória, com frequência me acho ao seu lado. O sol da manhã aquece o rio, e a voz de meu guru ecoa com toda a sua riqueza de autêntica sabedoria.

Um banho, e depois a refeição do meio-dia. Seu preparo, de acordo com as instruções diárias de meu mestre, constituía tarefa cuidadosa de jovens discípulos. Meu guru era vegetariano. Antes de abraçar a vida monástica, entretanto, ele se alimentava de ovos e peixes. Aconselhava os estudantes a seguirem qualquer dieta simples que provasse ser adequada à constituição de cada um.

O mestre comia pouco; geralmente arroz colorido com açafrão, acompanhado de suco de acelga ou de espinafre, e levemente polvilhado de *ghee* [manteiga] de búfala (ou derretida). No dia seguinte, podia ordenar *dhal* [sopa] de lentilhas ou curry de *chenna* [queijo fresco] com vegetais. Para sobremesa, mangas ou laranjas com pudim de arroz, ou então um suco de frutas.

Os visitantes apareciam à tarde. Do mundo para o tranquilo ashram, chegava um fluxo constante de pessoas. Meu guru tratava todos os hóspedes com bondade e cortesia. Para um homem que se realizou como uma alma, não como um corpo, não como o ego, o resto da humanidade assume uma notável semelhança de aspecto.

A imparcialidade dos santos tem sua raiz na sabedoria. Eles já não se deixam influenciar pelas muitas faces de maya, nem estão sujeitos às preferências e aversões que confundem o julgamento dos homens não iluminados. Sri Yuktéswar não mostrava consideração especial pelos poderosos, ricos ou bem-sucedidos, nem desprezava outros por sua pobreza ou falta de cultura. Numa ocasião, ele prestava devotada atenção às palavras sinceras vindas de uma criança; e, noutra, ignorava abertamente a verborragia de um conceituado erudito em Santas Escrituras.

Sri Yuktéswar Giri e Yogananda

O jantar era servido às oito da noite e, às vezes, visitantes tardios conseguiam apreciá-lo. De fato, meu guru não pedia licença para ir comer sozinho, de modo que ninguém deixava o ashram com fome ou insatisfeito.

Sri Yuktéswar nunca se via perdido com a inesperada aparição de visitantes; segundo as detalhadas instruções de expediente que dava aos discípulos, do escasso alimento podia emergir um banquete. Apesar disso, era econômico; seu modesto capital ia longe. "Fique dentro dos limites de sua carteira", dizia ele muitas vezes, "o gasto excessivo lhe trará dissabores." Seja nas minúcias do atendimento às visitas ou nos trabalhos de construção e conserto do eremitério, ou ainda em outros assuntos práticos, o mestre sempre manifestava a originalidade de seu espírito criativo.

As horas tranquilas da noite costumeiramente traziam dissertações de meu guru: tesouros que desafiam o tempo. Cada uma de suas palavras era marcada pela sabedoria. Uma sublime autoconfiança assinalava seu estilo expressivo, que era único. Pela minha experiência, ao menos, ele sempre discursou como ninguém jamais o fez. Seus pensamentos pareciam ser cuidadosamente pesados na delicada balança do discernimento, antes de permitir que vestissem o traje exterior da linguagem. A essência da verdade, que o impregnava por inteiro, a ponto mesmo de assumir função fisiológica, brotava dele como um aroma perfumado de sua alma. Eu tinha invariavelmente consciência de me achar na presença de uma manifestação palpitante de Deus. O peso de sua divindade fazia-me automaticamente inclinar a cabeça diante dele.

Se os hóspedes percebiam que Sri Yuktéswar se embebia no êxtase do Infinito, ele rapidamente reatava a conversação. Era incapaz de ostentar uma pose, ou de exibir sua interiorizarão sublime como um pavão exibe a cauda. Sempre unificado com Deus, não precisava reservar um tempo especial para essa comunhão. Um mestre com tal experiência da Divindade já deixou para trás os degraus da meditação. "A flor tomba quando o fruto aparece." Mas ainda assim os santos frequentemente aderem às práticas espirituais, no intuito de propor um exemplo para os discípulos.

Na aproximação da meia-noite, meu guru caía em sonolência com a naturalidade de uma criança. Não exigia nenhum luxo quanto a colchões e roupa de cama. Costumava se deitar, mesmo sem travesseiros, num divã estreito que servia de base para seu habitual assento de couro de tigre.

Uma discussão filosófica atravessando toda uma noite não era algo raro; qualquer discípulo podia provocá-la pela intensidade de seu interesse no tema. Elas se estendiam noite afora e eu não sentia cansaço algum, nem desejo de dormir; as palavras cheias de vida do mestre eram o suficiente: "Oh, já é madrugada! Vamos caminhar ao longo do Ganges!" Assim se encerravam muitos de meus períodos de edificação noturna.

Meus primeiros meses na companhia de Sri Yuktéswar culminaram com uma lição útil: "Como enganar um mosquito". Em casa, minha família sempre usou mosquiteiros à noite. Fiquei aterrorizado ao descobrir que se violava este prudente costume no ashram de Serampore. Os mosquitos encontravam ali uma residência perfeita; fui picado da cabeça aos pés. Meu guru teve pena de mim:

"Vá comprar um mosquiteiro para você, e outro para mim." – Ele riu e acrescentou: – "Se você comprar apenas o seu, todos os mosquitos se voltarão para mim!"

Fiquei mais do que agradecido em cumprir seu desejo. Todas as noites que eu passava em Serampore, meu guru me pedia para instalar os cortinados (dos mosquiteiros) antes de dormir.
Certa noite, quando uma nuvem de mosquitos nos cercava, o mestre não deu as instruções usuais. Eu ouvia nervosamente o ir e vir do zumbido dos insetos. Subindo na cama, lancei uma prece conjunta em direção a todos eles. Meia hora depois, tossi propositalmente para atrair a atenção de meu guru. Pensei que ia enlouquecer com as picadas, e especialmente com as revoadas de "zum zum zum", enquanto os mosquitos celebravam seus ritos, sedentos de sangue.
Não houve nenhum movimento do mestre em resposta; então decidi me aproximar dele, com toda cautela. Vi que ele não respirava. Esta foi a primeira vez que o observei de perto em transe iogue, e aquilo me encheu de pavor.

"Seu coração deve ter parado!" – Coloquei um espelho sob seu nariz; nenhum vapor de respiração apareceu. Para me certificar pela segunda vez, fechei durante alguns minutos sua boca e nariz com meus dedos. Seu corpo estava frio e imóvel. Confuso e apavorado, corri para a porta a fim de gritar por socorro.

"Olhem só! Um aprendiz de pesquisador! Ó meu pobre nariz!" – A voz de meu guru estremecia de riso. – "Por que não vai para a cama? Será que o mundo inteiro vai se modificar para satisfazê-lo? Modifique-se a si mesmo: livre-se da consciência de que os mosquitos existem."

Docilmente, retornei à minha cama. Nenhum inseto se aventurou por perto. Compreendi que meu guru havia admitido os mosquiteiros apenas para me agradar. Ele nunca teve medo algum dos mosquitos em si. Recorrendo a seus poderes de iogue, podia impedi-los de picá-lo; ou, se achasse melhor, poderia simplesmente escapar para uma invulnerabilidade interior.

"Ele estava tão somente me dando uma demonstração", pensei. "Aquele é o estado de ioga que devo me esforçar por atingir".

Um verdadeiro iogue é capaz de entrar no estado de superconsciência, e de mantê-lo, independente das múltiplas distrações nunca ausentes deste mundo: o zumbido dos insetos, o penetrante brilho da luz do dia etc. No início de seu samádhi, o devoto aprende a fechar-se para todo testemunho sensorial do mundo exterior. Então, é recompensado por sons e cenas de reinos internos mais belos do que o próprio Éden [57].

Os mosquitos instrutores ainda serviram para outra lição em meus primeiros tempos no ashram. Era chegada a suave hora do crepúsculo. Meu guru interpretava, de forma incomparável, os textos antigos. A seus pés, eu experimentava perfeita paz. Um mosquito descortês penetrou no ambiente e desviou minha atenção. Ao injetar sua venenosa agulha em minha coxa, automaticamente levantei a mão vingativa. Mas suspendi a execução da pena de morte! Viera em minha mente a salvadora lembrança de um aforismo de Patânjali sobre *ahimsa* (não violência) [58].

"Por que não finaliza a tarefa?"

"Mestre! O senhor defende que eu elimine uma vida?"

"Não, mas em sua mente, você já desferiu o golpe letal."

"Não compreendo."

"Por ahimsa, Patânjali definia a remoção do desejo de matar." – Sri Yuktéswar havia lido meus processos mentais como num livro aberto. – "Este mundo está inconvenientemente organizado para a prática literal de himsa (violência). O homem pode ser compelido a eliminar criaturas nocivas. Não se encontra, entretanto, sob compulsão idêntica para sentir raiva ou hostilidade. Todas as formas de vida têm igual direito ao ar de maya. O santo que desvenda o segredo da criação estará em harmonia com as infindáveis e desconcertantes expressões da natureza. Todos os homens poderão compreender esta verdade ao vencerem sua paixão pela destruição."

"Guruji, por acaso o homem deveria se oferecer em sacrifício em vez de matar um animal selvagem?"

"Não, o corpo do homem é precioso. Tem o maior valor evolutivo por conta de seus centros únicos no cérebro e na coluna vertebral. Estes centros permitem ao devoto adiantado abarcar e expressar plenamente os mais elevados aspectos da divindade. Nenhum organismo inferior está equipado dessa forma. É verdade que o homem incorre em dívida, em um pecado menor, se é forçado a matar um animal. Mas os *Vedas* ensinam que a destruição intencional de um corpo humano é uma séria transgressão contra a lei do karma."

Suspirei com alívio; o reforço do instinto de sobrevivência pelas Escrituras Sagradas nem sempre se encontra à mão.

Até onde sei, meu guru nunca esteve em confronto direto com um leopardo ou um tigre. Mas certa vez uma cobra mortífera o enfrentou, apenas para ser conquistada pelo seu amor. O encontro teve lugar em Puri, onde meu mestre possuía um ashram à beira mar. Isto em realidade se deu na velhice de Sri Yuktéswar, quando o jovem Prafulla, seu discípulo, o acompanhava. Foi ele quem me deu este relato:

"Estávamos sentados ao ar livre, perto do ashram. Uma cobra apareceu nas proximidades; tinha mais de um metro de comprimento. Estendia a cabeça raivosamente para à frente, enquanto rastejava em nossa direção. O mestre a recebeu amavelmente, com uma risada de boas-vindas, como se ela fosse uma criancinha. Fiquei bastante preocupado ao ver Sri Yuktéswar iniciar um rítmico bater de palmas [59]. Ele estava entretendo o pavoroso visitante! Permaneci em total quietude, proferindo internamente preces fervorosas. A serpente, muito próxima do mestre, agora se encontrava perfeitamente imóvel, aparentemente magnetizada por sua atitude amorosa. Logo em seguida, a temível cabeça contraiu-se gradualmente, e a víbora deslizou por entre os pés de Sri Yuktéswar e desapareceu nos arbustos próximos. Por que o mestre movia as mãos e por que a serpente não se atirou contra elas, era naquele momento algo inexplicável para mim. Desde então, compreendi que nosso divino guru situa-se além do medo de ser ferido por qualquer criatura."

Uma tarde, durante meus primeiros meses no ashram, encontrei os olhos de Sri Yuktéswar fixos em mim. Eles me encaravam de forma penetrante.

"Makunda, você está muito magro."

Aquele comentário tocou num ponto sensível; meus olhos fundos e minha aparência magricela não me agradavam. Uma dispepsia crônica me afligia desde a infância [*Nota do Editor:* trata-se de uma perturbação na digestão; Yogananda era de fato bem mais magro em sua juventude, se comparado com a maioria de suas fotos mais conhecidas]. Muitos vidros de remédio se enfileiravam numa prateleira em meu quarto em Gurpar Road, e nenhum deles havia funcionado muito bem. Vez por outra eu perguntava a mim mesmo, entristecido, se valeria a pena seguir a vida com um físico tão doente.

"Os medicamentos têm suas limitações; a divina força vital criadora não as tem. Acredite: você ainda será forte e sadio."

As palavras do mestre me convenceram, naquele mesmo instante, que ele poderia aplicar sua verdade à minha própria vida. Nenhum outro poder terapêutico (e eu tinha experimentado muitos deles) fora capaz de despertar em mim uma fé tão profunda.

O tempo passava, e dia após dia eu crescia em saúde e força. Pela bênção oculta de Sri Yuktéswar, em duas semanas ganhei o peso que inutilmente havia buscado nos anos anteriores. Meus sofrimentos e deficiências de estômago desapareceram para jamais voltar!

Em ocasiões posteriores, tive o privilégio de testemunhar diversas curas realizadas por meu guru; eram curas divinas de pessoas que sofriam de diabetes, epilepsia, paralisia, tuberculose etc.

Pouco tempo após minha cura, o mestre me narrou esta história:

"Anos atrás eu também ansiava por ganhar peso. Após uma grave enfermidade, durante minha convalescença, visitei Láhiri Mahasaya em Benares:

'Senhor, eu estive doente e acabei perdendo muitos quilos.'

'Vejo, Yuktéswar [60], que você mesmo se fez doente, e agora acredita que está magro.'

Tal resposta estava longe de ser a que eu esperava; meu guru, todavia, acrescentou em tom encorajador:

'Estou seguro de que amanhã você vai se sentir melhor.'

Receptiva, minha mente aceitou estas palavras como insinuação de que ele estava secretamente me curando! Na manhã seguinte, o procurei e exclamei, entusiasmado:

'Senhor, hoje já me sinto muito melhor.'

'Certamente! Hoje você deu vigor a si mesmo.'

Mas eu não concordei:

'Não, mestre! O auxílio veio do senhor; é a primeira vez em muitas semanas que sinto alguma energia.'

'Oh, sim! Sua enfermidade foi bem séria. Seu corpo ainda está fraco; quem poderá dizer como se encontrará amanhã?'

Ora, a ideia do possível retorno de minha fraqueza me trouxe um arrepio de medo. Na manhã seguinte, arrastei-me com dificuldade à casa de Láhiri Mahasaya:

'Senhor, estou doente outra vez.'

O olhar de meu guru era de alguém que se divertia com a situação:

'Então aconteceu, você se fez enfermo outra vez!'

Minha paciência havia se esgotado:

'Gurudeva, percebo agora que o senhor esteve me ridicularizando todos esses dias. Não compreendo por que me desacredita quando estou lhe dizendo a pura verdade.'

'Na realidade, Yuktéswar, foram seus próprios pensamentos que o fizeram sentir-se ora fraco, ora forte.' – Meu guru me olhou com grande afeto. – 'Você mesmo viu como sua saúde acompanhou com exatidão suas expectativas subconscientes. O pensamento é uma força, assim como a eletricidade ou a gravidade. A mente humana é uma centelha da consciência onipotente de Deus. Posso lhe mostrar como acontece imediatamente tudo quanto a sua poderosa mente crê com grande intensidade.'

Sabendo que Láhiri Mahasaya nunca falava em vão, dirigi-me a ele com grande reverência e agradecimento:

'Mestre, se penso que estou bom e que reconquistei meu peso anterior, isto acontece?'

'Perfeitamente, inclusive neste mesmo instante.' – Meu guru expressou-se com gravidade, seu olhar focado no meu.

Senti de imediato um aumento não só de vigor, mas de peso. Láhiri Mahasaya recolheu-se ao silêncio. Depois de algumas horas a seus pés, voltei à casa de minha mãe, onde eu residia durante minhas visitas a Benares.

'Meu filho! O que aconteceu contigo? Por que está inchado?'

Mamãe mal podia acreditar em seus olhos. Meu corpo estava robusto outra vez, como era antes de minha enfermidade.

Fui me pesar e descobri que havia ganhado, num único dia, cerca de vinte e dois quilos; foi algo permanente. Amigos e conhecidos que tinham visto minha figura enferma ficaram maravilhados. Dentre eles, alguns modificaram seu estilo de vida e se tornaram discípulos de Láhiri Mahasaya, tudo por conta daquele verdadeiro milagre.

Meu guru, desperto em Deus, sabia que este mundo não é mais que o sonho objetivado do Criador. Tendo plena consciência de sua unidade com o Divino Sonhador, Láhiri Mahasaya podia materializar e desmaterializar, ou efetuar qualquer mudança que desejasse nesta visão cósmica [61].

A criação inteira é governada por leis. Os princípios que operam no mundo exterior, passíveis de serem descobertos pelos cientistas, denominam-se leis naturais. Existem, no entanto, leis mais sutis que regem os planos espirituais ocultos, assim como o reino interno da consciência; tais princípios podem ser conhecidos através da ciência da ioga. Quem compreende a verdadeira natureza da matéria não é o especialista em física, mas o mestre unificado com Deus. Por meio desse conhecimento, o Cristo foi capaz de restaurar a orelha do servo, depois dela ter sido cortada por um de Seus discípulos [*Lucas*, 22:50-51]."

Meu guru era uma intérprete incomparável das Escrituras. Junto aos seus discursos estão gravadas muitas de minhas lembranças mais felizes. Mas as joias de seus pensamentos não eram atiradas às cinzas da desatenção ou da imbecilidade. Bastava um movimento inquieto de meu corpo ou uma ligeira distração para colocar uma pausa na exposição do mestre:

"Você não está aqui." - Uma tarde, Sri Yuktéswar interrompeu seu discurso, fazendo-me esta observação. Como sempre, ele vigiava implacavelmente os rumos da minha atenção.

"Guruji!" - Eu protestei. - "Eu não me movi; meus olhos sequer piscaram; poderia repetir cada palavra que o senhor pronunciou."

"Mesmo assim, você não estava integralmente comigo. Sua negativa me obriga a declarar que, nas profundezas de sua mente, você criava três instituições. Uma era um retiro em meio aos bosques de uma planície, outra no alto de um monte, e a terceira próximo ao oceano."

E, de fato, tais pensamentos vagamente formulados haviam surgido, quase subconscientemente. Olhei-o com ar de desculpa:

"Que posso fazer com um mestre que penetra desta forma em minhas reflexões aleatórias?"

"Você me deu o direito para tal. As verdades sutis que estou expondo não podem ser compreendidas sem concentração integral. A menos que seja necessário, eu não invado a reclusão das mentes alheias. O homem tem o privilégio natural de vagar secretamente entre seus pensamentos. O próprio Senhor, caso não seja convidado, não entra ali; e eu tampouco me arrisco a ser um intruso."

"O senhor é sempre bem-vindo, mestre!"

"Bem, os seus sonhos arquiteturais se materializarão mais tarde. Agora é hora de estudar!"

Desta forma incidental, com seu estilo simples, meu mestre revelou conhecer o advento de três importantes acontecimentos em minha vida. Desde o alvorecer de minha juventude, eu vinha tendo vislumbres enigmáticos de três edifícios, cada um em paisagem diferente. Na ordem exata em que Sri Yuktéswar me falou, tais visões acabaram por se concretizar. Em primeiro lugar, veio a fundação de minha escola de ioga para meninos numa planície em Ranchi; depois, a sede americana no alto de um monte em Los Angeles; e por fim, o retiro de Encinitas, na Califórnia, com vista para o vasto Oceano Pacífico.

Aliás, o mestre nunca disse, com arrogância: "Profetizo que este e aquele acontecimento vão ocorrer." Ele preferia insinuar: "Não pensa que pode acontecer?" Mas sua linguagem simples escondia um poder de profecia. Não havia necessidade de retratação, pois nunca suas predições levemente veladas resultaram falsas.

Sri Yuktéswar era reservado e objetivo em seu comportamento. Nada havia nele de vago, muito menos de louco visionário. Seus pés pisavam firmes no chão, sua cabeça ancorava-se no porto dos céus. Pessoas práticas despertavam a sua admiração. "A santidade não é tontice! As percepções divinas não são incapacitantes", ele costumava dizer. "A virtude, expressa em ações, promove o despertar da mais apurada inteligência".

Na vida do mestre eu descobri plenamente a fronteira entre o realismo espiritual e o misticismo obscuro que falsamente se passa como contraparte. Meu guru relutava em falar sobre os reinos superfísicos. Sua única aura "prodigiosa" era a da simplicidade perfeita. Na conversação, evitava fazer referências surpreendentes; na ação, era expressivo e livre. Muitos instrutores falavam de milagres, mas não eram capazes de realizar um só; Sri Yuktéswar mencionava raramente as leis sutis, mas operava com elas à vontade... e em segredo.

"Um homem capaz de realização divina não executa um milagre sem receber autorização interna." – Explicava o mestre. – "Deus não deseja que os segredos de Sua criação sejam divulgados descuidadamente. Além disso, é preciso considerar que toda pessoa tem direito inalienável a seu livre-arbítrio. Um santo não usurpará tal independência."

O silêncio habitual de Sri Yuktéswar era causado por suas profundas percepções do Infinito. Não lhe sobrava tempo para as inúmeras "revelações" que ocupam os dias dos instrutores sem percepção interna e externa de Deus. Dizem as Escrituras hindus: "Nos homens superficiais, um pequenino 'pensamento peixe' provoca imenso tumulto. Já nas mentes oceânicas, as baleias da inspiração mal sacodem a superfície".

Devido à aparência nada espetacular de meu guia, apenas alguns de seus contemporâneos o reconheceram como um super-homem. O provérbio "Tolo é aquele que não sabe ocultar a própria sabedoria" jamais poderia ser aplicado a meu mestre, sempre quieto e profundo.

Embora nascido mortal como todos os outros, Sri Yuktéswar alcançou identidade com o Governador do tempo e do espaço. Meu mestre jamais encontrou obstáculo insuperável à mescla do humano com o divino. Cheguei a compreender que tais barreiras não existem, exceto para aqueles que não empreendem a aventura espiritual.

Sempre estremeci de emoção ao tocar os pés sagrados de Sri Yuktéswar. Um discípulo magnetiza-se espiritualmente pelo respeitoso contato com o mestre; uma corrente sutil é gerada. Os mecanismos de hábitos indesejáveis, no cérebro do devoto, são muitas vezes cauterizados; os sulcos de suas tendências mundanas são preenchidos pela vida espiritual. Ao menos temporariamente, ele pode suspender os véus secretos de maya e ter um vislumbre da verdadeira beatitude. Meu corpo inteiro respondia com um arrebatamento de liberação sempre que me ajoelhava, no estilo indiano, diante de meu mestre.

Um mestre, aliás, jamais esquece o seu próprio mestre:

"Até quando Láhiri Mahasaya silenciava, ou quando conversava sobre tópicos não estritamente religiosos, eu descobria que ele havia, mesmo assim, me transmitido um conhecimento inefável."

Sri Yuktéswar exercia sobre mim uma influência muito semelhante. Se eu entrava no eremitério com uma disposição mental de indiferença ou de aborrecimento, minha atitude logo se alterava, muitas vezes sem que tivesse percebido de imediato. Uma serenidade descia sobre mim, como um bálsamo, à simples visão de meu guru. Cada um de meus dias com ele constituía nova experiência de alegria, paz e sabedoria. Nunca o achei iludido ou emocionalmente intoxicado pela ambição, pela raiva ou por qualquer espécie de apego.

"A obscuridade de maya vem chegando, silenciosamente. Voltemos depressa ao nosso lar interior." – Com palavras prudentes, o mestre constantemente recordava aos discípulos a necessidade de praticarem Kriya Yoga.

De vez em quando, um novo estudante expressava dúvidas quanto ao seu próprio mérito para se dedicar à prática de ioga.

"Esqueça o passado", Sri Yuktéswar o consolaria. "As vidas pregressas de todos os homens encontram-se obscurecidas por muitas ações vergonhosas. A conduta humana é sempre falível enquanto não está ancorada no Divino. Tudo melhorará no futuro se, no dia de hoje, você fizer um esforço espiritual".

O mestre sempre tinha jovens *chelas* [discípulos] em seu ashram. A educação intelectual e espiritual destes era seu interesse permanente. Até mesmo poucos anos antes de sua morte, ele aceitou como residentes no eremitério dois meninos de seis anos e um jovem de dezesseis. Ele treinava com extremo cuidado todos aqueles que se achavam sob sua responsabilidade; há relação etimológica e prática entre "discípulo" e "disciplina".

Os residentes do ashram amavam e reverenciavam seu guru; um ligeiro bater de palmas bastava para trazê-los, ansiosos, até o seu lado. Quando sua disposição era reservada e silenciosa, ninguém se atrevia a puxar assunto; no entanto, quando seu riso jovial ecoava, os meninos o consideravam uma outra criança.

Sri Yuktéswar raras vezes pedia aos outros que lhe prestassem um serviço pessoal, nem aceitava o auxílio de um discípulo, a menos que lhe fosse oferecido alegremente. O próprio mestre lavava suas roupas quando os discípulos se esqueciam desta tarefa privilegiada.

Seu traje costumeiro era o manto tradicional dos swâmis, de tonalidade ocre. No interior da casa, calçava sapatos sem cadarço, feitos de couro de tigre ou de veado, de acordo com a tradição entre os iogues.

Sri Yuktéswar falava fluentemente inglês, francês, bengali e hindi; mesmo o seu sânscrito era satisfatório. Ensinava com paciência seus jovens discípulos acerca de certos atalhos que ele havia engenhosamente descoberto, a fim de abreviar o estudo do inglês e do sânscrito.

Meu guru não era apegado ao próprio corpo, mas lhe concedia cuidados adequados. "O Divino", ele salientava, "manifesta-se adequadamente através de uma mente sã e um corpo são". Costumava desaprovar todos os extremismos. Um discípulo iniciou um jejum bastante longo e, no meio dele, o mestre riu e disse:

"Por que alguém não atira um osso ao cão?"

A saúde de Sri Yuktéswar era excelente; jamais o vi enfermo [62]. No intuito de mostrar seu respeito por um costume mundano, ele permitia a seus estudantes se consultarem com médicos, caso quisessem. Ele dizia que "os médicos deveriam seguir com a sua missão de cura, aplicando à matéria as leis de Deus". Mas exaltava a superioridade da terapia mental, e repetia com frequência: "A sabedoria é a maior medicina". Aos seus discípulos, ensinava assim:

"O corpo é um amigo traiçoeiro. Dê a ele o que lhe é devido, e nada mais. Dor e prazer são transitórios; suporte todas as dualidades com calma, buscando, ao mesmo tempo, se colocar acima do poder de ambas. A imaginação é a porta pela qual penetram tanto a doença quanto a cura. Não acredite na realidade da doença, mesmo quando estiver doente; um visitante logo irá embora se não for reconhecido!"

O mestre também contava muitos médicos entre os seus discípulos. A estes, costumava dizer:

"Os que estudaram fisiologia deveriam ir além e investigar a ciência da alma. Um mecanismo sutil se encontra oculto por detrás da estrutura física [63]."

Sri Yuktéswar aconselhava seus discípulos a serem elos vivos das virtudes do Oriente e do Ocidente. Ele próprio, executivo como um ocidental em seus hábitos exteriores, era interiormente um oriental em espiritualidade. Elogiava o progresso, os recursos e os costumes higiênicos do Ocidente; e, ao mesmo tempo, não se esquecia de exaltar os ideais religiosos que deram ao Oriente a sua auréola de séculos.

A disciplina não me era desconhecida; em casa, papai havia sido restritivo, e Ananta, muitas vezes severo. Mas o treinamento de Sri Yuktéswar só poderia ser descrito como drástico. Perfeccionista, meu guru era hipercrítico de seus estudantes, fosse em questões do momento ou nas mínimas sutilezas da conduta já estabelecida.

"Boas maneiras destituídas de sinceridade se parecem com uma mulher linda, porém morta." – Ele costumava comentar em ocasiões oportunas. – "Franqueza sem cordialidade é como o bisturi do cirurgião, eficiente, mas desagradável. Franqueza aliada à cordialidade é algo útil e, ao mesmo tempo, admirável."

Aparentemente, o mestre estava satisfeito com meu progresso espiritual, pois em raras vezes se referia a ele; em outros assuntos, todavia, meus ouvidos não desconheciam a reprovação. Meus principais defeitos eram distração, complacência com acessos de melancolia, e inobservância de certas regras de etiqueta e conduta.

"Observe quanta organização e equilíbrio apresentam as atividades de seu pai Bhágabati." – Meu guru gostava de lembrar. Os dois discípulos de Láhiri Mahasaya tiveram um encontro logo após minha primeira visita ao ashram de Serampore. Papai e Sri Yuktéswar sentiam profunda admiração um pelo outro. Ambos haviam construído uma formosa vida interior com alicerces de granito espiritual, indissolúveis ao tempo.

De um instrutor temporário de minha vida pregressa, eu tinha absorvido algumas lições erradas. "Um *chela*", ele havia ensinado, "não tinha necessidade de se preocupar ativamente com deveres mundanos". Assim, ao negligenciar ou realizar descuidadamente minhas tarefas, eu não havia sofrido nenhuma espécie de punição. A natureza humana, é claro, assimila facilmente tal instrução. Todavia, sob a implacável disciplina do mestre, eu logo me recobrei dessas agradáveis ilusões de irresponsabilidade.

"Os que são demasiado bons para este mundo, estão usufruindo algum outro." – Explicou Sri Yuktéswar, certo dia. – "Enquanto você respirar o ar livre da Terra, estará na obrigação de prestar serviço, agradecido. Só quem dominou completamente o estado sem respiração [samádhi, ou superconsciência] já se viu liberto de imperativos cósmicos. Mas não se preocupe, eu não deixarei de avisá-lo quando você tiver atingido a perfeição final."

Meu guru não podia ser subornado, nem mesmo por amor. Não mostrava qualquer indulgência com quem, como eu, tinha se oferecido voluntariamente para ser seu discípulo. Estivéssemos o mestre e eu cercados por discípulos ou por estranhos, ou estivéssemos os dois a sós, sua linguagem era sempre clara, categórica, contundente. Nenhum lapso trivial de superficialidade ou incoerência escapava à sua repulsa. Tal tratamento, que aplainava nosso ego, era mesmo duro de suportar, mas eu havia decidido permitir que Srí Yuktéswar passasse a ferro todas as minhas rugas psicológicas, e foi uma decisão sem volta. Enquanto ele trabalhava nesta transformação titânica, muitas vezes estremeci sob o peso de seu martelo disciplinador.

"Caso minhas palavras não lhe agradem, você tem liberdade de partir a qualquer momento." – O mestre me garantiu. – "De você, não desejo nada além do seu próprio aperfeiçoamento. Continue aqui, mas tão somente se isto ainda lhe traz algum benefício."

Até hoje eu sou imensamente agradecido pelos golpes humilhantes que o guru desferiu em minha vaidade. Às vezes eu sentia, metaforicamente, que ele estava encontrando e extraindo pela raiz cada dente infeccionado em meu maxilar. A não ser pelo uso da rudeza, é difícil desalojar de um coração duro o seu apego ao ego. Uma vez desapegado, o Divino encontra, enfim, um canal desobstruído. Em vão, Ele busca Se infiltrar nos pedregosos corações egocêntricos.

A intuição de Sri Yuktéswar era penetrante; indiferente às observações ouvidas, ele usualmente respondia aos pensamentos que sequer foram ditos.

De fato, as palavras que um indivíduo utiliza e os verdadeiros pensamentos por trás delas podem ser polos bem distantes. "Usando sua calma", dizia meu guru, "tente sentir os pensamentos por trás da confusa verborragia humana". O mestre não era lá muito popular entre estudantes superficiais. O que a percepção divina revela é, muitas vezes, doloroso aos ouvidos mundanos; já os sábios, sempre poucos em número, o reverenciavam profundamente. Eu me atrevo a dizer que Sri Yuktéswar teria sido o mais procurado guru da Índia se a sua linguagem não tivesse sido tão franca, e tão severa.

"Eu sou mesmo muito duro para com aqueles que buscam meu treinamento." – Ele admitia, ao conversar comigo. – "Mas esta é a minha maneira. Aceitem na ou não; eu nunca transijo. Você, todavia, será muito mais brando com seus discípulos: essa é a sua maneira de ser. Eu busco purificar apenas com o fogo da severidade, um cauterizante que vai além da tolerância média. Mas a delicadeza do amor também é transformadora. Os métodos inflexíveis e os benévolos são igualmente eficientes se aplicados com sabedoria. Você irá a países estrangeiros, onde os bruscos ataques ao ego não são apreciados. Um mestre não poderia divulgar a mensagem da Índia, estando no Ocidente, sem um amplo cabedal de paciência e de indulgência." – Eu me recuso a dizer quantas vezes, vivendo na América, eu me lembrei destas palavras do mestre!

Muito embora a linguagem franca de meu guru tenha evitado que ele obtivesse um grande número de discípulos durante sua permanência na Terra, o seu espírito ainda vive no mundo atual, através de um número sempre crescente de estudantes sinceros, e da somatória de seus ensinamentos. Guerreiros como Alexandre, o Grande, buscaram reinar sobre territórios; mestres como Sri Yuktéswar conquistaram um reinado mais duradouro nas almas dos homens.

Um dia meu pai veio ao ashram para prestar homenagem a Sri Yuktéswar. Ele provavelmente esperava ouvir algumas palavras elogiosas ao meu respeito, mas ficou chocado ao receber um longo relato de minhas imperfeições. Era costume do mestre destacar as faltas de seus discípulos com ar de portentosa gravidade. Preocupado com aquele relato de meu mestre, papai veio falar comigo:

"Pelos comentários de seu guru, creio que você é um completo fracasso!" – Papai oscilava entre as lágrimas e o riso.

Só havia um motivo para o desagrado de Sri Yuktéswar naquela ocasião: eu estivera tentando, contra sua delicada sugestão, converter certo homem ao caminho espiritual.

Indignado, logo fui procurar meu guru. Ele me recebeu de olhos baixos, como se estivesse consciente de sua culpa. Foi a única vez que vi o divino leão humilde diante de minha presença. Aquele momento único foi saboreado, cada segundo dele:

"Senhor, por que me julgou tão impiedosamente ante meu aturdido pai? Isso foi justo?"

"Não o farei outra vez." – O tom de sua voz era de alguém que se desculpava.

Naquele momento, fiquei inteiramente desarmado. Com que rapidez o grande homem admitia uma falta! Embora nunca mais tivesse perturbado a paz de espírito de papai, o mestre continuou implacável em sua disciplina para com o meu aprendizado.

Era comum os novos discípulos se unirem a Sri Yuktéswar em críticas exaustivas aos demais. Sábios como o guru! Modelos de discernimento, sem dar nenhuma folga! Mas quem toma a ofensiva não deve estar indefeso. Os próprios estudantes censores fugiam precipitadamente assim que o mestre, em público, disparava na sua direção algumas flechas de sua aljava analítica.

"Sensitivas fraquezas íntimas, que se revoltam aos menores toques da censura, são como partes enfermas e sensíveis do corpo, recuando ao mais leve contato." – Eis o comentário divertido de Sri Yuktéswar sobre os fugitivos.

Muitos discípulos julgam as palavras e os atos de um guru através da imagem preconcebida que formaram dele em suas mentes. Tais pessoas se queixavam, como esperado, de que não conseguiam compreender Sri Yuktéswar.

"Vocês tampouco entendem Deus!" – Respondi em certa ocasião. – "Se um santo lhes fosse inteligível, vocês seriam santos!" – Ora, em meio a trilhões de mistérios, pode alguém, respirando a cada segundo o ar inefável, aventurar-se a exigir que a natureza insondável de um mestre seja compreendida de imediato?

Estudantes chegavam, e a maioria eventualmente partia. Os que ansiavam por um caminho fácil, o da benevolência imediata e o do reconhecimento confortador de seus próprios méritos, não encontravam nada disso no ashram. O mestre oferecia a seus discípulos abrigo e orientação para a eternidade, como um pastor de rebanhos, mas muitos estudantes, miseravelmente, demandavam também o bálsamo para seu ego. Eles largavam o eremitério, preferindo, em vez de humildade, as humilhações incontáveis da vida. Os raios cintilantes de Sri Yuktéswar, a penetrante luz solar de sua sabedoria, eram excessivamente poderosos para a enfermidade espiritual destes peregrinos. Logo buscavam algum outro instrutor menor que lhes permitisse, sob as cobertas da adulação, o obstinado sono da ignorância.

Durante meus primeiros meses com o mestre, eu muitas vezes tive medo de suas reprimendas. No entanto, logo percebi que suas vivissecções verbais eram realizadas apenas em pessoas que, como eu, tinham lhe solicitado esse tratamento disciplinador. Se entre as convulsões resultantes algum discípulo protestava, Sri Yuktéswar voltava ao silêncio, sem jamais se ofender. Suas palavras nunca expressavam raiva, mas eram impessoais em sua sabedoria.

As repreensões do mestre tampouco eram destinadas a visitantes casuais; raramente fazia observações a propósito dos defeitos alheios, mesmo que fossem bastante evidentes. Mas em relação aos estudantes que buscavam seu conselho, Sri Yuktéswar se vestia de séria responsabilidade. De fato, corajoso é o guru que busca transmutar o minério bruto da humanidade, saturado de ego! A valentia de um santo tem raiz em sua compaixão pelos seres que maya desnorteia, os cegos que perambulam aos tropeços pelo mundo.

Depois que abandonei o ressentimento inicial, houve considerável diminuição em meus castigos. De maneira muito sutil, o mestre derretia-se em relativa clemência. Com o tempo, demoli todo o muro da racionalização e da reserva subconsciente, por trás do qual a personalidade humana geralmente se protege [64]. Minha recompensa por a harmonia com meu guru, sem qualquer esforço. Descobri que ele era digno de confiança, cheio de consideração pelos outros e silenciosamente amoroso. Não sendo do tipo expressivo, todavia, ele não pronunciava uma só palavra de afeto.

Meu próprio temperamento é essencialmente devocional. Assim, de início foi desconcertante descobrir que meu guru, saturado de jnâna [sabedoria] mas, na aparência, seco de bhákti [devoção], se expressava primordialmente usando os termos de uma fria matemática espiritual. Todavia, na medida em que consegui me sintonizar com a sua natureza, a devoção de minha busca por Deus não diminuiu em nada, tanto o oposto disso: só fez aumentar. Um mestre que alcançou a experiência direta e pessoal de Deus é inteiramente capaz de guiar seus vários discípulos pelos rumos mais adequados à tendência essencial de cada um.

Verbalmente, minhas relações com Sri Yuktéswar eram algo inarticuladas; entretanto, nós tínhamos uma forma de eloquência oculta. Frequentemente encontrava sua assinatura silenciosa em meus pensamentos, tornando a linguagem oral inteiramente inútil. De pernas cruzadas ao seu lado, em silêncio, eu sentia sua bondade generosa se infiltrando pacificamente em meu ser.

O mestre deu uma prova notável de sua justiça imparcial durante as férias de verão de meu primeiro ano universitário. Aguardados com bastante antecipação, aqueles seriam os primeiros meses ininterruptos com meu guru em Serampore.

"Você poderá tomar conta do ashram." – Sri Yuktéswar estava alegre com minha chegada entusiasmada. – "Seus deveres serão a recepção dos hóspedes e a supervisão do trabalho dos outros discípulos."

Duas semanas depois Kumar, um jovem vindo de uma aldeia de Bengala oriental, foi aceito para receber treinamento no eremitério. Dono de uma inteligência incomum, rapidamente conquistou a afeição do mestre. Por alguma razão insondável, Sri Yuktéswar não adotou nenhuma atitude repreensiva em relação ao novo residente.

"Mukunda, deixe que seus deveres sejam agora os de Kumar. Empregue seu próprio tempo em varrer e cozinhar." – O Mestre deu tais instruções um mês após a chegada do jovem discípulo.

Tão cedo alçado à liderança, Kumar exerceu mesquinha tirania doméstica. Em silenciosa rebelião, os outros discípulos continuaram a me procurar para o aconselhamento diário. Esta situação persistiu por cerca de três semanas; então, ouvi por acaso uma conversa entre o mestre e Kumar:

"Mukunda é insuportável!" – Dizia o jovem. – "O senhor me fez supervisor e, apesar disso, os outros se dirigem a ele e lhe obedecem."

"Foi por isso que designei Mukunda para a cozinha e você para a sala de recepção: assim você viria a compreender que um líder digno desse nome possui o desejo de servir, e não o de dominar." – O tom seco na voz de Sri Yuktéswar era novidade para Kumar. – "Você quis a posição de Mukunda, mas não teve mérito para mantê-la. Agora poderá voltar a sua ocupação anterior, como um ajudante de cozinheiro."

Após este humilhante incidente, o mestre voltou a adotar sua primeira atitude para com Kumar, de indulgência inusitada. Quem pode desvendar o mistério da atração? Em Kumar, nosso guru descobriu uma fonte encantadora; entretanto, era uma fonte que não fluía para os demais discípulos. Apesar do novo estudante ser obviamente o favorito de Sri Yuktéswar, não senti tristeza. Idiossincrasias pessoais, que até os mestres possuem, emprestaram uma rica complexidade ao esquema da vida. Minha natureza raramente é governada por minúcias como essas; eu estava buscando em Sri Yuktéswar um benefício mais elevado do que o mero elogio exterior.

Certo dia, Kumar se dirigiu a mim de forma bem venenosa, sem motivo algum para tal. Eu fiquei profundamente ferido:

"Sua cabeça está inchando de arrogância, ao ponto de estourar!" – E ainda acrescentei um aviso cuja verdade sentia intuitivamente. – "A não ser que você se corrija, algum dia será solicitado a abandonar o ashram."

Com uma risada sarcástica, Kumar repetiu meu comentário a nosso guru que acabava de entrar na sala. Esperando uma repreensão categórica, me retirei humildemente para um canto.

"Bem, talvez Mukunda tenha razão." – A resposta do mestre ao jovem surgiu com frieza inesperada.

Um ano mais tarde, Kumar afastou-se para uma visita ao lar de sua infância. Fizera pouco caso da silenciosa desaprovação de Sri Yuktéswar, que jamais controlava autoritariamente os passos de seus discípulos. Quando o jovem retornou a Serampore, alguns meses depois, era possível notar que passou por uma mudança desagradável. Desapareceu o orgulhoso Kumar com sua face serenamente brilhante. À nossa frente estava apenas um aldeão vulgar que havia adquirido múltiplos vícios durante a sua ausência.

O mestre me chamou e, de coração sangrando, considerou o fato do jovem já não estar mais qualificado para a vida monástica no eremitério:

"Mukunda, deixarei a seu cargo dar instruções a Kumar para que abandone o eremitério amanhã; isso eu não posso fazer!" – Lágrimas brotavam dos olhos de Sri Yuktéswar, mas ele rapidamente se dominou. – "Este jovem nunca teria descido tanto se tivesse escutado meus conselhos, em vez de sair daqui para se misturar com companhias indesejáveis. Ele rejeitou minha proteção; o mundo, com suas asperezas, deve ser ainda o seu guru."

A partida de Kumar não me trouxe nenhuma alegria. De fato eu me admirava, melancolicamente, que alguém com o poder de conquistar o amor de um mestre fosse capaz de responder tão depressa às seduções mundanas. Os prazeres do vinho e do sexo estão enraizados no homem natural: a sua apreciação não exige nenhuma delicadeza de percepção. As atrações dos sentidos são comparáveis ao oleandro [planta ornamental] sempre verde, perfumado por flores de matizes rosados, enquanto cada porção da planta é venenosa. O país da cura está em nosso interior, irradiando essa felicidade que é procurada cegamente em milhares de paragens externas [65].

"A inteligência aguda tem dois gumes." – Certa vez observou o mestre, referindo-se à mente brilhante de Kumar. – "Pode ser usada de modo construtivo ou destrutivo, à semelhança de uma faca: ou para cortar fora o tumor da ignorância ou para decapitar o próprio indivíduo. Este segue a direção intelectual correta só após reconhecer a impossibilidade de escapar das leis espirituais."

Meu guru convivia sem constrangimento com discípulos masculinos e femininos, tratando todos como crianças. Percebendo a igualdade de suas almas, nenhuma distinção fazia entre eles, e jamais demonstrava qualquer parcialidade. Sobre isto, ele dizia:

"Ao dormir, vocês não sabem se são homens ou mulheres. Assim como um homem, ao representar um personagem feminino, não se torna mulher, também a alma, personificando os dois sexos, permanece superior às qualificações. A alma é a imagem imutável de Deus e, portanto, está acima de tais categorizações."

Sri Yuktéswar nunca evitou as mulheres nem as culpou de serem causa da "queda do homem". Destacava que as mulheres também têm de se defrontar com a tentação do sexo oposto. Certa vez, perguntei ao mestre por que um grande santo da antiguidade chamara à mulher de "a porta do inferno", e ele me respondeu:

"Uma jovem deve ter lhe transtornado a paz de espírito, quando ele ainda era moço. Do contrário, não teria acusado a mulher, mas antes algum defeito em seu próprio autocontrole."

Se um visitante do ashram se atrevia a contar uma história maliciosa, o mestre mantinha silêncio inabalável.

"Não permita a si mesmo ser fustigado pelo açoite provocante de um belo rosto." – Ele dizia aos discípulos. – "Como os escravos dos sentidos podem verdadeiramente apreciar o mundo? Sabores e aromas sutis lhes escapam enquanto eles rastejam no lodo primitivo. Todo discernimento correto está perdido para o homem seduzido pela luxúria."

Estudantes buscando fugir à ilusão do sexo, induzida por maya, recebiam de Sri Yuktéswar um conselho paciente e compreensivo:

"Assim como a fome, e não a gula, tem o seu propósito legítimo, também o instinto sexual foi criado, de acordo com as leis naturais, unicamente para a propagação das espécies, e não para manter acesos os apetites insaciáveis. Destruam os maus desejos, destruam ainda hoje; do contrário, eles permanecerão com vocês mesmo após o corpo astral ter se separado do seu invólucro físico. Mesmo quando a carne é fraca, a mente deve se manter resistindo, sem pausa. E se a tentação os assaltar com força cruel, busquem a vitória por meio da análise impessoal e da vontade indomável. Toda paixão natural pode ser domesticada.

Conservem seus poderes. Sejam como o oceano em sua vasta capacidade, absorvendo todos os rios fluindo dos sentidos. Desejos sensuais, quando renovados diariamente, minam a sua paz íntima; são como fendas num reservatório, que permitem às águas vitais se perderem no solo deserto do materialismo. O impulso dos maus desejos, potente e ativador, é o maior inimigo da felicidade humana. Passeiem pelo mundo como um leão do autocontrole. Não deixem que as fraquezas dos sentidos saltem ao seu redor como sapos."

Um verdadeiro devoto acaba por se libertar de todas as compulsões instintivas. Ele transmuta a sua necessidade de afeto humano em aspiração a Deus, somente: é um amor solitário, justamente por ser onipresente.

A mãe de Sri Yuktéswar morava no distrito de Rana Mahal, em Benares, onde fiz a primeira visita a meu guru. Cheia de graça e bondade ela era, todavia, uma mulher de opiniões bem definidas. Um dia, estando de pé no terraço de sua casa, pude observar mãe e filho conversando juntos. O mestre, com seu jeito sereno e sensato, tentava convencê-la de algo. Foi evidente que não teve sucesso, pois ela abanou a cabeça com grande vigor.

"Não, não, meu filho, vá-se embora! Suas sábias palavras não são para mim! Não sou sua discípula!"

Sri Yuktéswar se afastou sem mais argumentos, tal qual uma criança repreendida. Comoveu-me seu grande respeito pela mãe, mesmo quando ela adotava atitudes irracionais. Ela o via apenas como o seu filho menino, não como um sábio. Havia um encanto naquele incidente corriqueiro: ele jogava luz sobre a natureza singular de meu guru, internamente humilde e externamente indobrável.

As regras monásticas proíbem ao swâmi conservar-se atado a laços mundanos depois de pronunciar votos solenes. Ele não pode realizar os ritos fúnebres que são obrigatórios para os chefes de família. Todavia, Shânkara, o reorganizador da veneranda Ordem dos Swâmis, desobedeceu às prescrições. Após a morte da mãe muito amada, efetuou a cremação do corpo com o fogo celeste que fez surgir erguendo a própria mão.

Sri Yuktéswar também não tomou conhecimento das restrições, porém de maneira menos espetacular. Quando sua mãe se foi, providenciou os ritos de cremação junto ao sagrado rio Ganges, em Benares, e alimentou muitos brâmanes, seguido as tradições da família hindu.

As proibições shástricas se destinavam a ajudar os swâmis a transcender identificações estreitas, como os apegos familiares. Todavia, Shânkara e Sri Yuktéswar haviam submergido seus seres integralmente no Espírito Impessoal; não precisavam se salvar por meio de regras. Às vezes, um mestre também finge ignorar um cânone, a fim de sustentar a essência como superior à forma e independente desta. Assim, Jesus arrancou espigas de trigo em dia de descanso. Aos críticos inevitáveis, ele disse: "O sábado foi feito para o homem e não o homem para o sábado" [*Marcos*, 2:27].

Exceto pelas Escrituras, Sri Yuktéswar lia pouco. E, no entanto, estava invariavelmente a par das últimas descobertas científicas e de outros progressos do conhecimento. Como o grande conversador que era, apreciava trocar ideias sobre inúmeros tópicos com seus hóspedes. A inteligência sagaz e o riso travesso de meu guru animavam qualquer debate. Embora usualmente grave, o mestre nunca era sombrio. Costumava dizer, citando a *Bíblia*: "Para buscar Deus, os homens não necessitam desfigurar as faces. Recordem que o encontro com Deus há de ser o funeral de todos os pesares" [referência a *Mateus*, 6:16].

Dentre filósofos, professores, advogados e cientistas que vinham ao ashram, em sua primeira visita alguns chegavam pensando encontrar ali um religioso ortodoxo. Às vezes, um sorriso desdenhoso, ou um olhar de tolerância divertida, denunciava os novos visitantes que não esperavam ouvir mais que uns poucos e piedosos lugares comuns. Após conversarem com Sri Yuktéswar e descobrirem que ele penetrava com intuição exata em seus setores de estudos especializados, era com relutância que se despediam.

Meu guru normalmente era gentil e afável com seus hóspedes; dava suas boas vindas com encantadora cordialidade. Todavia, os ególatras inveterados sofriam um choque revigorante ao dialogarem com ele. No mestre, eles se viam frente a frente ou com gélida indiferença ou com oposição formidável; gelo ou ferro!

Certa vez, um célebre químico cruzou lanças com Sri Yuktéswar. O visitante não admitia a existência de Deus, já que a ciência não havia encontrado nenhum meio de torná-Lo perceptível.

"É que o senhor fracassou inexplicavelmente em suas tentativas de isolar o Poder Supremo em tubos de ensaio!" – O olhar do mestre denotava severidade. – "Eu lhe recomendo uma nova experiência: examine seus pensamentos, sem interrupção, durante vinte e quatro horas. Depois não se admire mais com a ausência de Deus."

Um famoso erudito recebeu reprimenda similar. Isto se deu em sua primeira visita ao ashram. As vigas do teto faziam eco ao visitante em sua declamação de passagens do *Mahabharata*, dos *Upanishads* [66], e dos *Bhasyas* [comentários] de Shânkara.

"Estou esperando ouvi-lo." – O tom de Sri Yuktéswar era inquisitivo, como se houvesse reinado silêncio absoluto. O erudito ficou perplexo. – "Sim, é verdade que ouvimos citações em abundância." – As palavras do mestre me incitavam convulsões de riso, enquanto eu sentava de pernas cruzadas em meu canto, a respeitosa distância do visitante. – "Mas que comentário original pode o senhor fornecer, fruto da singularidade de sua própria vida? Que texto sagrado o senhor assimilou e fez seu? De que forma estas verdades perenes renovaram sua natureza? Acaso lhe agrada ser uma vitrola vazia, repetindo mecanicamente as palavras de outros homens?"

"Ora, eu me dou por vencido!" – O desgosto do erudito era cômico. – "De fato, não possuo uma realização interna."

Pela primeira vez, quem sabe, ele compreendeu que discernir sobre o emprego de uma vírgula não resgata ninguém do estado de coma espiritual .

"Estes pedantes sem sangue cheiram a querosene de lampião [que ainda era muito usado na época]." – Comentou meu guru após a partida do homem castigado. – "Consideram a filosofia como um brando exercício de ginástica intelectual. Seus nobres pensamentos permanecem cuidadosamente desvinculados tanto da crueza de sua ação exterior, como de qualquer disciplina interna mais áspera!"

Em outras ocasiões, o mestre salientava a futilidade da mera leitura de livros:

"Não confundam a compreensão com vastidão de vocabulário. Os escritos sagrados são benéficos para estimular o desejo de realização interna, se um versículo de cada vez for lentamente assimilado. Do contrário, o estudo intectual contínuo pode resultar em vaidade, satisfação ilusória e conhecimento indigesto."

Sri Yuktéswar relatou algo de sua própria experiência ao receber instruções nas Escrituras. A cena transcorreu num ashram na floresta, em Bengala oriental, onde ele observou o procedimento de um instrutor renomado, Dabru Ballav. Seu método, ao mesmo tempo simples e difícil, era comum na Índia antiga. Dabru Ballav havia reunido os discípulos ao seu redor na solidão das selvas. Então, o sagrado *Bhagavad Gita* foi aberto diante deles. Sem interrupções, todos se focaram em uma passagem durante meia hora, depois fecharam os olhos. Outra meia hora se passou. Em seguida, o mestre fez um breve comentário. Imóveis, todos meditaram outra vez, mais uma hora. Por fim, o guru falou:

"Agora conseguem compreender o versículo?"

"Sim, senhor." – Alguém do grupo se aventurou a fazer tal afirmação.

"Não, não completamente. Busque a vitalidade espiritual que deu a estas palavras o poder de rejuvenescer a Índia, século após século."

Transcorreu mais uma hora de silêncio. Então, após mandar os demais embora, o mestre ficou a sós com Sri Yuktéswar:

"Você conhece o *Bhagavad Gita*?"

"Não, senhor; verdadeiramente não, apesar de meus olhos e minha mente terem percorrido suas páginas muitas vezes."

"Centenas de pessoas me deram outra resposta!" – O grande sábio sorriu para meu mestre, abençoando-o. – "Se alguém se ocupa com a exibição exterior da riqueza das Escrituras, que tempo lhe resta para o silencioso mergulho interno em busca das pérolas de valor incalculável?"

Sri Yuktéswar dirigia o estudo de seus próprios discípulos pelo mesmo método intensivo de concentrar a mente num assunto de cada vez.

"A sabedoria não é assimilada com os olhos, mas com os átomos." – Ele dizia. – "Quando sua convicção de uma verdade não estiver somente em seu cérebro, mas em todo o seu ser, você poderá modestamente dar testemunho de seu significado."

Ele desencorajava qualquer tendência que o estudante pudesse ter de considerar o conhecimento de obras literárias como um degrau necessário à realização espiritual:

"Numa única sentença, os rishis escreveram coisas tão profundas que os comentadores eruditos ainda se ocupam delas, geração após geração. Uma interminável controvérsia literária é tema para mentes vagarosas. Que pensamento pode ser mais libertador que 'Deus é' ou, simplesmente, 'Deus'?"

Todavia, o homem não regressa facilmente à simplicidade. Raras vezes é "Deus" o que importa ao intelectual, e sim o que ele pode ostentar ter aprendido acerca Dele. Seu ego se satisfaz em alcançar tal erudição.

Homens orgulhosamente conscientes de sua riqueza ou posição social tinham a tendência, quando diante do mestre, de acrescentar humildade às suas demais posses. Certa vez, um magistrado local solicitou uma entrevista no ashram à beira mar, em Puri. O homem tinha reputação de ser cruel e também o poder de nos expropriar do próprio ashram. Mencionei este fato a meu guru. Mas ele sentou-se lá, com ar de quem não se dobra, e nem sequer se ergueu para cumprimentar o visitante.

Ligeiramente nervoso, sentei-me de pernas cruzadas junto à porta. Sri Yuktéswar não me deu ordem de buscar uma cadeira para o magistrado, que teve de contentar se com um caixote. Não se concretizaram as óbvias expectativas do visitante de que sua importância seria devidamente reconhecida.

Então, entraram em uma discussão metafísica. O hóspede emaranhou-se em interpretações errôneas das Escrituras. Na medida em que a sua certeza imergia, a sua raiva emergia no lugar dela.

"Sabe que fui classificado em primeiro lugar na defesa de tese para o doutorado?" - A sua razão o havia abandonado; só lhe restava bradar.

"Senhor Magistrado, você se esquece que esta sala não é a de seu tribunal." - Respondeu o mestre, tranquilo. - "De tais comentários infantis é possível presumir que foi medíocre a sua carreira na Universidade. Em todo o caso, um diploma universitário nada tem a ver com a realização védica. Não se produzem santos às fornadas, ano após ano, como se produzem contadores."

Após um silêncio constrangedor, o hóspede riu cordialmente e concluiu:

"Ora, este é o meu primeiro encontro com um magistrado celestial."

Tempos depois o magistrado fez uma solicitação formal, cheia de termos legais, que evidentemente eram parte de sua natureza, para ser aceito como discípulo "em estágio probatório".

Em muitas ocasiões, Sri Yuktéswar, a exemplo da Láhiri Mahasaya, desencorajou estudantes imaturos que pretendiam ingressar na Ordem dos Swâmis.

"Usar a túnica ocre, quando não se tem a realização de Deus, é tentar iludir a sociedade." - Diziam ambos os mestres. - "Esqueça os símbolos exteriores de renúncia que podem tão somente lhe prejudicar, induzindo a um falso orgulho. Nada disso tem importância, exceto o seu constante avanço espiritual, dia após dia; para obtê-lo, pratique Kriya Yoga."

Ao medir o valor de um homem, um santo emprega um critério invariável, muito diferente dos padrões transitórios do mundo. A humanidade, que se vê a si mesma como um grupo tão variado, aos olhos de um mestre é dividida tão somente em duas classes de pessoas: as ignorantes, que não estão em busca de Deus, e as sábias, que estão se encaminhando, passo a passo, para Ele.

Meu guru cuidava pessoalmente dos detalhes relativos à administração de sua propriedade. Em diversas ocasiões, pessoas inescrupulosas tentaram se apossar de sua terra ancestral. Com determinação e até incorrendo em ações judiciais, Sri Yuktéswar venceu todos os seus oponentes. Ele se sujeitou a tais experiências penosas, excessivamente mundanas, movido pelo desejo de jamais ser um guru mendicante, ou mesmo uma carga para seus discípulos.

Sua independência financeira era um dos motivos que afastavam meu mestre, sempre perigosamente franco, das astúcias da diplomacia. Ao contrário dos instrutores que muitas vezes são obrigados a lisonjear aqueles que os sustentam, meu guru era impermeável às influências, abertas ou veladas, da riqueza alheia. Nunca o vi pedir dinheiro ou sugerir que lhe doassem, para qualquer finalidade. Em seu ashram, a instrução de todos os discípulos era gratuita.

Certo dia, um oficial de justiça chegou ao eremitério de Serampore para uma intimação legal. Eu e um discípulo, de nome Kanai, o conduzimos à presença do Mestre.

A atitude do oficial de justiça para com Sri Yuktéswar foi ofensiva:

"Será bom deixar as obscuridades de seu eremitério e respirar o ar honesto de um tribunal." – Ele bradou, com desprezo.

Não me pude conter. Avancei ameaçadoramente sobre o oficial:

"Se disser mais uma palavra insolente eu o derrubarei no chão!"

Kanai também gritava:

"Seu infeliz! Como se atreve a trazer suas blasfêmias para dentro deste sagrado ashram?"

Todavia, o mestre se colocou entre nós e ele, o escudando de nossas ameaças:

"Não fiquem raivosos sem motivo. Este homem está apenas cumprindo o seu dever."

O oficial, confuso com esta recepção cheia de contrastes, deu suas desculpas e retirou-se às pressas.

Era assombroso perceber que um mestre como aquele, dotado de uma vontade ardente, fosse tão calmo internamente. Ele se enquadrava na definição védica de um homem de Deus: "Mais suave que a flor quando se trata de bondade; mais forte que o trovão quando os seus princípios estão em jogo".

Em nosso mundo, sempre existem aqueles que, segundo Browning, "Não toleram a luz, sendo, eles mesmos, obscuros". Às vezes um desconhecido, exaltado por alguma ofensa imaginária, censurava Sri Yuktéswar com severidade. Meu imperturbável guru ouvia atentamente a censura, analisando a si mesmo para ver se havia algum traço de verdade naquela acusação. Tais cenas traziam à minha mente uma das observações inimitáveis de meu mestre:

"Algumas pessoas tentam ser altas cortando a cabeça das outras!"

A postura irretocável de um santo impressiona mais que qualquer sermão. "Quem tarda a se encolerizar, é superior ao poderoso; e quem governa sua própria mente é maior que o conquistador de uma cidade" [*Provérbios*, 16:32].

Por muitas vezes refleti que meu soberano mestre poderia ter sido, com facilidade, um imperador ou um guerreiro que teria feito tremer o mundo, caso tivesse focado sua mente na fama ou nas conquistas mundanas. Em vez disso, ele havia escolhido atacar as cidadelas da raiva e do egocentrismo, cuja queda dará lugar à ascensão do homem.

13. O santo que não dormia

"Por favor, me dê a sua permissão para que eu possa ir ao Himalaia. Espero, naquela solidão imperturbável, atingir ininterrupta comunhão divina."

Admito que certa vez dirigi estas palavras ingratas ao meu mestre. Afetado por uma dessas ilusões imprevisíveis que ocasionalmente assaltam o discípulo, eu me sentia cada vez mais impaciente com os deveres do eremitério e os estudos da faculdade. Uma circunstância levemente atenuante se dá pelo fato de que apresentei este pedido após apenas seis meses de convívio com Sri Yuktéswar. Eu ainda não fora capaz de avaliar sua incomensurável estatura espiritual.

"A verdade é que muitos montanheses vivem no Himalaia sem, contudo, terem a percepção de Deus." – A resposta de meu guru veio com lentidão e simplicidade. – "É melhor buscar a sabedoria através de um homem de consciência divina do que através de uma cordilheira inerte."

Fingindo ignorar a clara insinuação do mestre de que ele, e não a montanha, era meu instrutor, repeti minha súplica. Sri Yuktéswar não se dignou mais a responder. Tomei o seu silêncio como um consentimento – uma interpretação precária, mas conveniente.

Naquela mesma noite, já de volta a minha residência em Calcutá, me ocupei com os preparativos da viagem. Ao amarrar alguns objetos dentro de um cobertor, me recordei de um embrulho similar, atirado da janela de meu sótão alguns anos antes. Indaguei-me se esta seria outra fuga sob má estrela, rumo ao Himalaia. Na primeira vez, minha alegria espiritual fora exaltada;

esta noite, minha consciência me afligia com o pensamento de abandonar meu guru.

Na manhã seguinte, procurei Behari Pundit, meu professor de sânscrito na Universidade da Igreja Escocesa:

"Senhor, eu me lembrei de que você se referiu à sua amizade por um grande discípulo de Láhiri Mahasaya. Por favor, pode me passar seu endereço?"

"Bem, trata-se de Ram Gopal Muzumdar. Eu o chamo de 'o santo que não dorme'. Ele está sempre acordado, em consciência extática. Sua casa fica em Ranbajpur, perto de Tarakéswar."

Agradeci ao erudito e imediatamente tomei o trem para Tarakéswar. Esperava silenciar minhas apreensões obtendo a licença do "santo que não dorme" para me entregar à meditação solitária no Himalaia. Behari Pundit havia me dito que Ram Gopal havia recebido a iluminação, após muitos anos de prática de Kriya Yoga, em cavernas isoladas de Bengala.

Chegando em Tarakéswar, logo fui visitar um santuário famoso. Os hindus lhe têm veneração, a mesma que os católicos sentem pelo santuário de Lurdes, na França. Inúmeras curas milagrosas ocorreram em Tarakéswar, incluindo a de um membro de minha família.

Eis o que contou, certa vez, a minha tia mais velha:

"Sentei-me ali no templo durante uma semana inteira. Observando completo jejum, rezei pela melhora de seu tio Sarada, que sofria de uma doença crônica. No sétimo dia, uma erva se materializou em minha mão! Fiz das folhas um chá e dei ao seu tio. Sua doença desapareceu imediatamente, para jamais voltar."

Adentrei no sagrado templo de Tarakéswar; o altar nada mais ostenta além de uma pedra redonda. Sua circunferência, sem começo nem fim, é uma representação significativa do Infinito. Na Índia, as abstrações cósmicas são compreendidas até mesmo pelo camponês iletrado; de fato, os ocidentais por vezes nos acusam de viver de abstrações!

Minha própria disposição interior naquele momento era tão austera que não me senti inclinado a reverenciar o símbolo de pedra. Deus deveria ser procurado, refleti, unicamente dentro da alma.

Abandonei o templo sem dobrar o joelho e caminhei animadamente em direção ao vilarejo de Ranbajpur, fora dos limites de Tarakéswar. Eu não tinha lá muita certeza do rumo correto. Pedi a alguém que passava por informações, e mergulhei-o numa longa cogitação:

"Bem, ao chegar a uma encruzilhada, vire à direita e continue andando." – Ele disse, enfim, de forma oracular.

Obedecendo às instruções, segui ao longo das margens de um canal. A noitinha vinha caindo, e os arredores daquela aldeia na selva criaram vida com o cintilar dos vaga-lumes e os latidos de chacais próximos. O luar era muito tênue para me servir de ajuda. Durante duas horas continuei aos tropeços.

De repente, fui abençoado pelo tilintar da sineta de uma vaca! Meus gritos noturnos fizeram com que um aldeão viesse ao meu encontro.

"Olá! Eu procuro por Ram Gopal."

"Ninguém com esse nome vive em nossa aldeia." – O tom de voz do homem era áspero. – "Você é certamente um detetive mentiroso."

Esperando aplainar as suspeitas de sua mente, preocupada por motivos políticos, expliquei-lhe a situação em que me achava, consideravelmente perdido. Ele me levou à sua casa e me ofereceu uma hospitaleira acolhida. Eventualmente, também me explicou:

"Ranbajpur é distante daqui. Na encruzilhada, você deveria ter virado à esquerda, e não à direita."

Ora, meu primeiro informante, pensei com tristeza, era definitivamente uma ameaça para os viajantes.

Após uma saborosa refeição de arroz integral, *dhal* [sopa] de lentilhas e curry de batatas com bananas cruas, retirei-me para uma pequena cabana junto ao pátio. À distância, os habitantes do vilarejo cantavam, acompanhados de ruidosos *mridangas* [espécie de tambor] e címbalos. O sono foi praticamente inexistente naquela noite; mesmo assim, rezei fervorosamente para ser guiado ao recluso iogue, Ram Gopal.

Assim que os primeiros fachos de luz da madrugada penetraram pelas fendas de minha cabana, parti rumo a Ranbajpur. Cruzei acidentados campos de arroz, caminhando penosamente sobre tocos de planta espinhosa cortados por foices, e contornando pequenos montes de argila seca. De vez em quando, ao encontrar alguém pelo caminho, a pessoa invariavelmente me dizia que minha meta final distava "apenas uma krosha" (cerca de três quilômetros). Em seis horas, o sol havia viajado triunfalmente do horizonte ao zênite, mas comecei a sentir que sempre estaria longe de Ranbajpur por "apenas uma krosha".

Às três horas da tarde, meu horizonte continuava a ser um campo de arroz interminável. O calor irradiado do céu inclemente me levava à iminência de um inevitável colapso. Vi um homem se aproximar de mim com passadas vagarosas. Dificilmente me atreveria a fazer-lhe a pergunta usual, temendo provocar mais uma resposta de "apenas uma krosha".

O desconhecido parou ao meu lado. Magro e de baixa estatura, ele não causava grande impressão física, a não ser por um extraordinário par de escuros olhos penetrantes.

"Eu estava planejando deixar Ranbajpur, mas sua intenção era boa, de modo que decidi lhe esperar." – Ele sacudiu o dedo indicador junto a meu rosto assombrado. – "Será que não tem inteligência para raciocinar que, sem aviso, suas garras não se cravariam em mim? Aquele professor Behari não tinha nenhum direito de lhe dar meu endereço."

Considerando que seguir com a minha própria apresentação seria mera verborragia na presença deste mestre, permaneci calado, um tanto ressentido por sua acolhida. Logo em seguida, ele me propôs bruscamente uma questão:

"Diga-me, onde pensa que Deus está?"

"Ora, Ele está dentro de mim e de tudo." – Eu decerto parecia tão aturdido quanto me sentia em meu interior.

"Onipresente, certo?" – O santo esboçou um riso. – "Então me diga, jovem senhor, por que não fez reverência ao Infinito no símbolo de pedra, ontem, lá no templo de Tarakéswar? Seu orgulho motivou o castigo de ser posto em rumo falso por um viajante que não se preocupava com distinções refinadas entre direita e esquerda. Hoje, aliás, você também passou um dia bem desagradável!"

Concordei, de todo coração, maravilhado pelo fato de um olho onipresente estar oculto no interior daquele corpo insignificante em minha frente. Uma força curativa emanava do iogue; eu me senti instantaneamente refrescado e revigorado por aquele campo abrasador.

"Todo devoto tende a pensar que sua rota para Deus é a única. A ioga, que permite achar a divindade no interior do homem, é indubitavelmente a senda mais elevada, como já disse Láhiri Mahasaya. Mas, ao descobrir o Senhor dentro de nós, logo O percebemos também fora de nós. Santuários como o de Tarakéswar são, com justiça, venerados como centros nucleares de poder espiritual."

Tendo dito isso, a atitude de censura do santo desapareceu; seus olhos tornaram-se suaves e compassivos. Deu um tapinha em meu ombro e prosseguiu:

"Jovem iogue, percebo que está fugindo de seu mestre. Ele tem tudo o que você precisa; deveria regressar a ele." – E ainda acrescentou: – "As montanhas não podem ser o seu guru." – O mesmo pensamento expresso por Sri Yuktéswar, dois dias antes.

O santo continuou, com ar zombeteiro:
"Os mestres não são obrigados a seguir alguma lei cósmica que os restrinja a viver somente nas montanhas. O Himalaia, seja na parte da Índia ou na do Tibete, não têm o monopólio dos santos. O que alguém não se dá ao trabalho de procurar dentro de si, não será descoberto transportando o corpo de cá para lá. Mas assim que o devoto voluntariamente se dispõe a ir até o fim do mundo para obter a iluminação espiritual, seu guru acaba aparecendo, bem próximo dele."

Eu concordei silenciosamente, relembrando minha prece no ashram de Benares, seguida pelo encontro com Sri Yuktéswar, numa rua repleta de gente.

"Você dispõe de um quarto pequeno onde eu possa fechar a porta e estar sozinho?"

"Sim." – Refleti em como este santo descia do geral ao particular com rapidez desconcertante.

Em seguida, ele me lançou um olhar iluminado, que jamais esqueci, e complementou:

"Essa será a sua caverna. Essa será a sua montanha sagrada. Ali é que encontrará o reino de Deus."

Aquelas palavras, tão singelas e diretas, baniram instantaneamente toda a minha longa obsessão pelo Himalaia. Num tórrido campo de plantações de arroz, despertei do meu sonho de montanhas e neves eternas.

"Jovem senhor, sua sede pelo divino é louvável. Sinto grande afeição por você." – Ram Gopal me tomou pela mão e me conduziu a uma aldeia pitoresca, que ficava dentro de uma clareira na floresta. As casas de adobe estavam cobertas com folhas de coqueiros e apresentavam, sobre a porta de entrada, adornos de flores tropicais recém-cortadas.

O santo me fez sentar na plataforma de bambu de sua pequena cabana. Após me servir limonada adoçada e uma pedra de açúcar, nós nos dirigimos até o pátio e assumimos a posição de lótus. Quatro horas de meditação se passaram. Abri os olhos e vi que a figura enluarada do iogue continuava imóvel. Enquanto eu recordava austeramente a meu estômago que nem só de pão vive o homem, Ram Gopal se levantou e disse:

"Vejo que você tem fome. Em breve a comida estará pronta."

Ele acendeu o fogo sob um forno de barro no pátio. Em pouco tempo, estávamos comendo arroz e *dhal*, servidos em grandes folhas de bananeira. Meu anfitrião cortesmente recusara minha ajuda com os trabalhos domésticos da cozinha. Um provérbio hindu, "O hóspede é Deus", tem merecido respeitosa observância na Índia, isto desde tempos imemoriais. Em minhas viagens posteriores pelo mundo, fiquei encantado ao ver idêntico respeito pelos visitantes manifestar-se nas zonas rurais de muitos países. O habitante das cidades tem o senso da hospitalidade obscurecido pela superabundância de rostos estranhos.

Naquele momento, sentado de pernas cruzadas junto ao iogue, numa isolada e pequenina aldeia da selva, os grandes centros comerciais pareciam algo incrivelmente remoto e distante. O quarto da cabana era misteriosamente iluminado por um brilho suave. Ram Gopal arrumou alguns cobertores rasgados sobre o solo, para me servir de cama, e sentou-se numa esteira de palha. Subjugado por seu magnetismo espiritual, arrisquei fazer um pedido:

"Senhor, por que não me concede o samádhi?"

"Meu querido, eu teria prazer em lhe transmitir o contato divino, mas não cabe a mim fazê-lo." - O santo me contemplou através das pálpebras semicerradas. – "Caberá a seu mestre lhe conceder tal experiência, e isto se dará em breve. Ocorre que hoje o seu corpo ainda não está suficientemente afinado. Assim como uma pequena lâmpada seria queimada por excessiva voltagem, da mesma forma os seus nervos não estão preparados para a corrente cósmica. Se eu lhe proporcionasse o êxtase infinito agora, você arderia como se cada uma de suas células subitamente se convertesse em chama."

Pensativo, o iogue continuou a falar:

"Ora, você me pede pela iluminação, e eu fico pensando: insignificante como sou, e com a pouca meditação que já realizei, teria eu conseguido agradar a Deus? E que merecimento poderei encontrar, diante de Seus olhos, no momento final?"

"Mas senhor, você não procurou Deus com toda sinceridade, e durante um longo tempo?"

"Não fiz outra coisa. Behari deve ter lhe dito algo sobre a minha vida. Durante vinte anos, ocupei uma gruta secreta, meditando dezoito horas por dia. Em seguida, me mudei para uma caverna mais inacessível e lá permaneci por vinte e cinco anos, mantendo-me em êxtase durante vinte e quatro horas, todo santo dia. Não precisava dormir, pois estava sempre com Deus. Meu corpo experimentava maior descanso pela calma absoluta da superconsciência do que poderia obter com a paz imperfeita do estado subconsciente usual. Os músculos se relaxam durante o sono; mas o coração, os pulmões e o sistema circulatório continuam a trabalhar incessantemente; não conhecem repouso. Em superconsciência, todos os órgãos internos permanecem em estado de animação suspensa, eletrificados pela energia cósmica. Através deste meio, há anos o meu sono vem sendo desnecessário... Sinto que ainda virá o tempo em que você também poderá dispensar o sono."

"Minha nossa, o senhor meditou por tanto tempo e ainda não tem certeza do favor de Deus?" – Eu fui obrigado a observar, com assombro. – "Então, o que nós, pobres mortais, poderemos esperar?"

"Meu querido jovem, você não vê que Deus é a própria Eternidade? Pretender conhecê-lo em Sua plenitude, com quarenta e cinco anos de meditação, é uma expectativa bastante absurda. Todavia, Babaji nos assegura que até uma pequena meditação nos salva do terrível temor da morte, assim como do medo dos estados pós-morte. Não fixe o seu ideal de espiritualidade em pequenas montanhas, mas mire-o na estrela da integral realização do Divino. Se praticar com firmeza e constância, irá atingir o seu objetivo."

Cativado por tal perspectiva, pedi ao santo que me desse mais palavras esclarecedoras. Então, ele me narrou a maravilhosa história de seu primeiro encontro com o guru de Láhiri Mahasaya, Babaji. Cerca de meia-noite, Ram Gopal silenciou e eu me deitei sobre os cobertores. Fechando os olhos, vi lampejos que mais pareciam relâmpagos; meu vasto espaço interior era uma câmara de luz difusa. Abri os olhos e observei a mesma radiação deslumbrante. O quarto se tornou uma parte da abóbada infinita que eu contemplava com a visão interna.

"Por que não dorme?" – O iogue perguntou.

"Senhor, como eu posso dormir quando relâmpagos cintilam ao meu redor, estejam meus olhos abertos ou fechados?"

"Você é abençoado por conseguir obter esta experiência. As radiações espirituais não são vistas com facilidade." – O santo acrescentou algumas palavras afetuosas.

Ao raiar a madrugada, Ram Gopal deu-me torrões de açúcar e adiantou que eu devia me despedir. Senti tamanha relutância em lhe dizer adeus que as lágrimas escorreram pelo meu rosto.

"Mas não o deixarei sair daqui de mãos vazias." – O iogue disse com ternura. – "Farei algo por você."

Em seguida, sorrindo, fixou o olhar em mim; eu me tornei imóvel, como se tivesse raízes no chão; vibrações de paz, emanadas do santo, inundaram meu ser. Fui instantaneamente curado de uma dor nas costas, que havia me atormentado com intermitência ao longo de muitos anos.

Renovado, imerso em um oceano de alegria luminosa, não chorei mais. Depois de tocar os pés de Ram Gopal, penetrei na selva. Fui abrindo caminho através de seu emaranhado tropical, e após cruzar muitos campos de arroz, enfim alcancei Tarakéswar.

Ali fiz uma segunda peregrinação ao célebre santuário, e desta feita prostrei-me de corpo e alma diante do altar. A pedra circular alargou-se ante minha visão interna, até converter-se nas próprias esferas cósmicas: órbita dentro de órbita, zona após zona, todas plenas de divindade.

Uma hora depois eu já estava, feliz e realizado, em meu trem de volta à Calcutá. As minhas viagens haviam terminado não nas montanhas imponentes, mas na himalaica presença de meu mestre.

14. Uma experiência em Consciência Cósmica

"Aqui estou, guruji." – E o meu semblante envergonhado falava mais alto do que eu.

"Vamos até a cozinha buscar algo para comer." – A atitude de Sri Yuktéswar era muto natural; era como se apenas horas, e não dias, tivessem nos separado.

"Mestre, devo ter lhe desapontado com minha partida abrupta, abandonando meus deveres no ashram; imaginei que estaria zangado comigo."

"Não, é claro que não! A raiva nasce unicamente de desejos contrariados. Eu nada espero dos outros; logo, suas ações não se podem opor aos meus desejos. Não o usaria para meus próprios fins; somente a sua verdadeira felicidade pode me fazer feliz."

"Senhor, ouvimos falar em amor divino de uma forma vaga, mas hoje estou recebendo um exemplo concreto dele através de seu espírito angelical! No mundo, até mesmo um pai não perdoa facilmente o seu filho, se ele abandona os negócios paternos sem aviso prévio. O senhor, todavia, não demonstra o mais leve descontentamento, apesar de minha partida lhe haver causado grandes inconvenientes pelas muitas tarefas inacabadas que deixei por fazer."

Nossos olhares, onde lágrimas cintilavam, engolfaram-se um no outro. Uma onda de beatitude me inundou; eu tinha consciência de que o Senhor, sob a forma de meu guru, expandia os pequenos ardores de meu coração até alcançar as vastidões do amor cósmico.

Algumas manhãs depois, eu entrei na sala de estar do mestre, que se encontrava vazia. Meu intuito era meditar, mas este louvável propósito não foi compartilhado por meus pensamentos desobedientes. Eles se dispersavam como pássaros diante do caçador.

"Mukunda!" – A voz de Sri Yuktéswar ecoou, vinda de um lugar distante.

Eu me senti tão rebelde quanto meus pensamentos. "O mestre está sempre me incitando a meditar", murmurei para mim mesmo. "Ele não deveria me perturbar quando sabe o motivo de minha vinda a esta sala".

Outra vez o mestre me chamou; permaneci em obstinado silêncio. Na terceira vez, o seu tom era ríspido.

"Senhor, estou meditando." – Respondi, em protesto.

"Eu bem sei como está meditando." – Disse meu guru, em voz alta. – "Com sua mente dispersa como folhas numa tempestade! Venha cá."

Contrariado e desmascarado, me encaminhei melancólica-mente para o seu lado.

"Pobre rapaz, as montanhas não puderam lhe dar o que deseja." – O mestre falou de forma carinhosa, confortadora. Seu olhar tranquilo permanecia insondável. – "Mas o desejo em seu coração ainda vai se realizar."

Raras vezes Sri Yuktéswar se expressava por enigmas; eu estava surpreso. Ele golpeou meu peito levemente, acima do coração.

Meu corpo tornou-se imóvel, como se tivesse raízes; o ar saiu de meus pulmões como se um imã enorme o tivesse extraído. De imediato, o espírito e a mente romperam com sua escravidão ao físico e jorraram de cada um de meus poros como luz perfurante e fluida. Minha carne parecia morta e, todavia, experimentado uma intensa lucidez, eu percebia que nunca havia estado tão plenamente vivo. Meu senso de identidade já não se achava confinado à estreiteza de um corpo, mas abarcava os átomos circundantes. Pessoas em ruas distantes pareciam perambular suavemente em minha própria e remota periferia. Raízes de plantas e árvores eram percebidas através de uma tênue transparência do solo; e eu distinguia até mesmo a interna circulação da seiva.

A vizinhança inteira surgia desnuda diante de mim. Minha visão frontal comum havia se transformado em vasto olhar esférico que percebia tudo ao mesmo tempo. Através de minha nuca, vi homens caminhando além da distante viela de Rai Ghat, e também pude perceber que uma vaca branca se aproximava de onde eu estava, preguiçosamente. Quando ela chegou à porta aberta do ashram, observei-a como se o fizesse com meus dois olhos físicos. Depois que passou para trás do muro de tijolos do pátio, continuei a vê-la por inteiro, muito claramente.

Todos os objetos dentro de meu olhar panorâmico tremiam e vibravam como rápidos filmes cinematográficos. Meu corpo, o corpo de meu mestre, o pátio com suas colunas, os móveis, o assoalho, as árvores e a luz do sol, de vez em quanto se tornavam violentamente agitados, até que tudo se fundia num mar luminescente – assim como os cristais de açúcar, quando mergulhados num copo de água, se dissolvem depois de serem sacudidos. A luz unificadora se alternava com as materializações de formas, e todas aquelas metamorfoses luminosas revelavam a lei de causa e efeito nesta criação.

Uma alegria oceânica jogava suas ondas nas praias tranquilas e intermináveis de minha alma. Ali eu atingi a realização de que o Espírito de Deus é Beatitude sem fim; Seu corpo compreende incontáveis tecidos de luz. Um sentimento de glória crescente dentro de mim começou a envolver cidades, continentes, o planeta, os sistemas solares e as constelações, as tênues nebulosas e as galáxias flutuantes. O cosmo inteiro, suavemente luminoso, semelhante a uma cidade vista à distância na noitinha, cintilava dentro da imensidão do meu ser. Para além de seus contornos definidos, a luz ofuscante empalidecia ligeiramente nos confins mais longínquos; ali eu via uma radiação branda, mas que nunca diminuía. Ela era algo indescritivelmente sutil; já as figuras dos planetas eram formadas por uma luz mais densa.

Os raios luminosos dispersavam-se, originários de uma Fonte Perpétua, resplandecendo em galáxias, transfiguradas com auras inefáveis. Vi, repetidas vezes, os fachos criadores se condensarem em constelações e depois desvanecerem em lençóis de chama translúcida. Por reversão rítmica, sextilhões de mundos transmutavam-se em brilho diáfano e, em seguida, todo aquele fogo se convertia em firmamento.

Conheci o centro do empíreo como um ponto de percepção intuitiva em meu coração. Esplendor irradiante emergia de meu núcleo para cada parte da estrutura universal. O beatífico *amrita*, néctar da imortalidade, corria através de meu ser com a fluidez do mercúrio. Ouvi ressoar a voz criadora de Deus, AUM [67], a vibração do Motor Cósmico.

De súbito, a respiração retornou aos seus pulmões. Com desapontamento quase insuportável, constatei que havia perdido minha imensidão infinita. Uma vez mais me achava limitado à jaula humilhante do corpo, tão desconfortável para o Espírito. Como filho pródigo, eu havia abandonado meu lar macrocósmico e me encarcerado em um microcosmo estreito.

Meu guru continuava de pé, imóvel à minha frente; inclinei-me, no intuito de me prostrar a seus santos pés em gratidão por me haver concedido a experiência da Consciência Cósmica, algo que eu vinha buscando de forma tão apaixonada. Mas ele me impediu e, me segurando de pé, disse com tranquilidade:

"Makunda, você não deve se embriagar com este êxtase. Ainda resta muito trabalho para você fazer no mundo. Venha, vamos varrer o chão da sacada; depois caminharemos às margens do Ganges."

Fui buscar a vassoura. Eu sabia que o mestre estava me ensinando o segredo da vida equilibrada. A alma deve se alargar sobre os abismos cosmogônicos, enquanto o corpo executa seus deveres diários.

Mais tarde, quando eu e Sri Yuktéswar saímos para caminhar, eu ainda me encontrava extasiado por um arrebatamento além das palavras. Eu via nossos corpos como duas figuras astrais, movendo-se sobre um caminho ao longo do rio sagrado, cuja essência era de puríssima luz.

"O Espírito de Deus é o que sustenta ativamente cada forma e força no universo; ainda assim, Ele é transcendental e paira a sós no vácuo beatífico e incriado, além dos mundos dos fenômenos vibratórios [68]." – Explicou o Mestre. – "Os que alcançam na Terra a realização de seu Divino Eu vivem, à semelhança de Deus, uma dupla existência. Conscientemente executam sua tarefa no mundo e, no entanto, permanecem imersos em beatitude interior. Do ilimitado êxtase de Seu próprio ser, o Senhor criou todos os seres. Embora eles estejam dolorosamente mesclados ao corpo, Deus espera que os homens feitos à Sua imagem se coloquem acima de todas as identificações com os sentidos e reatem sua união com Ele."

A visão cósmica me rendeu muitas lições para a vida toda. Apaziguando meus pensamentos, dia após dia, pude me libertar da ilusória convicção de que meu corpo era uma massa de carne e ossos a transitar pelo duro solo da matéria. A respiração e a mente inquietas, segundo constatei, são como tempestades que abalam o oceano de luz, provocando ondas de formas materiais: terra, céu, seres humanos, animais, pássaros, plantas etc. Não se pode obter nenhuma percepção do Infinito como Luz Una, exceto acalmando tais tempestades.

Sempre que eu tranquilizava os dois tumultos naturais, podia contemplar as numerosas ondas de criação se dissolverem num mar reluzente, assim como as grandes ondas desvanecem na unidade oceânica quando findam os temporais.

Um mestre concede a divina experiência da Consciência Cósmica quando seu discípulo, através da meditação, fortaleceu sua mente até o grau em que tais perspectivas, tão imensas, não possam esmagá-lo. Mera vontade intelectual ou compreensão não bastam. Somente a adequada ampliação da consciência pela prática da ioga e do bhákti devocional podem preparar alguém para suavizar e amortecer o choque liberador da onipresença.

A experiência divina chega com inevitabilidade natural ao devoto sincero. Seu intenso anseio começa a atrair Deus com força irresistível. O Senhor, enquanto Visão Cósmica, é atraído por esse ardor magnético até o horizonte de consciência de quem O busca.

Recentemente eu escrevi o poema a seguir, intitulado *Samádhi*, onde tentei transmitir um vislumbre da glória que se experimenta nesse tipo de êxtase:

Desvanecidos os véus de luz e sombra,
Evaporada toda bruma de tristeza,
Naveguei além de todas as manhãs de alegria fugaz,
Até que a miragem dos sentidos ficou para trás.
Amor e ódio, saúde e doença, vida e morte:
Todas estas sombras falsas pereceram na tela da dualidade.
Ondas de riso e sarcasmo, redemoinhos de melancolia,
Tudo se dissolveu na vastidão oceânica do êxtase.

A tempestade de maya aplainou
Pela varinha mágica da intuição profunda.
O universo e os sonhos esquecidos espreitavam no subconsciente,
Prontos para invadir minha memória divina, recém-desperta.
Então eu vi: eu vivo sem a sombra cósmica,
Mas ela não vive sem mim;
Tal qual o mar perdura mesmo sem ondas,
Embora elas precisem dele para existir.

Sonhos e despertares, estados de sono profundo,
Presente, passado e futuro nada mais significam para mim;
Eu estou em cada momento, sempre a fluir, sempre em tudo:
Nos planetas, nas estrelas, na poeira que cintila na terra,
Nas erupções vulcânicas dos grandes cataclismas,
Nos fornos que moldam a matéria, nas geleiras silenciosas
De raios-x, nas inundações de elétrons ardentes,
No pensamento de todos os homens, de antes, agora e depois,
Em cada lâmina verde do prado, eu e a humanidade inteira
Somos cada átomo da poeira sideral;

Desejo e raiva, bem e mal, salvação e luxúria:
Eu engoli a todos, e os transmutei num vasto oceano
Que forma o sangue de meu próprio Ser!

A labareda do êxtase, tantas vezes acalentada pela meditação,
Cegou meus olhos úmidos, cresceu em fogaréu,
Tornou-se um baile imortal de fogo e contentamento,
Até consumir minhas lágrimas, minha forma, tudo o que eu era.

Você sou Eu, Eu sou Você;
O Conhecer, O Conhecido e Aquele Que Conhece: somos Um!
Sereno, inabalável, eternamente vivo, numa paz que sempre se renova!
Aqui experimentamos tal regozijo:
Uma alegria além de qualquer possibilidade imaginada, o êxtase do samádhi!
Todavia, não um estado sem consciência,
Tampouco um clorofórmio mental anestesiando a vontade.
O samádhi tão somente expande as fronteiras do reino consciente
Além dos limites mundanos,
Até as distâncias mais longínquas da eternidade,
Onde Eu, o Oceano Cósmico,
Contemplo o ego, pequenino, a flutuar.

A queda de um pardal, cada grão de areia soprado pelo vento,
Nada acontece que esteja além da minha visão.
Eu sou o espaço colossal que abarca tudo o que é, foi e será.
E através da meditação profunda, dedicada, que anseia por Mim,
Chega um dia este samádhi celestial.

O murmúrio do baile atômico pode ser ouvido;
E, veja: as montanhas e os vales dançando com a lava,
Esculpindo novas paisagens e territórios!
Mares fluem pelo cosmo, agora são vapores de nebulosas!
AUM [Palavra Criadora] os sopra, rompendo seus véus;

E, veja: eles se espalham pelas galáxias, que maravilha!
Elétrons cintilam em tudo, como pérolas no mar,
E tudo está em paz...
Até que, ao toque do tambor cósmico,
Desvanecem os aglomerados em radiação eterna;
Um êxtase além das palavras, além dos limites,
Preenche tudo que há.

Do êxtase eu vim, pelo êxtase eu vivo, no sagrado êxtase eu sou diluído.
Como uma mente oceânica, eu bebo as ondas da criação.
Quatro véus se estendem pelo cosmo:
Sólido, líquido, gasoso e luminífero.
Eu, estando em tudo, adentro o Grande Eu.
Sombras vacilantes e tênues da memória mortal
Parecem ter se aniquilado para sempre.
No grande céu mental, já não estou aqui ou acolá,
Nem muito acima nem abaixo, nem perto nem distante:
Eu e a eternidade, um único facho singrando o vazio...

Então, uma pequena bolha de riso se forma,
E eu me torno o próprio Oceano da Alegria.

Sri Yuktéswar me ensinou como repetir essa bendita experiência à vontade, e também como transmiti-la aos outros, desde que seus canais de intuição se encontrem desenvolvidos.

Durante meses, depois da primeira vez, entrei em estado de união extática, compreendendo diariamente por que os *Upanishads* dizem que Deus é *rasa*, isto é, "a suprema delícia". Certa manhã, no entanto, apresentei uma questão ao mestre:

"Senhor, eu desejo saber: quando encontrarei Deus?"

"Você já o encontrou."

"Oh, não, senhor, acho que não!"

Meu guru sorria ao comentar:

"Bem, estou certo de que você não está esperando um personagem venerável, adornando um tronco em algum cantinho antisséptico do cosmo! Percebo, porém, que você imagina ser a posse de poderes miraculosos a prova de que alguém encontrou Deus. Não! Nós podemos eventualmente adquirir o poder de controlar o universo inteiro e, mesmo assim, descobrir que Deus ainda se esquiva. O avanço espiritual não se mede pela exibição de poderes externos, mas tão somente pela profundeza da beatitude alcançada em meditação. Deus é sempre alegria, uma alegria que sempre se renova e renova. Ele é inesgotável. Na medida em que você prosseguir em suas meditações, ao longo dos anos, Ele o fascinará com infinita capacidade inventiva. Devotos como você, que encontraram a via para Deus, nunca sonham trocá-lo por nenhuma outra felicidade.

Ele é o sedutor para Quem é impossível conceber um rival. Com que rapidez nos entediamos dos prazeres terrenos! O desejo por coisas materiais não tem fim, mas o homem nunca está completamente satisfeito, e assim segue perseguindo um objetivo após o outro. Ora, ocorre que aquele "algo mais" que ele busca incessantemente é justamente Deus, o único que pode conceder um estado de alegria imperecível.

É assim que os anseios exteriores nos expulsam do Éden interior; oferecem prazeres falsos que apenas arremedam a ventura da alma. Mas podemos reconquistar o paraíso perdido, até mesmo rapidamente, através da meditação divina. Sendo Deus a imprevisível Eterna Novidade, nós nunca nos cansamos Dele. Podemos nos entediar com a beatitude, se ela é deliciosamente renovada ao longo de toda a eternidade?"

"Agora entendo, senhor, por que os santos chamam Deus de insondável. Até mesmo a vida eterna não é suficiente para apreciá-lo."

"Isso e verdade; mas, ao mesmo tempo, Ele também nos é próximo, e querido. Depois que a mente foi purificada dos obstáculos sensoriais por

Kriya Yoga, a meditação fornece um duplo comprovante de Deus. A sempre renovada alegria é prova de Sua existência, convincente para os próprios átomos de nosso corpo. Além disso, ao meditar, encontramos Sua orientação instantânea. Sua resposta adequada a cada dificuldade."

"Compreendo, guruji; o senhor resolveu minha questão." – Sorri, agradecido. – "Agora tenho consciência de que já encontrei Deus, pois sempre que o júbilo da meditação retorna subconscientemente durante minhas horas de atividade, sou sutilmente levado a adotar o procedimento correto em tudo, até nos mínimos detalhes."

"A vida humana seguirá sobrecarregada de tristeza até aprendermos a nos sintonizar com a Vontade Divina, cuja 'via correta' é com frequência desnorteante para a inteligência egoísta. Somente Deus carrega o peso de todo o cosmo; somente Ele pode nos dar conselhos inequívocos."

15. O roubo da couve-flor

"Mestre, aqui está um presente para o senhor! Estas seis enormes couves-flores foram plantadas por minhas mãos; cuidei de seu crescimento com o carinho da mãe que aleita e cria seu filho." – Apresentei a cesta de vegetais com um gesto cerimonioso.

"Obrigado!" – O sorriso de Sri Yuktéswar denotava uma calorosa apreciação. – "Por favor, guarde elas em seu quarto; precisarei usá-las amanhã, para um jantar especial."

Eu acabava de chegar a Puri [69], a fim de gozar minhas férias de verão junto com meu guru, em seu ashram à beira mar. Construído pelo mestre e seus discípulos, o alegre e pequenino retiro, com um andar superior, fica de frente para a baía de Bengala.

Acordei cedinho na manhã seguinte, reanimado pela salgada brisa marinha e pelo encanto silencioso do ashram. A voz melodiosa de meu guru estava chamando; dei uma checada nas minhas estimadas couves-flores e guardei-as com cuidado debaixo de minha cama.

"Venham, vamos à praia." – O mestre seguia em frente, mostrando o caminho; diversos discípulos jovens e eu íamos logo atrás, em um grupo espalhado.

Nosso guru nos analisava com um suave espírito crítico:

"Quando nossos irmãos ocidentais caminham, usualmente se orgulham em 'acertar o passo'. Agora, por favor, marchem em duas fileiras... Isso, mantenham todos o mesmo passo, em harmonia."

Sri Yuktéswar observava nosso ritmo; eventualmente começou a cantar:

Os meninos marcham
Vão e voltam
Numa linda fila

Era impossível não admirar a facilidade com que o mestre acompanhava o passo rápido de seus jovens estudantes.

"Parem!" – Os olhos de meu guru buscaram os meus. – "Makunda, você se lembrou de fechar a porta traseira do eremitério?"

"Creio que sim, senhor."

Sri Yuktéswar permaneceu silencioso durante algum tempo, com um sorriso meio reprimido em seus lábios.

"Não, você se esqueceu." – Disse ele, enfim. – "A contemplação divina não pode se tornar uma desculpa para o descuido material. Você se descuidou de seu dever de salvaguardar o ashram; deverá ser punido."

Julguei que ele estivesse somente brincando, quando acrescentou:

"Em breve suas seis couves-flores serão apenas cinco."

Demos meia-volta, obedecendo às ordens do mestre, e marchamos até as proximidades do ashram.

"Todos vocês, descansem um pouco. Menos você, Mukunda: olhe à esquerda, ao longo daquelas casas; observe a estrada além. Ali, certo homem aparecerá em breve, e será o instrumento do seu castigo."

Escondi meu vexame ao receber tais indicações incompreensíveis. Todavia, de fato um camponês logo surgiu na estrada; dançava grotescamente e movia os braços para cá e para lá, gesticulando sem sentido. Quase paralisado de curiosidade, não despreguei os olhos do hilariante espetáculo. Quando o homem atingiu um ponto da estrada onde estava para sumir de nossa vista, Sri Yuktéswar disse:

"Veja só, agora ele vai voltar."

O camponês imediatamente mudou de direção e rumou para o lado traseiro do ashram. Atravessando um trecho arenoso, penetrou na moradia pela porta dos fundos. Eu não tinha trancado a porta, conforme meu guru concluiu. O homem saiu logo depois, segurando uma das minhas preciosas couves–flores. Agora ele caminhava em atitude respeitosa, simulando a dignidade de um homem perfeitamente honesto.

A farsa que se desenvolvia, na qual meu papel parecia ser o de vítima assombrada, não era desconcertante ao ponto de me impedir de perseguir o ladrão. Eu tinha corrido metade do caminho quando meu mestre me chamou de volta; sua gargalhada o sacudia da cabeça aos pés.

"Aquele pobre louco ansiava por uma couve–flor." – Ele me explicou, em meio às risadas. – "Assim, eu julguei que seria uma boa ideia se ele obtivesse uma das suas, tão mal guardadas!"

Corri para meu quarto, onde descobri que o ladrão, evidentemente padecendo de alguma fixação em vegetais, havia deixado intocados meus anéis de ouro, meu relógio e meu dinheiro, expostos sobre o cobertor. Ele tinha preferido engatinhar debaixo da cama, onde o cesto de couves–flores, completamente oculto ao olhar casual, fora o alvo dócil de seu sincero apetite.

Naquela noite, pedi a Sri Yuktéswar que me explicasse o incidente; afinal, ao meu ver, ele apresentava alguns aspectos perturbadores.

Meu guru assentiu com a cabeça, lentamente:

"Algum dia você compreenderá, Makunda. A ciência em breve descobrirá algumas destas leis ocultas."

Quando, alguns anos mais tarde, foi noticiada a maravilhosa descoberta do rádio ao mundo perplexo, logo me recordei da predição do Mestre. Com a transmissão por suas ondas, antiquíssimos conceitos de espaço e tempo foram aniquilados; nenhuma casa era tão humilde e estreita que notícias de Londres ou Calcutá não pudessem entrar! A inteligência mais grosseira se alargava ante a prova indiscutível de um aspecto da onipresença do homem.

O "enredo" da comédia da couve–flor pode ser entendido melhor através da analogia com o rádio. Meu guru era um perfeito rádio humano [70].

Os pensamentos nada mais são que vibrações sutis navegando pelo éter. Da mesma forma que um rádio sintonizado capta o estilo musical que se deseja, em meio a milhares de outros programas, irradiados por suas ondas em todas as direções, Sri Yuktéswar fora um receptor sensível a determinado tipo de pensamento (em meio aos inúmeros pensamentos das mentes humanas emissoras, tanto ali quanto em todo o mundo): o pensamento daquele homem simples, ansiando ardentemente por uma couve–flor.

Durante a marcha rumo à praia, assim que captou o singelo desejo do camponês, o mestre decidiu satisfazê–lo. O olho divino de Sri Yuktéswar percebeu o homem, dançando ao longo da estrada, antes de se tornar visível aos discípulos. Meu esquecimento de trancar a porta do ashram tinha dado ao Mestre uma desculpa conveniente para me privar de um de meus valiosos legumes. Assim, depois funcionar como um instrumento receptor, Sri Yuktéswar passou a operar, através de sua poderosa mente, como uma estação emissora ou radiodifusora. Nesta operação, ele pôde dirigir com sucesso a inversão de rumo do camponês e seu deslocamento até meu quarto, até alcançar uma única couve–flor.

A intuição, que é o guia da alma, surge com naturalidade no homem, nos instantes em que a mente se acha calma. Quase todos já tiveram a experiência de um pressentimento inexplicavelmente correto, ou transferiram seus pensamentos com exatidão à outra pessoa.

A mente humana, quando liberta das perturbações ou da "estática" da inquietude, tem o poder de realizar todas as funções dos mais complexos aparelhos de rádio: enviando e recebendo pensamentos, ou deixando de sintonizar os que são indesejáveis. Assim como a potência de uma estação radiodifusora é regulada pela quantidade de energia elétrica que pode utilizar, a eficiência de um rádio humano depende do grau de força de vontade de cada pessoa.

Todos os pensamentos vibram eternamente no cosmos. Por meio da concentração profunda, um mestre pode descobrir os pensamentos de qualquer pessoa, viva ou morta. Os pensamentos têm raízes de universalidade, e não de individualidade; uma verdade não pode ser criada, apenas percebida. Os pensamentos errôneos de um homem resultam das imperfeições em seu discernimento. O objetivo da ciência da ioga é acalmar a mente, de modo que, sem distorções, esta possa ouvir o conselho infalível da Voz Interior.

O rádio e a televisão trouxeram a voz e a visão instantâneas de pessoas distantes no espaço e no tempo para o convívio de milhares de ouvintes e espectadores: estas foram as primeiras tênues insinuações científicas de que o homem é um espírito que tudo permeia. Embora o ego, em suas formas mais grosseiras, conspire para escravizá-lo, o homem não é um corpo confinado a um ponto no espaço, mas uma alma infinitamente vasta.

"Fenômenos muito exóticos, prodigiosos e aparentemente improváveis, ainda poderão ocorrer, e uma vez constatados, não nos surpreenderão mais do que nos surpreende hoje tudo o que a ciência nos ensinou no último século", declarou Charles Robert Richet, Prêmio Nobel de Medicina [em 1913]. "Supõe-se que fenômenos, agora aceitos por nós sem surpresa, não provocam nosso espanto porque são compreendidos. Mas a verdade é outra. Se eles deixaram de nos surpreender, não é porque sejam compreendidos, mas porque nos são familiares; pois se aquilo que não compreendemos devesse nos surpreender, então deveríamos nos surpreender com tudo: a queda de uma pedra arremessada ao alto, a semente que se converte em carvalho, o mercúrio que se dilata ao ser aquecido, o ferro atraído pelo ímã etc."

Richet prosseguiu: "A ciência de hoje ainda é um conhecimento insignificante... As verdades espantosas que serão descobertas por nossos descendentes encontram-se agora mesmo em nosso redor, de olhos arregalados, fixos em nós, poderíamos dizer; e apesar disso, nós não as vemos. Mas não basta dizer que não as vemos; nós não queremos ver, pois logo que se apresenta um fato imprevisto, com o qual não estamos familiarizados, corremos para tentar situá-lo no esquema de lugares comuns do conhecimento adquirido, e nos indignamos se alguém ousa rumar para experimentos mais avançados".

Ocorreu um fato enraçado alguns dias mais tarde, após o roubo da couve-flor. Não era possível encontrar certo lampião de querosene. Conforme eu recentemente havia comprovado a visão onisciente de meu guru, pensei que localizar o lampião seria um brinquedo de criança para ele, e esperei pela demonstração.

O mestre logo percebeu minha expectativa. Com gravidade exagerada, interrogou todos os residentes do ashram. Um jovem discípulo confessou ter usado o lampião para ir até o poço, no pátio traseiro.

Sri Yuktéswar me deu este conselho solene:

"Procure o lampião perto do poço."

Corri ao poço; mas nada do lampião! De crista caída, regressei até meu guru. Agora ele ria alegremente, sem remorsos de ter me causado uma decepção.

"Uma pena eu não poder guia-lo até a lâmpada desaparecida; mas não sou um adivinho." – Piscando um olho, acrescentou: – "Não sou nem mesmo um Sherlock Holmes satisfatório!"

Compreendi que o mestre jamais exibiria seus poderes, caso desafiado, nem recorreria a eles para qualquer trivialidade.

Semanas felizes se passaram. Sri Yuktéswar planejava uma procissão religiosa. Ele pediu que eu guiasse os discípulos através da cidade, e também pela praia de Puri. O dia festivo amanheceu com calor intenso [era o solstício de verão].

"Guruji, como posso conduzir os estudantes descalços sobre as areias escaldantes?"

"Vou lhe contar um segredo." – Respondeu o Mestre. – "O Senhor enviará um guarda sol de nuvens; e todos poderão caminhar sem desconforto."

Organizei alegremente a procissão; nosso grupo partiu do ashram com uma bandeira Sat–Sanga [71]. Desenhada por Sri Yuktéswar, representava o símbolo do olho único [72], o olho telescópico da intuição.

Assim que deixamos o ashram, o céu se cobriu de nuvens como se fosse por mágica. Uma chuva fina, provocando exclamações espantadas de todos os lados, veio refrescar as ruas da cidade e a praia ardente. Os pingos tranquilizantes caíram durante as duas horas do desfile. No instante exato em que nosso grupo reentrava no ashram, nuvens e chuva desapareceram sem deixar vestígio.

"Vê como Deus nos sente." – Respondeu o mestre, após ter lhe expressado o meu agradecimento. – "O Senhor responde a todos e trabalha por todos. Ele mandou a chuva a meu pedido, e assim também realiza qualquer desejo sincero do devoto. Raramente os homens percebem com que frequência Ele presta atenção às suas preces. Deus não é parcial, não favorece somente uma minoria, mas atende a cada um que Dele se aproxime com verdade no coração. Seus filhos deveriam sempre ter fé implícita na amorosa bondade de seu Pai Onipresente [73]."

Sri Yuktéswar organizava quatro festivais por ano, nos equinócios e solstícios, para o qual chegavam discípulos de longe e de perto. A celebração do solstício de inverno ocorria em Serampore; a primeira em que pude comparecer me legou uma bênção permanente.

As festividades se iniciaram pela manhã, com uma procissão descalça pelas ruas. Vozes de uma centena de estudantes entoavam suaves cânticos religiosos; alguns músicos tocavam flauta e *khol kartál* (tambores e címbalos). O povo da cidade, entusiasmado, pintou de flores o caminho, na alegria de ser desviado de seus afazeres mundanos por nosso ressoante louvor ao bendito nome de Deus. O longo itinerário se encerrou no pátio do ashram. Ali fizemos um círculo em redor de nosso guru, enquanto outros discípulos atiravam dos balcões superiores, sobre nós, flores de calêndula recém-abertas.

Muitos hóspedes subiram as escadas para receber um pudim de *channa* e laranjas. Dirigi-me a um grupo de discípulos que, naquele dia, trabalhavam de cozinheiros. A comida para essas grandes celebrações tinha de ser cozinhada fora, em enormes caldeirões. Fornos de tijolos improvisados, onde se queimava lenha, produziam fumaça e provocavam lágrimas; nós, todavia, sorríamos de gozo ao realizar nosso trabalho. Os festivais religiosos na Índia jamais são considerados um aborrecimento; cada um dos devotos faz sua parte com satisfação, fornecendo dinheiro, ou alimentos, ou seus próprios serviços.

O mestre logo se aproximou de nós, supervisando os detalhes da festa. Ocupado a todo instante, ele se mantinha no mesmo ritmo do mais jovem e ativo de seus discípulos.

Um *sankirtan* (canto em grupo), com acompanhamento do harmônio e dos tambores de mão, prosseguia no andar superior. Sri Yuktéswar escutava com apreciação; seu ouvido musical era de uma afinação perfeita.

"Vocês estão fora de tom!" - O mestre se afastou dos cozinheiros e se juntou aos músicos. A melodia voltou a ser ouvida, mas desta vez no tom certo.

Na Índia, a música, a pintura e o drama [estilo literário] são considerados artes divinas. O *Sama Veda* contém os mais antigos escritos do mundo sobre ciência musical. Brahma, Vishnu e Shiva, a Trindade Eterna [ou *Trimúrti*], foram os primeiros músicos. Shiva, em seu aspecto de Natarája, o Bailarino Cósmico, é representado nas Escrituras como aquele que deu origem às infinitas variações de ritmo nos processos de criação, preservação e destruição universais, enquanto Brahma e Vishnu marcavam o compasso: Brahma ao tinir de seus címbalos, e Vishnu ao fazer soar o sagrado *mridanga* – ou tambor.

Saraswati, a deusa da sabedoria, é simbolizada dedilhando a *vina*, mãe de todos os instrumentos de corda. Krishna, uma encarnação de Vishnu, é representado na arte hindu sempre com uma flauta nas mãos, na qual toca a arrebatadora canção que chama de volta a seu verdadeiro lar a alma humana, que vaga perdida no mundo de maya – ou ilusão.

As pedras fundamentais da música hindu são as *ragas* ou modos, escalas melódicas fixas. As seis ragas básicas ramificam-se em cento e vinte e seis derivadas: as *raginis* (esposas) e os *putras* (filhos). Cada raga tem um mínimo de cinco notas: uma nota principal (vádi ou rei), uma secundária (samavádi ou primeiro ministro), as auxiliares (anuvádi ou servidores) e uma dissonante (vivádi, o inimigo).

O Senhor Krishna

Cada uma das seis ragas básicas tem correspondência natural com determinada hora do dia, estação do ano e uma divindade que a governa e concede certo poder particular. Assim, a primeira, Hindôle Raga, é tocada somente de madrugada, na primavera, para evocar o amor universal; a segunda, Deêpaka Raga, é tocada nas tardes de verão, para despertar a compaixão; a terceira, Mégha Raga, é tocada ao meio-dia na estação das chuvas, a fim de atrair a coragem; a quarta, Bháirava Raga, é tocada nas manhãs de agosto, setembro e outubro, para alcançar a tranquilidade; a quinta, Sri Raga é reservada aos crepúsculos de outono, para atingir o amor puro; a sexta, Malkúnsa Raga, tocada à meia-noite no inverno, traz dignidade aos ouvintes.

Os rishis da antiguidade descobriram estas leis de unificação sonora entre a natureza e o homem. Sendo a natureza uma objetivação de AUM (do Som Primordial ou Verbo Vibratório), o homem é capaz de obter controle sobre todas as manifestações naturais através do uso de certos mantras ou cantos [74]. Documentos históricos narram os poderes assombrosos possuídos por Miyan Tan Sen, músico da corte de Akbar, o Grande, no século XVI. Recebendo ordem do imperador para cantar uma raga noturna, enquanto o sol pairava sobre suas cabeças, Tan Sen entoou um mantra que instantaneamente mergulhou em trevas todos os recintos do palácio.

A música hindu divide a oitava em vinte e dois *srutis* ou quartos de tom. Estes intervalos microtonais permitem requintados matizes de expressão musical inatingíveis pela escala cromática do Ocidente, de doze semitons. Cada uma das sete notas fundamentais da oitava está associada, na mitologia hindu, com uma cor e o grito natural de um pássaro ou animal: Dó, com o verde e o pavão; Ré, com o vermelho e a cotovia; Mi, com o dourado e a cabra; Fá, com o branco amarelado e a garça; Sol, com o negro e o rouxinol; Lá, com o amarelo e o cavalo; Si, com a combinação de todas as cores e o elefante.

A música hindu registra setenta e duas *thatas* ou escalas. O músico tem liberdade criativa para infinitas improvisações em torno da melodia tradicional fixa – ou raga. Ele se mantém concentrado no sentimento ou característica psíquica marcante do tema estrutural e o tece até os limites de sua própria originalidade. O músico hindu não lê notas já estabelecidas; cada vez que toca, reveste de novo o esqueleto nu da raga, frequentemente se limitando a uma única sequência melódica, acentuando pela repetição todas as suas sutis variações microtonais e rítmicas. Sebastian Bach, entre os compositores ocidentais, compreendeu o encanto e o poder do som repetitivo, ligeiramente diferenciado em uma centena de variações complexas.

A literatura sânscrita descreve cento e vinte *talas* ou medidas de tempo. É dito que o fundador tradicional da música hindu, Bhárata, isolou trinta e duas espécies de tala no canto de uma cotovia. A origem de tala, ou ritmo, tem sua raiz nos movimentos humanos: os dois tempos do caminhar, e os três tempos da respiração ao longo do sono, quando a inalação tem duas vezes a duração da exalação.

A índia sempre reconheceu a voz humana como o instrumento musical mais perfeito. Por conta disso, quase toda a música hindu, se restringe ao registro vocal de três oitavas. Pelo mesmo motivo, ali mais se realça a melodia (relação de notas sucessivas) que a harmonia (relação de notas simultâneas).

A música hindu é uma arte subjetiva, espiritual, individualista, cujo objetivo não é o brilho sinfônico, mas a harmonia pessoal com a Alma Cósmica. Todos os cantos famosos da Índia foram compostos por devotos da Divindade. A palavra sânscrita para músico é *bhagavatar*, "aquele que canta louvores a Deus".

Os *sankirtans*, ou reuniões musicais, são uma forma efetiva de ioga ou disciplina espiritual, necessitando uma grande concentração, assim como uma intensa absorção na origem do pensamento e no som em si. Sendo o próprio homem uma expressão do Verbo Criador, o som exerce sobre ele um efeito poderoso e imediato. A grande música religiosa do Oriente e do Ocidente confere alegria ao homem porque causa temporariamente um despertar vibratório de seus centros ocultos na espinha [chakras, ou chacras]. Em tais momentos extáticos, a apagada memória de sua origem divina é subitamente reacendida.

No dia do festival, o sankirtan, cujo som ressoava desde a sala de reuniões de Sri Yuktéswar no andar superior, inspirava os cozinheiros entre as panelas fumegantes. Eu e os demais discípulos cantávamos alegremente os refrãos e marcávamos o compasso, batendo palmas.

Ao pôr do sol, já tínhamos servido centenas de visitantes com khichuri (arroz com lentilhas), curry de vegetais e pudim de arroz. Nós estendemos cobertores de algodão no pátio e, minutos depois, todos se sentavam de pernas cruzadas sob a abóboda de estrelas, em perfeito silêncio, atentos à sabedoria que emergia dos lábios de Sri Yuktéswar. Seus discursos públicos geralmente exaltavam o valor do Kriya Yoga, e recomendavam uma vida de auto-respeito, calma, determinação, dieta simples e exercícios regulares.

Um grupo de discípulos bem jovens cantou alguns hinos sagrados, e a reunião se encerrou com um fervoroso sankirtan. Das dez horas à meia-noite, os residentes do ashram lavaram panelas e caçarolas, e limparam o pátio. Meu guru me chamou ao seu lado:

"Estou satisfeito com seus serviços, realizados com alegria, tanto hoje quanto durante os preparativos da semana que passou. Quero que fique comigo; esta noite, pode dormir em minha cama."

Este era um privilégio que nunca havia pensando poder desfrutar. Sentamos um pouco, em divina tranquilidade. Porém, dez minutos depois de havermos deitado para dormir, meu mestre se levantou e começou a se vestir.

"O que se passa, senhor?" – Eu sentia uma pitada de irrealidade diante da alegria inesperada de dormir ao lado de meu guru.

"Penso que alguns estudantes, tendo perdido os trens de baldeação, logo chegarão aqui. Vamos preparar alguma comida."

"Mas guruji, ninguém virá a uma hora da madrugada!"

"Fique na cama; você trabalhou arduamente. Eu mesmo vou cozinhar."

Ao perceber o tom resoluto de Sri Yuktéswar, saltei da cama e o segui à pequena cozinha adjacente à sacada interna do andar superior, de uso diário. Arroz e dhal logo estavam sendo fervidos.

Meu guru sorriu amorosamente e disse:

"Esta noite você venceu o cansaço e o medo do trabalho duro; eles nunca mais irão incomodá-lo no futuro."

Enquanto ele pronunciava estas palavras de bênção para o resto de minha vida, ouviram-se passos no pátio. Corri escada abaixo e concedi entrada a um grupo de estudantes. Um deles me disse:

"Querido irmão, com que relutância viemos perturbar o mestre a essa hora da madrugada! Cometemos um erro quanto aos horários do trem, mas sentimos que não seria possível voltar para casa sem haver contemplado nosso guru."

"Bem, ele já está à sua espera; e até lhes preparou uma refeição."

Em seguida, ouviu-se a voz de Sri Yuktéswar:

"Sejam bem-vindos!"

Levei os espantados visitantes à cozinha. O mestre se virou para mim, piscando um olho:

"Agora que você obteve as comprovações necessárias, sem dúvida está satisfeito de que nossos hóspedes tenham perdido o trem!"

Meia hora mais tarde, eu o acompanhei a seu dormitório, onde pude gozar da ventura e da honra de dormir ao lado de um guru que espelha a Deus.

16. Burlando as estrelas

"Mukunda, por que você não arranja um bracelete astrológico?"

"Será mesmo, mestre? Eu não creio em astrologia."

"Não é uma questão de *crença*; a atitude científica que se deve adotar em qualquer assunto é a de saber se é *verdade*. A lei da gravidade funcionou com tanta eficiência antes de Newton como depois dele. O cosmos seria certamente um caos se suas leis só pudessem funcionar mediante a aprovação da crença humana. Foram os charlatães que trouxeram a antiquíssima ciência estelar ao seu descrédito atual. Tanto matemática [75] como filosoficamente, a astrologia é muito vasta para ser abarcada corretamente, exceto por homens de profundo entendimento. Assim, são os ignorantes que leem equivocadamente o céu, e nele enxergam rabiscos em vez de uma escrita; mas isso era de se esperar: em nosso mundo também há ignorância. Não se deve abandonar a sabedoria ao dispensar os pretensos sábios."

E meu guru continuou:

"Todas as partes do cosmos estão ligadas entre si e trocam influências. O ritmo equilibrado do universo tem sua raiz na reciprocidade. O homem, em seu aspecto mortal, tem de combater dois grupos de forças: primeiro, os tumultos internos do ser, causados pela mistura de terra, água, fogo, ar e elementos etéreos; segundo, os poderes externos e desintegradores da natureza. Enquanto o homem luta com sua mortalidade, ele é constantemente afetado por miríades de mutações do céu e da terra.

A astrologia nada mais é que o estudo das reações do homem aos estímulos planetários. Os astros não têm qualquer benevolência ou aversão consciente; eles tão somente enviam radiações positivas ou negativas. Por si só, não ajudam nem prejudicam a humanidade, mas oferecem um canal ordenado para que se manifeste o equilíbrio de causas e efeitos que, no passado, cada homem colocou em movimento.

Uma criança nasce no dia e hora exatos em que os raios celestes estão em harmonia matemática com seu karma individual. Seu horóscopo é um retrato desafiador, revelando seu passado inalterável e os resultados prováveis em seu futuro. Todavia, é certo que o mapa natal só pode ser interpretado por homens de sabedoria intuitiva, e estes são bem poucos.

No instante do nascimento, um mensagem audaz é proclamada através dos céus, e embora marcada pela ancestralidade, ela não tem a função de dar ênfase ao destino – o resultado do bem e do mal pretéritos –, mas antes de despertar a vontade humana, de levá-la a escapar de seu cativeiro universal. O que o homem fez, ele pode desfazer. Ninguém, além dele mesmo, foi o instigador das causas cujos efeitos agora prevalecem em sua vida. Dessa forma, ele pode transcender qualquer limitação: primeiro, porque a criou com suas próprias ações; e segundo, porque possui recursos espirituais que não estão sujeitos à pressão planetária.

O medo supersticioso da astrologia produz autômatos, como que escravos dependentes de guias mecânicos. O homem sábio *derrota* seus planetas – isto é, seu passado – transferindo a sua fidelidade da criação para o Criador. Quanto mais encaminha sua unidade com o Espírito, menos pode ser dominado pela matéria. A alma é sempre livre; é imortal, porque não tem nascimento. Ela não pode ser regida pelas estrelas.

O homem é uma alma e *tem* um corpo. Quando situa de forma apropriada o seu senso de identidade, deixa para trás todos os padrões compulsórios. Todavia, enquanto permanecer confuso em seu estado ordinário de amnésia espiritual, ele seguirá preso aos grilhões sutis da lei que rege os corpos.

Deus é harmonia: o devoto que verdadeiramente se sintoniza a Ele jamais realizará uma ação equivocada. Suas ações concordarão com o cronômetro natural e exato da lei astrológica. Após a meditação e a prece profundas, ele está em contato com sua consciência divina; não há poder maior do que tal proteção interior."

"Então, querido mestre, por que quer que eu use uma pulseira astrológica?" – Acabei arriscando esta pergunta após um longo silêncio; eu ainda tentava assimilar a nobre exposição de Sri Yuktéswar, pois ela trazia ideias muito novas para mim.

"Ora, é só quando um viajante atingiu seu objetivo que se justifica o abandono de seus mapas. Durante a jornada, ele se aproveita de qualquer atalho conveniente. Os rishis antigos descobriram muitas formas de encurtar o período de exílio do homem no mundo ilusório. Existem certas engrenagens na lei do karma que podem ser habilmente ajustadas pelos dedos da sabedoria.

Todos os males humanos se originam de alguma transgressão da lei universal. As Escrituras destacam que o homem deve satisfazer as leis da natureza, porém, ao mesmo tempo, sem se desconectar da onipotência divina. Ele deveria dizer: 'Senhor, confio em Ti, e sei que Tu podes me ajudar, mas farei todos os esforços para reparar qualquer mal que eu tenha cometido'. Por uma série de meios – através da prece, através do poder da vontade, através da meditação iogue, através da consulta aos santos, e mesmo através do uso de braceletes astrológicos – os efeitos adversos do passado podem ser suavizados, quiçá anulados.

Tal qual uma casa que pode ser equipada com um para-raios de cobre para absorver a descarga do relâmpago, o templo do corpo também pode se beneficiar com certas proteções.

Radiações elétricas e magnéticas circulam sem cessar pelo universo; elas afetam o corpo humano, tanto de forma favorável quanto não favorável. Há milênios, nossos rishis estudaram o problema de combater os efeitos adversos das influências cósmicas sutis. Os sábios descobriram que os metais puros emitem uma luz astral, que atua como um poderoso neutralizador dos influxos negativos dos planetas. Certas combinações de plantas também ajudam. Mais eficiente que tudo são joias brutas de pelo menos dois quilates.

O uso preventivo da astrologia raras vezes foi objeto de estudos sérios fora da Índia. Um fato pouco conhecido é que certas joias e misturas de plantas, embora possam ser do tipo ou espécie recomendada, só têm valor se apresentarem o peso requerido e se o agente terapêutico for usado em contato com a pele."

"Senhor, decerto seguirei seu conselho e comprarei um bracelete. Estou intrigado com a ideia de burlar um planeta!"

"Para propósitos gerais, aconselho o uso de um bracelete feito de ouro, prata e cobre. Mas, para um propósito específico, quero que mande fazer um de prata e chumbo." – Sri Yuktéswar acrescentou cuidadosamente outras instruções.

"Guruji, que 'propósito específico' seria esse?"

"Os astros estão prestes a manifestar um interesse 'não amigável' por você, Mukunda. Mas não tenha medo, você estará protegido. Daqui a aproximadamente um mês, seu fígado lhe causará muitos sofrimentos. A duração da doença está fixada em seis meses, mas o uso de seu bracelete astrológico encurtará este período para vinte e quatro dias."

Assim, fui ao meu joalheiro no dia seguinte e logo passei a usar o bracelete. Minha saúde era ótima, de modo que a predição do mestre eventualmente se esvaiu de minha mente. Ele deixou Serampore para visitar Benares. Trinta dias após nossa conversa, senti uma dor repentina na região do fígado. As semanas seguintes foram um pesadelo de torturas e martírios. Relutando em perturbar meu guru, pensei que suportaria minha prova sozinho, com valentia.

Todavia, após vinte e três dias de dor, acabei mudando de ideia e peguei um trem para Benares. Chegando lá, Sri Yuktéswar me cumprimentou calorosamente, mas não me deu oportunidade de lhe contar meus infortúnios em particular. É que muitos devotos visitaram o mestre nesse dia, unicamente pelo *dárshan* [bênção que flui para o discípulo após contemplar o guru]. Doente e negligenciado, sentei-me num canto. Só depois da refeição da noite é que todos os hóspedes partiram. Logo em seguida, meu guru me chamou à sacada octogonal da casa.

"Você deve ter vindo por conta de sua doença no fígado." – Sri Yuktéswar desviava os olhos de mim; ele caminhava de um lado para o outro, às vezes interceptando o luar. – "Então, vamos ver, você está doente há vinte e quatro dias, correto?"

"Sim, senhor."

"Faça o exercício de estômago que lhe ensinei."

"Se soubesse a intensidade da minha dor, mestre, não exigiria que eu fizesse exercício algum." – Mesmo assim, fiz uma débil tentativa para obedecê-lo.

"Você diz que sente dor; mas eu afirmo que você não tem nenhuma. Como pode existir tal contradição?" – Meu guru me encarou com seus olhos interrogativos.

Fiquei deslumbrado e, em seguida, inteiramente inundado de alívio e de júbilo. Naquele momento, já não sentia mais o tormento incessante que me manteve praticamente sem dormir durante semanas: após aquelas palavras de Sri Yuktéswar, a dor desapareceu como se nunca tivesse existido.

Estava já me inclinando para ajoelhar a seus pés em agradecimento, mas ele rapidamente me impediu:

"Não seja infantil; levante-se e admire a beleza da luz sobre o Ganges." – Porém, percebi que os olhos do Mestre cintilavam felizes enquanto eu me mantinha de pé ao seu lado, em silêncio. Compreendi, pela sua atitude, que ele desejava que eu sentisse não ter sido ele, mas Deus, Quem havia me curado.

Até hoje uso o pesado bracelete de prata e chumbo, uma lembrança daquele dia num tempo distante, e sempre rememorado com carinho quando mais de uma vez descobri estar vivendo com um personagem verdadeiramente sobre humano. Em ocasiões posteriores, ao trazer meus amigos a Sri Yuktéswar para que os curasse, ele invariavelmente recomendava joias ou o bracelete, exaltando seu uso como um ato de sabedoria astrológica.

Fato é que desde a infância eu tinha um preconceito contra a astrologia, em parte porque percebia que muitas pessoas se prendiam a ela servilmente, e em parte devido a uma predição feita pelo astrólogo de minha família: "Três vezes casará, e duas vezes será viúvo". Preocupado com o assunto, demorei muito a pensar sobre ele, sentindo-me igual a uma cabra à espera do sacrifício diante do altar de um tríplice matrimônio.

"Makunda, você terá de se resignar com o seu destino." — Comentou meu irmão Ananta. — "Seu horóscopo escrito previu corretamente que você fugiria de casa para o Himalaia na juventude, mas que o forçariam a regressar. Portanto, a previsão de seus casamentos também tende a estar correta."

Todavia, certa noite eu tive a clara intuição de que a profecia era inteiramente falsa. Queimei o pergaminho do horóscopo, colocando as cinzas num saco de papel onde escrevi: "Sementes do karma passado não podem germinar quando queimadas no fogo da sabedoria divina". Coloquei-o em um lugar visível da casa. Ananta não tardou a achá-lo e ler meu comentário desafiador.

"Você não pode destruir a verdade tão facilmente como queimou esse rolo de pergaminho." — Meu irmão deu uma risada zombeteira.

Mas fato é que em três ocasiões antes de atingir a puberdade, minha família tentou contratar meu noivado. Em todas as ocasiões, recusei seguir os seus planos [76], sabendo que meu amor a Deus era mais irresistível que qualquer previsão astrológica do passado.

"Quanto mais profunda é a experiência direta que um homem tem de Deus, mais ele exerce influência sobre o universo inteiro por meio de suas vibrações espirituais sutis, e menos o afeta o fluxo dos fenômenos." – Estas palavras inspiradoras do mestre volta e meia retornavam à minha mente.

Em certas ocasiões, eu disse aos astrólogos que selecionassem os meus piores períodos, de acordo com as indicações planetárias, pois, ainda assim, levaria à frente qualquer tarefa que me impusesse a mim mesmo. E, se é verdade que meu sucesso em tais épocas não veio sem dificuldades extraordinárias, minha convicção sempre foi justificada: a fé na proteção divina e o uso correto da vontade conferida por Deus ao homem são forças mais poderosas que as influências emanadas do firmamento.

Assim, eu vim a compreender que a inscrição dos astros, na hora do nascimento, não significa que o homem seja um fantoche de seu passado. A mensagem das estrelas é, antes, um estímulo ao orgulho; o próprio céu busca despertar o propósito humano de ser livre de toda limitação. Deus criou cada homem como uma alma, dotada de individualidade e, portanto, essencial à estrutura do universo, seja no papel temporário de um pilar sustentador, ou no de um parasita. Sua liberdade é final e imediata, se assim o quiser; o homem não depende de vitórias externas, mas internas.

Sri Yuktéswar descobriu a aplicação matemática, à nossa era atual, de um ciclo equinocial de 2.400 anos [77]. O ciclo se divide em um Arco Ascendente e outro Descendente, cada um contando 12 mil anos. Cada Arco abrange quatro *Yugas* ou Idades, chamadas Kali, Dwapára, Treta e Sátya – correspondentes às ideias gregas das Idades do Ferro, do Bronze, da Prata e do Ouro.

Meu guru determinou, por vários cálculos, que o último Kali Yuga (ou Idade do Ferro) se iniciou 500 anos depois de Cristo. Este foi um período de materialismo, que se encerrou aproximadamente em 1.700 d.C. Esse ano deu início a Dwapára Yuga (ou Idade do Bronze), uma etapa de 2.400 anos de desenvolvimento elétrico e atômico: a época do telégrafo, do rádio, dos aviões e outros burladores do espaço. Já a Treta Yuga (ou Idade de Prata), com 3.600 anos, se iniciará em 4.100 d.C.; este período se caracterizará pelo conhecimento generalizado das comunicações telepáticas e de outros burladores do tempo. Durante os 4.800 anos de Sátya Yuga (ou Idade do Ouro), última época no Arco Ascendente, a inteligência do homem, estando desenvolvida de forma suprema, trabalhará em harmonia com o plano divino. Um Arco Descendente de 1.200 anos (iniciando com uma Idade de Ouro Descendente de 4.800 anos) principiará então para o mundo (em torno de 12.500 d.C.); assim, o homem gradualmente mergulhará novamente na ignorância.

Tais ciclos são as rondas eternas de maya, os contrastes e relatividades do mundo dos fenômenos [78]. Os homens, um por um, escapam da prisão dual do universo criado na medida em que despertam para a consciência de sua unidade divina.

O mestre ampliou minha compreensão, não só da astrologia, mas também das Escrituras do mundo. Colocando os textos sagrados na mesa imaculada de sua mente, ele era capaz de dissecá-los com o bisturi de seu raciocínio intuitivo e distinguir entre os erros e interpolações dos eruditos e as verdades conforme os profetas as expuseram pela primeira vez.

"Fixa os olhos na ponta do nariz." Esta interpretação equivocada do *Bhagavad Gita* [6:13], amplamente aceita por eruditos orientais e tradutores ocidentais, costumava suscitar uma divertida crítica do mestre:

"A via do iogue já é singular o bastante. Por que aconselhá-lo também a se fazer de vesgo? O verdadeiro significado de *nasikagrâm* é "começo do nariz" e não "final do nariz". Ora, o início do nariz está justamente no ponto entre as sobrancelhas, a sede da visão espiritual [79]."

Um aforismo Sânkhya afirma [80]: *Iswar ashidha* ("O Senhor da Criação não pode ser deduzido", ou "Deus não se prova"). Baseados principalmente nesta sentença, muitos eruditos consideram ateísta toda a filosofia Sânkhya.

"Este verso não é niilista ou ateu." – Explicou Sri Yuktéswar. – "Ele simplesmente quer dizer que o homem não iluminado, dependente de seus sentidos para todos os julgamentos finais, não pode provar a existência de Deus por meio deles. É nesse sentido que, para tal homem, Deus continua desconhecido e inexistente. Já os verdadeiros adeptos de Sânkhya, com sua imperturbável percepção interior, nascida e desenvolvida na meditação, compreendem que o Senhor é existente e cognoscível."

O mestre também explicava a *Bíblia* cristã com admirável clareza. Foi de meu guru indiano, um perfeito desconhecido para o cristianismo do Ocidente, que aprendi a perceber a essência imortal da *Bíblia* e a compreender a verdade na afirmação do Cristo, certamente a mais emocionante e intransigente já proferida: "Passarão o céu e a terra, mas minhas palavras não passarão" [Mateus, 24:35].

Os grandes mestres da Índia modelam suas vidas pelos mesmos ideais divinos que animaram Jesus; tais homens pertencem à sua proclamada família: "Quem fizer a vontade de meu Pai, que está no céu, é meu irmão, minha irmã, minha mãe" [*Mateus*, 12:50]. "Se perseverardes em minha palavra", o Cristo destacou, "então sereis meus discípulos e conhecereis a verdade, e a verdade vos libertará" [*João*, 8:31–32]. Livres, todos senhores de si mesmos, os iogues crísticos da Índia são membros da fraternidade imortal: a dos que obtêm o conhecimento libertador do Pai único.

"A história de Adão e Eva não faz sentido para mim!" – Comentei em contrariedade, certa vez, em meus primeiros embates com a alegoria. – "Por que Deus castigou não somente o casal culpado, mas todas as gerações inocentes ainda por nascer?"

O mestre se divertia mais com a minha veemência do que com a minha ignorância. Ele me explicou a simbologia da história:

"O *Gênese* é profundamente simbólico, de modo que não se pode compreendê-lo pela interpretação literal. A 'árvore da vida' é o corpo humano; a coluna vertebral se parece com uma árvore invertida, tendo como raízes os cabelos do homem, e como galhos, os nervos sensoriais e motores. A árvore do sistema nervoso ostenta muitos frutos apetitosos: as sensações da vista, do som, do olfato, do gosto e do tato. Estes, o homem tem permissão de desfrutar; mas lhe foi proibida a experiência do sexo, a 'maçã' no centro do corpo ('no meio do jardim') [81].

A serpente simboliza a energia enrolada na base da espinha, a que estimula os nervos sexuais. Adão é a razão, Eva é o sentimento. Quando o impulso sexual subjuga a emoção ou consciência de Eva em qualquer ser humano, sua razão ou Adão também sucumbe em seguida [82].

Deus criou a espécie humana materializando os corpos do homem e da mulher pela potência de Sua vontade. Ele dotou a nova espécie com o poder de criar filhos da mesma forma, isto é, imaculada ou divina [83]. Ao manifestar-se como alma individualizada, até então Deus havia se limitado aos animais, regidos pelo instinto e desprovidos das potencialidades da razão plena; então, criou os primeiros corpos humanos, simbolicamente chamados de Adão e Eva. Para que tais corpos pudessem seguir vantajosamente na evolução ascensional, Ele lhes transferiu as almas ou a essência divina de dois animais [84]. Em Adão (ou homem) a razão predominou; já em Eva (ou mulher) foi o sentimento. Assim se manifestou a dualidade ou polaridade subjacente ao mundo dos fenômenos. Razão e sentimento permanecem no paraíso da alegria cooperativa, enquanto a mente humana não é iludida pela energia serpentina das propensões animais [85].

Dessa forma, o corpo humano não resultou da evolução dos corpos animais; Deus o produziu por um ato especial de criação. As formas animais eram muito grosseiras para expressar a divindade em plenitude; semente ao homem e à mulher, desde a sua origem, foram conferidos centros ocultos na espinha, assim como o "lótus de mil pétalas" em seu cérebro, o que lhes confere uma tremenda capacidade mental e cognitiva.

Deus, ou a Consciência Divina presente no interior do primeiro casal criado, aconselhou-os a desfrutar de todas as formas de sensibilidade, com uma única exceção: as sensações sexuais. Estas foram proibidas, no intuito de que a humanidade não se enredasse no método animal, inferior, de procriação. Todavia, a advertência para que não reavivassem memórias bestiais arquivadas no subconsciente passou despercebida. Regressando à forma de reprodução dos demais animais, Adão e Eva conheceram a queda do estado de alegria celeste; estado este que era próprio do homem, perfeito em sua origem.

Ao 'perceberem que estavam nus', eles perderam a consciência da sua própria imortalidade, conforme o alerta de Deus; assim se colocaram sob a lei física, segundo a qual ao nascimento físico deve se seguir a morte física.

O conhecimento 'do bem e do mal' prometido a Eva pela serpente se refere às experiências dualísticas e opostas que todos os mortais sob o domínio de maya devem gozar e sofrer. Sujeitando-se à ilusão, pelo uso equivocado de sua razão e sentimento, ou consciência de Adão e Eva, o homem renuncia ao seu direito de entrar no jardim paradisíaco da divina autossuficiência [86]. Assim, a cada ser humano cabe a responsabilidade de restituir 'seus pais' ou natureza dual à harmonia unificada do Éden."

Quando Sri Yuktéswar enfim finalizou o seu discurso, passei a olhar as páginas do *Gênese* com novos olhos, e novo respeito:

"Querido mestre, pela primeira vez sinto uma obrigação filial adequada para com Adão e Eva!"

17. Sasi e as três safiras

"Já que você e meu filho têm Sri Yuktéswar em tão alta consideração, eu vou até lá dar uma olhada." – O tom de voz do Dr. Narayan Chunder Roy deixava subentendido que ele cedia à extravagância de dois idiotas. Escondi minha indignação, seguindo as melhores tradições de cortesia.

Meu amigo, cirurgião veterinário, era um agnóstico declarado. Seu jovem filho Santosh havia me suplicado para que eu tomasse algum interesse pelo caso de seu pai. Até então, minha inestimável ajuda tinha se limitado ao mundo invisível.

O Dr. Roy me acompanhou no dia seguinte ao ashram de Serampore. Após o mestre lhe conceder uma breve entrevista, assinalada quase toda por estoico silêncio de ambas as partes, o visitante partiu bruscamente.

"Por que você traz um morto ao nosso eremitério?" – Sri Yuktéswar me encarou com uma interrogação na face, assim que a porta se fechou nas costas do cético de Calcutá.

"Mas, senhor, o veterinário está bem vivo!"

"Só que em breve estará morto."

Fiquei chocado com aquela afirmativa:
"Senhor, se ele morrer, será um golpe terrível para o seu filho. Santosh ainda tem esperança que o tempo mude as ideias materialistas de seu pai. Eu lhe suplico, mestre, ajude este homem."

"Muito bem: porque é você quem pede." – A face de meu guru permanecia impassível. – "Esse orgulhoso cirurgião de cavalos está com diabetes em estado avançado, mas ainda não sabe. Dentro de quinze dias, cairá de cama. Os médicos desistirão de tratá-lo, será dado como um caso perdido. Ele tem o prazo natural de seis meses para deixar a Terra. No entanto, graças ao interesse que você demonstra pelo caso, naquela data ele será curado. Há, todavia, uma condição: você terá de conseguir que ele use um bracelete astrológico. Ele certamente fará objeções, com a violência de um de seus cavalos antes de uma operação." – O mestre deu uma risada.

Após um silêncio, durante o qual refleti na melhor maneira de Santosh e eu empregarmos a arte da persuasão com o doutor, o mestre fez outras revelações:

"Assim que o homem se curar, aconselhe-o a não comer mais carne. Ele, porém, não atenderá ao seu alerta; seis meses mais tarde, exatamente quando estiver sentindo a melhor disposição, cairá morto. Ou seja: o prolongamento da vida deste indivíduo por seis meses lhe será concedida unicamente porque você a suplicou."

No dia seguinte, sugeri a Santosh que encomendasse um bracelete ao joalheiro. Ele ficou pronto em uma semana, mas o Dr. Roy se recusou a usá-lo.

"Não se preocupe, minha saúde está ótima. Você nunca vai me impressionar com essas superstições astrológicas." – O doutor me encarou, com olhar confrontador.

Não pude deixar de me lembrar, com um sorriso, que o mestre o tinha comparado a um cavalo teimoso – e com toda razão. Outros sete dias transcorreram; de súbito, o doutor adoeceu e humildemente concordou em usar o bracelete. Duas semanas mais tarde, o médico que o atendia me informou que seu paciente era um caso perdido. Forneceu detalhes assustadores sobre os espasmos causados pelo diabetes. Mesmo assim, eu discordei:

"Meu guru afirmou que o Dr. Roy, após estar enfermo durante um mês, se verá curado."

O médico arregalou os olhos, incrédulo. Quinze dias mais tarde, procurou-me com um semblante de quem se desculpa:

"O Dr. Roy se recuperou por completo!" – O médico exclamou. – "É o caso mais espantoso de toda a minha carreira. Jamais vi alguém tão doente se curar de forma tão inexplicável. Seu guru deve ser, certamente, um profeta com o dom da cura!"

Após mais um encontro com o Dr. Roy, onde lhe repeti a advertência de Sri Yuktéswar sobre a eliminação da carne de sua dieta, não voltei a ver o sujeito durante seis meses. Então, certa noite, ele se deteve para conversar comigo, ao me encontrar sentado no pórtico da casa de minha família em Gurpar Road.

"Diga ao seu instrutor que, graças à alimentação com carne todos os dias, recuperei integralmente minhas forças. Suas ideias nada científicas sobre dieta não tiveram qualquer influência sobre mim." – De fato, o Dr. Roy parecia perfeitamente saudável.

Todavia, no dia seguinte, Santosh veio correndo de sua casa no quarteirão vizinho para me dar a notícia:

"Papai caiu morto esta manhã!"

Este caso constituiu uma de minhas experiências mais estranhas com o mestre: ele curou o rebelde veterinário, apesar da sua descrença, e prolongou por seis meses o prazo natural de sua vida na Terra, unicamente por conta da minha fervorosa súplica. Sri Yuktéswar demonstrava bondade sem limites ao responder à prece urgente de um devoto.

Meu maior privilégio era o de poder trazer colegas de escola para conhecerem meu guru. Muitos deles colocavam de lado – ao menos no ashram! – o seu manto acadêmico de ceticismo religioso, tão em moda na época.

Um de meus amigos, chamado Sasi, passou vários e venturosos fins de semana em Serampore. O mestre simpatizou imensamente com o rapaz, e lamentava que ele levasse uma vida particular tão selvagem e desregrada.

"Sasi, se você não se reformar, em torno de um ano estará perigosamente doente." – Sri Yuktéswar olhou para meu amigo com afetuosa exasperação. – "Mukunda é testemunha; mais tarde, não diga que não o avisei."

Sasi sorriu e disse ao mestre:

"Senhor, deixarei a seu encargo conseguir que a suave caridade do cosmos se interesse pelo meu triste caso! Meu espírito até quer, mas a minha vontade é fraca. O senhor é o meu único salvador na Terra; não acredito em mais nada e em mais ninguém."

"Bem, você ao menos deveria usar uma safira azul de dois quilates. Isso o ajudaria."

"Uma pena, pois não tenho dinheiro suficiente para comprar uma. Seja como for, querido guruji, se surgirem dificuldades, creio piamente na sua proteção."

"Daqui a um ano, você me trará três safiras." – Respondeu Sri Yuktéswar. – "Então, elas já não terão nenhuma utilidade."

Variações desta conversa ocorriam com certa regularidade:

"Não consigo me reformar!" – Dizia Sasi, com desespero quase cômico. – "E a minha confiança no senhor, mestre, é mais preciosa para mim do que qualquer pedra!"

Um ano se passou. Certo dia, eu visitava meu guru na casa de seu discípulo Naren Babú, em Calcutá. Então, em torno das dez horas da manhã, quando Srí Yuktéswar e eu estávamos sentados na sala de recepção do andar superior, ouvi a porta de entrada da casa se abrir. O mestre endireitou-se, rigidamente, e disse:

"É aquele seu amigo, Sasi. Um ano se foi, e seus dois pulmões também se foram. Ele desdenhou do meu conselho; diga a ele que não o quero ver."

Meio atônito pela severidade de Sri Yuktéswar, desci a escada correndo. Sasi já vinha subindo:

"Oh, Mukunda! Espero que o mestre esteja aqui; tive o pressentimento de que estaria."

"Está sim, mas ele não deseja ser perturbado."

Sasi rompeu em lágrimas e, esbarrando em mim, subiu correndo o restante da escada. Foi se prostrar aos pés de Sri Yuktéswar, onde depositou três belas safiras.

"Ó guru onisciente! Os médicos dizem que tenho tuberculose pulmonar. Eles me dão apenas três meses de vida! Humildemente imploro sua ajuda; sei que pode me salvar!"

"Agora já não é tarde demais para se preocupar com sua vida? Pode ir embora com as suas joias; foi-se o tempo em que elas ainda poderiam ser úteis." – Então, o mestre se sentou como uma esfinge, em silêncio inexorável, pontuado somente pelos soluços do jovem que implorava misericórdia.

Através de minha intuição, tive a convicção de que Sri Yuktéswar estava simplesmente experimentando a profundidade da fé de Sasi em seu divino poder de curar. Não fiquei surpreendido quando, uma hora depois, o mestre voltou o olhar compassivo para meu amigo, ainda prostrado no chão.

"Levanta daí, Sasi. Ora, mas que alvoroço você faz na casa dos outros! Devolva as safiras ao joalheiro; agora elas são um gasto desnecessário. Mas arranje um bracelete astrológico e use-o sempre. Não tema: em poucas semanas você estará curado."

O sorriso de Sasi trouxe nova luz a sua face desfigurada pelas lágrimas, como o sol nascente sobre uma paisagem úmida.

"Amado Guru, devo tomar os remédios prescritos pelos médicos?"

"Faça como quiser: tome ou jogue fora, pouco importa. Seria mais fácil a lua trocar de lugar com o sol do que você sucumbir à tuberculose." – Sri Yuktéswar acrescentou, bruscamente. – "Agora vá logo embora, antes que eu mude de ideia!"

Com uma reverência emocionada, meu amigo partiu depressa. Tratei de ir visitá-lo, repetidamente, durante as semanas seguintes, e me consternava encontrá-lo em condições cada vez piores.

"Sasi não deve sobreviver a esta noite." – Tais palavras vindas de seu médico, junto a cena deprimente de meu amigo, então reduzido quase a um esqueleto, me fizeram partir a toda velocidade para Serampore. Meu guru dedicou fria atenção ao relato soluçante que lhe dei.

"Ora, por que vem aqui me aborrecer? Você já me ouviu garantir que Sasi vai se curar."

Curvei-me diante dele com grande temor e fui em direção à porta. Sri Yuktéswar não pronunciou qualquer palavra de despedida; todavia, mergulhou em profundo silêncio; com os olhos entreabertos, sua visão viajou a outro mundo.

Em seguida, retornei à casa de Sasi, em Calcutá. Com espanto, encontrei meu amigo sentado na cama, bebendo leite.

"Oh, Mukunda! Que milagre! Há quatro horas, senti a presença do mestre em meu quarto; meus sintomas terríveis desapareceram instantaneamente. Sinto que, graças a sua interseção, estou inteiramente restabelecido."

Em poucas semanas, Sasi já estava mais corpulento e com a saúde melhor do que nunca. Todavia, a sua reação à cura foi maculada pela ingratidão: ele raramente visitava Sri Yuktéswar! Meu amigo me confessou um dia que se arrependia tão profundamente de sua antiga maneira de viver que tinha vergonha de encarar o mestre.

Assim, me restou concluir que a enfermidade de Sasi teve o efeito de fortalecer a sua vontade e, por contraste, debilitar a sua cortesia.

Os primeiros dois anos de meu curso na Universidade da Igreja Escocesa chegavam ao fim. Minha frequência às aulas tinha sido muito esporádica; estudara o mínimo necessário para me conservar em paz com minha família. Regularmente, dois professores particulares vinham à minha casa; regularmente, eu me encontrava ausente: esta era a única regularidade em minha carreira acadêmica!

Na Índia, a aprovação após dois anos de escola superior dá direito a um diploma intermediário (*Intermediate Arts*); depois, o estudante tem mais dois anos de curso para obter o grau universitário (*Bachelor of Arts*).

As últimas provas para a obtenção do diploma intermediário iam se assomando à minha frente, como maus presságios. Corri até Puri, onde meu guru passava algumas semanas. Com a vaga esperança de que ele me autorizaria a não comparecer às provas finais, falei-lhe sobre a minha falta de preparo.

Sri Yuktéswar sorriu consoladoramente e me disse:

"Você desempenhou seus deveres espirituais de todo o coração, de modo que não podia evitar que seus trabalhos escolares fossem negligenciados. Agora, aplique-se com todo o afinco aos seus livros na próxima semana: você conquistará sua aprovação, não haverá fracasso."

Voltei a Calcutá, suprimindo com firmeza todas as dúvidas razoáveis que, às vezes, me assaltavam. Examinando a montanha de livros sobre minha mesa, me sentia como um viajante perdido na selva.

Um longo período de meditação me trouxe a inspiradora ideia de economizar esforços. Abrindo cada livro ao acaso, eu estudava somente as páginas que estavam diante de minha vista. Depois de seguir tal procedimento dezoito horas por dia, durante uma semana, já estava me considerando um especialista na arte de me preparar de última hora para as provas.

Os dias seguintes trouxeram, nas salas de prova, a justificação daquele método que, segundo todas as aparências, era baseado no puro acaso. Passei em todas as provas, embora com nota mínima. As felicitações de meus amigos e familiares foram ridiculamente misturadas com exclamações que denunciavam o seu espanto com o resultado.

Em seu regresso de Puri, Sri Yuktéswar tinha uma agradável surpresa para mim.

"Seus estudos em Calcutá se encerraram." – Disse ele. – "Eu tomarei providências para que você siga os seus dois últimos anos de estudo universitário aqui mesmo em Serampore."

"Estou confuso, senhor. Que eu saiba não há curso universitário completo nesta cidade." – A única escola superior de Serampore oferecia somente o curso de dois anos e o diploma intermediário correspondente.

O mestre deu um sorriso travesso e disse:

"Bem, eu estou muito velho para sair por aí a fim de recolher donativos para estabelecer uma Universidade para você. Suponho que terei de solucionar tal empreitada através de alguma outra pessoa."

Dois meses mais tarde, o professor Howells, diretor da Universidade de Serampore, anunciou ao público que obteve sucesso em levantar os fundos necessários para oferecer um curso de quatro anos. A Universidade de Serampore se tornou desde então uma seção da Universidade de Calcutá. Fui um dos primeiros estudantes a se matricular, como candidato ao título universitário.

"Guruji, quanta bondade você teve comigo! Meu desejo mais ardente era deixar Calcutá e poder estar contigo todos os dias em Serampore. O professor Howells nem sonha quanto deve à sua ajuda silenciosa."

Sri Yuktéswar me contemplou com um ar fingido de seriedade:

"Bem, agora você não terá de perder tantas horas no trem; quanto tempo livre não sobrará para os seus estudos! Talvez você até venha a ser um estudante a menos que se prepara de última hora para as provas, e um estudioso dedicado a mais."

Todavia, faltava convicção ao seu tom de voz.

18. Um milagreiro maometano

"Anos atrás, exatamente neste mesmo quarto onde você se acomodou, um maometano milagreiro realizou quatro prodígios diante de mim!"

Sri Yuktéswar fez esta afirmação durante sua primeira visita aos meus novos alojamentos. Imediatamente após a matrícula na Universidade de Serampore, eu havia alugado um quarto numa pensão vizinha, chamada Panthi. Era uma antiga mansão de tijolos, de frente para o Ganges.

"Ora, mestre, mas que coincidência! Então estas paredes de pintura recente estão cheias de velhas recordações?" – Com redobrado interesse, girei o olhar pelo quarto, que estava mobiliado com simplicidade.

"Bem, é uma longa história." – Meu guru sorriu ao se recordar. – "O nome do faquir [87] era Afzal Khan. Ele adquiriu seus extraordinários poderes por conta de um encontro casual com um iogue hindu."

Então, Sri Yuktéswar me contou como se deu a história:

"'Filho, tenho sede: traga-me um pouco de água.' – Um *sannyásin* [asceta hindu] coberto de pó fez, certa vez, este pedido a Afzal, quando ele era ainda adolescente, numa pequena aldeia de Bengala oriental.
'Mestre, eu sou maometano. Como pode o senhor, um hindu, aceitar beber de minhas mãos?'

'A sua sinceridade me agrada, meu filho. Não obedeço às regras de ostracismo ditadas por sectários sem Deus. Vá, traga-me água, depressa.'

A respeitosa obediência de Afzal foi recompensada por um olhar afetuoso do iogue, que comentou em seguida:

'Você possui um bom karma, por conta de suas vidas anteriores. Eu vou lhe ensinar certo método de ioga que lhe dará domínio sobre um dos reinos invisíveis. Os grandes poderes que obtiver deverão ser empregados tão somente para fins dignos; jamais por egoísmo! Infelizmente, também posso ver que você trouxe do passado algumas sementes de tendências destrutivas. Não permita que germinem, regando-as com novas ações más. A complexidade de seu karma anterior é tal que você deve utilizar esta vida para reconciliar suas conquistas na ioga com os mais altos objetivos humanitários.'

Assim, após instruir o surpreendido jovem numa técnica complicada, o mestre desapareceu.

Afzal praticou fielmente os exercícios de ioga durante vinte anos. Seus feitos miraculosos começaram a atrair cada vez mais atenção. Parece que ele tinha sempre a companhia de um espírito sem corpo, chamado 'Hazrat'. Tal entidade invisível era capaz de satisfazer o mais leve desejo do faquir.

Todavia, ignorando o alerta de seu mestre, Afzal começou a fazer mau uso de seus poderes. Qualquer objeto que ele pegasse e recolocasse no lugar, logo sumia sem deixar vestígios. Esta desconcertante característica geralmente fazia do maometano um convidado indesejável!

Ele visitava grandes joalherias de Calcutá, de tempos em tempos, se apresentando como um possível comprador. Assim, qualquer joia que suas mãos tocassem desaparecia logo após ele ter saído (de mãos vazias) da loja.

Ele eventualmente começou a ser seguido por centenas de estudantes, atraídos pela esperança de aprender seus segredos. De vez em quando o faquir convidava alguns para viajar com ele. Na estação ferroviária, dava um jeito de pegar um bloco de passagens que, em seguida, devolvia ao funcionário. Ele dizia que havia mudado de ideia e iria comprá-las noutro dia. Mas ao embarcar no trem, com sua comitiva de estudantes, Afzal invariavelmente estava com todas as passagens necessárias [88].

Desnecessário dizer que tais proezas causavam tumulto e indignação; os joalheiros e os vendedores de passagem de Bengala estavam sucumbindo a uma crise de nervos! Os policiais que buscavam prender Afzal se sentiam desamparados, já que o faquir removia qualquer indício de crime, limitando-se a dizer:
'Hazrat, leva isto daqui.'"

Sri Yuktéswar se ergueu de seu assento e caminhou até a sacada de meu quarto, de onde se via o Ganges fluir. Eu o segui, ansioso por ouvir algo mais sobre o desnorteante milagreiro maometano. Meu guru prosseguiu:

"Esta pensão Panthi pertenceu anteriormente a um amigo meu. Ele conheceu Afzal e o convidou a vir aqui. Meu amigo também convidou cerca de vinte vizinhos, e eu era um deles. Como ainda era muito jovem na época, tinha imensa curiosidade pelo notório faquir. Mesmo assim, tomei a precaução de não levar comigo nenhum objeto de grande valor!

Afzal me observou com interesse e comentou em seguida:

'Você tem as mãos fortes. Desça as escadas até o jardim, apanhe uma pedra lisa e escreva nela o seu nome com giz; depois, atire-a no Ganges, o mais longe que puder.'

Eu obedeci. Assim que a pedra afundou nas ondas distantes, o maometano veio me dar novas instruções:

'Vá e encha uma jarra com a água do Ganges, perto da entrada desta casa.'

Assim, quando regressei com uma jarra d'água, o faquir gritou:

'Hazrat, coloque a pedra na jarra.'

A pedra apareceu imediatamente. Retirei-a da jarra e li minha assinatura, tão legível como no instante em que a escrevi.

Babú [89], um de meus amigos que estava no quarto, usava um antigo e pesado relógio de ouro, com a respectiva corrente. O faquir os examinou com admiração: um mau agouro. Em breve, eles tinham sumido!

'Afzal, por favor, devolva meu relógio de estimação. É uma herança de família!' – Babú implorava, quase as lágrimas.

O maometano continuou em silêncio estoico por alguns instantes, e enfim disse:

'Você tem quinhentas rúpias trancadas num cofre de aço. Traga-as para mim e eu lhe direi onde irá achar seu relógio.'

Aturdido, Babú partiu imediatamente para sua casa, na vizinhança. Minutos depois voltou e entregou a Afzal a quantia exigida. Estas foram as novas instruções do faquir:

'Vá até a pequena ponte perto de sua casa. Estando lá, ordene a Hazrat que lhe dê o relógio e a corrente.'

Babú saiu correndo. Ao retornar, trazia consigo um sorriso alivido, mas nenhuma joia. Ele mesmo explicou o ocorrido:

'Quando dei a ordem para Hazrat, meu relógio veio pelos ares até cair em minha mão direita! Estejam certos de que tranquei minha herança familiar no cofre, antes de voltar aqui!'

Os amigos de Babú, testemunhas do tragicômico resgate de um relógio, olhavam com ressentimento para Afzal. Então ele falou, com ar apaziguador:

'Por favor, digam o nome da bebida que desejam. Hazrat se incumbirá de produzi-la.'

Alguns pediram leite; outros, suco de frutas. Não me espantei quando o enervado Babú exigiu um uísque! O maometano deu uma ordem, e o obediente Hazrat enviou vasilhames selados que vieram voando pelos ares e desceram ao chão com um baque surdo. Cada homem encontrou a bebida desejada.

A promessa de uma quarta proeza espetacular naquele dia foi, sem dúvida, satisfatória para nosso anfitrião: Afzal se ofereceu para providenciar uma refeição instantânea!

'Vamos encomendar os pratos mais caros.' – Sugeriu Babú, melancolicamente. – 'Vou querer uma refeição caprichada em troca de minhas quinhentas rúpias! E tudo será servido em travessas de ouro!'

Assim que todos os homens manifestaram suas preferências, o faquir se dirigiu ao incansável Hazrat. Seguiu-se um grande estalido e, vindas de parte alguma, surgiram aos nossos pés travessas de ouro cheias de molho curry, *lúchis* [pães] quentes e muitas frutas fora de estação. Toda a comida era deliciosa. Depois de nos banquetearmos durante uma hora, começamos a deixar o quarto. Um barulho tremendo, como se os pratos estivessem sendo empilhados, nos fez dar meia-volta. Incrível! Não havia sinal de travessas douradas nem dos restos de comida."

Nesse ponto do relato, fui obrigado a interromper o mestre:
"Mas guruji, se Afzal podia facilmente obter coisas tão valiosas quanto travssas de ouro, por que cobiçava a propriedade alheia?"

"O faquir, é claro, não estava suficientemente desenvolvido em sua espiritualidade." – Explicou Sri Yuktéswar. – "Seu domínio de uma certa técnica de ioga lhe deu acesso a um plano astral onde qualquer desejo pode ser imediatamente materializado. Assim, tendo como intermediário um ser astral chamado Hazrat, o maometano podia extrair da energia etérica os átomos de qualquer objeto, através de um ato de poderosa vontade. Todavia, objetos produzidos astralmente possuem estrutura evanescente, e não podem ser retidos na Terra por longos períodos. Afzal, portanto, ainda cobiçava os bens terrenos, cuja aquisição requer trabalho duro, mas possuem durabilidade assegurada."

"Às vezes, esses também somem inexplicavelmente!" – Comentei, aos risos.

"Afzal não era um homem que realizou Deus dentro de si." – Prosseguiu o Mestre. – "Os verdadeiros santos realizam milagres de natureza benéfica e permanente porque estão sintonizados com o Criador onipotente. Afzal era um homem comum, dotado do extraordinário poder de penetrar num reino sutil, onde os mortais não costumam entrar antes da morte."

"Agora compreendo, guruji. O mundo pós-morte parece ter alguns aspectos encantadores."

O Mestre concordou, e continuou a falar:

"Nunca mais vi Afzal após aquele dia. No entanto, alguns anos depois, Babú veio à minha casa para me mostrar, transcrita num jornal, a confissão pública do maometano. Esta me permitiu conhecer os fatos que acabei de lhe contar sobre a iniciação de Afzal, quando adolescente, por um guru da Índia."

Os parágrafos finais da transcrição do jornal, segundo a memória de Sri Yuktéswar, eram em essência os seguintes:

"Eu, Afzal Khan, escrevo estas palavras como ato de penitência e aviso aos que buscam a posse de poderes miraculosos. Durante anos, fiz mau uso das prodigiosas habilidades a mim concedidas pela graça de Deus e de meu mestre. Embriaguei-me de meu próprio ego, vindo a me considerar acima das leis comuns da moral. Até que, enfim, chegou o dia do ajuste de contas.

Recentemente eu encontrei um ancião numa estrada, nas proximidades de Calcutá. Ele caminhava penosamente, cambaleando, e carregava um objeto brilhante que parecia ouro. Dirigi-me até ele, cheio de cobiça em meu coração:

'Sou Afzal Khan, o grande faquir. O que é isso que você carrega?'

'Esta esfera de ouro é minha única riqueza material; para um faquir, não terá a menor importância. Ó senhor, eu suplico que cure minha perna manca.'

Então, eu toquei a esfera e me afastei sem dar resposta. No meu encalço, seguia o velho, capengando. De repente, deu um grito:

'Meu ouro sumiu!'

Ante o meu desinteresse, ele falou com uma voz estranhamente retumbante, subitamente emergindo de seu corpo frágil:

'Você não me reconhece?'

Parei onde estava, emudecido, consternado ao perceber que aquele velho insignificante e aleijado não era outro senão o grande santo que, há muito, muito tempo, havia me iniciado em ioga. Ele logo se endireitou, e o seu corpo se tornou vigoroso e jovem. Agora, o seu olhar era flamejante:

'Então! Vejo com meus próprios olhos que você usa seus poderes não para ajudar as pessoas que sofrem, mas para assaltá-las como um ladrão qualquer! Nesse momento eu retiro seus poderes ocultos; Hazrat agora está livre. Você não será mais um terror em Bengala!'

Chamei Hazrat com gritos angustiados; pela primeira vez, ele não apareceu diante do meu olhar interno. Mas, de súbito, um véu escuro se levantou em meu interior, e lá pude distinguir claramente a blasfêmia que manchava minha vida.

Soluçando aos pés do guru, eu lhe disse:

'Mestre, agradeço-lhe por ter vindo desfazer minha prolongada ilusão. Prometo abandonar minhas ambições mundanas. Farei um retiro nas montanhas para, solitário, meditar em Deus, na esperança de obter o perdão pelo meu passado de maldades.

Ele me encarou com silenciosa compaixão e disse, enfim:

'Aprecio a sua sinceridade. Em virtude de seus primeiros anos de estrita obediência, e também por conta deste arrependimento atual, vou lhe conceder um benefício. Seus demais poderes estão perdidos, mas sempre que necessitar de alimento e roupa, ainda poderá chamar Hazrat para que os forneça. A partir de hoje, busque de todo coração se devotar ao entendimento de Deus na solitude das montanhas.'

Então, meu mestre desapareceu; fiquei ali sozinho, com minhas lágrimas e reflexões. Adeus, mundo! Vou buscar o perdão do Amado Cósmico nas terras altas."

19. Meu mestre, em Calcutá, aparece em Serampore

"Dúvidas ateístas de vez em quando me assaltam. Apesar disto, uma torturante suspeita por vezes também me persegue, como uma espécie de assombração: não existirão possibilidades ainda inexploradas no reino da alma? O homem não se abstém de seu verdadeiro destino quando deixa de pesquisá-las?"

Tais observações de Dijen Babú, meu colega de quarto na pensão Panthi, nasceram do convite que lhe fiz para conhecer meu guru.

"Sri Yuktéswarjí o iniciará em Kriya Yoga." – Eu respondi. – "Então, este tumulto dualístico será acalmado por uma divina certeza interna."

Naquela noite, Dijen me acompanhou ao ashram. Na presença do mestre, meu amigo recebeu tamanha paz espiritual que logo se tornou um visitante assíduo.

"As preocupações triviais da vida quotidiana não satisfazem nossas necessidades mais profundas; o homem também tem fome de sabedoria." – As palavras de Sri Yuktéswar inspiraram Dijen a tentar descobrir dentro de si um ser mais real que o ego superficial de uma encarnação transitória.

Como Dijen e eu estávamos seguindo o curso universitário na Universidade de Serampore, nos acostumamos a caminhar juntos para o ashram assim que as aulas terminavam. Era comum vermos Sri Yuktéswar de pé, na sacada do andar superior, com um sorriso de boas vindas à nossa chegada.

Uma tarde, Kanai, um jovem residente no eremitério, encontrou-se conosco na porta, nos deixando desapontados com suas notícias:

"Bem, o mestre não está aqui; foi chamado a Calcutá por um bilhete urgente."

No dia seguinte, recebi um cartão postal de meu guru, onde se lia: "Partirei de Calcutá na manhã de quarta-feira. Você e Dijen devem esperar o trem das nove da manhã, na estação de Serampore".

Todavia, em torno das oito e meia, na quarta-feira de manhã, uma mensagem telepática de Sri Yuktéswar cintilou como relâmpago em minha mente: "Estou atrasado; não espere o trem das nove horas".

Comuniquei as últimas instruções a Dijen, que já estava pronto para sair.

"Ora, você e sua intuição!" – A voz de meu amigo tinha o corte afiado do desprezo. – "Eu prefiro confiar no que o mestre escreveu."

Dei de ombros e me sentei, decidido a ficar. Resmungando zangado, Dijen abriu a porta e a bateu violentamente atrás de si.

Como a sala estava um tanto escura, fui até a janela que dava para a rua. De repente, a pouca luz que penetrava o ambiente aumentou até uma intensidade resplandecente, onde a janela com sua grade de ferro desapareceu por completo. Contra este fundo deslumbrante, surgiu em minha frente a figura de Sri Yuktéswar, claramente materializada!

Desnorteado pelo choque, ajoelhei-me diante dele. Ao fazer o gesto habitual de respeitosa saudação aos pés de meu guru, toquei seus sapatos. Eles eram bem familiares, de lona tingida de alaranjado, com sola de corda. Estando naquela posição de reverência, a sua túnica ocre de swâmi roçou em minha cabeça; e então, observando tudo tão de perto, pude distinguir não só a textura do traje, mas também a superfície áspera dos sapatos e os dedos apertados dentro deles. Demasiadamente assombrado para pronunciar qualquer palavra, me levantei e o encarei com olhos cheios de dúvida.

"Fico muito contente que tenha recebido a minha mensagem telepática!" – A voz do Mestre era tranquila, perfeitamente normal. – "Encerrei por agora meus negócios em Calcutá, e assim chegarei a Serampore no trem das dez horas."

Como eu ainda o encarava, com olhos arregalados e sem conseguir dizer nada, Sri Yuktéswar prosseguiu:

"Veja, esta não é uma aparição, mas meu corpo em carne e osso. Eu fui divinamente ordenado a lhe proporcionar tal experiência, raras vezes conhecida na Terra. Encontre-me na estação; você e Dijen verão que me aproximo, vestido exatamente como estou agora. Serei precedido por um companheiro de viagem: um menino carregando uma jarra de prata."

Em seguida, meu guru pôs as duas mãos em minha cabeça, murmurando uma bênção. Ao concluí-la com as palavras "Taba asi" [90], ouvi um som peculiar, semelhante a um trovão distante [91]. Seu corpo começou a diluir se gradualmente na imensa luz. Em primeiro lugar despareceram os seus pés e as suas pernas, depois o seu torso e a cabeça, como um pergaminho que fosse sendo enrolado. Até o último instante, senti seus dedos pousados levemente em meus cabelos. O resplendor enfim desvaneceu por completo; nada permaneceu diante de mim, a não ser a janela gradeada e uma pálida faixa de luz solar.

Permaneci ali, um tanto atordoado, me perguntando se não tinha sido vítima de uma alucinação. Logo depois, Dijen entrou na sala, cabisbaixo.

"Bem, o mestre não estava no trem das nove, e nem no das nove e meia." – Disse meu amigo, com um leve ar de desculpa.

"Venha, sei que ele chegará às dez horas." – Peguei Dijen pela mão e o forcei a correr comigo, ignorando seus protestos.

Em dez minutos chegamos à estação, onde a locomotiva já ia parando junto à plataforma.

"O trem inteiro está preenchido com a luz da aura do mestre! Ele está lá!" – Exclamei com alegria.

"Você por acaso sonhou com isso?" – Dijen deu um riso zombeteiro.

"Vamos esperar aqui."

Então dei os detalhes sobre o modo como nosso guru se aproximaria de nós. Encerrada a minha descrição, avistamos Sri Yuktéswar, trajando as mesmas roupas que eu vira pouco antes. Caminhava devagar, atrás de um jovenzinho que carregava uma jarra de prata.

Por um instante, um gélido arrepio de medo me percorreu de cima abaixo, ao reconsiderar a inacreditável estranheza de minha experiência. Senti o mundo materialista do século XX escorregando para longe de mim. Estaria eu regressando a tempos longínquos, quando Jesus apareceu diante de Pedro, sobre o mar?

Então, quando Sri Yuktéswar, um moderno Cristo iogue, nos alcançou e viu que permanecíamos mudos e estupefatos, ele sorriu para meu amigo e comentou:

"Dijen, eu também lhe enviei uma mensagem, mas você não foi capaz de captá-la."

Meu amigo se manteve calado, mas lançou-me um olhar de suspeita. Depois de acompanharmos nosso guru até seu ashram, meu amigo e eu prosseguimos para a Universidade de Serampore. No meio do caminho, Dijen estacou na rua, e pude perceber a sua indignação transpirando de cada um de seus poros:

"Então! O mestre me enviou uma mensagem! Mas você a escondeu! Exijo uma explicação!"

"Ora, e o que eu posso fazer se o seu espelho mental oscila com tanta inquietude que não é capaz de refletir as instruções de nosso guru?" – Respondi.

A raiva desapareceu da face de Dijen, e ele me disse, melancólico:

"Entendo o que quer dizer. Mas, por favor, me explique como você ficou sabendo do menino com a jarra."

Ao terminar a história da aparição extraordinária do mestre em nossa pensão naquela manhã, meu amigo e eu já estávamos na entrada da Universidade.

"O relato que acabo de ouvir sobre os poderes de nosso guru" – Disse Dijen. – "Me faz pensar que a melhor Universidade do mundo não passa de um jardim de infância."

20. Não visitamos Cachemira

"Papai, eu desejo convidar o mestre e quatro amigos para me acompanharem ao sopé do Himalaia durante minhas férias de verão. Posso conseguir seis passagens para a Cachemira, via estrada de ferro, e dinheiro suficiente para cobrir nossas despesas de viagem?"

Conforme eu já esperava, papai riu cordialmente antes de comentar:

"Makunda, esta é a terceira vez que você me vem com esse conto da carochinha. Não me fez o mesmo pedido no verão passado, e também dois anos atrás? No último instante, Sri Yuktéswarji sempre se recusa a ir."

"É bem verdade, papai; não sei por que meu guru não me dá sua decisão definitiva sobre a Cachemira [92]. Mas se eu disser a ele que o senhor já me garantiu as passagens, creio que desta vez ele finalmente concordará em realizar a viagem."

Naquele momento papai ainda não havia se mostrado convencido. Todavia, no dia seguinte, depois de alguma brincadeira bem humorada, ele acabou me dando as seis passagens e um maço de notas de dez rúpias:

"Bem, eu duvido que a sua viagem teórica necessite destas coisas práticas, mas aqui estão."

Na tarde daquele mesmo dia, exibi o produto de meu saque a Sri Yuktéswar. Embora ele sorrisse ante o meu entusiasmo, suas palavras não o comprometiam:

"Eu gostaria de ir; vamos ver como vai ser."

Meu guru não fez qualquer comentário quando pedi a seu jovem discípulo no ashram, Kanai, que nos acompanhasse. Também convidei outros três amigos: Rajendra Nath Mitra, Jotin Auddy e outro jovem. Marcamos a data de nossa partida para a segunda-feira seguinte.

Ao longo do final de semana eu permaneci em Calcutá para assistir às cerimônias do casamento de um primo, celebradas em casa de minha família. Bem cedinho, na manhã de segunda-feira, cheguei a Serampore com minha bagagem. Rajendra me recebeu na porta do eremitério com uma notícia decepcionante:

"O mestre saiu, foi dar uma caminhada. Ele se recusou a viajar mais uma vez."

Eu me senti ofendido e obstinado ao mesmo tempo:

"Bem, eu não vou dar a papai uma terceira oportunidade para fazer piada dos meus 'planos quiméricos' sobre a viagem à Cachemira. Em todo caso, os demais devem ir."

Rajendra concordou, e eu deixei o ashram para ir atrás dos serviços de algum criado. Eu sabia que Kanai não faria a viagem sem o mestre, e era necessário alguém para cuidar da bagagem. Pensei inicialmente em Behari, um criado que servira anteriormente em minha casa, e agora era empregado de um professor em Serampore. Caminhando apressado, encontrei meu guru em frente à Igreja Cristã, perto do Fórum.

"Aonde está indo?" – O semblante de Sri Yuktéswar não tinha nada de sorridente.

"Eu fiquei sabendo que o senhor e Kanai não vão mais na viagem que tínhamos planejado. Estou procurando Behari. No ano passado, ele desejava tanto conhecer a Cachemira que até se ofereceu para prestar serviços sem qualquer pagamento. Lembra-se?"

"Lembro sim. Mas não penso que Behari queira ir."

"Ora, mas ele estava ansioso à espera desta oportunidade!" – Retruquei, exasperado.

Meu guru, em silêncio, prosseguiu com o seu passeio; logo depois cheguei à casa do professor. Behari, no pátio, me saudou calorosamente; mas seu entusiasmo desapareceu abruptamente quando falei da viagem à Cachemira. Sussurrando uma desculpa qualquer, o criado me deixou e entrou na casa de seu patrão. Aguardei meia hora, tentando convencer a mim mesmo que a demora de Behari se dava por conta dos preparativos para a viagem. Enfim decidi bater na porta principal, cansado da espera.

"Behari saiu pela escada dos fundos há cerca de trinta minutos." – Outro criado me disse, com um leve sorriso nos lábios.

Melancólico, tive de ir embora, me perguntando se meu convite tinha sido coercitivo demais, ou se a influência invisível do mestre teria entrado em ação. Ao passar pela Igreja Cristã, vi outra vez meu guru caminhando lentamente em minha direção. Sem esperar pelo meu relato, ele exclamou:

"Ora, então Behari não vai! Agora quais são os seus planos?"

Eu me senti como uma criança birrenta, decidida a desafiar seu despótico pai:

"Senhor, vou pedir ao meu tio que me empreste seu criado, Lal Dhari."

"Procure seu tio, se quiser." – Disse Sri Yuktéswar, esboçando um riso. – "Todavia, eu duvido que você vá gostar dessa visita."

Apreensivo, mas rebelde, abandonei meu guru e adentrei no Fórum de Serampore. Meu tio paterno, Sarada Ghosh, um advogado do governo, me recebeu afetuosamente.

"Hoje devo partir com alguns amigos para Cachemira. Durante anos desejei ardentemente fazer tal viagem."

"Ora, eu fico contente por você, Mukunda. Posso fazer algo para tornar sua viagem mais confortável?"

Suas bondosas palavras me encorajaram a fazer o pedido:
"Querido tio, poderia me emprestar seu criado, Lal Dhari?"

Este simples pedido teve o efeito de um terremoto. Meu tio saltou tão violentamente que sua cadeira virou, os papéis da mesa voaram em todas as direções, e seu cachimbo, comprido e fumegante, talhado em tronco de palmeira, caiu ao chão com grande barulho.

"Seu jovem egoísta, mas que ideia absurda!" – Ele gritou, tremendo de raiva. – "Quem vai cuidar de mim se você levar meu criado para uma de suas excursões?"

Tratei de camuflar a minha surpresa, refletindo que a súbita mudança de atitude em meu amável tio era tão somente mais um enigma, algo que podia muito bem ser considerado um fruto do incompreensível. Minha saída da sala de trabalho do Fórum foi mais ligeira do que digna.

Retornei ao ashram, onde meus amigos estavam reunidos, na expectativa da viagem. Cresceu em mim a convicção de que algum motivo razoável, apesar de excessivamente oculto, se escondia por trás da conduta do mestre. O remorso me assaltou por haver tentado contrariar a vontade de meu guru.

"Mukunda, não gostaria de permanecer um pouco mais comigo?" – Perguntou Sri Yuktéswar. – "Rajendra e os outros podem ir na frente e aguardá-lo em Calcutá. Restará ainda muito tempo para que peguem o último trem noturno, que sai de Calcutá para Cachemira."

"Senhor, sem a sua companhia, não me interessa mais viajar." – Eu disse, com tristeza.

Meus amigos não prestaram a menor atenção naquele meu comentário. Chamaram um veículo de tração animal e partiram com toda a bagagem. Kanai e eu nos sentamos, quietos, aos pés de nosso guru. Meia hora depois, o mestre se levantou e caminhou até o pátio de refeições, no andar superior.

"Kanai, por favor, sirva a comida a Mukunda. O trem em que ele irá viajar partirá em breve."

Erguendo-me do cobertor onde cruzei as pernas, cambaleei repentinamente, sentindo náuseas e pavorosas cólicas de estômago. A dor era tão perfurante e intensa que me senti bruscamente atirado numa espécie de inferno violento. Tateando às cegas em direção a meu guru, desmoronei aos seus pés, exibindo todos os sintomas do cólera asiático, uma temível doença. Sri Yuktéswar e Kanai me carregaram até a sala de estar.
Naquela situação dolorida, bradei em agonia:

"Mestre, eu lhe entrego a minha vida..." – Isto porque acreditei que naquele instante ela realmente se afastava de meu corpo.

Sri Yuktéswar pôs minha cabeça em seu colo, acariciando minha testa com angélica ternura, e me consolando:

"Agora você pode ver o que teria acontecido se você estivesse na estação com seus amigos. Eu tive de velar por você, mesmo desta maneira estranha, porque preferiu duvidar de meu julgamento sobre a realização da viagem justamente nesta época."

Por fim, eu compreendi. Como os grandes mestres raras vezes acham adequado exibir seus poderes abertamente, um observador casual dos acontecimentos daquele dia os teria julgado como sendo perfeitamente naturais. A intervenção de meu guru tinha sido demasiadamente sutil para ser percebida. Ele fez sua vontade agir imperceptivelmente através de Behari, de meu tio, de Rajendra e dos outros. Provavelmente todos, menos eu, haviam achado lógicas e normais todas aquelas coincidências.

Como Sri Yuktéswar nunca descuidava dos seus deveres sociais, instruiu Kanai para chamar um médico e avisar meu tio.

"Mas mestre, somente o senhor pode me curar." – Eu protestei. – "Estou muito mal para qualquer outro tipo de médico."

"Filho, você está amparado pela Misericórdia Divina. Não se preocupe com o médico; ele não o encontrará nesse estado. Você já está curado."

Ante tais palavras de meu guru, a dor torturante me abandonou. Mesmo assim, ainda me sentia frágil. Logo depois chegou um médico e me examinou cuidadosamente. Este foi o seu diagnóstico:

"Bem, parece que você já superou o pior. Em todo caso, levarei comigo algumas amostras para os testes de laboratório."

Na manhã seguinte, o médico chegou ligeiro, até mesmo meio descompassado. Já eu, sentado na cama, estava de bom humor, me sentindo bem melhor.

"Ora, pois aqui está você, sorrindo e conversando como se a morte não o tivesse chamado para um encontro face a face." – Deu-me um tapinha na mão, com gentileza. – "Confesso que não esperava achá-lo vivo, pois descobri, pelas amostras analisadas, que a sua doença era o cólera asiático. A verdade é que você tem sorte, meu rapaz, de possuir um guru com divinos poderes de cura! Hoje eu estou convencido disso!"

De todo coração, concordei com a opinião da medicina. Quando o médico se preparava para sair, Rajendra e Auddy alcançaram à porta. O ressentimento em suas faces transformou-se em simpatia ao se depararem com o médico e a minha aparência, bem mais saudável do que se poderia imaginar.

"Makunda, ficamos furiosos quando você não apareceu, conforme havia combinado, para pegar o trem em Calcutá. Mas soubemos que esteve bem doente, é verdade?"

"Sim." – Não pude evitar o riso quando meus amigos colocaram a bagagem no mesmo canto que ela tinha ocupado um dia antes. Então, me lembrei de um verso. – "Havia um barco que navegava até a Espanha; assim que chegou, já deu meia-volta!"

Naquele momento, o mestre entrou no quarto. Eu me permiti uma liberdade de convalescente e agarrei sua mão com amor. Então disse:

"Guruji, após os meus doze anos eu fiz muitas tentativas infrutíferas para alcançar o Himalaia. Mas hoje finalmente me convenci de que, sem as suas bênçãos, a Deusa Parvati [93] jamais me receberá."

21. Visitamos Cachemira

"Muito bem, vejo que agora você está forte o bastante para viajar. Eu vou acompanhá-lo a Cachemira." – Sri Yuktéswar me informou, dois dias depois de minha cura milagrosa do cólera asiático.

Naquela noite, nosso grupo embarcou de trem para o norte, contanto seis pessoas no total. Nossa primeira longa parada foi em Simla, cidade que se assenta como rainha no sopé do Himalaia. Demos um passeio por suas ruas íngremes, admirando paisagens magníficas.

"Morangos ingleses! Vendo morangos ingleses!" – Gritava uma velha, sentada de pernas cruzadas num pitoresco mercado ao ar livre.

O mestre mostrou certa curiosidade por aquelas estranhas frutinhas vermelhas. Comprou uma grande cesta delas e as ofereceu a Kanai e a mim, que estávamos do seu lado. Decidi provar um morango, mas cuspi-o no chão logo em seguida.

"Senhor, mas que fruta ácida! Acho que jamais gostarei de morangos!"

Meu guru deu uma risada:

"Oh, aposto que você os apreciará na América! Lá, num jantar, sua anfitriã lhe servirá morangos com açúcar e creme. Ela vai amassá-los com um garfo e você vai prová-los, dizendo: 'Que morangos deliciosos!' Então, se lembrará do dia de hoje, no sopé do Himalaia."

A profecia de Sri Yuktéswar logo se esvaiu de minha mente, para ressurgir somente muitos anos mais tarde, logo após minha chegada à América. Recebi um convite para jantar na casa da senhora Alice T. Hasey (Irmã Yogmata) em West Sommerville, Massachusetts. Ao servir uma sobremesa de morangos, minha anfitriã apanhou o garfo e os amassou, acrescentando-lhes creme e açúcar.

"A fruta é um pouco ácida; creio que o senhor a apreciará melhor preparada deste modo." – Ela observou.

Provei uma colherada e, em seguida, as palavras surgiram espontaneamente de meus lábios:

"Que morangos deliciosos!"

Junto com elas, a predição de meu guru em Simla emergiu da caverna insondável da memória. Com reverência constatei que, muitos anos no passado, a mente de Sri Yuktéswar, em sintonia com Deus, tinha captado o programa de eventos kármicos vagando pelo éter do meu futuro.

Nosso grupo logo partiu de Simla, tomando o trem para Rawalpindi. Ali alugamos um grande coche [espécie de carruagem] fechado, puxado por dois cavalos, para uma viagem de sete dias até Srinagar, a capital da Cachemira. O segundo dia de nossa jornada, rumo ao norte, nos permitiu desvelar a verdadeira imensidão do Himalaia. Enquanto as rodas de ferro de nossa carruagem rangiam ao longo das estradas de pedra, nos deixamos arrebatar pelos diversos panoramas da grandeza da cordilheira.

"Senhor, estou apreciando imensamente estas paisagens gloriosas em sua santa companhia." – Disse Auddy para o mestre.

Fiquei muito contente ao ouvir o comentário elogioso de Auddy, pois eu fazia o papel de anfitrião nesta viagem. Sri Yuktéswar captou meu pensamento, então se voltou para mim e sussurrou:

"Não fique tão cheio se si: Auddy não está tão maravilhado com a paisagem quanto com a perspectiva de se afastar de nós por alguns minutos, para fumar um cigarro [94]."

Fiquei pasmo; e sussurrei em resposta:

"Senhor, não quebre nossa harmonia com suspeitas. Realmente me custa acreditar que Auddy deseje fumar com tamanha ansiedade." – Apreensivo, olhei para meu guru, geralmente indomável.

"Muito bem, não direi nada para Auddy." – O Mestre riu. – "No entanto, assim que o coche parar para descansar os cavalos, você o verá aproveitar rapidamente a oportunidade."

A carruagem chegou a uma pequena hospedaria. Enquanto nossos cavalos eram conduzidos a um bebedouro, Auddy perguntou:

"Senhor, pode me dar a permissão para viajar um trecho ao lado do cocheiro? Gostaria de tomar um pouco de ar fresco."

Sri Yuktéswar permitiu, mas comentou baixinho para mim:

"Ar fresco? Ele quer é cigarro fresco."

O coche seguiu com seu avanço barulhento pelas estradas cobertas de pó. O mestre piscou um olho e me disse:

"Agora estique um pouco sua cabeça para fora da carruagem e veja o que Auddy está fazendo com o ar."

Obedeci o mestre; e fiquei espantado ao observar Auddy exalando anéis de fumaça de um cigarro. Olhei para Sri Yuktéswar com ar de desculpa:

"Como sempre, o senhor tem razão. Auddy está gozando umas baforadas junto com a vista." – A minha suposição era a de que o cocheiro tivesse presenteado meu amigo, pois eu sabia que Auddy não havia trazido nenhum cigarro de Calcutá.

Continuamos pelo labirinto de nossa via, nos deleitando com os vislumbres de rios, vales, penhascos íngremes e múltiplas fileiras de montanhas. Todas as noites nós parávamos numa rústica estalagem e cozinhávamos nossa própria comida. Sri Yuktéswar tomou cuidados especiais com minha dieta, insistindo para que eu bebesse limonada em todas as refeições. Eu ainda estava meio fraco, mas melhorava dia após dia, embora a trepidante carruagem tivesse sido rigorosamente planejada para garantir nosso desconforto.

Uma espécie de alegria antecipada enchia nossos corações ao nos aproximarmos do centro de Cachemira: uma terra paradisíaca, com lagos de lótus, jardins flutuantes, casas montadas sobre barcos de coberturas vistosas, o rio Jhelum com suas numerosas pontes, e prados de flores nas mais variadas cores, tudo emoldurado pelo Himalaia ao fundo.

Chegamos a Srinagar por uma avenida de árvores altas, com sombras acolhedoras. Numa hospedaria de dois andares, alugamos quartos com vista para as nobres montanhas. Não havia água corrente; assim, tínhamos de utilizar um poço vizinho. Era um verão ideal, com dias quentes e noites amenas.

Fizemos uma peregrinação a um templo antigo de Srinagar, dedi-cado a Swâmi Shânkara. Ao contemplar o ashram no pico da montanha, nítido, contra o horizonte celeste, adentrei um transe extático. Tive a visão de uma grande residência no alto de uma colina, num país distante; o elevado templo de Shânkara em Srinagar transformou-se no edifício onde, anos depois, estabeleci a sede da *Self Realization Fellowship* [Irmandade da Autorrealização], nos Estados Unidos da América. Quando visitei Los Angeles pela primeira vez e vi o grande edifício no cume do Monte Washington, reconheci-o de imediato, em virtude das minhas visões de outrora em Cachemira e nos seus arredores.

Passamos alguns dias em Srinagar; depois rumamos para Gulmarg ("vias floridas nas montanhas"), a cerca de 2.600 metros de altitude. Ali eu fiz a minha primeira cavalgada num animal de grande porte. Rajendra montou um cavalinho trotador, cujo coração se inflamava ansioso pela velocidade. Nós nos aventuramos pelas íngremes encostas do Khilanmarg: o caminho atravessava uma densa floresta, abarrotada de cogumelos sob as árvores, onde os atalhos encobertos pela neblina eram frequentemente inseguros. Mas o pequeno animal de Rajendra nunca permitiu a meu enorme e desenvolto corcel um momento de descanso, mesmo nas mais perigosas curvas. Ele seguia sempre em frente, infatigável, esquecido de tudo, menos da alegria de competir.

Nossa ardorosa corrida foi recompensada por uma vista de suspender a respiração. Pela primeira vez em minha vida, contemplei em todas as direções o sublime Himalaia, coberto de neve, erguendo-se, camada por camada, como silhuetas de gigantescos ursos polares. Meus olhos cintilavam em êxtase com a visão de cadeias intermináveis de montanhas de gelo contra o céu azul e ensolarado.

Junto com meus jovens companheiros, todos devidamente encasacados, rolei alegremente pelas encostas de neve deslumbrante. Em nosso deslize pela montanha abaixo, vimos ao longe um imenso tapete de flores amarelas, transfigurando completamente as colinas acinzentadas.

Em seguida, nossa próxima excursão foi até os famosos "jardins de delícias" do Imperador Jehangir, em Shalimar e Nishat Bagh. O antigo palácio de Nishat Bagh foi erigido diretamente sobre uma catarata natural. Precipitando-se pelas montanhas abaixo, a correnteza foi regulada por engenhosos artifícios para deslizar sobre terraços coloridos a fluir como fontes entre esplêndidos canteiros de flores. A corrente também penetra em vários aposentos do palácio e, por fim, deságua, como por arte das fadas, no lago que se encontra mais em baixo. Os amplos jardins são preenchidos por miríades de cores: rosas, jasmins, lírios, bocas-de-leão, amores-perfeitos, alfazemas, papoulas etc. Filas simétricas de *chinars* [plátano-oriental; uma árvore ornamental], ciprestes e cerejeiras compõem uma cerca esverdeada; por trás dela, eleva-se a imponência branca dos Himaláias.

Em Calcutá, as uvas da Cachemira são consideradas uma delicadíssima iguaria. Rajendra, que tanto tinha falado do banquete de uvas que nos aguardava em Cachemira, ficou desapontado ao não encontrar por ali grandes vinhedos. De vez em quando, eu zombava dele, por conta de suas expectativas sem fundamento:

"Oh, estou tão empanturrado que já não posso andar! Uvas jamais vistas fermentam dentro de mim!"

Mais tarde soubemos que as doces uvas crescem com abundância em Kabul, no oeste de Cachemira. Fomos consolados com sorvete feito de *rabri* [leite condensado espesso] salpicado por nozes de pistache.

Também realizamos diversos passeios nos *shikaras*, ou pequenos barcos, sombreados por toldos vermelhos bordados, navegando ao longo dos intrincados braços do Lago Dal, uma rede de canais semelhante a uma teia de aranha aquática. Aqui, os numerosos jardins flutuantes, rusticamente improvisados com terra e troncos de madeira, causavam surpreendente admiração, tão incongruente é o espetáculo de vegetais e melões crescendo em meio à vastidão das águas. Ocasionalmente, vê-se um camponês, desdenhando da frase "criar raízes no solo", a rebocar seu lote de "terra" para uma nova localização no lago.

Neste famoso vale encontramos uma síntese de todas as belezas da Terra. A Senhora de Cachemira usa a coroa das montanhas, as guirlandas dos lagos e as sandálias das flores. Ultimamente, depois de viajar por muitos países, compreendi por que se costuma dizer que Cachemira é o recanto mais vislumbrante do mundo. Nela se encontram alguns dos encantos dos Alpes Suíços, assim como do Lago Lomond, na Escócia, e dos extraordinários lagos ingleses. Um viajante norte-americano em Cachemira encontrará motivos para evocar a áspera grandeza do Alasca e do cume Pikes, perto de Denver.

Caso fossem inscritos em um concurso de belezas panorâmicas, eu consideraria para o primeiro prêmio, ou a deslumbrante vista do lago Xochimilco no México, onde os céus, as montanhas e as árvores se refletem entre peixes travessos, em miríades de alamedas líquidas; ou os lagos da

Cachemira, guardados como belas donzelas pela severa vigilância do Himalaia. Estes dois locais sobressaem em minha memória como os mais belos da Terra.

E, todavia, também me vi assombrado ao contemplar as maravilhas do Parque Nacional de Yellowstone e do Grand Canyon, no Colorado, além do próprio Alasca. Yellowstone é talvez a única região do mundo onde se podem ver numerosos gêiseres em erupção, elevando-se do solo para a atmosfera quase com a regularidade de um relógio. Nesta área vulcânica, a Natureza nos deixou uma visão da criação em suas primeiras eras: fontes sulfurosas quentes, pântanos cor de opala e de safira, gêiseres violentos e, vagando livremente, ursos, lobos, bisões e outros animais selvagens. Tendo viajando de automóvel pelas estradas de Wyoming até a "Lata de Tinta do Diabo", de lama borbulhante em elevada temperatura, observando as fontes gorgolejantes, os jatos dos gêiseres e os refluxos vaporosos, penso que Yellowstone merece um prêmio especial por sua singularidade.

No Parque Yosemite na Califórnia, sequóias veneradas e majesto-sas, como enormes colunas estiradas para o firmamento, são verdes catedrais da natureza, com o projeto e a perícia de um arquiteto divino. Embora também existam cataratas maravilhosas no Oriente, nenhuma se equipara à beleza torrencial de Niágara em Nova York, próximo à fronteira canadense. As Covernas Mammoth em Kentucky e as Cavernas Carlsbad em Novo México são estranhos reinos de fadas. Longas estalactites, suspensas do teto das cavernas e espelhadas em águas subterrâneas, desvelam, conforme a fantasia do observador, um vislumbre de outros mundos.

Em Cachemira, um grande número de seus habitantes, mundialmente famosos por sua beleza, são tão brancos quanto os europeus, e similares a estes nas feições e na estrutura óssea; muitos têm olhos azuis e cabelos loiros. Quando usam roupas ocidentais, se assemelham bastante aos norte-americanos. O frio do Himalaia poupa os nativos da Cachemira do sol inclemente e lhes conserva a pele clara. À medida em que viajamos para o sul, rumo às latitudes tropicais da Índia, vemos uma população de pele gradualmente mais escura.

Depois de passar semanas felizes em Cachemira, fui obrigado a fazer os preparativos de regresso a Bengala para o período de outono na

Universidade de Serampore. Sri Yuktéswar, Kanai e Auddy permaneceriam em Srinagar por um período mais prolongado. Pouco antes de minha partida, o mestre deu a entender que o seu corpo estaria sujeito a sofrimentos em Cachemira.

"Ora, mas o senhor parece o retrato da saúde." – Discordei.

"Há até uma chance de eu abandonar este mundo."

"Guruji!" – Eu caí a seus pés, suplicando. – "Por favor, me prometa que não irá deixar o corpo agora. Ainda estou absolutamente despreparado para prosseguir sem o senhor."

Sri Yuktéswar continuou silencioso, mas sorriu para mim com tal compaixão que me senti mais confiante. Com relutância, deixei-o.

"Mestre perigosamente doente."

Recebi este telegrama de Auddy pouco depois de meu regresso a Serampore. Telegrafei de volta a meu guru, angustiado:

"Senhor, lembre-se de sua promessa de não me abandonar. Por favor, conserve seu corpo; do contrário, também morrerei."

"Seja como você quer." – Foi esta a resposta do mestre, enviada de Cachemira.

Uma carta de Auddy chegou dentro de mais alguns dias, me informando de que o mestre apresentava alguma melhora. Quando ele regressou a Serampore na quinzena seguinte, fiquei bastante apreensivo ao ver o corpo de meu guru reduzido à metade de seu peso normal.

Afortunadamente para os seus discípulos, Sri Yuktéswar queimou muitos dos pecados deles no fogo de sua febre alta em Cachemira. Iogues de profundo adiantamento conhecem o método metafísico para a transferência física das enfermidades. Um homem forte pode ajudar um fraco no transporte de uma carga pesada; já um super-homem espiritual é capaz de diminuir as dificuldades físicas e mentais de seus discípulos, carregando uma parte de suas cruzes kármicas. Assim como um homem rico renuncia a certo dinheiro quando paga a dívida de seu filho pródigo, salvando-o das consequências tenebrosas de seus desatinos, um mestre voluntariamente sacrifica uma parcela de sua riqueza física para aliviar a miséria de seus discípulos [95].

Por um método secreto de ioga, o santo une sua mente e seu veículo astral aos do indivíduo que está sofrendo; a doença se transfere, inteira ou em parte, para a forma carnal do iogue. Como um agricultor que efetua a colheita de Deus no campo físico, um mestre já não se preocupa com seu corpo. Embora ele possa permitir a esse mesmo corpo que adoeça a fim de aliviar outras pessoas, sua mente não é afetada, permace pura. Assim, ele fica feliz ao poder prestar essa ajuda. Para quem alcança a salvação final no Senhor, o corpo na realidade já preencheu os seus objetivos; um mestre o utiliza, desde então, da forma que lhe parece mais conveniente.

A obra de um guru neste mundo é aliviar as tristezas da humanidade, seja por meios espirituais, seja através do conselho intelectual, seja pelo poder da vontade ou ainda pela transferência física das doenças. Escapando para a superconsciência sempre que o deseja, um mestre pode permanecer alheio a sua enfermidade física; às vezes, para oferecer um exemplo a seus discípulos, escolhe suportar a dor corporal com estoicismo. Impondo a si mesmo os males alheios, um iogue pode satisfazer, para o benefício de outros seres, a lei kármica de causa e efeito. Esta lei funciona como que matematicamente; de modo que as suas operações podem ser cientificamente manipuladas por homens de sabedoria divina.

A lei espiritual não exige que um mestre se torne doente a cada vez que ele cura alguém. Geralmente um santo restitui a saúde a um donte pondo em prática o conhecimento que tem de vários métodos de cura que não resultam em danos para o taumaturgo espiritual. Todavia, em raras ocasiões, um mestre que deseje acelerar bastante a evolução de seus discípulos, consome voluntariamente, em seu próprio corpo, uma boa parte do karma indesejável deles.

Jesus se ofereceu como resgate pelos pecados de muitos. Com seus poderes divinos [96], Cristo nunca se sujeitaria à morte na cruz se não quisesse cooperar com a lei sutil de causa e efeito. Assim, transferiu para si as conseqüências do karma de outros, especialmente o de seus discípulos. Eles foram completamente purificados, tornando-se aptos a receber a consciência onipresente ou Espírito Santo que mais tarde desceu sobre eles [*Atos*, 1:8 e 2:1-4].

Só um mestre com a realização de Deus pode transferir sua força vital para outros corpos ou deslocar para o seu as doenças alheias. Um indivíduo comum não pode usar este método iogue de cura; nem é desejável que o faça, porque um instrumento físico doentio é um obstáculo à meditação profunda. As Escrituras hindus ensinam que o dever imperioso do homem é conservar seu corpo em boas condições; do contrário, sua mente é incapaz de permanecer fixa em concentração devocional.

Todavia, mentes suficientemente fortes podem transcender todas as dificuldades físicas, e alcançar a realização de Deus. Diversos santos não tomaram conhecimento da enfermidade e galgaram sucesso em sua busca divina. São Francisco de Assis, severamente atormentado por doenças, curou outros homens e chegou até mesmo a ressuscitar os mortos.

Certa vez eu conheci um santo hindu; metade de seu corpo esteve coberto de chagas em sua juventude; seus sofrimentos decorrentes da diabetes eram tão agudos que ele encontrava dificuldades em sentar-se quieto durante mais de quinze minutos, o que limitava a sua meditação. Era, no entanto, indissuadível em suas aspirações espirituais. "Senhor", ele rezava, "Tu virás ao meu templo arruinado?" Com ininterrupto exercício da vontade, o santo se tornou gradualmente capaz de sentar-se na posição de lótus durante dezoito horas por dia, absorto em transe extático. E, segundo me contou:

"Ao fim de três anos, encontrei a Luz Infinita, resplandecente dentro de mim. Regozijando-me em Seu esplendor, esqueci o corpo. Mais tarde percebi que este corpo fora curado através da Misericórdia Divina."

É um fato histórico a cura relacionada ao Rei Baber (1483-1530), fundador do Império Mongol na Índia. Seu filho Humayun caiu gravemente doente. O pai rezou com angustiada determinação para que ele próprio recebesse a enfermidade e seu filho fosse poupado. Humayun sarou; Baber imediatamente se sentiu mal e morreu da mesma doença que havia afligido seu filho.

Muita gente acredita que um grande mestre deveria ter a saúde e a força de um atleta olímpico. Todavia, tal suposição é infundada. Um corpo doente não indica que faltam poderes divinos a um guru, nem a saúde permanente indica necessariamente a sua iluminação interna. As qualificações que distinguem um mestre não são físicas, mas espirituais.

No Ocidente, muitos indivíduos desnorteados que buscam a Deus pensam equivocadamente que basta alguém tratar de assuntos metafísicos, em livros ou discursos eloquentes, para ser considerado um mestre. Só há uma prova de que alguém é um mestre: ser capaz de entrar, à vontade, no estado destituído de respiração (sabikalpa samádhi) e alcançar a beatitude imutável (nirbikalpa samádhi). Os rishis nos explicam que é somente por estas conquistas que um ser humano pode demonstrar que já dominou maya, a ilusão cósmica dualística. Só ele pode afirmar, das profundezas da realização:

Ekam sat ("Existe somente UM").

Eis o que escreveu o grande monista, Shânkara, sobre o tema:

"Dizem os *Vedas* que o homem ignorante que se apraz em fazer a mínima distinção entre a alma individual e o Ser Supremo está se colocando em perigo. Quando ainda há dualidade por conta da ignorância, o indivíduo vê todas as coisas como distintas do Ser. Mas quando tudo é conhecido como o Ser, nem mesmo um átomo é visto como algo distinto do Ser. Assim, obtido o conhecimento da Realidade, já não se experimentam os efeitos de ações passadas, em virtude da irrealidade do corpo, exatamente como não pode haver sonho após o despertar."

Somente os grandes gurus são capazes de assumir o karma de seus discípulos. Sri Yuktéswar não teria padecido de sua enfermidade em Srinagar se não tivesse recebido autorização do Espírito interno para ajudar seus discípulos, ainda que de modo tão estranho. Poucos santos, em qualquer época, foram tão sensitivamente equipados de sabedoria para cumprir os mandatos divinos quanto meu mestre, que vivia sintonizado com Deus.

Quando arrisquei algumas palavras de simpatia a respeito de como ele havia emagrecido desde nosso último encontro, meu guru disse, com um sorriso:

"Bem, isso tem lá suas vantagens: agora posso voltar a usar algumas *ganjis* (camisetas) pequenas que já não vestia há muitos anos!"

Ouvindo o riso jovial do mestre, me lembrei das palavras de São Francisco de Sales: "Um santo triste é um triste santo!"

22. O coração de uma imagem de pedra

"Como uma leal esposa hindu, não quero fazer queixas contra meu marido. Mas desejo que ele mude as suas opiniões materialistas. Ele se deleita em ridicularizar os retratos de santos em minha sala de meditação. Querido irmão, tenho grande fé que você poderá ajudá-lo. Fará isso?"

Com ar de súplica, minha irmã mais velha, Roma, olhava para mim. Eu fazia uma breve visita a seu lar em Calcutá, situado na travessa de Girish Vidyaratna. Seu pedido me tocou porque durante a minha infância Roma tinha exercido profunda influência sobre mim, amorosamente tentando preencher o vazio deixado no círculo familiar com a morte de mamãe.

"Bem, amada irmã, eu certamente farei tudo o que estiver ao meu alcance." – Sorri, ansioso por afastar a tristeza visível em sua face, em contraste com sua expressão usualmente calma e alegre.

Por alguns instantes, Roma e eu nos sentamos em prece silenciosa, buscando orientação. Há um ano, minha irmã havia me pedido que a iniciasse em Kriya Yoga, na qual estava fazendo progressos notáveis.

Uma inspiração se apoderou de mim, e eu lhe disse:

"Amanhã eu vou ao templo de Kali em Dakshinéswar. Por favor, venha comigo e convença seu esposo a nos acompanhar. Sinto que nas vibrações daquele santo lugar, a Divina Mãe lhe tocará o coração. Mas não lhe diga por qual motivo nós queremos que ele vá conosco."

Minha irmã concordou, cheia de esperança. Bem cedinho, na manhã seguinte, tive a satisfação de encontrar Roma e seu marido prontos para a viagem. Enquanto nossa carruagem rangia ao longo do caminho circular que leva a Dakshinéswar, meu cunhado, Satish Chandra Bose, se divertia fazendo pouco caso dos gurus. Notei que Roma chorava, bem baixinho.

"Coragem, irmã!" – Murmurei para comigo. – "Não dê a seu marido a satisfação de crer que levamos a sério tais zombarias."

"Mukunda, como pode admirar charlatões desprezíveis?" – Dizia Satish. – "Ora, a própria aparência de um sádhu é repugnante; ou ele é magro como um esqueleto, ou tão profanamente gordo como um elefante!"

Dei uma genuína risada daquilo, uma reação que ironicamente deixou Satish aborrecido. Ele se fechou em silêncio, mal-humorado. Nossa carruagem adentrava nos terrenos do templo de Dakshinéswar, quando ele abriu um sorriso sarcástico:

"Suponho que esta excursão seja um plano para me converter?"

Como eu lhe dei as costas, descendo da carruagem sem responder, ele me segurou pelo braço e disse:

"Meu jovem senhor monge, não se esqueça de fazer os devidos arranjos com as autoridades do templo para que nos forneçam comida ao meio-dia." – É que Satish desejava evitar qualquer pequeno diálogo com os sacerdotes.

"Agora vou meditar. Não se preocupe com o seu almoço: a Mãe Divina cuidará dele." – Respondi grosseiramente.

"Bem, eu não confio na Mãe Divina para absolutamente nada. Mas o nomeio responsável pela minha alimentação." – O tom de Satish era ameaçador.

Segui sozinho para o pórtico à frente do grande templo de Kali, ou Deus sob o aspecto de Mãe Natureza. Escolhendo um lugar na sombra junto a uma das colunas, sentei-me na posição de lótus. Embora fossem apenas sete horas da manhã, o sol em breve seria insuportável.

O mundo foi se distanciando na medida em que eu me absorvia em devoção. Minha mente concentrou-se na Deusa Kali. Sua estátua neste templo de Dakshinéswar fora objeto de especial adoração por parte do grande mestre Sri Ramakrishna Paramahansa. Em resposta a seus angustiados apelos, a imagem de pedra frequentemente assumia forma vivente e conversava com ele.

"Silenciosa Mãe de Pedra. Tu te impregnaste de vida ante a súplica de Teu amado devoto Ramakrishna; por que não atendes também aos lamentos e ânsias deste filho Teu?" – Foi o meu pedido.

Meu fervor cresceu sem limites e acabou me envolvendo numa paz divina. Todavia, decorridas cinco horas sem que a Deusa que eu visualizava interiormente me desse alguma resposta, me senti um tanto desanimado. Às vezes, o atraso em atender às preces é uma prova a que Deus nos submete. Mas Ele enfim se apresenta, assumindo a forma adorada pelo devoto persistente. Um cristão devoto contempla Jesus; um hindu vê Krishna ou a deusa Kali; ou então, uma Luz que se expande, caso a adoração assuma uma forma impessoal.

Abri meus olhos com relutância e vi que as portas do templo estavam sendo fechadas por um sacerdote, de acordo com o costume, exatamente ao meio-dia. Então, levantei de meu assento no pórtico e dei uns passos pelo pátio. A superfície de pedra era um braseiro ao sol a pino; meus pés dscalços foram dolorosamente chamuscados.

Fiz meu protesto, em silêncio:

"Ó Mãe Divina, Tu não vieste a mim em visão e agora estás escondida no templo, por trás de portas fechadas. Hoje eu queria oferecer-Te uma oração especial, em nome de meu cunhado."

Minha petição interna foi instantaneamente atendida. Primeiro, uma onda de frescura deliciosa desceu ao longo de minhas costas, até debaixo dos pés, eliminando todo desconforto. Então, para a minha surpresa, o próprio espaço do templo se ampliou em grande medida. Sua grande porta abriu-se vagarosamente, revelando a figura de pedra da deusa Kali. Pouco a pouco, a estátua transformou-se numa forma palpitante, me acenando sorridente em saudação, e enfim me envolvendo, emocionado, num júbilo indescritível. A respiração foi retirada de meus pulmões, como que extraída por uma seringa mística; meu corpo tornou-se muito quieto, embora não inerte.

Naquele êxtase, minha consciência se expandiu. Eu podia ver claramente até uma distância de vários quilômetros para além do rio Ganges, à minha esquerda, e distinguia por trás do templo os arredores completos de Dakshinéswar. As paredes de todos os edifícios tremeluziam, transparentes; através deles, em áreas muito distantes, observei pessoas indo e vindo.

Embora eu não respirasse e meu corpo se mantivesse em estado de estranha quietude, podia mover mãos e pés livremente. Durante vários minutos experimentei fechar e abrir os olhos; em qualquer caso, via distintamente toda a região nos arredores de Dakshinéswar.

A visão espiritual penetra, tal qual raio X, em toda a matéria; o olho divino tem o centro em toda parte, e sua circunferência em parte alguma. Foi ali, de pé no pátio ensolarado, que mais uma vez tive a experiência que indica que quando o homem deixa esta vida, quando deixa de ser absorvido num mundo físico de sonho, inconsistente como uma bolha de sabão, ele herda novamente o seu reino eterno. Se o "escapismo" da realidade mundana é algo necessário ao homem, tão enredado em sua personalidade estreita, pode qualquer outra fuga se comparar a esta, rumo à onipresença majestosa?

Em minha sagrada experiência em Dakshinéswar, os únicos objetos extraordinariamente aumentados eram o templo e a forma da Deusa. Tudo o mais apareceu em suas dimensões normais, embora cada objeto estivesse inscrito num halo de tênue luz branca, azul e matizes pastel do arco-íris. Meu corpo parecia ser formado de um tipo de substância etérea, pronto para levitar. Tendo total consciência de meu ambiente material, eu olhava ao meu redor enquanto dava alguns passos sem perturbar a continuidade da beatífica visão.

Subitamente vislumbrei, atrás do templo, meu cunhado que havia se acomodado sob os galhos espinhosos de uma árvore sagrada de *bel* [árvore associada ao deus Shiva]. Sem nenhum esforço, eu podia discernir o curso de seus pensamentos. Sua mente, algo impactada pela sagrada influência de Dakshinéswar, ainda assim se entregava a reflexões pouco amáveis sobre a minha pessoa. Então, me voltei diretamente para a benigna figura da Deusa, suplicando:

"Mãe Divina, não podes modificar espiritualmente o esposo de minha irmã?"

A belíssima imagem, até então muda, falou enfim:

"Teu desejo será atendido!"

Feliz, contemplei a figura de Satish. Apesar dele intuitivamente haver percebido que algum poder espiritual estava em ação, acabou se erguendo, ressentido, de onde estava. Eu o vi correr por trás do templo, até que se aproximou de mim, brandindo o punho em ameaça.

A visão esférica desapareceu. Não pude mais distinguir a gloriosa Deusa; o templo perdeu sua transparência e retornou as dimensões comuns. Outra vez o meu corpo suava sob os raios implacáveis do sol. Saltei para o abrigo do pórtico, onde Satish me perseguiu, furioso. Consultei meu relógio: vi que já eram treze horas; a visão divina havia durado sessenta minutos.

Quando me alcançou, meu cunhado soltou o verbo:

"Seu tolo! Ficou aí sentado, de pernas cruzadas e olhos vesgos, durante horas. Caminhei de um lado para outro, sem deixar de observá-lo. Agora, onde está nossa comida? O templo acaba de fechar, e você evidentemente deixou de avisar as autoridades da nossa presença; ou seja, é tarde demais para providenciar nosso almoço!"

Entretanto, a exaltação espiritual que eu havia sentido na presença da Deusa ainda estava em mim. Respondi, tranquilo:

"A Mãe Divina nos alimentará!"

"De uma vez por todas, gostaria de saber como sua Mãe Divina nos dará comida neste lugar, sem arranjo prévio!"

Satish mal acabou de pronunciar estas palavras e um sacerdote do templo atravessou o pátio para se juntar a nós. Ele disse, se dirigindo a mim:

"Filho, estive observando seu rosto cintilando serenamente durante horas de meditação. Vi a chegada de seu grupo, pela manhã, e senti o desejo de separar bastante comida para o seu almoço. É contra as regras do templo dar de comer àqueles que não fizeram um pedido antecipado, mas abri uma exceção para você."

Agradeci e olhei diretamente nos olhos de Satish. Ele corou de emoção, abaixando as pálpebras em mudo arrependimento. Quando nos serviram uma farta refeição, que incluía mangas fora de época, reparei que o apetite de meu cunhado era um tanto escasso. Muito perturbado, ele mergulhava nas regiões abissais do próprio pensamento.

Na viagem de volta a Calcutá, já com a expressão suavizada, Satish às vezes me dirigia um olhar de súplica. Na realidade, desde o momento em que o sacerdote surgiu e nos convidou para o almoço, como se fosse uma resposta ao seu desafio, Satish praticamente não disse mais nenhuma palavra.

Na tarde seguinte, fui visitar minha irmã em sua residência. Ela me saudou com muito carinho.

"Querido irmão, que milagre se passou! Ontem à noite meu esposo chorou abertamente diante de mim."

Ela me contou o que Satish lhe confessou:

"Ó amada *devi* [deusa], eu me sinto inenarravelmente feliz, pois do plano reformador de seu irmão resultou a minha conversão. Vou desfazer todo o mal que lhe fiz. A partir desta noite, usaremos nosso grande dormitório unicamente como lugar de adoração; sua sala de meditação será o nosso novo quarto de dormir. Lamento sinceramente ter zombado de seu irmão. Pela vergonhosa maneira como eu vinha agindo, imporei a mim mesmo este castigo: não falarei mais com Mukunda até haver progredido em meu caminho espiritual. De hoje em diante, buscarei com profundo fervor a Mãe Divina... algum dia, sem dúvida, hei de encontrá-la!"

Anos mais tarde, visitei Satish em Délhi. Fiquei imensamente feliz ao perceber que ele havia se desnvolvido muito na realização de Deus, inclusive tendo sido abençoado por uma visão da Mãe Divina. Durante minha permanência em sua casa, Satish passava secretamente a maior parte de cada noite em profunda meditação, embora sofresse de grave doença e trabalhasse durante o dia em seu escritório.

Veio a mim o pensamento de que a vida de meu cunhado não seria longa. Roma deve ter lido meu pensamento:

"Querido irmão, estou com saúde, mas meu marido está doente. Assim, quero que você saiba: como dedicada esposa hindu, serei a primeira a morrer [97]. Minha partida se dará em não muito mais tempo."

Surpreendido por aquelas palavras de mau agouro, senti, todavia, o seu ferrão de verdade. Eu estava na América quando minha irmã faleceu, cerca de dezoito meses depois da sua predição. Meu irmão mais jovem, Bishnu, me contou os detalhes posteriormente:

"Roma e Satish estavam em Calcutá no dia da morte de nossa irmã. Naquela manhã, ela vestiu seus trajes nupciais.
'Por que usa as vestes de nosso casamento?' – Perguntou Satish.
'Este é o meu último dia de serviço para você na Terra.' – Respondeu Roma.

Pouco depois, teve um ataque cardíaco. Quando nosso sobrinho correu para buscar ajuda, ela disse:

'Filho, não me deixe. Não adianta ir; terei partido antes da chegada do médico.'

Dez minutos depois, segurando os pés de seu esposo, em reverência, Roma abandonou conscientemente o corpo, feliz e sem sofrimento."

Bishnu prosseguiu:

"Satish tornou-se muito recluso após a morte de nossa irmã. Um dia, ele e eu olhávamos uma fotografia sorridente de Roma.

'Por que sorri?' – Satish exclamou repentinamente, como se sua esposa estivesse presente. – 'Pensa que foi esperta ao arranjar tudo para ir antes? Provarei que você não pode permanecer muito tempo longe de mim; em breve, me juntarei novamente a você.'

Naquela época, apesar de Satish ter se restabelecido inteiramente de sua doença e estar gozando de uma excelente saúde, acabou morrendo sem causa aparente, pouco depois de seu estranho comentário diante daquela fotografia."

Assim, com que cumprindo uma profecia, ambos se foram, minha amada irmã Roma e seu esposo Satish, transformado, em Dakshinéswar, de um homem mundano como tantos outros, num santo silencioso.

23. Eu recebo meu diploma universitário

"Você ignora os textos de filosofia que eu lhe designei. Sem dúvida, está confiando numa 'intuição' pouco laboriosa para ser aprovado nas provas. A não ser que decida se aplicar com afinco aos estudos, eu me encarregarei de sua reprovação nesta disciplina."

O professor D. C. Ghoshal, da Universidade de Serampore, se dirigia a mim com severidade. Se eu fracassasse na sua última prova escrita, não seria admitido para os exames finais, formulados pelos docentes da Universidade de Calcutá, da qual a Universidade de Serampore é um ramo afiliado. Nas universidades indianas, se um estudante é reprovado numa única matéria nas provas finais para ser diplomado, tem de se submeter a um novo exame em todas as matérias no ano seguinte.

Meus professores na Universidade de Serampore costumavam me tratar com grande gentileza, não isenta de uma divertida tolerância: "Mukunda está um tanto embriagado de religião." Com este sumário de minha pessoa, eles delicadamente me poupavam do embaraço de tentar responder às perguntas em classe; confiavam nos últimos testes escritos para me eliminar de vez da lista de candidatos ao diploma universitário. O juízo que meus colegas faziam de mim estava inscrito no apelido que me deram: "monge louco" [mad monk].

Eu tomei uma medida engenhosa para anular a ameaça do professor Ghoshal de me reprovar em filosofia: quando os resultados dos últimos testes estavam perto de ser anunciados publicamente, pedi a um colega que me acompanhasse à sala de trabalho do professor. Eis o que lhe disse:

"Venha comigo; eu quero uma testemunha. Ficarei muitíssimo desapontado se perder esta oportunidade de ser mais esperto que o professor."

O professor Ghoshal abanou negativamente a cabeça quando lhe perguntei que nota ele havia dado à minha prova.

"Você não está entre os que passaram." – Ele disse, com ar de triunfo. "E foi procurá-la numa grande pilha de folhas de papel sobre a sua mesa de trabalho. Bem, sua prova nem mesmo se encontra aqui; em todo caso, você fracassou por não ter comparecido ao exame."

Dei uma risada:

"Senhor, mas eu *estive* presente. Posso eu mesmo procurar nesse monte de papéis?"

Confuso, o professor acabou permitindo. Rapidamente achei minha prova, na qual eu havia cuidadosamente omitido qualquer sinal de identificação, exceto pelo meu número de chamada. Não sendo advertido pelo "sinal vermelho" de meu nome, o professor havia dado uma alta classificação às minhas respostas, apesar de não estarem embelezadas por citações textuais [98].

Percebendo meu plano engenhoso, ele exclamou:

"Ora, isso foi pura sorte!" – E acrescentou, esperançoso. – "Mas sem dúvida você será reprovado nos exames finais."

Para os testes em outras disciplinas, recebi alguma ajuda nos estudos, particularmente de meu querido primo e amigo Prabhas Chandra Ghosh, filho de meu tio Sarada. Foi penosamente, titubeando, que me submeti a todos eles; todavia, passei com notas mínimas.

Agora, depois de quatro anos de escola superior, eu tinha direito a prestar os exames finais. No entanto, nem sonhava em aproveitar este privilégio. Os últimos testes da Universidade de Serampore eram brinquedos de criança se comparados ao rigoroso exame que seria proposto pela Universidade de Calcutá. Minhas visitas quase diárias a Sri Yuktéswar faziam com que tivesse muito pouco tempo para frequentar as salas de aula. De que modo que a minha presença, mais do que a ausência, provocava exclamações de surpresa entre os colegas de classe.

Nesse tempo, a rotina de quase todos os meus dias se iniciava quando eu saía de bicicleta, às nove e meia da manhã. Numa das mãos, sempre levava uma oferenda para meu guru: algumas flores do jardim da pensão Panthi, onde eu residia. Saudando-me afavelmente, o mestre me convidava a ficar para o almoço. Eu aceitava invariavelmente, contente em poder banir, para o resto do dia, o pensamento de comparecer à Universidade. Após conviver com Sri Yuktéswar durante horas, prestando serviços no ashram ou atento ao incomparável fluxo de sua sabedoria, era com relutância que eu partia de volta para a pensão, aproximadamente à meia-noite. Às vezes, passava a noite inteira com meu guru, tão venturosamente absorto em sua conversação que mal notava quando a escuridão no céu se convertia em aurora.

Certa noite, cerca das vinte e três horas, enquanto eu calçava os sapatos [99], já me preparando para a corrida de bicicleta até a pensão, o mestre me interrogou gravemente:

"Makunda, quando se iniciam seus exames para obtenção do diploma?"

"Daqui a cinco dias, senhor."

"Espero que você esteja preparado para eles."

Imobilizado de alarme, segurei no ar um dos sapatos. Em seguida, protestei:

"Mas mestre, o senhor sabe muito bem que tenho dedicado meus dias mais ao ashram do que à universidade. Como posso me prestar a representar uma farsa, comparecendo àqueles exames difíceis?"

Os olhos de Sri Yuktéswar transpassavam os meus.

"Você deve comparecer." – Seu tom era frio, taxativo. – "Não daremos motivo para que seu pai e outros parentes critiquem sua preferência pela vida do ashram. Prometa-me somente que estará presente aos exames; responda o melhor que puder."

Lágrimas incontroláveis escorriam pelo meu rosto. Senti que a ordem do mestre não era razoável e que seu interesse era, para dizer o mínimo, tardio.

"Bem, se é o seu desejo, então vou comparecer aos exames." – Eu disse, soluçando. – "Mas já não me resta tempo para uma preparação adequada." – E depois murmurei para mim mesmo. – "Em resposta às perguntas, encherei as folhas das provas com os seus ensinamentos!"

Ao chegar ao ashram no dia seguinte, na hora de sempre, ofereci meu ramalhete de flores a Sri Yuktéswar, com ar de tristeza. Sri Yuktéswar riu de minha aparência pesarosa:

"Mukunda, alguma vez o Senhor falhou em ajudá-lo, em alguma prova ou em outra dificuldade?"

"Não, senhor." – Respondi, mais animado. De súbito, uma maré de belas memórias me inundou.

"Não foi a preguiça, mas antes a ardente busca por Deus que o impediu de buscar honras acadêmicas." – Disse meu guru, bondosamente. Após um breve silêncio, ele citou um trecho bíblico. – "Busca primeiro o reino de Deus e Sua justiça, e todas estas coisas te serão acrescentadas." [*Mateus*, 6:33]

Pela milésima vez, senti que o peso de minha carga era aliviado na presença do mestre. Ao terminarmos o nosso almoço, um pouco mais cedo do que o habitual, ele sugeriu que eu regressasse a Panthi:

"Seu amigo, Romesh Chandra Dutt, ainda reside na pensão?"

"Sim, senhor."

"Então vá falar com ele; Deus inspirará Romesh para que o ajude nos exames."

"Muito bem, senhor; mas Romesh está excessivamente ocupado. Ele é o melhor aluno de minha classe e arca com mais trabalho do que os outros."

O mestre ignorou minhas objeções:

"Bem, Romesh achará tempo para você. Agora vá."

Voltei de bicicleta a Panthi. A primeira pessoa que encontrei no recinto da pensão foi o estudioso Romesh. Como se tivesse seus dias perfeitamente livres, concordou de bom grado com minha tímida solicitação.

"Ora, é claro que posso ajudar! Estou às suas ordens." – Durante muitas horas naquele dia, e em cada um dos seguintes, ele me repetiu as aulas e me preparou para os exames nas diversas matérias.

Eventualmente surgiu uma preocupação específica:

"Creio que na prova de literatura inglesa haverá muitas perguntas sobre o percurso feito na *Peregrinação de Childe Harold* [poema de Lord Byron]. Precisamos conseguir um atlas o mais rápido possível."

Corri até a residência de meu tio Sarada e pedi emprestado um atlas. Romesh marcou no mapa da Europa os lugares visitados pelo romântico viajante de Byron.
Eventualmente alguns colegas se agruparam ao nosso redor para escutar as lições.

"Romesh o aconselha mal." – Comentou um deles, ao final de uma das sessões de estudo. – "Geralmente, uns cinquenta por cento das questões se referem às obras dos autores; a outra metade, às suas biografias."

Quando me sentei para prestar o exame de literatura inglesa, meu primeiro olhar pelas questões me provocou lágrimas de gratidão que escorriam pelo meu rosto e molhavam o papel. O monitor da classe se aproximou de minha mesa e, tocado com a cena, indagou o que se passava.

"Meu grande guru predisse que Romesh me ajudaria." – Expliquei. – "Veja, as mesmas perguntas que Romesh sugeriu estão aqui, na folha de exame! Felizmente para mim, neste ano há poucas questões sobre os autores ingleses cujas vidas, até onde sei, estão envoltas em profundo mistério!"

Meu pensionato era uma algazarra só quando retornei. Os jovens que haviam me ridicularizado por minha fé nas lições de Romesh agora quase me deixavam surdo com suas felicitações. Durante a semana de exames, continuei a passar o maior tempo possível com Romesh, que formulava as questões que ele acreditava que seriam propostas pelos professores. Dia após dia, as perguntas de Romesh apareciam quase com as mesmas palavras nas folhas das provas.

Em toda a Universidade correram notícias de que algo semelhante a um milagre estava ocorrendo, e havia uma probabilidade de êxito para o distraído "monge louco". Não fiz qualquer tentativa de esconder os pormenores do caso. Os professores de Serampore não tinham poder para alterar as questões, elaboradas pelos docentes da Universidade de Calcutá.

Refletindo acerca do exame de literatura inglesa percebi, certa manhã, que tinha cometido um grave erro. Uma seção das perguntas havia sido dividida em duas partes de A ou B e C ou D. Em vez de responder a uma pergunta de cada parte, respondi descuidadamente a ambas as perguntas do Grupo I e não considerei nada no Grupo II. Assim, a melhor nota que poderia alcançar naquele exame seria 33, ou seja, três pontos a menos do que a nota mínima de aprovação, que era 36. Corri para o mestre e extravasei minhas preocupações:

"Senhor, eu cometi uma tolice imperdoável. Não mereço as bênçãos divinas por intermédio de Romesh, sou indigno delas."

"Anime-se, Mukunda." – O tom de Sri Yuktéswar era leve e despreocupado. Ele apontou para a abóbada celeste. – "É mais provável que a lua troque de lugar com o sol, lá no céu, do que você ser reprovado!"

Deixei o ashram de ânimo mais tranqüilo, embora parecesse matematicamente impossível a minha aprovação. Olhei uma ou duas vezes, apreensivamente, para o firmamento; o Soberano do Dia parecia firme em sua órbita usual.

Ao chegar a Panthi, ouvi casualmente o comentário de um colega:

"Acabei de saber que este ano, pela primeira vez, a nota mínima exigida para a aprovação em literatura inglesa foi baixada para 33 pontos."

Invadi o quarto do jovem com tal velocidade que ele ergueu os olhos, alarmado. Interroguei-o ansiosamente, que me respondeu rindo:

"Monge de cabelo comprido, por que este súbito interesse em assuntos escolares? Por que duvida de mim? Posso lhe garantir que é verdade que a nota de aprovação acabou de baixar para 33 pontos."

Alguns pulos de alegria me levaram até meu quarto, onde caí de joelhos e louvei a perfeição matemática de meu Pai Divino.

Todos os dias eu estremecia ao ter consciência de que uma Presença Espiritual claramente me guiava através de Romesh. Aconteceu um incidente significativo por ocasião de meu exame em idioma bengali. Romesh, que não havia me preparado naquela disciplina, me chamou justamente quando eu deixava a pensão para ir ao local do exame, pela manhã.

"Ali está Romesh chamando por você." – Apontou um colega, impacientemente. – "Não volte, ou chegaremos atrasados na prova."

Fazendo pouco caso daquele conselho, regressei correndo para a pensão. Eis o que Romesh queria me dizer:

"Nossos jovens bengalis em geral passam facilmente no exame de bengali. Mas acabei de ter um pressentimento de que neste ano os professores planejaram 'massacrar' os estudantes, trazendo perguntas sobre os livros de leitura obrigatória."

Em seguida, ele me narrou dois episódios da vida de Vidyasagar, um renomado filantropo de Bengala que viveu no século dezenove.

Agradeci a Romesh e corri de bicicleta para a Universidade. Na sala de exames fiquei sabendo, pelo formulário, que os temas em bengali eram dois. A primeira questão dizia: "Dê dois exemplos da caridade de Vidyasagar". Enquanto eu transferia para o papel conhecimentos adquiridos a menos de uma hora, murmurei uma pequena ação de graças por haver atendido ao chamado de Romesh. Se eu ignorasse os benefícios de Vidyasagar (entre os quais agora se acrescentava mais um, prestado a mim), jamais teria passado no exame de bengali.

Dizia a segunda questão na folha de prova: "Escreva um ensaio em bengali sobre a vida do homem que mais o inspirou".

Querido leitor, será preciso dizer quem eu escolhi para o meu tema? Na medida em que cobria de palavras em bengali uma sequência de páginas, dei louvores a meu guru. Eu sorria abertamente ao ter consciência de que minha predição sussurrada estava se realizando: "Encherei as folhas das provas com os seus ensinamentos!".

Não me senti inclinado a interrogar Romesh sobre meu curso de filosofia. Confiando em meu longo treinamento sob a direção de Sri Yuktéswar, desprezei sem grande perigo as explicações dos compêndios. E, de fato, a nota mais alta de todos os meus exames foi obtida em filosofia. Minhas notas nas demais matérias alcançavam tão somente o nível mínimo para a aprovação.

É um prazer registrar aqui que meu generoso amigo Romesh recebeu seu grau universitário *cum laude* [com honras].

Papai não se cansava de sorrir no dia da formatura:

"Era difícil crer que você seria aprovado, Mukunda." – Ele me confessou. – "Você passava tanto tempo com o seu guru..." – Meu mestre havia captado com exatidão a crítica silenciosa de meu pai.

Durante anos eu tive dúvidas de que, algum dia, poderia juntar ao meu nome as iniciais correspondentes ao meu grau universitário: A. B. [do latim *artium baccalaureus*, Bacharel em Artes (ou Humanidades)]. Raramente uso esse título sem pensar que foi uma dádiva divina, a mim conferida por motivos um tanto obscuros. Às vezes ouço homens formados em universidades comentarem que muito pouco de todo um conhecimento adquirido às pressas permaneceu com eles depois da formatura. Tal confissão me consola um pouco, e me faz aceitar minhas deficiências acadêmicas.

No dia em que colei grau pela Universidade de Calcutá [junho de 1914], ajoelhei-me aos pés de meu guru e lhe agradeci por todas as bênçãos que fluíram de sua vida para a minha:

"De pé, Mukunda." – Disse ele, com carinho. – "O Senhor apenas achou mais conveniente a sua formatura do que a troca de posições entre o sol e a lua!"

24. Eu me torno um monge da Ordem dos Swâmis

"Mestre, meu pai anda ansioso para que eu aceite um cargo executivo na Estrada de Ferro Bengala Nagpur. Mas eu já dei meu 'não' definitivo à proposta." – Tendo dito isso, acrescentei, com alguma espeança. – "Senhor, não pode me fazer um monge da Ordem dos Swâmis?"

Lancei meu olhar suplicante em direção ao meu guru. Durante os anos anteriores, como forma de pôr à prova a minha determinação, ele havia me recusado pedidos como este. Hoje, entretanto, sorria com benevolência.

"Muito bem Makunda, amanhã você será iniciado na Ordem dos Swâmis." – E prosseguiu, com toda serenidade. – "Estou feliz porque persistiu em seu desejo de ser um monge. Láhiri Mahasaya dizia frequentemente: 'Se você não convida Deus para ser seu hóspede no verão, Ele não virá no inverno de sua vida.'"

"Eu jamais poderia renunciar a meu desejo ardente de pertencer à mesma Ordem dos Swâmis à qual pertence o querido mestre a quem reverencio." – Sorri para ele com carinho imensurável.

"O solteiro cuida das coisas que pertencem ao Senhor e de como agradá-lo; mas o casado cuida das coisas do mundo, e de como há de agradar à sua mulher." [*Coríntios*, 7:32–33] Naquela altura da vida, eu tinha analisado a vida de muitos amigos meus que vieram a se casar após um período de treinamento espiritual. Atirados no oceano das responsabilidades mundanas, esqueceram suas resoluções de meditar profundamente.

Relegar o Senhor a um lugar secundário em minha vida era, para mim, algo inconcebível. Tudo o que existe no cosmos a Ele pertence, e sobre o homem Ele derrama silenciosamente dons sobre dons, vida após vida. Só existe uma dádiva que nós podemos dar em troca, algo que cabe somente ao próprio homem reter ou ofertar: *o seu amor.*

Ao realizar infinitos esforços para ocultar em mistério a Sua presença nos átomos da criação, o Criador só poderia ter tido um motivo: o desejo amoroso de que o homem o buscasse somente de livre e espontânea vontade. Com que luva de veludo de absoluta humildade Ele cobriu a mão de ferro da onipotência!

O dia seguinte foi um dos mais memoráveis de toda a minha vida. Ainda me lembro muito bem: era uma ensolarada quinta-feira, em julho de 1914, apenas algumas semanas depois da minha formatura na Universidade. No terraço interior de seu ashram em Serampore, o mestre submergiu um corte novo de seda branca numa tintura ocre, a cor tradicional da Ordem dos Swâmis. Depois que o tecido secou, meu guru o envolveu sobre meu corpo, como uma túnica de renunciante.

"Algum dia você irá ao Ocidente, onde as pessoas têm preferência pela seda." – Disse ele. – "Assim, foi simbólica a escolha da seda para a sua túnica, em vez do algodão que costumávamos usar."

Na Índia, onde os monges abraçam o ideal de pobreza, um swâmi vestido de seda é uma visão um tanto incomum. Todavia, muitos iogues usam roupa interior de seda, pois ela conserva certas correntes sutis do corpo melhor do que o algodão.

"Como sabe, sou avesso a cerimônias." – Observou Sri Yuktéswar. – "Assim, eu o ordenarei swâmi na forma *bidwat* (não cerimoniosa)."

A *bibidisa*, ou iniciação solene no grau de swâmi, inclui uma cerimônia do fogo, durante a qual se realizam ritos funerários simbólicos. O corpo físico do discípulo faz o papel de morto, cremado nas labaredas da sabedoria. Então, ao recém-ordenado swâmi é dado um verso para cantar, como "Esta atma é Brahma" [100], ou "Tu és Isso" ou "Eu sou Ele". No entanto, por seu amor à simplicidade, Sri Yuktéswar dispensou todos os ritos formais e apenas me pediu que escolhesse um novo nome.

"Vou lhe dar o privilégio de escolhê-lo." – Ele disse, sorrindo.

"Yogananda." – Respondi, após um momento de reflexão. O nome significa "beatitude, alegria ou êxtase (ananda) através da união divina (yoga)".

"Que assim seja. Renunciando ao seu nome de família, Mukunda Lal Ghosh, de agora em diante você será chamado Yogananda do ramo Giri da Ordem dos Swâmis."

Ao me ajoelhar diante de Sri Yuktéswar e ao ouvi-lo pronunciar pela primeira vez meu novo nome, meu coração transbordava de agradecimento. Com que amor ele havia trabalhado, incansavelmente, para que o menino Mukunda um dia se transformasse no monge Yogananda! Entoei com alegria alguns versos em sânscrito, do longo cântico do Senhor Shânkara [101]:

Nem mente, nem intelecto, nem ego ou sentimento;
Não sou nem céu, nem terra, nem seus metais.
Eu sou Ele, eu sou Ele, o Espírito Abençoado, eu sou Ele!
Não tive nascimento, não tenho casta, não terei morte;
Não tenho pai nem mãe.
Eu sou Ele, eu sou Ele, o Espírito Abençoado, eu sou Ele!
Estou além dos voos da fantasia, não tenho forma,
Permeio os braços e as pernas de toda a vida;
Não temo ser aprisionado por nada, pois sou livre, sempre livre.
Eu sou Ele, eu sou Ele, o Espírito Abençoado, eu sou Ele!

Todo swâmi pertence à ancestral ordem monástica que é reverenciada na Índia desde tempos imemoriais. Reorganizada por Shânkara em seus moldes atuais, séculos atrás, desde então ela vem sendo chefiada por mestres venerandos, seguindo uma linha sucessória ininterrupta. Muitos monges, talvez um milhão deles, formam a Ordem dos Swâmis; para entrarem nela, tais monges precisaram receber sua iniciação de homens que são, eles próprios, swâmis. Dessa forma, todos os monges da Ordem dos Swâmis traçam sua linhagem espiritual a partir de um único guru: Adi ("o primeiro") Shânkarachárya [outro nome para Shânkara].

Tais monges professam votos de pobreza (desapego a posses), castidade e obediência ao chefe ou autoridade espiritual. Sob muitos aspectos, as ordens monásticas do cristianismo católico se assemelham à Ordem dos Swâmis, que é mais antiga.

Ao seu novo nome, um swâmi acrescenta uma palavra que indica o seu vínculo formal com uma das dez subdivisões da Ordem dos Swâmis. Estes *dasanamis*, ou designações junto a um nome, incluem o de Giri (montanha), ao qual eu e Swâmi Sri Yuktéswar Giri pertencemos. Entre os outros ramos encontram-se Ságar (mar), Bhárati (terra), Arânya (floresta), Puri (extenção de terra), Tirtha (lugar de peregrinação) e Saraswati (sabedoria da natureza).

O novo nome recebido por um swâmi tem, portanto, um duplo significado e representa a obtenção da suprema bem-aventurança (ananda) por meio de alguma qualidade ou estado divino – amor, sabedoria, devoção, serviço, ioga –; e também por meio de uma harmonia com a natureza, conforme expresso em sua infinita vastidão de oceanos, montanhas, céus etc.

O ideal de prestar serviço altruísta a toda a humanidade e de re-nunciar aos laços e ambições pessoais leva a maioria dos swâmis a se dedicar ativamente ao trabalho humanitário e educacional, tanto na Índia quanto, às vezes, em outras regiões do mundo. Pondo de lado todos os preconceitos de casta, credo, classe, cor, sexo ou etnia, um swâmi segue os mandamentos da fraternidade humana. Sua meta é a união absoluta com o Espírito. Em estado de sono ou desperto, imbuindo sua consciência com o pensamento de que "Eu sou Ele", este monge perambula contente pelo mundo, sem ser do mundo. Somente desse modo ele pode justificar seu título de swâmi: aquele que procura alcançar a união com o *Swa* ou Ser.

Sri Yuktéswar era ambas as coisas, swâmi e iogue. Um swâmi, formalmente um monge em virtude de sua vinculação à venerável Ordem, nem sempre é um iogue. Quem pratica uma técnica científica, para obter experiência direta e pessoal de Deus, é um iogue. Pode ser casado ou solteiro, homem de responsabilidades mundanas ou de laços religiosos formais.

Podemos até conceber um swâmi que siga unicamente a via do raciocínio árido ou da fria renúncia; mas um iogue necessariamente se empenha num procedimento definido, passo a passo, que disciplina o corpo e a mente, e libera gradualmente a alma. Não aceitando razões emocionais nem crenças como critérios do que é certo, ele pratica uma série de exercícios de eficácia rigorosamente comprovada, que foram delineados pela primeira vez pelos rishis da antiguidade. Em todas as épocas da Índia, a ioga produziu homens que se tornaram realmente livres, verdadeiros Cristos–iogues.

Como qualquer outra ciência, a ioga é aplicável a povos de todos os climas e épocas. A teoria propagada por certos escritores ignorantes, de que a ioga é "perigosa" e "imprópria" para os ocidentais, é inteiramente falsa, e lamentavelmente impediu muitos estudantes sinceros de procurarem suas múltiplas bênçãos.

A ioga é um método para restringir a turbulência natural dos pensamentos. Caso os pensamentos não sejam domesticados, impedem todos os homens, independente de sua etnia ou país, de vislumbrarem a sua verdadeira natureza, que é Espírito. Semelhante à luz curativa do sol, a ioga é um benefício tanto para os homens do Oriente como do Ocidente. Os pensamentos da maioria das pessoas são inquietos e caprichosos; dessa forma, é clara e cristalina a necessidade da ioga: a ciência do controle da mente.

O antigo rishi Patânjali [102] define ioga como "neutralização das ondas que se alternam na consciência" [103]. Seu livro, *Yoga Sutras*, curto e magistral, forma um dos seis sistemas de filosofia hindu. Em contraste com as filosofias do Ocidente, todos os seis sistemas hindus compreendem não somente ensinamentos teóricos, mas também práticos. Depois de percorrer todas as investigações ontológicas concebíveis, os sistemas hindus formulam seis códigos disciplinares bem definidos, com o objetivo de eliminar permanentemente o sofrimento e atingir a beatitude atemporal.

Os *Upanishads*, escritos posteriormente, consideram os *Yoga Sutras*, dentre os seis sistemas [104], como a obra que contém os métodos mais eficazes para atingir a percepção direta da verdade. Aperfeiçoando-se nas técnicas práticas de ioga, o homem deixa para trás os reinos infecundos da especulação e conhece, por experiência própria, a verdadeira Essência.

O sistema de ioga de Patânjali é conhecido como Senda Óctupla [105]. Os primeiros passos são (1) *yâma*, conduta moral; e (2) *niyâma*, observâncias religiosas. Yâma compreende: evitar ofender ou prejudicar os demais, falar a verdade, não roubar, conservar a castidade e não ambicionar o que é dos outros. As prescrições de niyâma são: a pureza do corpo e da mente, o contentamento em todas as circunstâncias, a autodisciplina, o estudo de si mesmo (contemplação) e a devoção a Deus e ao guru.

Os passos seguintes são: (3) *ásana*, posição correta: a coluna ver-tebral deve manter-se ereta e o corpo firme, em posição confortável para a meditação; (4) *pranayâma*: controle do prana, as correntes vitais sutis; e (5) *pratyahára*, abstração: desconectar os cinco sentidos dos objetos exteriores.

Os últimos passos são formas de ioga propriamente dita: (6) *dhárana*, concentração: manter a mente focada numa só idéia; (7) *dhyâna*, meditação; e (8) *samádhi*, a experiência da superconsciência.

A Senda Óctupla da ioga leva à meta final de *Kaivályia* (O Absoluto), em que o iogue "experimenta a Verdade, acima e além de toda compreensão intelectual".

"Quem é maior", alguém pode se perguntar, "um swâmi ou um iogue?" Quando se atinge a unidade com Deus, desvanecem as distinções entre os diversos caminhos. Todavia, o *Bhagavad Gita* destaca que os métodos de ioga abrangem todos os caminhos. Suas técnicas não se destinam somente a certos tipos de temperamento, ou à minoria disposta a ingressar na vida monástica. A ioga exige fidelidade, mas uma fidelidade independente das formalidades. A ciência da ioga satisfaz uma necessidade universal, e por isso exerce atração natural sobre todas as pessoas.

Um verdadeiro iogue pode permanecer no mundo, cumprindo com os seus deveres. Tal iogue se encontra no mundo semelhante à manteiga na água, a nata batida e separada, e não como o leite facilmente diluível da humanidade indisciplinada. A manutenção das responsabilidades mundanas não necessariamente separa o homem de Deus: desde que sua mente se mantenha desapegada dos desejos egoístas, e assim ele possa desempenhar o seu papel na vida como um instrumento voluntário da Divindade, não haverá separação alguma.

Seja na América ou na Europa, ou mesmo em qualquer outro canto fora da Índia, há um grande número de homens que são verdadeiros exemplos de iogues e swâmis, embora jamais tenham ouvido falar de tais termos. Seu serviço desinteressado à humanidade, seu domínio de paixões e pensamentos, seu sincero amor a Deus, ou ainda, seus grandes poderes de concentração, fazem deles iogues; pois eles determinaram para si mesmos a grande meta da ioga: o autodomínio. Tais homens poderiam ascender a altitudes ainda maiores se lhes fosse ensinada a ciência definida da ioga, que possibilita o governo ainda mais consciente da mente e da vida do indivíduo.

Certos escritores ocidentais compreenderam a ioga apenas superficialmente, mas aqueles que a criticaram nunca chegaram a praticá-la. Entre muitos tributos à ioga baseados em uma reflexão aprofundada, podemos mencionar o do Dr. Carl Gustav Jung, famoso psicólogo suíço. Escreveu ele:

"Quando um método religioso se anuncia como 'científico', pode ter a certeza de ter o seu público no Ocidente. A ioga preenche esta expectativa. Posto à parte o encanto da novidade e a fascinação por tudo o que é pouco compreendido, a ioga continua tendo bons motivos para conseguir muitos adeptos. Oferece possibilidades de experiência controlável, e assim satisfaz a necessidade científica de 'fatos'. Além disso, em virtude de sua amplitude e profundidade, de sua idade venerável, de sua doutrina e método que abrangem todos os aspectos da vida, ela promete possibilidades jamais sonhadas.

Toda prática religiosa ou filosófica pressupõe uma disciplina psicológica, isto é, um método de higiene mental. Mas os múltiplos processos puramente corporais da ioga [106] também compreendem uma higiene fisiológica superior aos exercícios de ginástica e respiração comuns, visto não se tratar de uma prática apenas mecanicista e científica, mas também filosófica. Ao treinar as partes do corpo, unifica-as com a totalidade do espírito, como se torna bem claro, por exemplo, nos exercícios de pranayâma, onde prana é tanto o alento como a dinâmica do cosmo.

Assim, a prática da ioga será ineficiente sem os conceitos nos quais se encontra fundamentada. Ela combina o físico e o espiritual de maneira extraordinariamente completa.

No Oriente, onde tais idéias e práticas se desenvolveram, e onde, ao longo de milhares de anos, uma tradição ininterrupta criou as necessárias bases espirituais, a ioga é, na minha opinião, o método apropriado e perfeito para fundir o corpo e a mente, de modo a formarem uma unidade inquestionável. Esta unidade cria uma disposição psicológica que torna possível o surgimento de intuições capazes de transcender a consciência."

Vem chegando ao Ocidente o dia em que a ciência interna do autodomínio será considerada tão necessária quanto a conquista externa da Natureza. A nova Idade Atômica verá a mente do homem se tornar sóbria e ampliada pela verdade, agora cientificamente indiscutível, de que a matéria é realmente energia concentrada. A mente humana pode e deve liberar em seu interior energias maiores do que as ocultas em pedras e metais, a fim de que o gigante atômico, recentemente liberto de suas algemas, não se volte contra o mundo em insana destruição.

25. Meu irmão Ananta e minha irmã Nalini

"Ananta não pode viver; as areias de seu karma nesta vida já escorreram na ampulheta."

Certa manhã estas palavras inexoráveis alcançaram minha consciência interiorizada, enquanto eu, sentado, me encontrava em meditação profunda. Pouco depois de ingressar na Ordem dos Swâmis, fiz uma visita a Gorakpur, cidade onde eu nasci, e me hospedei na casa de meu irmão mais velho, Ananta. Uma doença repentina o obrigou a ficar de cama; eu cuidava dele com todo amor.

O solene pronunciamento interno me preencheu de tristeza e angústia. Senti que não poderia suportar uma permanência mais longa em Gorakpur, apenas para ver meu irmão removido do mundo, diante de meu olhar inútil. Em meio a críticas incompreensivas de meus parentes, deixei a Índia no primeiro navio onde achei passagens. Fiz um cruzeiro ao longo de Burma e do Mar da China, chegando até o Japão. Desembarquei em Kobe, onde passei apenas alguns dias. Meu coração estava excessivamente aflito para visitar lugares de interesse turístico.

Em minha viagem de volta à Índia, o navio atracou em Shangai. Ali, o Dr. Misra, médico de bordo, guiou-me a diversas lojas de objetos típicos, onde escolhi presentes para Sri Yuktéswar, minha família e amigos. Para Ananta, comprei uma peça grande de bambu entalhado. Quando o vendedor chinês me entregava a lembrança de bambu, minhas mãos a deixaram cair ao solo; naquele mesmo instante, eu exclamei:

"Comprei isto para meu querido irmão que está morto!"

Apoderou-se de mim uma clara intuição de que a alma de Ananta se desprendia, naquele momento, e penetrava no Infinito. O presente adquirido, simbolicamente rachou-se na queda; entre soluços, escrevi na superfície do bambu: "Para meu amado Ananta, que agora se foi". Meu colega de passeio, o médico, estivera me observando com um sorriso incrédulo:

"Economize suas lágrimas." – Ele comentou. – "Por que derramá-las antes de ter certeza de que ele está morto?"

Quando nosso navio chegou a Calcutá, o Dr. Misra novamente me acompanhou. Meu irmão mais novo, Bishnu, me esperava nas docas.

"Sei que Ananta partiu deste mundo." – Eu disse para Bishnu, antes que ele tivesse tempo de falar. – "Por favor, diga ao doutor aqui presente e a mim: em que dia Ananta morreu?"

Bishnu citou a data; correspondia exatamente àquela em que com-prei os presentes em Shangai.

"Cuidado!" – Alertou o Dr. Misra. – "Que isto não seja divulgado! Os professores acrescentarão um ano de estudo de telepatia ao curso de medicina, que já é bastante longo!"

Papai me abraçou ardorosamente quando entrei em nosso lar de Gurpar Road.

"Você chegou." – Disse ele com ternura.

Duas grandes lágrimas deslizaram de seus olhos. Como em geral não demonstrava seus sentimentos mais íntimos, ela nunca tinha revelado tais sinais de afeição por mim. Por fora, era um pai austero, mas internamente possuía um coração amoroso de mãe. Em todas as relações familiares, ele representava esse duplo papel de pai e mãe.

Logo após o falecimento de Ananta, minha irmã mais nova, Nalini, regressou do limiar da morte graças a uma cura divina. Antes de relatar a história, farei referências a algumas fases de nossa vida anterior.

Na infância, as relações entre eu e Nalini não foram das mais cordiais. Eu era muito magro; e ela era ainda mais. Por um motivo inconsciente, que os psicólogos não acharão dificuldade em identificar, eu costumava zombar da aparência de minha irmã. Suas respostas mordazes vinham igualmente imbuídas da dura franqueza da juventude. Às vezes mamãe se via obrigada a intervir, encerrando temporariamente nossas discussões infantis com um delicado tapa em meu ouvido (por ser o irmão mais velho).

Após encerrar seus estudos, Nalini foi prometida em noivado ao Dr. Panchanon Bose, jovem e amável médico de Calcutá. No devido tempo, e com toda pompa, foram celebrados os ritos matrimoniais. Na noite de núpcias, me juntei ao grande e jovial grupo de parentes, na sala de visitas de nossa casa em Calcutá. O noivo se acomodava numa enorme almofada revestida de brocado de ouro, com Nalini a seu lado. Ela vestia um suntuoso sari [107] de seda púrpura que, infelizmente, não conseguia esconder por completo suas formas angulosas [*Nota do Tradutor*: o autor se refere à magreza da irmã]. Abriguei-me por trás da almofada de meu novo cunhado e lhe lancei um semblante amigável. Ele nunca tinha visto Nalini até o dia da cerimônia nupcial, quando veio a conhecer sua sorte na loteria do casamento.

Sentindo minha simpatia por ele, o Dr. Bose apontou discretamente para Nalini e murmurou ao meu ouvido:

"Diga-me, o que é isso?"

"Ora, doutor, é um esqueleto para que possa estudar melhor!"

Com a passagem dos anos, o Dr. Bose tornou-se muito querido em nossa família, sendo consultado sempre que uma doença ocorria. Ele e eu nos tornamos amigos íntimos, sempre contando piadas um para o outro, e tendo Nalini como alvo e vítima habitual.

"Ela é realmente uma curiosidade médica." – Meu cunhado me disse um dia. – "Eu tentei de tudo contra a magreza de sua irmã: óleo de fígado de bacalhau, manteiga, malte, mel, peixe, carne, ovos, tônicos. E ainda assim ela não engorda nem uma grama."

Alguns dias mais tarde, passei pela sua casa. Minha visita durou apenas alguns minutos; logo me despedi, imaginando que Nalini não havia percebido minha presença. Ao chegar na porta, ouvi sua voz, cordial mas imperiosa:

"Irmão, vem cá. Desta vez não vai me dar o fora. Quero falar contigo."

Subi as escadas até seu quarto. Para minha surpresa, ela estava chorando. Então, olhou em meus olhos e disse:

"Querido irmão, vamos fazer as pazes. Vejo que seus pés agora trilham com firmza o caminho espiritual. Quero me parecer com você, em todos os aspectos." – E acrescentou, esperançosa. – "Agora a sua aparência é robusta; você me ajudará com isso? Meu marido não se aproxima de mim e eu o amo com imenso carinho. Mas meu maior desejo é progredir na percepção de Deus, mesmo que eu deva permanecer magra [108] e sem atrativos."

Meu coração se comoveu profundamente com seu pedido. Nossa nova amizade progrediu com firmeza; um dia, ela me pediu que a admitisse como discípula:

"Pode me treinar da maneira que quiser. Ponho minha confiança em Deus, e não em remédios."

Em seguida, juntou um monte de tônicos e despejou-os por uma calha, fora de sua janela. Como prova de sua fé, pedi que ela retirasse inteiramente de sua dieta peixe, carne e ovos.

Ao longo de vários meses, Nalini seguiu rigorosamente as diversas regras que lhe tracei e aderiu ao regime vegetariano, apesar de numerosas dificuldades. Então, um dia voltei a lhe visitar.

"Irmã, você tem observado conscienciosamente as instruções espirituais; sua recompensa está próxima." – Dei um sorriso travesso. – "Que tipo de gorda você quer ser? Como a nossa tia, que há muitos anos não enxerga os próprios pés?"

"Não! Mas desejo ardentemente ser tão robusta quanto você."

Respondi solenemente:

"Pela graça de Deus, como eu sempre falei a verdade, o que agora digo é verdadeiro [109]. Através das bênçãos divinas, seu corpo mudará de hoje em diante; dentro de um mês, você terá o mesmo peso que eu."

Foram cumpridas estas palavras, que brotaram do fundo de meu coração. Em trinta dias, o peso de Nalini de fato se igualou ao meu. A nova gordura lhe conferiu inédita beleza, e seu marido se apaixonou profundamente por ela. O casamento, iniciado de modo tão desfavorável, tornou-se idealmente feliz.

Ao retornar do Japão, eu soube que durante minha ausência Nalini havia sido atacada pela febre tifóide. Corri para sua casa, e fiquei consternado ao encontrá-la extremamente emagrecida. Ela tinha entrado em coma.

Meu cunhado me contou:

"Antes da doença lhe causar confusão mental, ela costumava dizer: 'Se meu irmão Mukunda estivesse aqui, eu não estaria sofrendo assim.'" – E depois acrescentou, em lágrimas. – "Os outros médicos e eu não vemos mais um raio de esperança. Após o longo embate de Nalini com a tifóide, declarou-se agora a disenteria, com perda de sangue."

Tentei mover céus e terras com minhas preces. Contratei uma enfermeira anglo-indiana em jornada integral, e apliquei em minha irmã diversos métodos de cura iogue. A disenteria e as perdas de sangue eventualmente desapareceram.

"É porque ela simplesmente não tem mais sangue a perder." – O Dr. Bose abanou a cabeça, com tristeza.

"Ela vai se curar." – Respondi, resoluto. – "Dentro de sete dias a febre tifóide desaparecerá."

Uma semana mais tarde, me emocionei ao ver Nalini abrir os olhos e me contemplar com amoroso reconhecimento. A partir daquele dia, o restante de sua recuperação se deu rapidamente. Apesar de haver recuperado o seu peso anterior, ela carregava uma triste sequela de sua enfermidade quase fatal: suas pernas ficaram paralíticas. Especialistas indianos e ingleses a declararam irremediavelmente aleijada.

A luta incessante que travei para chamar minha irmã de volta à vida, através da oração, havia me deixado esgotado. Assim, fui a Serampore no intuito de pedir o auxílio de Sri Yuktéswar. Seus olhos expressaram profunda empatia quando lhe contei sobre as dolorosas condições em que se encontrava o casamento de Nalini.

"As pernas de sua irmã voltarão ao normal no fim de um mês." – Ele acrescentou: – "Ela deverá usar junto à pele uma faixa com uma pérola não perfurada, de dois quilates, presa no lugar por um alfinete de fecho."

Prostrei-me a seus pés, com imenso alívio.

"O senhor é um mestre; já me basta a sua palavra de que ela vai se curar. Mas já que insiste, vou adquirir a pérola para minha irmã o mais breve possível."

Meu guru assentiu com a cabeça:

"Sim, compre-a."

E prosseguiu descrevendo corretamente as características físicas e mentais de Nalini, a quem nunca tinha encontrado pessoalmente. Por isso me ocorreu uma pergunta:

"Mestre, isto é uma análise astrológica? O senhor não sabe em que dia e hora ela nasceu."

Sri Yuktéswar sorriu, e então me explicou:

"Há uma astrologia mais profunda, que não depende do testemunho de calendários e relógios. Cada homem é uma parcela do Criador, ou um Homem Cósmico; possui um corpo celeste, assim como um corpo terrestre. O olho humano vê a forma física, mas o olho interno penetra mais profundamente, até o modelo universal do qual cada homem é uma parte integral e individual."

Voltei a Calcutá e comprei uma pérola para Nalini. Um mês depois, suas pernas paralíticas estavam completamente curadas.

Minha irmã me suplicou que transmitisse seus agradecimentos, do mais fundo de seu coração, ao meu guru. Ele ouviu a mensagem em silêncio. Mas quando eu estava para sair, me deixou um comentário fecundo:

"Os médicos disseram à sua irmã que ela nunca poderá ter filhos. Pode lhe dar a garantia de que, dentro de poucos anos, ela será mãe de duas meninas."

Alguns anos mais tarde, para grande alegria de Nalini, ela deu à luz uma filha; e, poucos anos depois, teve outra menina.

26. A ciência de Kriya Yoga

A ciência de Kriya Yoga, mencionada tantas vezes nestas páginas, tornou-se amplamente conhecida na Índia moderna através da divulgação de Láhiri Mahasaya, guru de meu guru. A raiz sânscrita de Kriya é *kri*, fazer, agir, reagir; a mesma raiz se encontra na palavra *karma*, o princípio natural de causa e efeito. Assim, Kriya Yoga pode ser traduzido como "a união (*yoga*) com o Infinito por meio de certa ação ou rito (*Kriya*)". Um iogue, praticando tal técnica com toda a fidelidade, se liberta gradualmente do karma – ou do encadeamento em que se equilibram as causas e efeitos.

Por conta de antigas proibições iogues, não me é permitido dar uma explicação completa de Kriya Yoga em um livro destinado ao público em geral. A técnica verdadeira e completa deve ser aprendida de um *Kriyában* (Kriya Yogi). Aqui devo me restringir a certas referências gerais.

Kriya Yoga é um método simples, psicofisiológico, pelo qual o sangue humano se descarboniza e volta a se oxigenar. Os átomos deste oxigênio extra transmutam-se em corrente vital para rejuvenescer o cérebro e os centros da espinha. Interrompendo a acumulação de sangue venoso, o iogue pode diminuir ou evitar a degeneração dos tecidos. O iogue adiantado transmuta suas células em pura energia. Elias, Jesus, Kabir [poeta sufi e hindu] e outros profetas foram, no passado, mestres no uso de Kriya ou de uma técnica similar, pela qual eles materializavam ou desmaterializavam seus corpos à vontade.

Kriya é uma ciência antiquíssima. Láhiri Mahasaya a recebeu de seu grande guru, Babaji, que redescobriu e purificou esta técnica após a Idade Média, época em que esteve perdida. Eis o que Babaji disse a Láhiri Mahasaya:

"A [técnica de] Kriya Yoga que estou oferecendo ao mundo, por seu intermédio, neste século XIX, é um renascimento da mesma ciência que Krishna ensinou a Arjuna, milênios atrás; e a mesma que foi posteriormente conhecida por Patânjali e Cristo, assim como por São João, São Paulo e outros de seus discípulos."

O Senhor Krishna, o maior profeta da Índia, refere-se ao Kriya Yoga no *Bhagavad Gita* em duas oportunidades. Um dos versículos diz: "Oferecendo o alento que inala naquele que exala e oferecendo o alento que exala naquele que inala, o iogue neutraliza inalação e exalação; dessa forma ele libera prana do coração, e coloca a força vital sob o seu controle" [*Bhagavad Gita* IV:29]. Eis a interpretação deste trecho: "O iogue impede o envelhecimento do corpo, assegurando a si mesmo um suprimento adicional de *prana* (força vital) ao aquietar a ação dos pulmões e do coração; ele também detém as mutações do crescimento físico, pelo controle de *apana* (corrente eliminadora). Assim, neutralizando o crescimento e a degeneração, o iogue aprende a controlar a força vital".

Eis outro versículo do *Gita*: "Ao buscar a meta suprema, o especialista em meditação (*múni*) torna-se eternamente livre quando é capaz de se abstrair dos fenômenos externos, fixando o olhar entre as sobrancelhas e neutralizando as correntes de *prana* e *apana* [que fluem] dentro das narinas e pulmões; dessa forma, também consegue controlar sua mente sensorial e seu intelecto; assim como banir o desejo, o medo e a cólera" [*Bhagavad Gita*, V:27-28].

Krishna também relata [*Bhagavad Gita*, IV:1-2] que foi ele próprio, numa encarnação anterior, quem transmitiu a ioga indestrutível a um antigo iluminado, Vivasvat, que por sua vez a ensinou a Manu, o grande legislador [110]. Este, por sua vez, instruiu Ikshwaku, fundador da dinastia solar da Índia, formada por reis guerreiros. Assim, passando de um para outro, a ioga dos reis foi preservada pelos rishis até o advento da era materialista [111]. Depois, devido ao segredo sacerdotal e à indiferença dos homens, a sagrada tradição foi se tornando gradualmente inacessível e oculta.

O antigo sábio Patânjali, o mais notável expoente de ioga, também menciona o Kriya Yoga em duas oportunidades. Eis o que disse na primeira:

"Kriya Yoga consiste em disciplina física, controle mental e na meditação em AUM" [112]. Patânjali se refere a Deus como o verdadeiro Som Cósmico ou AUM, ouvido em meditação [*Yoga Sutras*, I:27]. AUM é o Verbo Criador, o zumbido do Motor Cósmico, a testemunha [113] da Presença Divina. Até mesmo o iniciante em ioga pode ouvir em seu interior o maravilhoso som de AUM. Recebendo tal encorajamento espiritual, ele se torna convicto de estar em comunhão com os reinos divinos.

Patânjali assim se refere pela segunda vez à técnica de Kriya Yoga: "A liberação pode ser atingida por aquele pranayama que se efetua dissociando o curso da inspiração e da expiração" [*Yoga Sutras*, II:49].

São Paulo conheceu Kriya Yoga (ou uma técnica semelhante), pela qual podia ligar e desligar dos sentidos as correntes vitais. Por isso, ele pôde dizer: "Declaro, por nosso regozijo em Cristo, que eu morro diariamente" [*Coríntios*, 15:31]. Utilizando um método de centralizar internamente toda a força vital do corpo (usualmente dirigida apenas para fora, para o mundo sensorial), São Paulo experimentava todos os dias a verdadeira união iogue, o "regozijo" (beatitude, êxtase místico) da Consciência Crística. Nesse venturoso estado, São Paulo tinha a consciência de estar "morto" para as ilusões sensoriais, livre do mundo de maya.

Nos estados iniciais de comunhão com Deus (sabikalpa samádhi), a consciência do devoto mergulha no Espírito Cósmico; sua força vital se retira do corpo, que então parece "morto", ou imóvel e rígido. O iogue possui plena consciência de seu estado físico de animação suspensa. Todavia, na medida em que progride para estados espirituais superiores (nirbikalpa samádhi), ele passa a comungar com Deus mesmo sem a imobilidade física: e o faz até mesmo em sua consciência normal de vigília, em meio aos deveres mundanos [114].

"Kriya Yoga é um instrumento que pode acelerar a evolução humana." – Sri Yuktéswar explica a seus estudantes. – "Os antigos iogues descobriram que o segredo da consciência cósmica está intimamente ligado ao domínio da respiração. Esta é a contribuição sem paralelo e imortal da Índia ao tesouro de conhecimento do mundo. A força vital, que usualmente é usada para manter a pulsação cardíaca, deve se tornar livre para realizar atividades superiores, através de um método que acalme e tranquilize as demandas incessantes da respiração."

O Kriya Yogi [o iogue praticante de Kriya Yoga] dirige mentalmente sua energia vital para cima e para baixo, a fim de fazê-la girar em torno dos seis centros espinhais (plexos medular, cervical, dorsal, lombar, sacro e coccígeo), correspondentes aos doze signos astrais do Zodíaco, o simbólico Homem Cósmico. Meio minuto de revolução da energia ao redor do sensitivo cordão da espinha já é capaz de efetuar progressos sutis na evolução do homem; esse meio minuto de Kriya equivale a um ano de desenvolvimento espiritual comum.

O sistema astral de um ser humano, com seis constelações internas (chegando a doze, por polaridade) girando em torno do sol do olho espiritual onisciente, relaciona-se com o sol físico e com os doze signos do Zodíaco. Assim, todos os homens são afetados por um universo interno e outro externo. Os antigos rishis descobriram que o ambiente terreno e celeste do homem, numa série de ciclos de doze anos, o impele à frente em sua via espiritual. As Escrituras afirmam que o homem requer um milhão de anos de evolução normal, sem doenças, para aperfeiçoar o seu cérebro e atingir consciência cósmica.

Mil Kriyas, praticadas em oito horas e meia, dão ao iogue, em apenas um dia, o equivalente a mil anos de evolução natural: 365 mil anos de evolução em um ano. Em não mais que três anos, o Kriya Yogi pode alcançar, por meio de um esforço inteligente, o mesmo resultado que a Natureza apresenta em um milhão de anos. Todavia, é claro que o caminho mais curto de Kriya só pode ser trilhado por iogues profundamente desenvolvidos. Com a orientação de um guru, tais iogues preparam cuidadosamente seu corpo e cérebro para resistir ao poder gerado pela prática intensiva.

O iniciante em Kriya efetua estes exercícios iogues apenas de catorze a vinte e quatro vezes, em duas sessões por dia. Alguns iogues conquistam a emancipação em seis, doze, vinte e quatro, ou quarenta e oito anos. Em todo caso, mesmo o iogue que morre antes de atingir a realização completa leva consigo o karma positivo de seu esforço anterior de Kriya, de modo que em sua vida seguinte ele será naturalmente impelido à Meta do Infinito.

O corpo do homem se assemelha a uma lâmpada de cinquenta watts: tal lâmpada não pode suportar o bilhão de watts de energia gerados por uma prática excessiva de Kriya. Através do aumento gradual dos exercícios simples e perfeitamente seguros de Kriya, o corpo humano se transmuta astralmente, dia após dia, e eventualmente se torna perfeitamente capaz de expressar aquelas potencialidades infinitas de energia cósmica que constituem a primeira expressão materialmente ativa do Espírito.

Mas o Kriya Yoga nada tem que ver com alguns exercícios respiratórios anti-científicos ensinados por certos fanáticos extraviados. Tentativas de prender a respiração nos pulmões até o extremo são artificiais e decididamente desagradáveis. Já a prática de Kriya, pelo contrário, é acompanhada desde o início por sentimentos de paz e sensações suavizantes, com um efeito regenerador na espinha.

Esta antiga técnica iogue converte a respiração em substância mental. Pelo avanço espiritual, a pessoa é capaz de reconhecer a respiração como um ato da mente – uma respiração de sonho.

Muitos exemplos poderiam ser dados da relação matemática entre a frequência respiratória do homem e seus diversos estados de consciência. Quem se deixa absorver em um estado de atenção completa, seja ao acompanhar um intrincado argumento intelectual, seja ao tentar realizar alguma proeza física delicada ou difícil, automaticamente respira muito devagar. Uma atenção fixa, profunda, depende de uma respiração lenta; enquanto uma respiração rápida ou irregular está inevitavelmente ligada a estados emotivos prejudiciais, como medo, luxúria ou raiva. O inquieto macaco respira em média 32 vezes por minuto, bem superior à média humana, de 18 vezes. O elefante, a tartaruga, a serpente e outros animais notáveis por sua longevidade têm uma frequência respiratória mais lenta do que a nossa. A tartaruga gigante, por exemplo, que pode atingir a idade de 300 anos, respira somente 4 vezes por minuto.

Os efeitos regeneradores do sono são consequência direta da perda temporária da consciência do nosso corpo e da nossa respiração. Quem dorme se torna um iogue: todas as noites executa inconscientemente o ritual iogue de libertar-se da identificação com o corpo e de fundir sua força vital às correntes curativas no encéfalo e nos seis *subdínamos* dos seus centros espinhais. Ao dormir o homem recebe, sem o saber, um novo suprimento de energia cósmica – aquilo que sustenta toda a vida.

Através do uso de sua vontade, o iogue executa um processo simples e natural, conscientemente, mas com a mesma lentidão de quem dorme. O Kriya Yogi usa esta técnica para saturar e nutrir todas as suas células físicas com luz imperecível, desse modo as conservando espiritualmente magnetizadas. Ele torna a sua respiração cientificamente supérflua, mesmo sem cair, durante suas horas de prática, nos estados negativos de sono, inconsciência ou morte.

Nos homens sujeitos à lei natural, a força vital flui em direção ao mundo exterior, de modo que as correntes são desperdiçadas e usadas de modo excessivo pelos sentidos. A prática de Kriya inverte o fluxo: a força vital é mentalmente guiada para o cosmos interior e volta a se unir às energias sutis da espinha. Por meio de tal reforço da energia de vida, o corpo do iogue e suas células cerebrais são renovadas por um elixir espiritual.

Com alimentação apropriada, exposição regular à luz solar e pensamentos harmoniosos, homens que se deixam guiar apenas pela Natureza e seu divino plano alcançarão a experiência de Deus em um milhão de anos. São necessários doze anos de vida normal saudável para que se efetue o mais leve refinamento na estrutura do cérebro; um milhão de anos solares são precisos até purificar o alojamento cerebral o suficiente para que nele se manifeste a consciência cósmica. Um Kriya Yogi, todavia, através do exercício desta ciência espiritual, se livra da necessidade de um longo período de cuidadosa observância das leis naturais.

Desatando a corda da respiração que liga a alma ao corpo, Kriya serve para prolongar a vida e alargar a consciência ao infinito. A técnica iogue transcende a batalha entre a mente e os sentidos emaranhados na matéria, e liberta o devoto para que herde outra vez o seu reino eterno. Ele sabe, desde então, que o seu ser real não se encontra limitado nem pelo invólucro físico nem pela respiração, isto é: nem pelo símbolo da escravidão mortal do homem ao ar, nem pelas compulsões elementares da Natureza.

Mestre de seu corpo e de sua mente, o Kriya Yogi conquista, enfim, a vitória sobre o "último inimigo": a morte.

Assim te alimentarás da Morte, que se alimenta dos homens: e estando morta a Morte, já não haverá mais morrer. [Shakespeare, Soneto 146]

A introspeção, ou o "sentar em silêncio", é um processo de tentar separar a mente e os sentidos, todavia estes continuarão atados àquela pela energia vital. A mente contemplativa, em sua tentativa de retorno à divindade, é constantemente arrastada de volta pelas correntes de vida, em direção aos sentidos. A técnica de Kriya, controlando a mente de modo direto, através da força vital, é a via preferencial mais fácil, mais eficiente e mais científica de acesso ao Infinito. Em contraste com o lento e incerto carro de bois que é a via teológica para Deus, Kriya Yoga pode, com justiça, intitular-se "a rota do avião".

A ciência iogue se fundamenta no exame empírico de todos os tipos de exercícios de concentração e de meditação. A ioga habilita o devoto a desligar e religar, voluntariamente, a sua corrente vital aos cinco telefones sensoriais: visão, audição, olfato, paladar e tato. Conquistando este poder de desligar os sentidos, torna-se relativamente simples para o iogue unir sua mente com os reinos divinos ou com o mundo da matéria, à vontade. Então, ele já não é mais arrastado pela força vital, contra sua vontade, à esfera mundana de sensações desordenadas e pensamentos inquietos.

A vida de um Kriya Yogi adiantado já não depende dos efeitos de ações anteriores, mas tão somente das diretrizes de sua alma. Dessa forma, o devoto evita a lentidão evolutiva das ações egoístas, boas ou más, frutos da vida comum, mundana.

Através do método superior de viver em sua alma, o iogue se liberta; emergindo da prisão do ego, ele respira o ar profundo da onipresença. A escravatura da vida mundana, pelo contrário, segue em passadas lentas e cambaleantes. Se o homem conforma sua própria vida à mera ordem evolutiva, não pode exigir da Natureza uma pressa privilegiada. Embora possa viver sem cometer atentados contra as leis que lhe governam o corpo e a mente, ainda necessitará de um milhão de anos de encarnações para atingir a emancipação final.

Os métodos telescópicos do iogue, desatando-o de identificações físicas e mentais, em favor da individualidade da alma, são recomendados àqueles que se revoltam ante a perspectiva de um milhão de anos. Sendo que tal cifra ainda deve se alargar para o homem comum, que não vive em harmonia com a natureza e muito menos com a própria alma; pelo contrário, se enreda a complicações artificiais e agride, em seu corpo e em seu pensamento, a sensatez da Natureza. Duas vezes um milhão de anos dificilmente serão suficientes para libertá-lo.

O homem vulgar raramente ou nunca compreende que seu corpo é um reino governado, desde o trono do crânio, pela Imperatriz Alma, com regentes subsidiários nos seis centros espinhais, ou esferas de consciência. Esta teocracia administra uma multidão de súditos obedientes: vinte e sete trilhões de células (dotadas de inteligência segura, embora aparentemente automática, que as habilita a executar todas as funções corporais de crescimento, transformação e decomposição) e cinquenta milhões de pensamentos e emoções essenciais, além de suas variantes, próprias de fases alternativas na consciência do homem, ao longo de uma vida de sessenta anos (em média).

Qualquer revolta ou insurreição manifesta do corpo humano ou da mente contra a Imperatriz Alma, traduzida como doença ou irracionalidade, não se deve a deslealdade alguma dos humildes súditos, mas tem sua origem no abuso, presente ou passado, que o homem fez de sua individualidade ou livre-arbítrio – algo que lhe foi dado junto com sua alma, e que jamais pode ser revogado.

Identificando-se com um ego superficial, o homem acredita que é ele quem pensa, quer, sente, digere alimentos e se mantém vivo; jamais admite pela reflexão (apenas um pouco bastaria) que, em sua vida ordinária, ele não passa de um boneco subsistindo sob o efeito de suas ações passadas (karma) e da Natureza. As reações intelectuais, sentimentos, disposições e hábitos de cada homem são meros efeitos de causas passadas, sejam desta vida ou de outras, anteriores. Todavia, acima de tais influências, paira sublime a sua alma régia. Rejeitando verdades e liberdades transitórias, o Kriya Yogi ultrapassa velozmente toda ilusão e penetra em seu Ser, que é sempre livre.

As Escrituras do mundo inteiro declaram que o homem não é um corpo corruptível, mas uma alma vivente; em Kriya Yoga podemos encontrar o método para comprovar a afirmação bíblica.

"O ritual exterior não pode destruir a ignorância porque não se contradizem mutuamente", escreveu Shânkara em sua famosa *Centúria de Versos*. "Apenas o conhecimento experimental destrói a ignorância (...); e o conhecimento só pode surgir por meio da investigação: Quem sou eu? Como nasceu este universo? Quem o fez? Qual é a sua causa material? É este o tipo de investigação a que me refiro".

Todavia, o intelecto não tem qualquer resposta para tais perguntas; por isso os rishis desenvolveram a ioga como uma técnica de pesquisa espiritual.

Kriya Yoga é o verdadeiro "rito do fogo", tantas vezes enaltecido no *Gita*. O iogue coloca seus anseios humanos numa fogueira monoteísta consagrada ao Deus incomparável. Nesta autêntica cerimônia do fogo, todos os desejos passados e presentes são o combustível consumido pelo amor divino. A Flama Última recebe em holocausto a derradeira loucura humana, e o homem se vê livre de sua carga inútil. Com seus ossos metafóricos despojados de toda carne sensual, e seu esqueleto kármico branqueado pelos sóis da sabedoria, ele se encontra finalmente e inteiramente limpo.

O verdadeiro iogue, impedindo seus pensamentos, sua vontade e seus sentimentos de se identificarem falsamente com os desejos do corpo, e unindo sua mente a forças subconscientes nos santuários da espinha, vive no mundo conforme os desígnios de Deus. Assim, ele nem é impelido por impulsos do passado, nem por recentes motivações de insensatez humana. Ao alcançar a satisfação de Seu Supremo Desejo, atraca, fora de perigo, no porto final do inesgotável Espírito beatífico.

Fazendo referência à eficiência metódica e segura da ioga, Krishna louva o iogue fiel à sua prática com as seguintes palavras: "O iogue é maior que os ascetas disciplinadores do físico; é maior que os adeptos das vias da sabedoria (Jnâna Yoga) ou da ação (Karma Yoga). Assim sendo, ó príncipe [Arjuna], siga o meu conselho, e seja um iogue, pleno de fé e bondade!" [*Bhagavad Gita*, VI:46].

27. Fundando uma escola de ioga em Ranchi

"Por que você é tão averso ao trabalho nas organizações?"

A pergunta do mestre me assustou um pouco. É verdade que minha convicção íntima naquela época era a de que as organizações eram como "casas de marimbondos".

"É uma tarefa ingrata, senhor." – Eu respondi. – "Não importa o que o chefe faça ou deixe de fazer, sempre será criticado."

"Ora, você quer reservar para si toda a divina *channa* (coalhada)?"

A réplica de meu guru veio acompanhada de um olhar severo. Em seguida, ele prosseguiu:

"Poderia você, ou qualquer outro, atingir a comunhão com Deus através da ioga, se uma linhagem de mestres de coração generoso não tivesse concordado a se dedicar a transmitir o seu conhecimento aos demais? Veja: Deus é o Mel, as organizações são as colmeias; ambos são necessários. Qualquer *forma* é inútil, naturalmente, sem o espírito, mas por que você não dá início a colmeias atuantes, repletas de néctar espiritual?"

Seu conselho me deixou profundamente comovido. Embora eu não tenha conseguido lhe dar alguma resposta naquele momento, em meu peito nasceu uma resolução inflexível como o diamante: compartilharia com meus companheiros, tanto quanto me fosse possível, as verdades libertadoras que tinha aprendido aos pés de meu guru. "Senhor", eu rezei, "possa Teu amor bilhar para sempre no santuário de minha devoção e possa eu despertar o amor a Ti em todos os corações".

Em ocasião anterior, antes de meu ingresso na ordem monástica, Sri Yuktéswar havia feito uma observação inesperada:

"Ó, quanto você lamentará a falta de uma esposa em sua velhice! Por acaso não concorda que o chefe de família, empenhado em um trabalho útil para manter sua mulher e filhos, representa um papel digno de recompensa aos olhos de Deus?"

"Senhor, sabe muito bem que só desejo nesta vida o Amado Cósmico." – Foi minha resposta, em protesto.

Todavia, o mestre riu com tanta jovialidade que entendi que aquelas palavras foram ditas simplesmente para me testar. A sua resposta veio em forma de conselho:

"Lembre-se, quem rejeita os deveres mundanos só pode justificar tal escolha assumindo alguma responsabilidade por uma família muito mais vasta."

E, de fato, promover de alguma forma uma educação adequada para a juventude era um ideal que eu sempre havia acalentado em meu coração. Eu via claramente os áridos resultados do ensino comum, que visa apenas ao desenvolvimento do corpo e do intelecto. Os valores morais e espirituais, sem cujo apreço nenhum homem pode encontrar a felicidade, ainda estavam ausentes dos programas acadêmicos. Decidi fundar uma escola onde os meninos pudessem se desenvolver até sua plena estatura de homens. Nesse sentido, dei meu primeiro passo, tendo comigo sete crianças em Dihika, um pequeno vilarejo rural de Bengala.

Um ano depois, em 1918, graças à generosidade de Sri Manindra Chandra Nundy, o marajá de Kasimbazar, consegui transferir meu grupo, que crescia rapidamente em número, para Ranchi. Esta cidade em Bihar, a 320 quilômetros de Calcutá, é abençoada com um dos mais saudáveis climas da Índia. O palácio Kasimbazar em Ranchi veio a ser o edifício principal da nova escola, que intitulei Brahmacharya Vidyalaya [115].

Organizei os programas para os cursos primário e secundário. Neles incluí matérias agrícolas, industriais, comerciais e clássicas. Adotando os ideais educativos dos rishis — cujos ashrams na floresta foram as antigas cátedras de cultura, tanto secular quanto religiosa, para a juventude da Índia —, providenciei para que a maior parte das aulas fosse dada ao ar livre.

Assim, os estudantes de Ranchi aprendem, além da meditação iogue, um sistema sem paralelos para o desenvolvimento da saúde e do corpo, *Yogôda*, cujos princípios descobri em 1916.

Compreendendo que o corpo humano é semelhante a uma bateria elétrica, imaginei que poderia reabastecê-lo de energia por intervenção direta da vontade. Como nenhuma ação é possível sem o querer, o homem pode se valer do motor primordial, a vontade, para renovar sua força sem complicados aparelhos ou exercícios mecânicos. Com as simples técnicas Yogôda, qualquer um pode, de forma consciente e imediata, absorver do ilimitado suprimento de energia cósmica uma nova provisão de força vital.

Os jovens de Ranchi corresponderam amplamente ao tratamento Yogôda, desenvolvendo extraordinária habilidade para transferir a energia vital de uma parte do corpo à outra, e para sentar em pose perfeita nas mais difíceis ásanas (posições) [116]. Eles realizavam proezas de força e resistência que muitos adultos vigorosos não conseguiam igualar.

Meu irmão mais novo, Bishnu Charan Ghosh, eventualmente entrou para a escola de Ranchi; mais tarde, ele veio a ser um notável professor de educação física. Ele e um de seus alunos viajaram em 1938 para o Ocidente, realizando exibições de força e de controle da musculatura. Professores da Universidade de Columbia, em Nova York, e de muitas outras universidades da América e da Europa, ficaram assombrados com as demonstrações de poder da mente sobre o corpo.

Ao término do primeiro ano letivo em Ranchi, o número de candidatos à admissão já chegava a dois mil. Mas a escola, que naquele tempo era só um internato, podia abrigar apenas cem. Assim, pouco depois se iniciou o ensino para alunos externos.

Na Vidyalaya eu tinha de desempenhar o papel de pai e mãe para as crianças menores, além de enfrentar muitas dificuldades referentes à organização. Com frequência me lembrava das palavras de Cristo: "Em verdade vos digo, não existe homem que tenha deixado casa, ou irmãos, ou irmãs, ou pai, ou mãe, ou esposa, ou filhos, ou terras, por amor a mim e aos evangelhos, que não receba agora cem vezes mais casas, e irmãos, e irmãs, e pai, e mãe, e filhos, e terras, com perseguições; e no mundo vindouro, a vida eterna." [*Marcos*, 10:29–30].

Sri Yuktéswar interpretara tais palavras desta maneira: "O devoto que renuncia as experiências comuns da vida matrimonial e da educação dos filhos, a fim de assumir maiores responsabilidades com relação à sociedade em geral, realiza um trabalho frequentemente acompanhado pela perseguição de um mundo que não o compreende. Mas estas identificações com grupos maiores ajudam o devoto a superar o egoísmo e lhe trazem uma recompensa divina".

Um dia, meu pai chegou a Ranchi para me conceder a bênção paternal, há muito tempo negada, porque eu o tinha magoado ao recusar sua oferta de um cargo elevado na Estrada de Ferro Bengala Nagpur.

"Filho, agora me reconciliei com a escolha que você fez na vida." – Disse ele. – "Sinto alegria ao vê-lo em meio a estes jovens felizes e cheios de entusiasmo; você realmente pertence a isto, mais do que aos números sem vida dos horários de trens." – Ele acenou para um grupo de doze criancinhas, grudadas nos meus calcanhares. – "Bem, eu tive somente oito filhos, mas sei como você se sente!"

Com 100 mil metros quadrados de terra fértil à nossa disposição, estudantes, professores e eu nos deliciávamos com períodos diários de jardinagem e de trabalho ao ar livre. Tínhamos vários animais de estimação, inclusive um veadinho, adorado pelas crianças. Eu também amava o pequeno cervo a ponto de permitir que ele dormisse em meu quarto. Ao despontarem os primeiros raios de sol, a pequenina criatura se aproximava de minha cama, aos tropeços, em busca de uma carícia matutina.

Um dia, quando certo negócio exigia minha atenção na cidade de Ranchi, alimentei o animalzinho mais cedo do que o usual. Disse aos meninos que não lhe dessem comida até a minha volta. Todavia, um deles me desobedeceu, e lhe deu uma grande quantidade de leite. Ao retornar, à tarde, tristes notícias me esperavam: o filhote de corça estava à beira da morte, devido à alimentação excessiva.

Em lágrimas, coloquei o bichinho desfalecido em meu colo. Orei piedosamente a Deus para que a sua vida fosse poupada. Horas depois, a pequenina criatura abriu os olhos, ficou de pé e caminhou, muito fraca. A escola inteira gritou de alegria.

Naquela noite, no entanto, aprendi uma lição profunda, que jamais poderei esquecer. Eu permaneci velando o animalzinho até duas horas da madrugada, quando enfim adormeci. O veadinho surgiu em meu sonho e me disse:

"O senhor está me segurando. Por favor, me deixe ir; me deixe ir!"

"Está bem." – Respondi, no sonho.

Acordei logo em seguida; e, vendo a cena, gritei:

"Meninos, o veadinho está morrendo!"

As crianças correram para junto de mim. Fui para o canto do quarto, onde tinha colocado o animalzinho amado. Ele fez em último esforço para se levantar, cambaleou em minha direção e em seguida caiu a meus pés, morto.

De acordo com o karma de massa que guia e regula os destinos dos animais, a vida do cervo havia chegado ao fim e ele estava pronto para progredir para uma forma mais elevada. Porém, por conta de meu profundo apego, que mais tarde reconheci ser egoísta, e de minhas preces fervorosas, eu tinha conseguido reter aquela vida nas limitações da forma animal enquanto sua alma lutava para se libertar. A alma do veadinho fez sua súplica em sonho porque, sem minha amorosa permissão, ele não podia ou não desejava partir. Assim que concordei, ele se foi.

Toda tristeza me abandonou; compreendi mais uma vez que Deus quer que Seus filhos amem a cada coisa como uma parte Dele, e não sintam ilusoriamente que a morte é o fim de tudo. O homem ignorante vê apenas o muro intransponível da morte, ocultando para sempre os amigos queridos. Mas o homem sem apego, o que ama os outros como expressões do Senhor, entende que na morte os seres amados apenas regressaram para um sopro de alegria em Deus.

A escola de Ranchi cresceu: desde seus pequenos e simples alicerces, até uma instituição hoje perfeitamente conhecida em Bihar e em Bengala. Muitos de seus departamentos são sustentados pela contribuição voluntária de pessoas que se aprazem em perpetuar os ideais educativos dos rishis. Ramos florescentes da escola também foram estabelecidos em Midnapore, Lakshmanpur e Puri.

A sede em Ranchi mantém um Departamento Médico que fornece gratuitamente consultas, remédios e outros serviços profissionais aos pobres da localidade. O número de pessoas tratadas chega a cerca de 18 mil por ano. A Vidyalaya também se destacou nas competições esportivas; e quanto ao campo dos estudos clássicos e científicos, muitos diplomados por Ranchi posteriormente se destacaram em suas carreiras universitárias.

Nas últimas décadas, a escola de Ranchi teve a honra de receber a visita de muitos homens e mulheres eminentes dos dois hemisférios do mundo. Swâmi Pranabananda, o "santo de dois corpos" de Benares [ver capítulo 3], esteve em Ranchi ao longo de alguns dias em 1918. Ao ver as pitorescas aulas sob a sombra das árvores e, à noite, os meninos sentados imóveis durante horas em meditação iogue, o grande mestre se comoveu profundamente:

"A alegria me inunda o coração ao ver os ideais de Láhiri Mahasaya, acerca da instrução adequada da juventude, serem postos em prática nesta instituição. Que as bênçãos de meu guru estejam aqui."

Um jovenzinho, sentado ao meu lado, se arriscou a fazer uma pergunta ao grande iogue:

"Senhor, eu serei um monge? Minha vida se destina unicamente a Deus?"

Apesar de sorrir amavelmente, os olhos de Swâmi Pranabananda vislumbravam o futuro. Após um breve momento, ele respondeu:

"Filho, quando você crescer, haverá uma bela noiva à sua espera." – O jovem de fato eventualmente se casou, mesmo após haver planejado, durante anos, ingressar na Ordem dos Swâmis.

Algum tempo depois da visita de Swâmi Pranabananda a Ranchi, acompanhei meu pai numa visita à casa onde o iogue se hospedava temporariamente, em Calcutá. A predição de Pranabananda, feita muitos anos antes, voltou de súbito à minha mente: "Ainda o verei novamente, com seu pai".

Quando papai entrou no quarto de swâmi, o grande iogue se levantou e o abraçou com afetuoso respeito:

"Bhágabati, o que está fazendo pelo seu progresso espiritual? Não vê que seu filho dispara em direção ao Infinito?" – Corei ao ouvir este elogio na presença de meu pai. O swâmi prosseguiu. – "Não se lembra com que frequência nosso abençoado guru costumava dizer: 'Banat, banat, ban jai' [117]? Pois então continue incessantemente com o Kriya Yoga, e atinja mais depressa os portais divinos."

O corpo de Pranabananda, que a mim pareceu tão saudável e forte ao longo da minha primeira e assombrada visita a ele em Benares, agora exibia sinais inequívocos da idade, embora sua posição fosse ainda admiravelmente ereta.

Ao perceber que ele também olhava em meus olhos, perguntei:

"Swâmiji, por favor, me diga: não está sentindo o avanço da idade? Na medida em que o corpo enfraquece, as percepções de Deus sofrem alguma diminuição?"

Ele sorriu angelicamente antes da resposta:

"O Amado está comigo, agora mais do que nunca."

Sua convicção absoluta ao dizer tais palavras me arrebatou de modo irresistível, elevando minha mente e minha alma. Ele prosseguiu:

"Ainda estou gozando de duas pensões: uma de Bhágabati, aqui presente, e outra vinda do alto." – Apontando o dedo para o céu, por um breve período, o santo paralisou em estado de êxtase, com sua face iluminada por um ardor divino. Era uma resposta mais do que suficiente para a minha pergunta!

Notando que no quarto de Pranabananda havia muitas plantas e pacotes de sementes, indaguei qual a finalidade daquilo.

"Deixei Benares em definitivo." – Ele explicou. – "Eu estou a caminho do Himalaia. Ali abrirei um ashram para meus discípulos. Estas sementes vão produzir espinafre e alguns outros vegetais. Meus queridos estudantes viverão com simplicidade, dedicando seu tempo à beatífica união com Deus. Nada mais será necessário."

Papai perguntou a seu irmão espiritual quando ele voltaria a Calcutá.

"Nunca mais." – Respondeu o santo. – "Este é o ano em que Láhiri Mahasaya me disse que eu deixaria minha amada Benares para sempre e iria aos Himalaias para ali abandonar meu invólucro mortal."

Meus olhos se encheram de lágrimas ao ouvir tais palavras, mas o swâmi sorriu tranquilo. Ele me recordou da sua criancinha celestial, sentada nos joelhos da Mãe Divina, em segurança. O peso dos anos não prejudicou em nada a posse absoluta dos supremos poderes espirituais deste grande iogue. Seres como ele são capazes de renovar seu corpo à vontade; às vezes, entretanto, não se preocupam em retardar o processo de envelhecimento, mas permitem que seu karma se esgote no plano físico, fazendo uso de seu corpo atual como uma forma de estratégia para economizar tempo e excluir a necessidade de eliminar, numa nova encarnação, quaisquer vestígios remanescentes de karma.

Meses depois, encontrei um velho amigo, Sanândam, um dos discípulos íntimos de Pranabananda.

"Meu adorável guru já se foi." – Ele me disse, melancólico. – "Ele estabeleceu um ashram perto de Rishikesh e nos deu afetuoso treinamento. Um dia, quando estávamos bem instalados e fazíamos rápido progresso espiritual em sua companhia, ele nos propôs alimentar uma enorme multidão de Rishikesh. Perguntei por que motivo ele queria um número tão grande de pessoas.

'Esta será a minha última cerimônia festiva.' – Foi a sua resposta; mas naquele momento eu não entendi todas as implicações de suas palavras.

Pranabanandaji ajudou a cozinhar grande quantidade de comida. Alimentamos cerca de dois mil convidados. Depois do festival, ele se sentou numa plataforma alta e fez um inspirado sermão sobre o Infinito. Ao terminar, diante da vista de milhares de pessoas, se voltou para mim, sentado logo atrás dele no estrado e, contra o seu costume, falou em tom enérgico:

'Sanândam, se prepare: vou dar um chute na carcaça [isto é, abandonar o corpo].'

Após um silêncio atordoante, gritei desesperado:

'Mestre, não faça isso! Por favor, não, por favor!'

A multidão permaneceu em silêncio, curiosa pelo tom de nossa conversa. Pranabanandaji sorriu para mim, mas naquele instante seus olhos já comtemplavam a Eternidade:

'Não seja egoísta, e não chore por mim. Durante muito tempo servi alegremente a todos; agora se alegre e me deseje a companhia divina. Vou me encontrar com o Amado Cósmico.' – Sussurrando, ele ainda acrescentou: – 'Renascerei em breve. Depois de gozar por um curto período da Bem Aventurança Divina, retornarei à Terra para me reunir a Babaji [118]. Você saberá, muito em breve, quando e onde minha alma voará para a gaiola de um novo corpo.'

Em seguida, ele gritou mais uma vez:

'Sanândam, aqui dou um chute na carcaça, através da segunda Kriya Yoga [119].'

Então, ele contemplou o mar de faces diante de nós e fez um gesto de bênção. Dirigindo sua visão internamente para o olho espiritual, meu guru ficou inteiramente imóvel. Enquanto a multidão espantada supunha que o santo meditasse em êxtase, ele já havia abandonado a moldura da carne e arremessado sua alma na vastidão cósmica. Os discípulos tocaram o seu corpo, assentado na posição de lótus, mas já não sentiram o calor da vida. Só restava uma estrutura rígida; o inquilino tinha buscado seu refúgio nas praias da imortalidade."

Quando Sanândam encerrou a sua narrativa, pensei comigo: "O abençoado 'santo de dois corpos' foi tão dramático na morte quanto na vida!".

Em seguida, indaguei onde Pranabananda renasceria.

"Bem, eu considero essa informação uma confidência sagrada." – Sanândam respondeu. – "Assim, eu não a revelarei a ninguém. Mas quem sabe você venha a descobrir por outras vias."

Mais tarde descobri, por meio de Swâmi Keshabananda [120] que Pranabananda, poucos anos após seu nascimento em um novo corpo, havia se dirigido a Badrinarayan, nos Himalaias, e ali se reuniu ao grupo de santos em torno do grande Babaji.

28. Kashi, renascido e redescoberto

"Por favor, ninguém deve entrar na água. Vamos tomar banho retirando água com nossos baldes."

Eu falava aos jovens estudantes de Ranchi que me acompanhavam a pé numa excursão de cerca de treze quilômetros, até uma colina próxima. A lagoa à nossa frente parecia convidativa; mas senti, intuitivamente, uma aversão por ela. Muitos dos meninos começaram a imergir seus baldes; no entanto, alguns rapazes sucumbiram à tentação das águas refrescantes. Mal haviam mergulhado quando longas serpentes aquáticas ondularam ao seu redor. Quantos gritos e quanta água espirrada! Que espontaneidade cômica em fugir rapidamente da lagoa!

Em seguida, nos deliciamos com um almoço ao ar livre, após atingir nosso destino. Sentei-me, rodeado de meninos, sob uma árvore. Ao me verem inspirado, todos me assediaram com perguntas.

"Por favor me diga, senhor, se eu sempre permanecerei contigo na via da renúncia." – Indagou um jovem.

"Não, não!" – Respondi. – "Você será levado de volta para sua casa à força; e, mais tarde, irá se casar."

Incrédulo, ele protestou com veemência:

"Somente morto eu serei carregado daqui." – Todavia, dentro de poucos meses seus pais chegaram para leva-lo embora, apesar de sua grande resistência e de suas lágrimas. Alguns anos mais tarde, ele de fato se casou.

Eu havia respondido a muitas questões quando se dirigiu a mim um jovenzinho chamado Kashi. Tinha uns doze anos de idade; era um aluno de grande inteligência e muito querido por todos:

"Senhor, qual será a minha sorte?"

"Você morrerá em breve." – Um poder irresistível havia forçado as palavras a saírem de meus lábios.

A revelação me chocou e me entristeceu, assim como a todos os demais. Reprovando-me silenciosamente por haver feito o papel de *enfant terrible*, recusei a dar respostas para novas perguntas.

Quando retornamos à escola, Kashi veio ao meu quarto:

"Se eu morrer, o senhor me descobrirá após o meu renascimento e me reconduzirá ao caminho espiritual?" – Ele me perguntou, choroso.

Eu me senti obrigado a recusar esta difícil responsabilidade oculta. Todavia, ao longo das semanas seguintes, Kashi me pressionava obstinadamente. Percebendo que o menino estava na iminência de uma crise nervosa, finalmente o consolei:

"Sim, eu prometo. Se o Pai Celestial me der Sua ajuda, farei tudo ao meu alcance para encontrá-lo."

Durante as férias de verão, saí para uma curta viagem. Lamentando não poder levar Kashi comigo, chamei-o ao meu quarto antes de minha partida, e o instruí cuidadosamente para que permanecesse, opondo-se a todas as sugestões, dentro das vibrações espirituais da escola. De algum modo pressenti que, caso ele não voltasse para sua casa, poderia evitar a calamidade que se avizinhava.

Logo após o início de minha viagem, o pai de Kashi chegou a Ranchi. Durante quinze dias tentou dobrar a vontade do filho, explicando que, se Kashi fosse a Calcutá apenas durante quatro dias para ver a mãe, poderia retornar em seguida. Kashi recusou persistentemente a oferta. Por fim, o pai disse que levaria o filho com ajuda da polícia. A ameaça perturbou Kashi, que não desejava ser causa de publicidade desfavorável para a escola. Não teve outra alternativa senão ir com seu pai.

Voltei a Ranchi alguns dias depois. Ao saber em que circunstâncias Kashi tinha sido levado, tomei de imediato o trem para Calcutá. Chegando na cidade, aluguei um veículo de tração animal. Para a minha surpresa, quando o coche ultrapassou a ponte da estação de Howrah, sobre o Ganges, as primeiras pessoas que vi foram o pai de Kashi e outros parentes – todos eles vestidos de luto. Gritando ao meu cocheiro para que parasse, saltei do veículo e encarei o pai infeliz.

"Assassino!" – Gritei sem pensar. – "O senhor matou o meu menino!"

O pai já havia compreendido o mal que tinha feito ao trazer Kashi à força até Calcutá. Durante os poucos dias em que o menino passou por lá, ele havia comido alimento contaminado, contraindo o cólera asiático, que foi fatal.

Meu amor por Kashi e a promessa de achá-lo após a morte me acompanhavam noite e dia, como assombrações. Não importa aonde eu fosse, sua face pairava diante de mim. Dessa forma, iniciei uma busca memorável, semelhante à que tinha realizado muito tempo atrás, ao perder minha mãe.

Senti que, na medida em que Deus havia me concedido a faculdade de raciocinar, eu deveria utilizá-la e exigir dela o máximo para descobrir as leis sutis que me permitiriam conhecer o paradeiro astral de Kashi. Ele era uma alma vibrando com desejos não realizados, um núcleo de luz flutuando em algum lugar entre milhões de almas luminosas na região astral. Mas, como eu poderia me sintonizar com ele, em meio a tantas luzes vibratórias de outras almas?

Utilizando uma técnica iogue secreta, irradiei meu amor à alma de Kashi através do "microfone" do olho espiritual, o ponto médio entre as sobrancelhas [121]. Intuitivamente senti que Kashi logo voltaria à Terra; e que se eu continuasse a irradiar meu chamado, sem interrupções, sua alma eventualmente responderia. Eu sabia que a mais leve resposta enviada por Kashi seria sentida nos nervos de meus dedos, braços e coluna vertebral.

Assim, usando meus braços erguidos como antenas, eu girava como um pião sobre mim mesmo, tentando descobrir em que direção estava a casa onde, conforme eu acreditava, ele já tinha renascido sob a forma de um embrião. Esperava receber sua resposta no "rádio" de meu coração, sempre sintonizado.

Sem esmorecer, pratiquei o método iogue constantemente, ao longo dos seis meses seguintes à morte de Kashi. Até que certa manhã, enquanto caminhava com alguns amigos entre a multidão da zona Bowbazar de Calcutá, ergui minhas mãos na forma costumeira e, pela primeira vez, houve resposta. Emocionei-me ao constatar que estímulos elétricos deslizavam por meus dedos e palmas. Tais correntes se traduziram num pensamento poderoso nos recônditos profundos de minha consciência:

"Eu sou Kashi, eu sou Kashi; venha até mim!"

Concentrando-me no rádio de meu coração, o pensamento tornou-se quase audível. No murmúrio peculiar, um tanto rouco, de Kashi [122], ouvi seus chamados repetidas vezes. Agarrei o braço de um de meus amigos, Prokash Das, e sorri para ele com profunda alegria:

"Parece que localizei Kashi!"

Comecei a dar voltas sobre mim mesmo, para indisfarçável divertimento de meus amigos e da multidão que circulava no local. Os estímulos elétricos só formigavam através de meus dedos quando eu estava de frente para uma ruela próxima, que tinha o nome significativo de "Via Serpentina". As correntes astrais desapareciam quando eu me voltava em outras direções.

"Ah! A alma de Kashi deve estar vivendo no ventre de certa mãe, cuja casa se encontra nesta travessa."

Eu e meus amigos nos aproximamos da Via Serpentina; as vibrações em minhas mãos erguidas tornaram-se mais fortes e mais pronunciadas. Como se fosse atraído por um imã, fui arrastado para o lado direito da rua. Ao atingir a entrada de certa residência percebi, aturdido, que meus pés se paralisavam. Bati à porta em estado de intensa excitação, com a respiração quase suspensa. Senti que minha busca, apesar de aparentemente absurda, havia chegado com êxito ao seu fim.

A porta foi aberta por uma criada, que me informou que o seu patrão se encontrava na casa. Ele desceu a escada, vindo do andar superior, e deu um sorriso interrogativo. Eu mal sabia como formular minha pergunta, pertinente e impertinente ao mesmo tempo:

"Por favor, poderia me dizer se o senhor e sua esposa esperam, há seis meses, o nascimento de um filho?"

"Sim, realmente esperamos." – Percebendo que eu era um swâmi, um homem de renúncia vestido com o manto tradicional alaranjado, ele acrescentou, com toda cortesia. – "Por favor, me diga como soube disso, já que eu não o conheço."

Quando lhe contei a respeito de Kashi e minha promessa de encontrá-lo, o homem, assombrado, acreditou em minha história.

"A criança que vai nascer será do sexo masculino, de pele clara." – Eu lhe disse. – "Ela terá uma face ampla, com um topete em cima da testa. Suas tendências espirituais serão dignas de nota." – Eu tinha certeza de que o menino esperado apresentaria as feições e as carateristicas de Kashi.

Tempos depois visitei a criança, cujos pais lhe haviam dado seu antigo nome de Kashi. Até mesmo na infância, ele já era impressionantemente idêntico em aparência ao meu querido estudante de Ranchi. O menino teve uma afeição instantânea para comigo; a atração do passado havia despertado com intensidade redobrada.

Anos mais tarde, já adolescente, ele me escreveu enquanto eu residia nos Estados Unidos. Na carta, ele demonstrou seu profundo desejo de seguir o caminho da renúncia. Então, o recomendei a um mestre no Himalaia, que o aceitou como discípulo. O renascido Kashi continuou seu caminho espiritual de onde havia parado.

29. Rabindranath Tagore e eu comparamos sistemas educacionais

"Rabindranath Tagore nos ensinou a cantar, para exprimir nossa alma com naturalidade, como fazem os pássaros."

Bhola Nath, com seus dezessete anos, era um jovem inteligente de minha escola em Ranchi. Ele me deu esta explicação depois que eu o cumprimentei, certa manhã, por seus cânticos melodiosos e inesperados. Com ou sem aprovação, dele emergiam sons como de um regato musical. Anteriormente ele tinha frequentado a famosa escola de Tagore, *Shantiniketan* (Porto de Paz), em Bolpur.

"As canções de Rabindranath têm estado em meus lábios desde a minha infância." – Contei a meu aluno. – "Todos os bengalis, até mesmo os aldeões analfabetos, se deleitam com seus versos sublimes."

Bhola e eu cantamos juntos alguns refrãos de Tagore, compositor que inseriu em sua música milhares de poemas hindus: alguns de sua própria autoria, e muitos outros de origem antiga.

"Eu me encontrei com Tagore depois que ele recebeu o Prêmio Nobel de Literatura (1913)." – Comentei após o nosso canto. – "Senti–me inclinado a visitá–lo porque admirei sua coragem, nenhum pouco diplomática, quando tratou como bem quis os seus críticos literários."

Eu ri. Mas Bhola ficou curioso, e quis conhecer a história:

"Bem, especialistas em literatura tosquiaram e esfolaram Tagore rudemente pela introdução de um novo estilo na poesia de Bengala. Ele mesclava expressões clássicas e coloquiais, desprezando todas as limitações prescritas, tão queridas aos ouvidos dos eruditos. Seus cânticos conseguem exprimir profundas verdades filosóficas, em termos emocionais muito atraentes, mesmo sem fazer caso das formas literárias mais aceitas.

Um crítico influente e mal intencionado referiu-se a Rabindranath como 'um poeta pombo que vendia seus arrulhos em folhas impressas, por uma rúpia'. Mas a desforra de Tagore se aproximava: todo o mundo literário do Ocidente se curvou a seus pés em homenagem, logo após a tradução para o inglês de seu *Gitanjali* (Oferenda Lírica) [123]. Para lhe congratular, nossos eruditos, inclusive seus antigos detratores, lotaram um trem que rumou até Shantiniketan.

Rabindranath recebeu seus visitantes depois de obrigá-los a uma espera propositadamente longa, e então ouviu seus louvores em estoico silêncio. Ao final, o poeta apontou contra eles as suas próprias armas habituais de crítica:

'Cavalheiros, as perfumadas homenagens com que me incensam aqui se misturam de forma exótica aos pútridos odores de seu desprezo anterior. Será que existe alguma relação entre o Prêmio Nobel, a mim conferido, e suas faculdades de apreciação, repentinamente despertas? Ainda sou o mesmo poeta que desagradava aos senhores quando ofereci pela primeira vez minhas flores humildes no santuário de Bengala.'

Os jornais publicaram um relato do castigo corajoso que Tagore ministrou. Na ocasião, eu fiquei muito admirado com as palavras honestas de um homem que não havia sido seduzido pela adulação. Fui apresentado a Rabindranath em Calcutá pelo seu secretário, o Sr. C. F. Andrews [124], que trajava simplesmente um *dhoti* bengalês [espécie de vestido tradicional]. Ao falar de Tagore ele sempre usava, muito afetuosamente, o termo *gurudeva*:

'Rabindranath me recebeu com grande gentileza. Dele emanava uma aura de encanto, de cultura e de cortesia. Respondendo à minha pergunta sobre as suas influências literárias, Tagore me informou que suas primeiras fontes de inspiração foram nossas epopéias religiosas e as obras de Vidyapati, um poeta popular do século XIV.'"

Inspirado por tais recordações, comecei a cantarolar a versão de Tagore de uma velha canção de Bengala, *Acende a lâmpada de teu amor*. Bhola e eu cantávamos alegremente, enquanto caminhávamos pelos terrenos da Vidyalaya.

Em torno de dois anos após a fundação da escola de Ranchi, recebi um convite de Rabindranath para ir visitá-lo em Shantiniketan, com o intuito de trocarmos algumas ideias acerca dos nossos ideais em matéria de educação. Parti, contente com o convite.

Quando entrei, o poeta estava sentado em sua sala de estudo; então pensei, lembrando do nosso primeiro encontro, que ele era uma figura de grande virilidade, tão impressionante quanto qualquer pintor [de modelo vivo] poderia desejar. Sua face belíssima, de ar nobre, tinha por moldura cabelos longos e barba esvoaçante. Tinha olhos grandes, comovidos; um sorriso angélico; e uma voz com timbre de flauta que era literalmente um encanto. Corpulento, alto e grave, ele combinava uma quase ternura de mulher com a deliciosa espontaneidade de uma criança. Nenhuma imagem idealizada de um poeta poderia achar encarnação mais adequada do que este suave cantor.

Tagore e eu nos aprofundamos no estudo comparativo de nossas escolas, ambas fundadas no intuito de fugir das diretrizes ortodoxas. Descobrimos muitas características idênticas: instrução ao ar livre, simplicidade, ampla liberdade para o desenvolvimento do espírito criador da criança etc. Todavia, Rabindranath dava grande ênfase ao estudo da literatura e da poesia, assim como a autoexpressão através da música e do canto, conforme eu já tinha verificado no caso de Bhola. As crianças de Shantiniketan observavam períodos de silêncio, mas não recebiam nenhum treinamento sistemático em ioga.

O poeta concedeu lisonjeira atenção à minha descrição dos exercícios Yogôda para o reabastecimento da energia, assim como às técnicas iogues de concentração, ensinadas a todos os meus estudantes em Ranchi.

Desde o início, Tagore me contou dos seus próprios esforços para se educar:

"Fugi da escola depois do quinto ano." – Disse ele, sorrindo. E eu logo compreendi o quanto a sua delicadeza poética havia sofrido com uma atmosfera de rígida disciplina escolar.

Em seguida, acenou para um pequeno grupo que estudava no belo jardim da escola e prosseguiu:

"Eis por que abri Shantiniketan sob a sombra das árvores e as glórias do céu: uma criança se encontra em seu ambiente natural entre flores e pássaros cantores. Neste cenário ela encontrará maior facilidade para expressar a riqueza oculta de seus talentos individuais. A verdadeira educação não vem de fontes exteriores, inserida por bomba de pressão, até se empanturrar o aluno; pelo contrário, ela ajuda a trazer à superfície a infinita reserva de sabedoria interior [125]."

Concordei, acrescentando:

"Nas escolas comuns, os instintos idealistas e a adoração aos heróis, próprios dos jovens, morrem de fome numa dieta exclusiva de estatísticas e eras cronológicas."

O poeta falou com carinho de seu pai, Devendranath, que havia servido de inspiração para os princípios de Shantiniketan:

"Papai me presenteou com estas terras férteis, onde já tinham sido construídos um templo e uma casa de hóspedes. Assim, eu iniciei minha experiência educacional aqui, em 1901, com apenas dez meninos. As oito mil libras que ganhei com o Prêmio Nobel foram aplicadas integralmente na manutenção da escola."

O pai de Tagore, Devendranath, muito conhecido como "maharishi" ("grande sábio"), foi um homem notável, como se pode constatar em sua autobiografia. Dois anos de sua idade adulta transcorreram em meditação no Himalaia. Seu avô, Dwarkanath Tagore, era célebre em Bengala por conta de suas generosas obras de beneficência. Desta árvore genealógica tão ilustre brotou uma família de gênios. Não somente Rabindranath: praticamente todos os seus parentes se distinguiram em expressões criativas e artísticas. Seus sobrinhos, Gogonendra e Abanindra, são dois dos principais artistas da Índia [126]. Seu irmão, Dwijendra, foi um filósofo de profunda visão, cuja voz atraía até os pássaros e os pequenos animais dos bosques.

Rabindranath me convidou para passar a noite na casa de hóspedes. Ao chegar o crepúsculo, me encantei com o espetáculo do poeta junto a um grupo no pátio. O tempo voou para trás, e a cena diante de mim se assemelhava à de um eremitério antigo: o alegre cantor, circundado por seus devotos, e todos aureolados pelo amor divino. Tagore tecia cada laço de amizade com as cordas da harmonia; jamais agressivo, ele atraía e capturava os corações com irresistível magnetismo. Era uma rara flor da poesia, desabrochada no jardim do Senhor, cativando os outros com um aroma sem artifícios!

Com sua voz melodiosa Rabindranáth nos recitou alguns de seus primorosos poemas, recém-criados. Muitas de suas canções e peças teatrais, escritas para o deleite de seus estudantes, foram compostas em Shantiniketan. Para mim, a beleza de seus versos se encontra na arte de se referir a Deus em quase todas as estrofes, no entanto raramente mencionando o Nome sagrado. "Inebriado com o êxtase do cantar", escreveu ele, "esqueço de mim e Te chamo amigo, a Ti que és o meu Senhor".

No dia seguinte, após o almoço, dei um relutante adeus ao poeta. Hoje muito me alegro pelo fato de que a sua pequena escola tenha se convertido numa universidade internacional, Visva-Bharati, onde estudiosos do mundo inteiro encontram um ambiente ideal de ensino.

Onde a mente encontra-se sem medo e a cabeça é mantida erguida;
Onde o conhecimento é livre;
Onde o mundo não foi quebrado em fragmentos
Por estreitos muros domésticos;
Onde as palavras vêm da verdade profunda;
Onde laboriosas lutas esticam seus braços em direção à perfeição;
Onde o riacho límpido da razão não perdeu seu rumo
Afluindo ao triste deserto dos hábitos moribundos;
Onde a mente é direcionada adiante por você
A pensamentos e ações sempre em constante afloramento;
Nesse céu de liberdade, Pai, deixe meu país acordar!

(*Céu de liberdade*, poema 35 do *Gitanjali* de Tagore [127])

30. A Lei dos Milagres

O grande novelista Leon Tolstoi [128] escreveu um delicioso conto, *Os Três Eremitas*. Seu amigo, Nicholas Roerich, o resumiu assim:

"Numa ilha viviam três velhos eremitas. Eram tão simples que usavam apenas esta oração: 'Nós somos três; Tu és três; tem piedade de nós!'. Grandes milagres ocorriam pelo uso desta prece ingênua.

O bispo local [129] soube da existência dos três eremitas e da sua reza exótica, e decidiu visitá-los no intuito de lhes ensinar as rezas canônicas. Atracou na ilha, e logo foi dizer aos eremitas que aquela súplica aos céus era indigna. Também os instruiu em muitas orações usuais. Em seguida o bispo retornou ao seu barco e zarpou. Então viu, ao longe, deslizando na esteira da embarcação pelas águas, uma luz esplendorosa. Na medida em que ela se aproximava, distinguiu os três eremitas, de mãos dadas, correndo sobre as ondas para alcançar o barco.

'Esquecemos das preces que nos ensinou.' – Gritaram eles, ao se aproximar do barco. – 'Então viemos correndo pedir a repetição delas.'

O bispo, assombrado, sacudiu a cabeça em negativa:
'Meus queridos, continuem a viver com sua antiga oração!'"

Como foi que os três santos caminharam sobre a água? Como foi que Cristo ressuscitou o seu corpo depois de crucificado? Como foi que Láhiri Mahasaya e Sri Yuktéswar realizaram seus milagres? Por enquanto a ciência moderna não tem respostas, embora os horizontes da mente mundial tenham se ampliado repentinamente com o advento da Era Atômica e das maravilhas dos radares. A palavra "impossível" está se tornando menos proeminente no vocabulário do homem.

As Escrituras védicas declaram que o mundo físico está sujeito a uma lei fundamental: a lei de maya, ou princípio da relatividade e da dualidade. Deus, a Única Vida, é Unidade Absoluta. No intuito de Se revelar nas manifestações diversas e separadas de uma criação, Ele usa um véu irreal ou falso. Este véu dualístico e ilusório é maya. Grandes descobertas científicas dos tempos modernos confirmaram este simples pronunciamento dos rishis da antiguidade.

A Lei do Movimento de Isaac Newton é uma lei de maya: "Para cada ação existe sempre uma reação igual e contrária; as ações recíprocas de dois corpos quaisquer, sendo iguais, têm sempre direção oposta". Ação e reação são, dessa forma, exatamente iguais. "Existir uma força ímpar é impossível. Deve haver, e sempre há, um par de forças iguais e contrárias".

Todas as atividades naturais básicas denunciam a sua origem: maya. A eletricidade, por exemplo, é um fenômeno de atração e repulsão; seus elétrons e prótons são opostos elétricos. Outro exemplo: o átomo ou partícula primordial da matéria é, como o nosso próprio planeta, um imã com pólos positivos e negativos. Todo o mundo dos fenômenos está sob o inexorável domínio da polaridade; nenhuma lei da física, da química ou qualquer outra ciência pode jamais se dissociar dos opostos inerentes ou princípios contrastantes.

Assim, a ciência física não pode formular leis fora de maya: a verdadeira textura e estrutura da criação. A própria natureza é maya; as ciências naturais devem obrigatoriamente se relacionar com a irresistível essência da natureza, já que esta, em sua esfera de ação, é eterna e inexaurível. Os cientistas do futuro nada mais poderão fazer senão demonstrar um aspecto após outro de sua variada infinitude. Com isso a ciência continua em fluxo perpétuo, incapaz de atingir a Causa Primeira. E, se é verdade que a ciência está apta para descobrir as leis de um cosmo já existente e funcional, ela permanece impotente em achar o Autor da Lei, e seu Operador Único. São bem conhecidas as grandiosas manifestações da gravitação e da eletricidade, mas o que são exatamente a gravitação e a eletricidade, nenhum mortal tem conhecimento [130].

Transcender maya foi a tarefa dada à raça humana pelos profetas ancestrais. Elevar-se sobre a dualidade da criação e perceber a unidade do Criador, eis o fim supremo do homem. Os que se apegam à ilusão cósmica devem aceitar sua lei essencial de polaridade: fluxo e refluxo, ascensão e queda, noite e dia, prazer e dor, bem e mal, nascimento e morte. Este padrão cíclico assume certa monotonia angustiante depois que o homem já passou por alguns milhares de nascimentos; ele começa, desde então, a lançar um olhar de esperança para além do turbilhão de maya.

Remover o véu de maya é colocar à mostra o segredo da criação. Aquele que desnuda o universo desta forma é o único monoteísta autêntico. Todos os demais estarão sempre adorando imagens pagãs. Enquanto o homem permanecer apegado às ilusões dualísticas da Natureza, sua deusa será Maya, a de rosto duplo, como o deus Jano; tal homem ainda não é capaz de conhecer o Deus único e verdadeiro.

Maya, a ilusão do mundo, se manifesta no homem como avidya, literalmente "não conhecimento, ignorância". Maya (ou avidya) nunca poderá ser destruída pela mera convicção intelectual ou análise racional, mas tão somente alcançando o estado interno de nirbikalpa samádhi. Quando falaram os profetas do *Velho Testamento* e os videntes de todas as épocas e nações, todos eles se encontravam em tal estado de consciência.

Disse Ezequiel: "Então me levou à porta, à porta que olha para o caminho do Oriente. E eis que a glória do Deus de Israel vinha do caminho do Oriente; e a sua voz era como a voz de muitas águas, e a terra resplandeceu por causa da sua glória" [*Ezequiel*, 43:1-2]. Através do olho divino na testa (leste), o iogue eleva sua consciência para navegar na onipresença, ouvindo o Verbo ou AUM, o som divino de muitas águas: as vibrações de luz que constituem a única realidade da criação.

Dentre os trilhões de mistérios do cosmo, o mais fenomenal é a luz. Ao contrário das ondas sonoras, cuja transmissão exige atmosfera gasosa ou algum outro meio material, as ondas de luz transpõem livremente o vácuo do espaço sideral. Elas dispensam até mesmo o hipotético éter, considerado na teoria ondulatória como o meio interplanetário da luz; se levarmos em conta a teoria de Einstein, as propriedades geométricas do espaço tornam desnecessárias a teoria do éter. Seja como for, de todas as manifestações da natureza, a luz permanece sendo a mais sutil, a mais liberta de qualquer dependência material.

Na gigantesca elaboração de Einstein, a velocidade da luz – 300 mil quilômetros por segundo – domina inteiramente a Teoria da Relatividade. O grande cientista prova matematicamente que a velocidade da luz, tanto quanto a mente finita do homem pode alcançar, é a única constante de um universo em fluxo. Deste "absoluto", isto é: a velocidade da luz, dependem todos os padrões humanos de tempo e de espaço. Não mais abstratamente eternos como eram concebidos anteriormente, o tempo e o espaço passam a ser fatores relativos e finitos. Eles derivam sua validade, como medidas condicionais, unicamente da sua relação com o padrão da velocidade da luz.

Companheiro do espaço na relatividade dimensional, o tempo está agora reduzido à sua verdadeira natureza: uma simples essência de ambiguidade. Com alguns rabiscos equacionais de sua caneta, Einstein baniu do universo toda relação fixa, a exceção da luz.

Em sua Teoria do Campo Unificado, um desenvolvimento posterior da Teoria da Relatividade, o grande físico reuniu numa só fórmula as leis da gravitação e do eletromagnetismo. Reduzindo a estrutura cósmica às variações de uma única lei, Einstein regressou, através dos milênios, até os rishis que proclamaram a única textura da criação: a maya multiforme [131].

Da histórica Teoria da Relatividade nasceram as possibilidades matemáticas de explorar o átomo como derradeira unidade de matéria. Grandes cientistas hoje estão afirmando corajosamente que não só o átomo é energia em vez de matéria, mas que a energia atômica é essencialmente substância mental.

"Reconhecer francamente que a ciência física estuda um mundo de sombras é um progresso dos mais significativos", escreveu Sir Arthur Stanley Eddington em *A natureza do mundo físico*. "No mundo da física nós observamos um jogo de aparências, que é o próprio drama da vida cotidiana. A sombra de meu cotovelo se apóia sobre a mesa, outra sombra; a tinta, uma sombra, desliza sobre o papel, outra sombra. Tudo é simbólico, e o físico não vai além do símbolo. Então vem a Mente alquímica que transmuta os símbolos. (...) Para concluir em termos diretos, a substância do mundo é uma substância mental. (...) A matéria realista e os campos de força da teoria física anterior hoje são totalmente irrelevantes, exceto na medida em que o próprio material mental teceu tais imaginações. (...) O mundo externo tornou-se assim um mundo de sombras. Ao remover nossas ilusões, removemos a substância, pois de fato vimos que a substância é uma das nossas ilusões mais grandiosas".

Com a recente invenção de um microscópio eletrônico, veio a prova definitiva de que a luz é a essência dos átomos, e que a natureza é inevitavelmente dual. O New York Times deu a seguinte notícia, em 1937, sobre a apresentação de um microscópio eletrônico numa assembléia da Associação Americana para o Progresso da Ciências:

"A estrutura cristalina do tungstênio, até hoje conhecida apenas de modo indireto por meio dos raios X, delineou-se com nitidez numa tela fluorescente, mostrando nove átomos dispostos simetricamente em retículo cúbico, com um átomo em cada canto e um no centro. Os átomos do retículo cristalino do tungstênio apareciam na tela fluorescente como pontos de luz em disposição geométrica. As moléculas de ar, que bombardeavam esse cubo cristalino de luz, podiam ser observados como pontos dançantes de luz, lembrando reflexos de luz solar que tremeluzem em águas movediças.

(...) O princípio do microscópio eletrônico foi descoberto pela primeira vez em 1927 pelos Drs. Clinton J. Davisson e Lester H. Germer, dos Laboratórios da Bell Telephone, empresa sediada em Nova York. Eles demonstraram a dupla personalidade do elétron, pois este apresenta características tanto de partícula quanto de onda. Em sua qualidade de onda, o elétron evidencia as características da luz. Então se iniciou uma pesquisa para inventar meios de obter a convergência de um feixe de elétrons, da mesma maneira que as lentes convergem a luz para um foco.

Por esta descoberta da qualidade Jekyll Hyde do elétron, demonstrando que o reino inteiro da natureza física possui uma dupla personalidade, o Dr. Davisson recebeu o Prêmio Nobel de Física."

Eis o que Sir James Jeans escreveu em *O universo misterioso*:

"Os rumos do conhecimento científico apontam para uma realidade não mecânica; o universo começa a se parecer mais a um grande pensamento do que a uma grande máquina."

Dessa forma, a ciência do século XX se aproxima dos antigos *Vedas*. Da ciência, pois, se este há de ser o caminho, aprenda o homem a verdade filosófica de que não existe universo material; sua trama e urdidura é maya, ilusão. Quando submetidas à análise, todas as miragens da realidade se dissolvem. E, na medida em que se derrubam, uma após outra, as escoras tranquilizantes do mundo físico, o homem percebe obscuramente sua confiança idólatra, sua transgressão do mandamento divino: "Não terás outros deuses diante de Mim" [*Êxodo*, 20:3].

Em sua célebre equação resumindo a equivalência de massa e energia, Einstein provou que a energia em qualquer partícula de matéria é igual à massa ou peso multiplicado pelo quadrado da velocidade da luz. Podemos obter a liberação das energias atômicas pelo aniquilamento das partículas materiais. A "morte" da matéria deu "nascimento" à Era Atômica.

A velocidade da luz é uma constante ou um padrão matemático, não porque haja um valor absoluto nos 300 mil quilômetros por segundo, mas porque nenhum corpo material, cuja massa aumente com sua velocidade, pode jamais alcançar a velocidade da luz. Em outras palavras: só um corpo material cuja massa fosse infinita poderia igualar a velocidade da luz.

Esta concepção nos leva à Lei dos Milagres.

Mestres capazes de materializar e desmaterializar seus corpos e outros objetos, de se mover com a velocidade da luz, e de utilizar os raios da luz criadora para produzir instantaneamente qualquer manifestação física, cumpriram a condição da lei de Einstein: sua massa é infinita.

A consciência de um iogue perfeito se identifica sem esforço, não com um corpo limitado, mas com a estrutura universal. A gravitação, seja a "força" de Newton ou a "manifestação da inércia" de Einstein, é impotente para obrigar um mestre a exibir a propriedade do peso: condição gravitacional inerente a todos os objetos materiais. Quem tem consciência de ser Espírito Onipresente não mais está sujeito à solidez do corpo no espaço e no tempo. Seus "cordões de segurança", rompidos, cederam ao solvente "Eu sou Ele". "Faça-se a luz! E a luz se fez" [*Gênese*, 1:3]. Na criação do universo, o primeiro mandamento de Deus deu nascimento à essência da estrutura universal: a luz. Nos feixes deste instrumento imaterial, ocorrem todas as manifestações divinas. Devotos de todas as épocas dão testemunho da aparição de Deus como flama e luz. "Seus olhos eram como chama de fogo, e seu rosto era como o sol quando em sua força resplandece", nos diz São João [*Apocalipse*, 1:14-16].

Em iogue que, através da meditação perfeita, fundiu sua consciência com o Criador, percebe que a essência do cosmo é a luz; para ele, não há nenhuma diferença entre os raios de luz que compõem a água e os raios de luz que compõem a terra. Livre da consciência da matéria, livre das três dimensões do espaço e da quarta dimensão do tempo, um mestre desloca seu corpo de luz com igual facilidade sobre ou através dos raios de luz da terra, da água, do fogo e do ar.

"Se, pois, teu olho for único, teu corpo inteiro será luminoso" [*Mateus*, 6:22]. A concentração prolongada no olho espiritual libertador dá condições para que o iogue aniquile todas as ilusões relativas à matéria e ao peso gravitacional; ele vê o universo como o Senhor o criou: em essência, uma indiferenciada massa de luz.

"As imagens óticas", conta-nos o Dr. L. T. Troland, da Universidade de Harvard, "formam-se segundo o mesmo princípio das gravuras comuns a 'meio tom'; isto é, elas se constituem de minúsculos pontos, demasiado pequenos para serem percebidos pelo olho. Mas a sensibilidade da retina é tão grande que a sensação visual pode ser produzida por relativamente poucos *quanta* de luz adequada".

A Lei dos Milagres pode ser posta em execução por qualquer homem que tenha a experiência superconsciente de que a essência da criação é a luz. Um mestre emprega seu divino conhecimento dos fenômenos da luz para projetar instantaneamente, no plano das manifestações perceptíveis, os ubíquos átomos de luz. A forma efetiva dessa projeção – seja ela o que for:

uma árvore, um remédio, um corpo humano etc. – é determinada pelo poder de vontade e de visualização do iogue.

À noite, durante o fenômeno psíquico do sonho, o homem escapa das falsas limitações egoístas que constituem sua moldura diária. Ao dormir, ele tem uma demonstração da onipotência de sua mente. Eis que no sonho aparecem seus amigos mortos há tempos, os continentes mais remotos, a ressurreição de cenas de sua infância etc.

A consciência livre e incondicional, esta na qual todos os homens têm uma breve experiência em determinados sonhos, é o estado mental permanente de um mestre sintonizado com Deus. Liberto de todos os motivos pessoais e empregando a vontade criadora que lhe foi conferida pelo Criador, um iogue recombina os átomos de luz do universo para satisfazer qualquer prece sincera de um devoto. Com este objetivo foram feitos o homem e a criação: para que ele se promovesse a mestre de maya e exercesse seu domínio sobre o cosmo.

"E Deus disse: Façamos o homem à nossa imagem e semelhança; e que ele tenha domínio sobre os peixes do mar, e as aves do ar, e sobre os rebanhos, e sobre a terra, e sobre tudo o que rasteja na terra" [*Gênese*, 1:26].

Em 1915, pouco depois de meu ingresso na Ordem dos Swâmis, presenciei uma estranha visão. Através dela vim a compreender a relatividade da consciência humana, e percebi claramente a unidade da Luz Eterna por trás das dolorosas dualidades de maya. A visão me ocorreu quando estava sentado, certa manhã, em meu quartinho no sótão, na casa de papai em Gurpar Road. A Primeira Guerra Mundial assolava a Europa há meses; naqueles dias eu vinha refletindo, com tristeza, na vasta cobrança que a morte fazia.

Ao fechar os olhos em meditação, minha consciência foi subitamente transferida para o corpo de um capitão no comando de um navio de guerra. O estrondo da artilharia explodia no ar, as baterias do litoral e os canhões do navio trocavam tiros. Uma pesada bomba atingiu o depósito de pólvora e despedaçou violentamente o meu navio. Atirei-me na água junto com alguns dos marujos que sobreviveram à explosão.

Com o coração pulsando aceleradamente, alcancei a praia, a salvo. Mas, ai! Uma bala perdida terminou seu vôo ligeiro bem no meu peito. Gemendo, desabei no chão. Meu corpo inteiro ficou paralisado; no entanto, eu tinha consciência de possuí-lo, como se tem consciência de uma perna adormecida.

"Enfim, o misterioso passo da morte me alcançou", eu pensei. Exalando o último suspiro, estava prestes a mergulhar na inconsciência quando... Viva! Achei-me sentado em posição de lótus no meu quarto de Gurpar Road.

Lágrimas histéricas brotavam de meus olhos enquanto eu dava pancadinhas e beliscava, cheio de alegria, minha propriedade reconquistada: um corpo livre de um buraco de bala no peito. Balancei-me de um lado para o outro, respirando com força, para me assegurar de que estava vivo. Durante tais autocongratulações, novamente senti que minha consciência se transferia para o corpo morto do capitão, na praia ensanguentada da guerra. Uma imensa confusão mental tomou conta de mim.

"Senhor, eu estou morto ou vivo?" – Eu orei.

Em seguida, um ofuscante jogo de luz preencheu todo o horizonte. Uma vibração suavemente sussurrante se converteu em palavras:

"O que a vida ou a morte têm a ver com a Luz? À imagem de Minha luz Eu te fiz. As relatividades da vida e da morte pertencem ao sonho cósmico. Contempla teu ser, sem sonhos! Desperta, Meu filho, desperta!"

Como etapas no despertar do homem, o Senhor inspira os cientistas a descobrirem, na época e no lugar oportunos, os segredos de Sua criação. Muitas descobertas modernas ajudam o homem a compreender o cosmo como a expressão múltipla de um único poder: a luz, guiada pela inteligência divina. As maravilhas do cinema, do rádio, da televisão, do radar, da célula fotoelétrica, as prodigiosas energias atômicas, tudo isso é baseado nos fenômenos eletromagnéticos da luz.

A arte cinematográfica pode retratar qualquer milagre. Do ponto de vista das impressões visuais, suas traquinagens permitem todos os prodígios. Um homem pode ser visto como um corpo astral transparente se desprendendo de sua forma física grosseira; pode caminhar sobre a água, ressuscitar os mortos, inverter a sequência natural no desdobramento dos fenômenos, e brincar de anular o tempo e o espaço. Um editor pode juntar os fotogramas como bem entende, obtendo maravilhas semelhantes àquelas que um verdadeiro mestre produz com autênticos raios de luz.

Os filmes de cinema, com suas imagens animadas, ilustram muitas verdades concernentes à criação. O Diretor Cósmico escreveu os roteiros de suas próprias películas e convocou elencos imensos para os cenários dos séculos. Da cabine escura da eternidade, Ele envia Seus raios de luz através de fitas de eras sucessivas, e as cenas se projetam na tela do espaço.

Da mesma forma que as imagens cinematográficas parecem reais, mas são apenas combinações de luz e sombra, assim também a variedade universal é uma aparência ilusória. Os planetas, com suas incontáveis formas de vida, nada mais são que imagens num filme cósmico. Temporariamente verdadeiras diante dos cinco sentidos do homem, as cenas transitórias são projetadas na tela da consciência humana pelo infinito raio criador.

Olhando para cima, numa sala de projeção, os espectadores podem observar que todas as imagens surgidas na tela derivam de um raio de luz sem imagens. Do mesmo modo a luz da Fonte Cósmica, branca e única, emite todo o drama universal multicolor. Com engenhosidade inconcebível, Deus procede à montagem de "superespetáculos" para diversão de Seus filhos, fazendo-os ao mesmo tempo atores e espectadores de Seu cinema cósmico.

Certo dia eu entrei num cinema para ver um documentário dos campos de batalha europeus. Na época, a Primeira Guerra Mundial ainda era travada no Ocidente; o filme jornalístico apresentava a carnificina com tanto realismo que deixei o cinema com o coração pesado.

"Senhor, por que Tu permites tal sofrimento?" – Eu orei.

Com enorme surpresa, recebi Sua resposta instantânea, sob a forma de uma visão dos campos de batalha, os verdadeiros, da Europa. As cenas, repletas de mortos e agonizantes, ultrapassavam em crueldade qualquer representação cinematográfica.

Uma voz suave ressoou em minha consciência:

"Preste atenção! Você verá que tais cenas, que se passam agora na França, não são mais que fotogramas em preto e branco. Elas constituem o filme cósmico, tão real e tão irreal quanto o documentário que você acabou de ver: um filme dentro de outro filme."

Como meu coração ainda não estava consolado, a Voz Divina prosseguiu:

"A criação é, ao mesmo tempo, luz e sombra; do contrário, nenhum filme seria viável. O bem e o mal de maya devem se alternar sempre. Se a alegria fosse ininterrupta aqui neste mundo, o homem viria a desejar um outro? Sem o sofrimento, ele dificilmente busca se recordar que abandonou o seu lar eterno. A dor é uma cutucada da antiga memória. A via de escape requer sabedoria. A tragédia da morte é irreal; os que tremem diante dela mais se parecem com um ator ignorante que morre de medo no palco quando é disparado contra ele um cartucho de pólvora seca [falsa]. Minhas criaturas são filhas da luz: não dormirão para sempre na ilusão."

Embora eu tivesse lido descrições acerca de maya nas Escrituras, elas não me deram a profunda percepção interna que obtive com as visões pessoais e com aquelas palavras simultâneas de consolo. Os valores de um indivíduo se modificam radicalmente quando ele afinal se convence de que a criação é apenas um vasto cinema; e que a própria realidade da criação reside não nela, mas além dela.

Quando terminei de escrever este capítulo, me sentei em posição de lótus, sobre minha cama. Meu quarto (no ashram de Encinitas, Califórnia) estava mal iluminado por duas lâmpadas sombreadas. Erguendo meu olhar, percebi que o teto estava pontilhado de pequenas luzes cor de mostarda, cintilantes e trêmulas como centelhas radioativas. Miríades de raios desenhados, como lençóis de chuva, reuniam-se num feixe transparente e jorravam em silêncio sobre mim.

Logo em seguida meu corpo físico perdeu toda a sua densidade e transmutou-se em textura astral. Tive a sensação de flutuar, enquanto o corpo, sem peso, mal tocando a cama, movia-se ligeiramente, ora para a esquerda, ora para a direita. Olhei ao redor do quarto: os móveis e as paredes permaneciam os mesmos, mas a pequena massa de luz havia se multiplicado tanto que o teto se tornou invisível. Eu estava maravilhado.

Foi então que uma Voz falou, como se viesse do interior da luz:

"Este é o mecanismo do cinema cósmico. Projetando um feixe de raios na tela branca dos lençóis de sua cama, ele está produzindo o filme de seu corpo. Veja bem agora: esse corpo é nada mais que luz!"

Olhei para meus braços, movi-os para trás e para frente e, todavia, não pude sentir o seu peso. Uma alegria extática me inundou. O tronco cósmico de luz, florescendo como o meu próprio corpo, parecia uma divina reprodução dos raios luminosos que saem da cabine de projeção de um cinema e se manifestam na tela como imagens.

Durante longo tempo assisti a este filme de meu corpo no cinema debilmente iluminado de meu próprio quarto. Embora eu já tivesse tido muitas visões, nenhuma até aquele instante havia sido tão singular. A ilusão quanto à solidez de meu corpo havia se desfeito por completo, e a minha experiência de que a essência de todos os objetos é luz se aprofundava mais e mais; ergui os olhos em direção ao fluxo palpitante de "vitatrons" [ver capítulo 5] e supliquei:

"Ó Luz Divina, por favor, reabsorve esta humilde imagem corporal em Ti Mesma, à semelhança de Elias que subiu ao céu num carro de fogo."

Evidentemente esta prece causou alarme, pois o feixe de raios logo desapareceu. Meu corpo readquiriu seu peso normal e afundou na cama; o enxame de luzes ofuscantes cintilou pela última vez e sumiu. Minha hora de deixar este mundo ainda não havia chegado.

"Além disso, Elias bem poderia ter se incomodado com a minha presunção!" – Refleti comigo mesmo.

31. Uma entrevista com a Mãe Sagrada

"Reverenda Mãe, em minha infância eu fui batizado por seu esposo profeta. Ele foi o guru de meus pais e de meu próprio guru, Sri Yuktéswarji. Por conta disso, pode me conceder o privilégio de ouvir alguns episódios de sua vida sagrada?"

Dirigia-me a Srimati Káshi Moni, companheira de Láhiri Mahasaya. Estando em Benares por um breve período, realizava um antigo desejo, o de visitar a veneranda senhora. Ela me recebeu graciosamente na casa dos Láhiris, no distrito de Garudéswar Mohulla, em Benares. Apesar de idosa, florescia como um lótus, exalando uma fragrância espiritual. Tinha estatura média, pele clara, pescoço delgado e grandes olhos brilhantes.

"Seja bem-vindo, meu filho. Suba comigo."

Káshi Moni me guiou até o pequenino quarto onde, por algum tempo, viveu com seu esposo. Senti-me honrado ao conhecer o santuário onde o incomparável mestre havia consentido em representar o drama do matrimônio. A nobre senhora me indicou uma almofada a seu lado. Após me acomodar, ela iniciou o seu relato:

"Muitos anos se passaram antes que eu percebesse a estatura divina de meu esposo. Certa noite, exatamente aqui neste quarto, tive um sonho vívido. Anjos gloriosos flutuavam com graça inimaginável acima de mim. A visão era tão realista que despertei naquele instante; então percebi, com estranheza, que o quarto estava envolto em uma luz deslumbrante. Meu marido, na posição de lótus, levitava no centro do quarto, circundado por anjos. Em atitude de dignidade suplicante, com as palmas unidas, eles o adoravam. Eu fiquei tão surpresa que acreditei ainda estar sonhando.

Eis o que disse Láhiri Mahasaya:
'Mulher, você não está sonhando. Renuncie a seu eterno sono.'

E, enquanto ele descia lentamente para o chão, eu me prostrava a seus pés. Muito emocionada, eu lhe disse:

'Mestre, eu me curvo à sua frente, repetidas vezes! Pode me perdoar por tê-lo considerado meu esposo? Morro de vergonha ao compreender que permaneci adormecida em minha ignorância, ao lado de quem já se encontra divinamente desperto. Desta noite em diante, já não o considero meu esposo e, sim, meu guru. Aceita minha insignificante pessoa como sua discípula? [132]'

O mestre me tocou com delicadeza e disse:
'Alma sagrada, levante-se. Está aceita.' – E apontou para os anjos. – 'Reverencie, por favor, cada um destes grandes santos.'

Quando terminei minhas humildes reverências, as vozes angélicas soaram em uníssono, semelhantes ao coro de uma antiga escritura:

'Ó consorte da Divindade única, bendita és tu. Recebe a nossa saudação.'

Eles se curvaram a meus pés e suas formas refulgentes desvaneceram no ar. Sem sua luz, o quarto escureceu. Em seguida, meu guru me perguntou se eu queria receber a iniciação em Kriya Yoga.

'Certamente.' – Eu respondi. – 'Lamento não ter recebido essa bênção mais cedo em minha vida.'

'Você não estava amadurecida.' – Láhiri Mahasaya deu um sorriso consolador. – 'Então eu a ajudei, em silêncio, a esgotar muito de seu karma. Agora você tem vontade e está preparada.'

Ele me tocou a testa. Cintilantes massas de luz surgiram; gradualmente a radiação se transformou no olho espiritual, azul opalino, circundado por um anel dourado, e tendo ao centro uma estrela branca pentagonal.

'Introduza sua consciência, através da estrela, no reino do Infinito.' – A voz de meu guru vibrava com timbre novo, com a suavidade de uma música ecoando na distância.

Uma após a outra, as visões se desfaziam como espumas oceânicas nas praias de minha alma. Por fim, as esferas panorâmicas fundiram-se num mar de beatitude. Me deixei levar por uma bem aventurança sempre renovada. Quando, horas depois, regressei à consciência deste mundo, o mestre me ensinou a técnica de Kriya Yoga.

Daquela noite em diante, Láhiri Mahasaya nunca mais dormiu em meu quarto. Permaneceu na sala da frente, no andar térreo, em companhia de seus discípulos, dia e noite, sem jamais voltar a dormir."

A ilustre senhora silenciou o relato. Compreendendo a singularidade de sua relação com o sublime iogue, após um período de silêncio me arrisquei a lhe pedir mais histórias.

"Filho, você é insaciável. Mas vou lhe contar mais uma história." – Ela deu um breve sorriso. – 'Devo confessar um pecado cometido contra meu guru esposo. Alguns meses depois de minha iniciação, comecei a me sentir abandonada e esquecida. Certa manhã, Láhiri Mahasaya entrou neste quarto para buscar um objeto; imediatamente, eu o segui. Dominada pela ilusão, lhe dirigi duras críticas:

'Você gasta todo o seu tempo com seus discípulos. E o que faz de sua responsabilidade para com sua mulher e seus filhos? Lamento que não se interesse em prover mais dinheiro à sua própria família.'

O mestre me olhou por um instante e então desapareceu de súbito! Surpresa e amedrontada, ouvi uma voz ressoar, vinda de todos os cantos do quarto:

'Não vê que tudo é nada? Como poderia um nada como eu prover riquezas para você?'

'Guruji, imploro mil vezes perdão! Meus olhos pecadores já não o podem ver; por favor, apareça em sua forma sagrada.'

'Estou aqui.'

Esta resposta veio do espaço logo acima de mim. Olhei para o alto e vi o mestre se materializar no ar, com sua cabeça tocando o forro do teto. Seus olhos mais pareciam chamas ofuscantes. Fora de mim, aterrorizada, desabei

em choro a seus pés depois que ele, sem ruído algum, desceu até o nível do chão. Eis o que me disse:
'Mulher, busque pela riqueza divina, não pelo vil ouro falso da Terra. Após adquirir o tesouro interior, você descobrirá que as provisões exteriores jamais faltarão... Um dos seus filhos espirituais cuidará de garanti-las para você.'
As palavras de meu guru naturalmente se cumpriram: um discípulo doou, de fato, uma soma considerável para a nossa família."

Agradeci a Káshi Moni por haver partilhado comigo algumas de suas extraordinárias experiências. No dia seguinte, voltei à sua casa e ainda pude desfrutar de várias horas de discussão filosófica com Tincouri e Ducouri Láhiri. Estes dois santos filhos do grande iogue hindu seguiram de perto as suas passadas ideais. Ambos eram altos, corpulentos, de pele clara, barba espessa, vozes suaves e um ar encantador que parecia vir de tempos antigos.

Mas a esposa de Láhiri Mahasaya não foi a sua única discípula; houve centenas de outras, inclusive minha mãe. Certa vez uma *chela* [discípula] pediu uma fotografia ao guru. Entregando-lhe uma, ele comentou:

"Se você a considerar uma proteção, assim ela será; do contrário, será tão somente um retrato."

Então, alguns dias mais tarde, esta mulher e a nora de Láhiri Mahasaya estudavam o *Bhagavad Gita* sobre uma mesa, acima da qual estava pendurada a fotografia do guru. Subitamente, uma tempestade elétrica se formou com grande violência nos arredores.

"Láhiri Mahasaya, nos proteja!" – A mulher se curvou diante da fotografia. O relâmpago caiu sobre o livro na mesa, mas as duas devotas ficaram ilesas. – "Eu senti como se um lençol de gelo tivesse sido enrolado em mim, para me isolar do calor ardente." – Relatou a chela.

Láhiri Mahasaya realizou dois milagres para atender a uma discípula sua, chamada Abhoya. Certo dia ela e o marido, um advogado de Calcutá, decidiram partir para Benares no intuito de visitar o guru. A carruagem foi retardada pelo tráfego intenso; eles chegaram à estação principal de Howrah, em Calcutá, apenas para ouvir o apito de partida do trem para Benares.

Abhoya, perto do guichê de passagens, permanecia em oração silenciosa:

"Láhiri Mahasaya, suplico para que faça com que o trem pare! Não posso suportar o tormento da demora, não posso esperar mais um dia aqui sem o ver!"

As rodas do trem continuavam a girar e girar, sem que houvesse qualquer avanço sobre os trilhos. O maquinista e os passageiros desceram à plataforma para observar o fenômeno. Um guarda linha, de nacionalidade inglesa, aproximou-se de Abhoya e de seu marido. Contrariando todos os precedentes, o guarda ofereceu seus serviços:

"Senhor, me dê o dinheiro. Eu comprarei suas passagens enquanto sobem no trem."

Tão logo o casal se sentou e recebeu as passagens, o trem lentamente se colocou em marcha. Em pânico, o maquinista e os passageiros embarcaram, de volta a seus lugares, sem ter ideia de como o trem havia se detido, e muito menos de como voltou a andar.

Chegando à casa de Láhiri Mahasaya, em Benares, Abhoya se prostrou diante do mestre, em silêncio, e tentou tocar os seus pés.

"Ora, se comporte, Abhoya." – O guru comentou. – "Quanto você gosta de me aborrecer! Como se não pudesse chegar aqui no trem seguinte!"

Abhoya visitou Láhiri Mahasaya em outra oportunidade memorável. Desta vez, ela buscava pela intercessão do guru não para a viagem de trem, mas para a viagem da cegonha:

"Mestre, eu suplico sua bênção para que o meu nono filho sobreviva. Oito crianças nasceram de mim; e todas elas morreram logo após o nascimento."

O mestre sorriu, compadecido com o pedido:

"A criança que você espera viverá. Siga minhas instruções com todo o cuidado. O bebê, uma menina, nascerá à noite. Esteja antenta para que a lamparina se conserve queimando até a madrugada. Não adormeça, evite que a luz se extinga no recinto."

O bebê de Abhoya foi uma menina, tendo nascido à noite, exatamente como o onisciente guru havia previsto. A mãe instruiu a enfermeira para que conservasse a lamparina cheia de azeite. As duas mulheres mantiveram a indispensável vigília até as primeiras horas da madrugada, mas eventualmente adormeceram. A lamparina quase se esgotou; a chama cintilava debilmente. A porta do quarto se destrancou e se abriu com um barulho. As mulheres acordaram, assustadas. Seus olhos assombrados contemplaram a forma de Láhiri Mahasaya.

"Abhoya, veja, a luz quase se apagou!" – Ele apontou para a lamparina, e a enfermeira correu para enchê-la de azeite.

Assim que a chama brilhou intensa outra vez, o mestre desapareceu. A porta se fechou; o ferrolho foi trancado sem ajuda visível.

A nona filha de Abhoya sobreviveu; em 1935, quando perguntei sobre ela, soube que ainda vivia.

Um dos discípulos de Láhiri Mahasaya, o venerável Kali Kumar Roy, me relatou muitos detalhes fascinantes de sua vida com o mestre:

"Eu fui um hóspede assíduo de seu lar em Benares, às vezes durante semanas. Nesse período observei que muitos santos, dandi swâmis [133], chegavam na quietude da noite para sentar aos pés do guru. Costumavam travar discussões sobre temas de meditação e de filosofia. Despontando a aurora, os augustos visitantes partiam. Durante minhas visitas descobri que Láhiri Mahasaya nem uma vez se retirou para dormir.

No início de minha associação com o mestre, tive de enfrentar a oposição de meu empregador. Era um homem com a mente preenchida de materialismo.

'Não quero fanáticos religiosos junto ao meu pessoal.' – Costumava dizer com desprezo. – 'Caso eu encontre um dia o charlatão que é seu guru, vou lhe dizer umas verdades que ele nunca mais vai esquecer.'

Todavia, tal ameaça não foi capaz de interromper meu caminho; eu passava quase todas as noites junto a meu guru. Certa noite, meu patrão me seguiu e apareceu bruscamente na sala. Sem dúvida, tinha a intenção de falar as 'verdades' prometidas. Mas assim que o homem se sentou, Láhiri Mahasaya se dirigiu ao grupo de aproximadamente doze discípulos:

'Gostariam de ver um filme?'

Quando acenamos em concordância, ele nos pediu que a sala fosse escurecida.

'Sentem um atrás do outro, em círculo.' – Disse ele. – 'Agora coloquem as mãos sobre os olhos do homem à sua frente.'

Não me surpreendi ao perceber que meu patrão também estava seguindo as instruções do mestre, embora a contragosto. Dentro de poucos minutos, Láhiri Mahasaya nos perguntou o que estávamos vendo. Eu fui o primeiro a falar:

'Senhor, vejo uma bela mulher. Usa um sari com barra vermelha e está de pé junto a uma planta chamada *orelha-de-elefante*.'

Os demais discípulos fizeram a mesma descrição. O mestre se voltou para meu chefe:

'Você reconhece essa mulher?'

'Sim.' – Era evidente que o homem lutava com emoções novas para sua natureza. – 'Tenho sido um tolo, gastando dinheiro com ela, quando possuo uma boa esposa. Fico envergonhado pelos motivos que me trouxeram aqui. Pode me perdoar e me receber como seu discípulo?'

'Bem, se levar uma vida moral durante seis meses, eu o aceitarei. Caso contrário, não precisarei lhe dar a iniciação.'

Ao longo de três meses, meu chefe resistiu à tentação; mas, em seguida, reatou sua antiga ligação com a mulher. Dois meses depois, morreu. Deste modo, vim a compreender a velada profecia de meu guru, sobre a impossibilidade de dar a iniciação àquele homem."

Láhiri Mahasaya tinha um amigo famoso, Swâmi Trailanga, a quem diziam ter mais de trezentos anos de idade. Os dois iogues frequentemente se sentavam juntos para meditar. A fama de Trailanga se espalhou tão amplamente que poucos indianos negariam autenticidade a qualquer relato de seus espantosos milagres. Se Cristo retornasse à Terra e caminhasse pelas ruas de Nova York, exibindo seus poderes divinos, causaria entre o povo o mesmo medo reverente que Trailanga provocava, décadas atrás, ao passar entre a multidão nas ruas de Benares. Ele foi um dos siddhas (seres que atingiram a realização) que deram à Índia alicerces perenes contra as erosões do tempo.

Em muitas ocasiões viram o swâmi beber, sem grandes efeitos, os venenos mais letais. Milhares de pessoas, inclusive algumas ainda vivas, puderam ver Trailanga flutuar na superfície do Ganges. Durante dias seguidos, ele costumava se sentar em cima da água; ou, durante períodos muito longos, se escondia sob as ondas. Um espetáculo comum nos *ghats* de Benares era ver o corpo imóvel do swâmi sentado sobre as lajes abrasadoras, totalmente exposto ao sol impiedoso da Índia, horas a fio.

Através de feitos como estes, Trailanga procurou ensinar a todos que a vida humana não depende de oxigênio nem de certas condições e precauções. Estivesse o corpo do grande mestre acima ou abaixo da água, desafiasse ou não os inclementes raios solares, ele provava que vivia da consciência divina: a morte não podia tocá-lo.

Este iogue não foi grande apenas espiritualmente, mas também em seu porte físico. Seu peso ultrapassava as trezentas libras [136 kg]: uma libra para cada ano de sua vida! Como raramente ele comia, o mistério só aumentava. Um mestre, todavia, pode ignorar facilmente todas as regras comuns de saúde quando assim deseja proceder por algum motivo especial, muitas vezes só conhecido por ele próprio.

Grandes santos, seres que despertaram do sonho cósmico de maya e chegaram à realização de que este mundo é uma ideia na Mente Divina, podem fazer o que bem entenderem com o corpo, pois sabem que ele não passa de uma forma manipulável de energia condensada. Embora os cientistas hoje compreendam que a matéria nada mais é que energia congelada, há muito tempo os mestres iluminados transitaram com sucesso, da teoria à prática, no campo do domínio sobre a matéria.

Trailanga permanecia sempre completamente nu. A polícia de Benares, atormentada, passou a considerá-lo uma desconcertante criança problema. O swâmi, natural como o primitivo Adão no jardim do Éden, era inconsciente de sua nudez. A polícia, ao contrário, tinha plena consciência daquela nudez; e o trancava na prisão sem qualquer cerimônia. Seguia-se um constrangimento geral; o enorme corpo de Trailanga era logo visto, em toda sua ausência habitual de vestuário, sobre o telhado da cadeia. Sua cela, ainda seguramente trancada, não oferecia nenhuma chave para o enigma de sua fuga.

Então os agentes da lei, já desanimados, cumpriam novamente com o seu dever. Desta vez, colocavam um guarda em frente à cela do swâmi. De novo, logo se podia ver o grande mestre em seu despreocupado passeio sobre o telhado. A Deusa da Justiça usa uma venda nos olhos: a polícia decidiu seguir o seu exemplo, ao menos no caso de Trailanga.

O grande iogue tinha por hábito manter silêncio [134]. Apesar de seu rosto gorducho e do estômago, do tamanho de um barril, Trailanga comia apenas de vez em quando. Após semanas sem se alimentar, ele quebrava o jejum com caldeirões de leite coalhado que os devotos lhe ofereciam. Certa vez, um cético decidiu provar que Trailanga era um charlatão: colocou, em frente ao swâmi, um grande balde com uma mistura de óxido de cálcio, usada para branquear paredes. Fingindo reverência, ele disse:

"Mestre, eu lhe trouxe um pouco de leite coalhado. Beba-o, por favor."

Sem hesitar, Trailanga sorveu, até a última gota, os litros de cal ardente. Em poucos minutos, o malfeitor caiu no chão, agonizante.

"Salve-me, swâmi, salve-me!" – Ele gritava desesperado. – "Minhas entranhas estão em fogo! Perdoe-me pela maldade com que o submeti à prova!"

O grande iogue quebrou seu silêncio usual:

"Você zombava de mim; e, ao me oferecer veneno, não tinha consciência de que minha vida é una com a sua. Se não fosse o meu conhecimento de que Deus está em meu estômago, assim como está em cada átomo da criação, a cal teria me matado. Agora que você conhece o significado divino do bumerangue, nunca mais tente enganar os outros."

Ainda frágil, o pecador curado pelas palavras de Trailanga se retirou dali.

A reversão da dor não resultou da vontade do mestre e, sim, da operação de uma lei de justiça, que sustenta até o mais longínquo corpo celeste em rotação no cosmo. Esta lei divina funciona de modo instantâneo para homens que alcançaram a realização de Deus, como Trailanga; eles aboliram para sempre todas as obstinadas contracorrentes do ego.

A fé nos ajustes automáticos da justiça (geralmente pagos em moeda inesperada, como no caso de Trailanga e de seu pretenso assassino) pode abrandar a nossa precipitada indignação contra a injustiça humana. "A vingança é minha; eu retribuirei, diz o Senhor" [*Romanos*, 12:19]. Qual seria a necessidade dos míseros recursos do homem? O próprio universo conspira pela retribuição devida, incessantemente.

As mentes grosseiras não acreditam na possibilidade da justiça divina, do amor, da onisciência, da imortalidade. Dizem que são "ridículas superstições das Escrituras". Homens com esta insensibilidade, irreverentes ante o espetáculo cósmico, provocam em suas vidas uma discordante sucessão de acontecimentos que por fim os compelirá a buscar a sabedoria.

Jesus se referiu à onipotência da lei espiritual, quando fazia sua entrada triunfal em Jerusalém. Enquanto os discípulos e a multidão clamavam de alegria e proclamavam: "Paz nos céus e glória nas alturas", certos fariseus reclamavam do espetáculo indigno:

"Mestre, repreende os teus discípulos."

Jesus, no entanto, respondeu que se os discípulos fossem emudecidos, "as pedras imediatamente clamariam" [*Lucas*, 19:37−40].

Nesta reprimenda aos fariseus, Cristo destacava que a justiça divina não é uma abstração figurativa e que o homem de paz, mesmo que a língua lhe seja arrancada, ainda encontrará seu verbo e sua defesa nas *pedras fundamentais* da criação, nas próprias leis do universo. Eis o que dizia o Cristo:

"Pensais silenciar os homens de paz? Pois esperais sufocar a voz de Deus, cuja glória e onipresença até as pedras cantam. Exigis que os homens não celebrem juntos sua ação de graças pela paz nos céus? Aconselhais que se reúnam em multidões e expressem sua unidade somente em ocasiões de guerra sobre a superfície terrestre? Então, preparai-vos, fariseus, para subverter os alicerces do mundo; pois os homens serenos, assim como as pedras e a argila, e a água e o fogo e o ar se levantarão contra vós, para dar testemunho da harmonia divina que existe na criação."

Trailanga, iogue semelhante a Cristo, concedeu uma vez a meu *sajo mama* (tio materno) uma graça espiritual. Certa manhã, meu tio avistou o mestre em meio a uma multidão de devotos no *ghat* de Benares. Ele deu um jeito de cortar caminho e se aproximar de Trailanga, a fim de tocar os pés do iogue. Em seguida, ficou assombrado ao se ver instantaneamente livre de uma dolorosa enfermidade crônica [135].

O único discípulo ainda vivo do grande iogue é uma mulher, uma discípula: Shânkari Mai Jiew. Filha de um dos discípulos de Trailanga, ela foi treinada pelo swâmi desde a primeira infância. Viveu durante quarenta anos numa série de cavernas solitárias no Himalaia, perto de Badrinath, Kedarnath, Amarnath e Pasupatinath, A *brahmacharini* (asceta do sexo feminino), nascida em 1826, já ultrapassou em muito um século de idade [*Nota do Editor:* Yogananda escreve nos anos 1940]. Todavia, não aparenta velhice, conservando o cabelo negro, dentes brilhantes e uma energia admirável. Sai de sua reclusão periodicamente para comparecer às *melas* ou celebrações religiosas.

Esta santa mulher visitava Láhiri Mahasaya com frequência. Ela relatou que, um dia, na zona de Barackpur, perto de Calcutá, enquanto estava sentada ao lado de Láhiri Mahasaya, o grande guru Babaji adentrou sem ruído na sala e conversou com ambos:

"O mestre imortal usava uma tanga molhada, como se tivesse acabado de dar um mergulho no rio. Ele me abençoou com alguns conselhos espirituais."

Trailanga, em certa ocasião, quando estava em Benares, abandonou o silêncio usual para render uma homenagem pública a Láhiri Mahasaya. Um dos discípulos de Trailanga foi contra:

"Por que um swâmi e um homem como o senhor demonstra tanto respeito a um chefe de família?"

Eis a resposta de Trailanga:

"Meu filho, Láhiri Mahasaya é como um gatinho divino que fica onde quer que a Mãe Cósmica o coloque. Mesmo representando o papel e cumprindo os deveres de um homem do mundo, ele conseguiu atingir aquela realização de Deus que eu busquei pela renúncia de tudo – até mesmo de minha tanga!"

32. Rama é ressuscitado

"Um homem chamado Lázaro se encontrava doente. (...) Ouvindo isto, Jesus disse: Esta enfermidade não é para a morte, mas para a glória de Deus, a fim de que o Filho de Deus seja glorificado por meio dela." [*João*, 11:1−4]

Certa manhã ensolarada, Sri Yuktéswar explicava as Escrituras cristãs no terraço de seu ashram em Serampore. Além de outros discípulos do mestre, eu estava presente com um pequeno grupo de estudantes de Ranchi.

"Nesta passagem, Jesus chama a si mesmo de o Filho de Deus. Embora ele estivesse verdadeiramente unido a Deus, esta afirmação tem um profundo significado impessoal." – Explicou meu guru. – "O Filho de Deus é o Cristo ou Consciência Divina no homem. Nenhum mortal pode glorificar Deus. A única homenagem que o homem pode prestar a seu Criador é a de buscá-lo; o homem não pode glorificar uma Abstração que ele desconhece. A 'glória' ou o halo em torno da cabeça dos santos é um testemunho simbólico de sua *capacidade* de render homenagem a Deus."

Sri Yuktéswar continuou a ler a maravilhosa história da ressurreição de Lázaro. Ao terminar, o mestre guardou longo silêncio, com o livro sagrado aberto sobre os joelhos.

"Também tive o privilégio de assistir a um milagre similar." – Meu guru falou, enfim, de forma solene. – "Um de meus amigos ressuscitou dentre os mortos pelo intermédio de Láhiri Mahasaya."

Os pequenos estudantes a meu lado sorriram com grande interesse. Em mim ainda existia bastante jovialidade também, para apreciar não apenas a filosofia, mas em especial as prodigiosas experiências de Sri Yuktéswar com seu guru.

Meu guru iniciou seu relato:

"Eu e meu amigo Rama éramos inseparáveis. Como ele era tímido e recluso, preferia visitar nosso guru, Láhiri Mahasaya, entre a meia-noite e a madrugada, quando a multidão de discípulos diurnos estava ausente. Como eu era o seu amigo mais íntimo, ele me confidenciava muitas de suas mais profundas experiências espirituais. E eu encontrava muita inspiração em sua companhia."

O rosto de meu guru suavizou-se com as recordações; em seguida, ele prosseguiu:

"Rama foi repentinamente submetido a uma prova muito difícil. Ele contraiu o cólera asiático. Como nosso mestre nunca colocou objeções aos serviços dos médicos em momentos de doença grave, dois especialistas foram chamados. Em meio à frenética afobação para atender ao enfermo, eu rezava fervorosamente a Láhiri Mahasaya, pedindo ajuda. Aliás, assim que foi possível, eu mesmo corri à casa de Láhiri Mahasaya e, choroso, lhe relatei toda a história.

'Os doutores estão cuidando de Rama. Logo ele estará bom.' – Meu guru sorriu jovialmente.

Então, retornei de coração leve para junto do leito de meu amigo, mas o enconrei bem moribundo.

'Ele não deve durar mais que algumas horas.' – Me confessou um dos médicos com um ar de desespero.

Mais uma vez corri até o lar de Láhiri Mahasaya.

'Os doutores são homens conscienciosos. Estou certo de que Rama ficará bom.' – Alegremente, o mestre se despediu.

Já de volta à casa de Rama, descobri que os dois médicos haviam partido. Um deles tinha me deixado um bilhete: 'Fizemos tudo que foi possível, mas não há esperança para este caso'.

De fato, naquela altura meu amigo era a imagem de um ser agonizante. Eu não admitia que as palavras de Láhiri Mahasaya pudessem falhar e, contudo, a vista de Rama, de sua vida a escoar rapidamente como maré transbordante, continuava sugerindo à minha mente: 'Oh! Agora tudo se acabou'.

Alternando entre ondas de crença e descrença, continuei a tratar meu amigo, fazendo por ele o que melhor podia. Rama ergueu-se para falar:

'Yuktéswar, corra ao mestre e diga-lhe que parti. Peça-lhe que abençoe meu corpo antes da cerimônia fúnebre.' – Com estas palavras e um suspiro profundo, Rama entregou sua alma [136].

Eu chorei durante uma hora ao lado de sua cama. Ele, que sempre havia sido um amante da quietude, atingira então a imobilidade absoluta da morte. Outro discípulo entrou; pedi que ele ficasse na casa até eu retornar. Mesmo um tanto atordoado, caminhei penosamente até meu guru.

'Como está Rama agora?' – O rosto de Láhiri Mahasaya sorria em meio a uma auréola.

'Senhor, em breve verá como ele está.' – Eu falei sem pensar, emocionado. – 'Em poucas horas você verá seu corpo, antes de ser levado à área de cremação.' – Minha voz falhou e caí em um choro dolorido.

'Yuktéswar, tente se controlar. Sente-se, acalme e medite.'

Meu guru entrou em samádhi. A tarde e a noite transcorreram em silêncio ininterrupto; enquanto isso, eu me esforçava para reaver a tranquilidade interior, sem sucesso.

Ao amanhecer, Láhiri Mahasaya me olhou com ar consolador:

'Vejo que você ainda está perturbado. Por que não me explicou ontem que esperava minha ajuda tangível a Rama, sob a forma de algum remédio?' – O mestre apontou para uma lamparina, com formato de xícara, contendo óleo de rícino. – 'Encha uma garrafinha com óleo de lamparina; pingue sete gotas na boca de Rama.'

'Mas, senhor, ele está morto desde ontem à tarde. Que utilidade teria o óleo agora?'

'Não importa, faça o que lhe digo.' – A atitude alegre de Láhiri Mahasaya era incompreensível para mim; eu ainda não tinha encontrado alívio para minha desolação.

Em todo caso, após transferir a pequena porção de óleo para um frasco, parti rumo à casa de Rama. Encontrei o corpo de meu amigo já rígido, no abraço da morte. Sem dar muita atenção ao aspecto cadavérico, abri seus lábios com o indicador da mão direita; com a mão esquerda e o auxílio da rolha, pinguei o óleo, gota a gota, entre seus dentes cerrados. Quando a sétima gota lhe tocou os lábios frios, Rama estremeceu violentamente. Seus músculos vibravam da cabeça aos pés, enquanto ele se sentava, espantado.

'Eu vi Láhiri Mahasaya num esplendor de luz.' – Rama exclamou. – 'Ele brilhava como o sol: *Levante-se, abandone o sono*, ele ordenou. *Venha com Yuktéswar, venha me ver.*'

Eu mal podia acreditar em meus olhos quando Rama se vestiu e se mostrou forte o suficiente para caminhar até a casa de nosso guru, após aquela moléstia letal. Ali, ele se prostrou aos pés de Láhiri Mahasaya, com lágrimas de gratidão.

O mestre transbordava de alegria. Com ar travesso, piscou um olho para mim. Logo em seguida, me disse:

'Yuktéswar, daqui em diante, decerto você não deixará de levar consigo uma garrafa de óleo de rícino. Sempre que vir um cadáver, é só administrar o óleo. Pois sete gotas de óleo de lamparina devem aniquilar, sem dúvida, o poder de Yama [o deus da morte]!'

'Guruji, em que ridículo o senhor me coloca! Não entendo; por favor, me explique qual foi a natureza de meu erro.'

'Ora, eu lhe disse duas vezes que Rama ficaria bom; todavia, você não acreditou totalmente em mim.' – Explicou Láhiri Mahasaya. – 'Eu não quis dizer que os doutores seriam capazes de curá-lo; disse, simplesmente, que eles estavam tratando dele; nas minhas afirmações não havia nenhuma relação de causa e efeito. Não quis interferir no trabalho dos médicos; eles também têm de viver.' – Com a voz vibrante de alegria, meu guru prosseguiu. – 'Lembre sempre que o inesgotável Paramatman [Alma Suprema] pode curar qualquer um, com médico ou sem médico.'

'Percebo meu erro.' – Reconheci com remorso. – 'Agora sei que sua simples palavra está vinculada a todo o cosmo.'"

Quando Sri Yuktéswar finalizou a assombrosa história, um dos meninos de Ranchi arriscou uma pergunta que, vinda de uma criança, era duplamente compreensível:

"Senhor, por que seu guru mandou óleo de rícino?"

"Veja, menino: o óleo não tinha um significado em especial. Percebendo que eu esperava algo de material, Láhiri Mahasaya escolheu o óleo simplesmente porque estava à mão, como um símbolo objetivo para despertar maior fé em mim. O mestre permitiu que Rama morresse porque eu, em parte, tinha duvidado dele. Mas o divino guru sabia que, tal como ele havia dito, o discípulo ficaria bom; a cura deveria ocorrer, mesmo que fosse necessário resgatar Rama da morte, uma 'doença' geralmente irremediável!"

Sri Yuktéswar se despediu do pequeno grupo e me convidou a sentar sobre um cobertor a seus pés. Em seguida me falou, com ar solene:

"Yogananda, desde o nascimento você viveu cercado por discípulos diretos de Láhiri Mahasaya. O grande mestre viveu sua vida sublime em reclusão parcial, e se recusou categoricamente a permitir que seus adeptos formassem qualquer organização fundamentada em seus ensinamentos. Fez, todavia, esta predição significativa:

'Cerca de cinquenta anos após a minha morte, será escrito um relato de minha vida, em virtude do grande interesse pela ioga que haverá de nascer no Ocidente. A mensagem da ioga circundará o mundo. Ajudará a estabelecer a fraternidade e a unidade dos homens, com base na percepção direta que terão do Pai único.'

Meu filho, você deve executar sua parte na difusão dessa mensagem e no relato escrito dessa vida sagrada."

Em 1945, portanto cinquenta anos após a partida de Láhiri Mahasaya, ocorrida em 1895, a escrita do presente livro foi finalizada. Não posso deixar de admirar a coincidência de que o ano de 1945 assinale também o início de uma nova era: a idade das revolucionárias energias atômicas. Todas as mentes pensadoras se voltam, como nunca antes, para os problemas urgentes da paz e da fraternidade – a menos, é claro, que o da energia nuclear em guerras faça desaparecer todos os homens junto com seus problemas.

No entanto, ainda que as obras da raça humana desapareçam sem deixar vestígios, seja pela ação do tempo ou das bombas, o sol não hesitará em seu curso, e as estrelas persistirão em sua vigília invariável. A lei cósmica não pode ser suspensa ou alterada, e o homem faria bem se colocando em harmonia com ela. Se o cosmo é contra a violência, se o sol não faz guerra nos céus, mas se retira em tempo oportuno para permitir às estrelas seu pequeno deslocamento, que serventia há em nosso punho cerrado? Virá dele alguma paz? Não é a força bruta e cruel, mas a boa vontade que fortalece os tendões do universo; a humanidade em paz conhecerá os frutos da vitória sem violência, mais doces ao paladar que quaisquer outros crescidos em solo ensanguentado.

A Liga das Nações [que deu origem à ONU – Organização das Nações Unidas] efetiva deverá ser uma liga natural e anônima dos corações humanos. O amplo auxílio mútuo e o discernimento intuitivo, tão necessários à cura das mazelas terrestres, não surgirão do mero exame intelectual das diferenças humanas, e sim do conhecimento da unidade profunda de todos os homens de seu parentesco com Deus. Para atingir o supremo ideal do mundo, a paz pela via da fraternidade, que a ioga, a ciência da comunhão pessoal com a Divindade, possa se espalhar com o tempo por todas as terras, e tocar todos os corações humanos.

Apesar da Índia abrigar uma civilização mais antiga do que qualquer outra nação, poucos historiadores notaram que o prodígio de sua sobrevivência não é de modo algum um acidente, mas uma decorrência lógica do testemunho de devoção às verdades eternas que a Índia tem oferecido, através de seus melhores filhos, no curso das gerações. Por essa absoluta continuidade de ideais ancestrais, pela intransitividade perante as eras históricas (poderão os empoeirados eruditos nos dizer quantas?), a Índia deu a mais valiosa resposta de qualquer povo ao desafio do tempo.

A narração bíblica da súplica de Abraão ao Senhor [*Gênese*, 18:23—32] para que a cidade de Sodoma fosse poupada caso dez homens justos pudessem ali ser encontrados, e a resposta divina: "Não a destruirei por amor aos dez", ganha novo significado à luz da evasão da Índia ao esquecimento.

Afinal, os impérios de nações poderosas, hábeis nas artes da guerra e que foram, outrora, contemporâneas de Egito, Babilônia, Grécia e Roma antigos, hoje se acham extintos, enquanto a Grande Índia perdura.

A resposta do Senhor demonstra claramente que uma nação sobrevive não por suas conquistas materiais, e sim por conta daqueles homens que são suas obras—primas.

Sejam as palavras divinas novamente ouvidas, neste século XX, duas vezes tingido de sangue antes que lhe transcorresse a metade: "Nenhuma nação capaz de produzir dez homens grandes aos olhos do Juiz Incorruptível conhecerá a extinção."

Atenta a essa sabdoria, a Índia provou não ser tola frente a milhares de astúcias do Tempo. Mestres do supremo êxtase, em todos os séculos, santificaram seu solo. Sábios modernos semelhantes a Cristo, como Láhiri Mahasaya e Sri Yuktéswar, levantam—se para proclamar que o conhecimento da ioga, a ciência da unidade com Deus, é vital para a ventura do homem e a longevidade de uma nação.

Sobre a vida de Láhiri Mahasaya e sua doutrina universal, até hoje apareceram impressas informações muito escassas. Ao longo de três décadas, na Índia, América e Europa, encontrei sincero e profundo interesse por sua mensagem de ioga libertadora. No Ocidente, onde as vidas dos grandes iogues modernos são pouco conhecidas, agora se faz necessária, conforme ele mesmo previu, uma biografia deste mestre.

Nada além de um ou dois pequenos panfletos em inglês foi escrito sobre a vida do grande guru. Uma biografia em bengali, *Sri Shyama Charan Lahiri Mahasaya*, apareceu em 1941. Foi escrita por meu discípulo Swâmi Satyananda, que por muitos anos foi o *acharya* (mentor espiritual) em nosso Vidyalaya em Ranchi. Traduzi algumas passagens de seu livro e as incorporei nesta seção dedicada ao guru de meu guru.

Láhiri Mahasaya nasceu em 30 de setembro de 1828, numa piedosa família de brâmanes, de linhagem antiga. Sua terra natal foi o vilarejo de Ghurni, no distrito de Nadia, perto de Krishnanagar, em Bengala. Era filho único de Muktakashi, segunda esposa de Gaur Mohan Láhiri, homem que gozava de reputação e estima. A primeira mulher, após o nascimento de três filhos, havia falecido durante uma peregrinação. A segunda, a mãe de Láhiri, faleceu quando este era menino. Temos pouca informação a respeito dela, exceto por um fato revelador: era uma ardente devota do Senhor Shiva – designado, nas Escrituras, "Rei dos Iogues".

O menino, cujo nome completo era Shyama Charan Láhiri, passou a primeira infância em seu lar ancestral de Ghurni. Com a idade de três ou quatro anos, frequentemente se sentava em posição iogue; mesmo debaixo da areia, com seu corpo inteiramente oculto, exceto a cabeça.

A propriedade da família foi destruída no inverno de 1833, quando o rio Jalangi, que passava bem próximo, mudou de curso e desapareceu nas profundezas do Ganges. Um dos templos dedicados a Shiva, fundado pelos Láhiris, desapareceu no rio, junto com a residência da família. Um devoto salvou a imagem de pedra de Senhor Shiva das águas turbulentas e a colocou em um novo templo, hoje muito conhecido como o Local de Shiva, em Ghurni [*Ghurni Shiva Site*].

Gaur Mohan Láhiri e sua família abandonaram Ghurni e passaram a residir em Benares, onde o pai imediatamente erigiu mais um templo a Shiva. Ele dirigia seu lar segundo a disciplina védica, observando com regularidade cerimônias de culto, atos de caridade e estudos das Escrituras. No entanto, como era um homem justo e de ampla compreensão, tratava de aproveitar algumas ideias modernas, caso se provassem benéficas.

Em Benares, o menino Láhiri recebeu lições de hindi e urdu, estudando ao lado de alguns companheiros. Frequentou uma escola dirigida por Joy Narayan Ghosal, recebendo instrução em sânscrito, bengali, francês e inglês. Dedicando-se ao estudo rigoroso dos *Vedas*, o jovem iogue ouvia com atenção as discussões sobre as Escrituras entre os eruditos brâmanes. O adolescente Shyama Charan, por sua bondade, delicadeza e coragem, era querido de todos os seus companheiros. Com físico bem estruturado, saudável e forte, sobressaiu-se em natação e em muitas outras proezas de habilidade manual.

Em 1846, Shyama Charan Láhiri se casou com Srimati Káshi, filha de Sri Debnarayan Sanyal. Esposa hindu exemplar, Káshi Moni executava seus deveres domésticos alegremente, e respeitava a tradicional obrigação de dona de casa: a de servir os hóspedes e os pobres. Dois filhos santos, Tincouri e Ducouri, e duas filhas abençoaram a união.

Aos 23 anos, em 1851, Láhiri Mahasaya assumiu o posto de contador no Departamento de Engenharia Militar do governo inglês. Recebeu muitas promoções durante seu tempo de serviço. Assim, não foi apenas um mestre aos olhos de Deus, mas também um homem de sucesso neste mundo, no pequeno drama humano, onde desempenhou um papel humilde como funcionário de repartição.

Em épocas diversas, o Departamento de Engenharia transferiu Láhiri Mahasaya para pequenos escritórios em Gazipur, Mirjapur, Danapur, Naini Tal e Benares. Após a morte do pai, o jovem assumiu total responsabilidade por todos os membros de sua família. Em nome deles, comprou uma casa num subúrbio afastado de Benares, em Garudéswar Mohulla.

Atingindo os trinta e três anos, Láhiri Mahasaya viu cumprir-se o desígnio para o qual havia reencarnado na Terra: encontrou seu grande guru, Babaji, perto de Ranikhet, no Himalaia, e através dele foi iniciado em Kriya Yoga. Seu título religioso, *Mahasaya*, siginifica "mente grandiosa" em sânscrito.

Tal acontecimento não foi apenas uma felicidade para Láhiri Mahasaya, mas um momento afortunado para a raça humana como um todo. Perdida, ou há muito desaparecida, a mais elevada arte da ioga foi novamente trazida à luz.

Segundo as lendas hindus, o rio Ganges desce do céu à terra para oferecer um gole divino ao sedento devoto Bhagirath; assim também, em 1861, o rio celestial de Kriya Yoga começou a fluir das das secretas fortalezas do Himalaia para as ressecadas cidadelas dos homens.

33. Babaji, o Cristo-logue da Índia moderna

Os penhascos ao norte do Himalaia, próximos à Badrinarayan, ainda são abençoados pela presença viva de Babaji, guru de Láhiri Mahasaya. O mestre recluso conserva sua forma física há séculos, quiçá milênios. Babaji, o mestre que vence a morte, é um *avatara*. Esta palavra sânscrita significa "descida"; suas raízes são ava, "para baixo", e *tri*, "passar". Assim, nas Escrituras hindus *avatara* [ou avatar] significa a descida da Divindade à carne.

"O estado espiritual de Babaji se econtra inteiramente além da compreensão humana." – Sri Yuktéswar me explicou. – "A estreita visão do homem não pode penetrar através de sua estrela transcendental. Busca-se em vão imaginar o alcance de um avatar. É algo inconcebível."

Os *Upanishads* classificaram detalhadamente cada estágio de avanço espiritual. Um *siddha* ("ser que se fez perfeito") progrediu do estado de *jivanmukta* ("liberto enquanto vive") para o de *paramukta* ("a liberdade suprema; o domínio sobre a morte"): este último escapou inteiramente da escravidão de maya e de sua engrenagem cíclica de reencarnações. O paramukta raramente volta ao corpo físico; quando retorna, é um avatar escolhido por Deus como instrumento de bênçãos sublimes para o mundo. Um avatar não está sujeito à economia universal; seu corpo puro, visível como imagem de luz, se encontra livre de qualquer dívida para com a Natureza.

O olhar superficial talvez não veja nada de extraordinário na forma de um avatar, mas este não projeta sombra nem deixa qualquer pegada no chão.

Estas são provas externas, simbólicas, de se haver libertado interiormente da escuridão e da escravidão da matéria. Somente tal homem–Deus conhece a Verdade por trás das relatividades da vida e da morte. Omar Khayyam, tão grosseiramente compreendido, cantou este homem liberto em sua escritura imortal, o *Rubaiyat* [137]:

Ah, Lua de meu Deleite que não conhece minguante,
a Lua do Céu se eleva mais uma vez;
quantas vezes, doravante, ao se elevar, ela irá me procurar
neste mesmo jardim – em vão!

A "Lua do Deleite" é Deus, eterna Estrela Polar, jamais anacrônica. A "Lua do Céu que se eleva mais uma vez" é o cosmo exterior, atado à lei da recorrência periódica. Através da autorrealização, o vidente persa libertou–se para sempre dos regressos compulsórios à Terra: o "Jardim da Natureza", ou maya. "Quantas vezes, doravante, ao se elevar, ela irá me procurar... em vão!" Que frustração buscar freneticamente pelo universo inteiro, e achar só o absoluto vazio [enquanto a "Lua do Deleite" se encontra no interior].

Cristo expressou sua liberdade de outro modo: "E certo escriba se aproximou e lhe disse: Mestre, eu o seguirei aonde quer que for. E Jesus lhe respondeu: As raposas têm covis e as aves do céu têm ninhos; mas o Filho do Homem não tem onde deitar a cabeça" [*Mateus*, 8:19–20].

Ora, na vastidão da onipresença, como se poderia seguir o Cristo, exceto em Espírito, que alcança tudo?

Krishna, Rama, Buda e Patânjali estão entre os antigos avatares. Foi desenvolvida uma considerável literatura poética em tâmil acerca de Agastya, um avatar da Índia meridional. Ele realizou muitos milagres durante os séculos anteriores e posteriores a Cristo, e acredita–se que até hoje ele retém a sua forma física.

A missão de Babaji na Índia tem sido a de dar assistência aos profetas na execução das tarefas específicas que a vontade divina lhes atribui. Dessa forma, ele se qualifica como aquele que as Escrituras chamam de *Mahavatar* (Grande Avatar). Ele afirmou ter dado a iniciação iogue a Shânkara, reorganizador da Ordem dos Swâmis, e a Kabir, famoso poeta medieval [que se notabilizou por ser ao mesmo tempo um sufi e um iogue, isto é, um místico islâmico e hindu]. Seu principal discípulo no século XIX, como sabemos, foi Láhiri Mahasaya, que deu nova vida à perdida arte de Kriya.

Babaji, o Mahavatar, está sempre em comunhão com Cristo: juntos eles enviam vibrações redentoras, e juntos planejaram a técnica espiritual de salvação para esta época. O trabalho destes dois mestres completamente iluminados – um, com um corpo, e o outro sem – é inspirar as nações a renunciarem às guerras, aos ódios e preconceitos raciais, ao sectarismo religioso e aos males do materialismo, que atuam como bumerangues. Babaji está a par das tendências modernas e, em especial, da influência e das complexidades da civilização ocidental; ele compreende perfeitamente a necessidade de difundir a ioga em ambos os hemisférios para realizar a libertação do homem.

A falta de referências históricas a Babaji não deve nos surpreender. O grande guru jamais apareceu ostensivamente em qualquer século; o brilho ilusório da fama não tem lugar em seus planos milenares. Semelhante ao Criador, com seu Poder único, embora silencioso, Babaji atua em humilde anonimato.

Babaji, o Mahavatar

Grandes profetas como Cristo e Krishna vêm ao mundo com um objetivo específico e espetacular; e partem assim que o realizam. Já outros avatares, como Babaji, são responsáveis por obras relacionadas com o lento progresso evolutivo do homem através dos séculos, em vez de se ligarem a algum fato histórico excepcional. Tais mestres sempre se ocultam ao olhar grosseiro do público, e têm o poder de se tornar invisíveis à vontade. Por conta de tais razões, e porque geralmente instruem seus discípulos para que mantenham silêncio a respeito de sua existência, algumas figuras espirituais do mais elevado patamar permanecem desconhecidas para o mundo. Nestas páginas sobre Babaji, eu faço tão somente uma alusão à sua vida – só me refiro a alguns dos fatos que ele considera convenientes e úteis à divulgação pública.

Jamais poderiam ser descobertos quaisquer dados delimitadores da família e do lugar de nascimento de Babaji, informações tão caras ao coração do cronista histórico. Este avatar geralmente usa o idioma hindu, mas conversa com facilidade em qualquer língua. Ele optou por adotar o singelo nome de Babaji (pai respeitado); outros títulos de que lhe deram os discípulos de Láhiri Mahasaya são Mahamuni Babaji Maharaj (Supremo Mestre Extático), Maha Yogi (O Grande Iogue) e Trambak Baba ou Shiva Baba (títulos de avatares de Shiva). E por caso tem alguma importância que desconheçamos o nome mundano de um mestre completamente liberto?

"Toda vez que pronuncia com devoção verdadeira o nome de Babaji, o devoto atrai para si uma bênção espiritual instantânea." – Afirmou Láhiri Mahasaya.

O imperecível guru não mostra sinais de idade em seu corpo; parece sempre um jovem de vinte e cinco anos, não mais. De pele clara, constituição e estatura medianas, o belo e vigoroso corpo de Babaji irradia um brilho perceptível. Seus olhos são pretos, serenos e amáveis; seu longo e lustroso cabelo é cor de cobre. Às vezes, a face de Babaji lembra muito à de Láhiri Mahasaya. Aliás, a semelhança era tão notável que Láhiri Mahasaya, em sua velhice, poderia ocasionalmente ter se passado por pai de Babaji, cuja aparência é sempre jovial.

Swâmi Kebalananda, meu santo instrutor de sânscrito, passou algum tempo com Babaji no Himalaia. Eis o seu relato:

"O incomparável mestre permanece em movimento com seu grupo, de um lugar a outro nas montanhas. Seu pequeno séquito conta com dois discípulos norte-americanos bastante adiantados. Depois de permanecer em certa localidade por algum tempo, Bábají diz: *Dera danda uthao* (Levantemos nosso bastão e nosso acampamento). Ele carrega um *danda* (bastão de bambu). Suas palavras são o sinal para o grupo se mover instantaneamente para outro lugar. Todavia, nem sempre ele faz uso deste método de viagem astral; às vezes vai a pé, de um cume ao próximo.

Babaji só pode ser visto ou reconhecido quando assim o deseja. Sabe-se que ele já apareceu sob formas um pouco diferentes para diversos devotos: às vezes, com barba e bigode; às vezes, sem. Seu corpo incorruptível não requer alimento, e por conta disso o mestre raramente come. Ao visitar os discípulos, num gesto de cortesia, eventualmente aceita frutas ou arroz cozido em leite e manteiga.

Eu mesmo conheço dois incidentes assombrosos da vida de Babaji. Certa noite, seus discípulos se encontravam sentados em torno de uma enorme fogueira que ardia para uma cerimônia védica sagrada. Sem aviso, o guru pegou um galho incandescente e golpeou de leve o ombro de um chela [discípulo] que estava próximo ao fogaréu.

'Senhor, que crueldade!' - Láhiri Mahasaya, que estava lá presente, censurou seu guru.

'Ora, você preferia vê-lo arder até restarem somente as cinzas, segundo o decreto de seu karma passado?' - Com tais palavras, Babaji colocou sua mão curadora sobre o ombro chamuscado de seu discípulo. - 'Está noite eu o livrei de uma morte dolorosa. A lei kármica se cumpriu satisfatoriamente com seu breve sofrimento pelo fogo.

Já em outra ocasião, o grupo de Babaji foi perturbado pela chegada de um estranho. Com admirável habilidade, ele tinha escalado os penhascos até o platô quase inacessível, próximo ao acampamento do guru. Ao avistar o mahavatar, o rosto do homem se iluminou com grande veneração, e ele disse:

'O senhor deve ser o grande Babaji. Estive à sua procura por meses, sem desistir, entre estes rochedos perigosos. Eu lhe suplico: me aceite como seu discípulo.'

Como o grande guru não deu nenhuma resposta, o homem apontou para o abismo revestido de rochas, abaixo do platô:

'Caso me recuse, eu vou me jogar desta montanha. A vida não terá mais valor para mim se eu não puder obter sua direção espiritual em minha busca por Deus.'

'Então salte. Não poderei aceitá-lo em seu atual estado de desenvolvimento.' – Disse Babaji, sem esboçar qualquer emoção.

O homem saltou no abismo imediatamente. Babaji deu instruções aos discípulos surpresos para trazerem o corpo do desconhecido. Quando regressaram com o cadáver destroçado, o mestre colocou a mão sobre o morto. Milagre! Ele abriu os olhos e prostrou-se com humildade ante o guru onipotente.

'Agora você está pronto para ser meu discípulo.' – Babaji sorriu amavelmente para o homem ressuscitado. – 'Você passou corajosamente por uma prova difícil. A morte não voltará a tocá-lo; agora você é um dos imortais de nosso rebanho.'

Em seguida, pronunciou a costumeira ordem de partida – *Dera danda uthao* –, e o grupo inteiro desapareceu da montanha."

Um avatar vive no Espírito onipresente; para ele não existe distância inversa ao quadrado. Assim, só há um motivo para que Babaji conserve sua forma física de século em século: o desejo de dar à humanidade o exemplo concreto de suas próprias possibilidades. Se ao homem jamais fosse permitido vislumbrar a Divindade revestida de carne, ele permaneceria oprimido pela pesada ilusão mundana de que não pode transcender sua condição mortal.

Desde o início, Jesus conhecia a sequência de eventos de sua vida; percorreu cada etapa, não em proveito próprio, nem devido a qualquer compulsão kármica, mas unicamente para soerguer e acalentar os seres dotados de reflexão. E para benefício das gerações futuras, os quatro evangelistas – Mateus, Marcos, Lucas e João – registraram o drama inefável.

Também é preciso entender que para Babaji não há passado, presente e futuro, categorias relativas, pois desde o princípio ele conhecia todas as etapas de sua vida. Acomodando-se ao entendimento estreito dos homens, permitiu que muitos atos de sua vida divina se desenrolassem na presença de uma ou mais testemunhas. Assim, aconteceu que um discípulo de Láhiri Mahasaya estava presente quando Babaji considerou que era chegado o tempo de proclamar as possibilidades da imortalidade corporal. Ele fez tal promessa diante de Ram Copal Muzumdar, para que eventualmente se tornasse conhecida e inspirasse outros corações buscadores. Os grandes seres falam e participam do curso aparentemente natural dos acontecimentos, mas apenas em benefício da espécie humana. Vejamos o que disse o Cristo: "Pai, eu sabia que Tu sempre me escutas; mas assim falei por causa do povo que está ao redor, para que todos acreditem que Tu me enviaste" [*João*, 11:41-42].

Durante minha estada em Ranbajpur com Ram Gopal, "o santo que não dorme" [ver capítulo 13], ele me relatou a maravilhosa história de seu primeiro encontro com Babaji:

"Às vezes, eu deixava minha caverna solitária para me sentar aos pés de Láhiri Mahasaya, em Benares. Certa vez, por volta da meia-noite, ao meditar silenciosamente com um grupo de discípulos, o mestre me fez um pedido surpreendente:

'Ram Gopal, vá imediatamente ao *ghat* de banho de Dasasamedh.'

Eu logo cheguei aquele lugar isolado. Era uma noite clara, enluarada, e as estrelas cintilavam. Depois de me sentar um pouco em paciente silêncio, minha atenção foi despertada por uma enorme laje de pedra, próxima aos meus pés. Ela se ergueu gradualmente, revelando a entrada de uma gruta subterrânea. Quando a laje se deteve no ar, sustentada por meios desconhecidos, a forma vestida de uma mulher jovem e insuperavelmente bela emergiu da cripta e levitou até certa altura no ar. Envolta em um halo suave, ela desceu lentamente diante de mim e parou imóvel, embebida em êxtase. Após um breve período, ela enfim se moveu e falou, gentilmente:

'Sou Mataji [138], irmã de Babaji. Pedi a ele e também a Láhiri Mahasaya que viessem à minha gruta esta noite, a fim de discutirmos um assunto de grande importância.'

Uma luz nebulosa flutuava veloz sobre o Ganges; a estranha luminescência se refletia nas águas noturnas. Aproximou-se cada vez mais até que, num cintilar ofuscante, apareceu ao lado de Mataji e se condensou instantaneamente na forma humana de Láhiri Mahasaya. Ele se curvou, com humildade, aos pés da santa mulher.

Antes que eu pudesse me recobrar do espanto, fiquei ainda mais maravilhado ao contemplar uma massa rodopiante de luz mística a viajar pelo céu. Descendo velozmente, o flamejante turbilhão se aproximou de nosso grupo e se materializou no corpo de um belo jovem. De imediato, compreendi que se tratava de Babaji. Ele se parecia com Láhiri Mahasaya, embora aparentasse ser mais jovem que seu discípulo e tivesse cabelos longos e brilhantes.

Então, Láhiri Mahasaya, Mataji e eu nos ajoelhamos aos pés do mahavatar. Uma etérea sensação de glória beatífica fez vibrar cada fibra de meu ser ao tocar seu carpo divino.

'Abençoada irmã, eu pretendo abandonar meu corpo e submergir na Correnteza Infinita.' – Disse Babaji.

'Eu tive um vislumbre de seu plano, amado mestre. Por isso quis discuti-lo contigo esta noite. Ora, e por que abandonaria o seu corpo?' – A pergunta da irmã era praticamente uma súplica.

'Que diferença faz se eu uso uma onda visível ou invisível no oceano de meu Espírito?'

Mataji respondeu com um lampejo de sagacidade:

'Ó guru imortal, se não faz nenhuma diferença, então, por favor, peço que nunca abandone sua forma [139].'

'Que assim seja.' – Exclamou Babaji, solene. – 'Nunca deixarei minha forma física. Ela permanecerá sempre visível, pelo menos a um pequeno grupo de pessoas neste mundo. Através de seus lábios, Mataji, o Senhor manifestou Seu próprio desejo.'

Como eu assistia, atemorizado, à conversa daqueles seres excelsos, o grande guru se voltou para mim com um semblante bondoso e disse:

'Não tenha medo, Ram Gopal. Para você esta é uma bênção: estar aqui e ser a testemunha desta promessa imortal.'

Então, na medida em que a melodiosa voz de Babaji desvanecia, sua forma e a de Láhiri Mahasaya foram levitando, lentamente se afastando e regressando até onde surgiram, por cima do Ganges. Uma auréola de luz ofuscante envolvia seus corpos ao desaparecerem no firmamento noturno.

Logo em seguida, a forma de Mataji flutuou em direção à gruta e desceu; a laje, baixando lentamente, eventualmente fechou a entrada, como se fosse movida por mãos invisíveis.

Infinitamente inspirado, retornei à casa de Láhiri Mahasaya. Ao me curvar diante dele, já pela manhã, meu guru sorriu e me disse:

'Compartilho da sua alegria, Ram Gopal. Seu desejo, que tantas vezes foi manifesto a mim, de encontrar Babaji e Mataji, foi finalmente satisfeito. Que maravilha!'

Os outros discípulos me disseram que Láhiri Mahasaya não havia se movido de seu estrado desde a minha partida à meia-noite. Um deles também me disse:

'Logo após sua saída para o *ghat* de Dasasamedh, ele pronunciou um admirável discurso sobre a imortalidade.'

Foi assim que eu, pela primeira vez, compreendi plenamente a verdade dos versículos das Escrituras, quando afirmam que um homem unificado com Deus pode aparecer em diferentes lugares, em dois ou mais corpos, ao mesmo tempo."

E Ram Gopal concluiu seu relato:

"Depois daquele dia, Láhiri Mahasaya me explicou muitos pontos metafísicos acerca do plano divino oculto para este planeta. Babaji foi escolhido por Deus para permanecer em seu corpo enquanto durar este ciclo do mundo. As eras hão de vir e passar. O mestre imortal [140], todavia, contemplando o drama dos séculos, permanecerá sempre presente no palco terrestre."

34. Materializando um palácio no Himalaia

"O primeiro encontro de Babaji com Láhiri Mahasaya é uma história cativante, e uma das poucas que nos dão um vislumbre mais detalhado do imortal guru."

Com tais palavras, Swâmi Kebalananda dava sua introdução a um relato extraordinário. A primeira vez que o ouvi foi algo literalmente fascinante. Assim, em muitas outras ocasiões, persuadi meu amável instrutor de sânscrito a repetir a história, que Sri Yuktéswar mais tarde me narraria quase com as mesmas palavras. Ambos discípulos de Láhiri Mahasaya, eles ouviram a história dos lábios de seu guru:

"Meu primeiro encontro com Babaji ocorreu quando eu tinha trinta e três anos." – Contou Láhiri Mahasaya. – "No outono de 1861, eu morava em Danapur, trabalhando como contador do Departamento de Engenharia Militar do Governo. Certa manhã, o chefe do escritório mandou me chamar; quando cheguei em sua sala, ele me disse:

'Láhiri, acaba de chegar um telegrama de nossa matriz. Você será transferido para Ranikhet, onde estamos instalando uma base militar [141].'

Na companhia de um criado, parti numa viagem de oitocentos quilômetros. Viajando de cavalo e de carroça, chegamos a Ranikhet [142], no Himalaia, cerca de trinta dias depois.

Meu trabalho burocrático não me demandava tanto, de modo que eu podia passar muitas horas perambulando pelas magníficas montanhas. O povo dizia que grandes santos abençoavam a região com sua presença; eu logo senti um forte desejo de vê-los. Durante um passeio ao acaso, nas primeiras horas da tarde, fiquei assombrado ao ouvir uma voz longínqua chamar pelo meu nome. Continuei, com vivacidade e vigor, minha subida pelo Monte Drongiri. Com leve inquietude, fui assaltado pela ideia de que talvez eu não pudesse retornar antes da escuridão da noitinha descer sobre a selva.

Cheguei, enfim, a uma pequena clareira, em cujos limites podia ver uma pequena fileira de cavernas. Numa das bordas rochosas, pude ver um jovem sorridente, de pé e com a mão estendida para cima, num gesto de boas vindas. Notei com espanto que, exceto pelo seu cabelo cor de cobre, ele era muito parecido comigo.

'Láhiri, você chegou!' – O santo se dirigia a mim afetuosamente, falando em hindi. – 'Pode descansar aqui, nesta caverna. Fui eu quem o chamou.'

Entrei numa pequena gruta, muito limpa, contendo diversas mantas de lã e alguns *kamandulus* [jarros para guardar água].

'Láhiri, por acaso se lembra deste assento?' – O iogue apontou para um cobertor dobrado num canto da gruta.

'Não, senhor.' – E, um tanto confuso pela estranheza de minha aventura, acrescentei. – 'Agora eu preciso voltar, antes do crepúsculo. Tenho o que fazer de manhã lá no escritório.'

O misterioso santo respondeu, falando em inglês:

'O escritório foi trazido para você, e não você para o escritório.'

Fiquei mudo diante daquilo, aturdido pelo fato do asceta da floresta não só falar inglês, mas também parafrasear as palavras de Cristo [143].

'Vejo que meu telegrama surtiu efeito.'

Como aquele comentário do iogue era incompreensível para mim, perguntei o que significava.

'Ora, eu me refiro ao telegrama que o trouxe a estas regiões isoladas. Fui eu quem silenciosamente sugeriu à mente de seu chefe esta transferência para Ranikhet. Quando alguém sente a sua unidade com os homens, todas as mentes se convertem em estações transmissoras, pelas quais é possível operar à vontade. Me diga, Láhiri, esta caverna lhe parece familiar, não é?'

Enquanto eu permanecia aturdido, em silêncio, o santo se aproximou e golpeou minha testa com delicadeza. Sob esse toque mágico, uma corrente maravilhosa atravessou meu cérebro, revivendo as doces recordações latentes de minha vida anterior.

'Sim, eu me lembro!' – Minha voz quase se afogava em soluços de alegria. – 'O senhor é meu guru Babaji, que sempre foi meu mestre! As cenas do passado ressurgem, vívidas, em minha mente; aqui mesmo, nesta caverna, eu passei muitos anos da minha última encarnação!' – Enquanto inefáveis reminiscências me subjugavam, em lágrimas, eu abraçava os pés de meu mestre.

'Por mais de três décadas eu esperei você voltar a mim!' – A voz de Babaji vibrava de amor celestial. – 'Você deslizou para longe, desaparecendo nas ondas turbulentas da vida pós-morte. A varinha mágica de seu karma o tocou e você se afastou! Todavia, embora você tivesse me perdido de vista, eu nunca o perdi! Através do mar astral luminescente, onde singram anjos gloriosos, eu o persegui. Através de escuridão, tempestades, marés e luz, eu o segui, como a ave materna escoltando o seu filhote. Então, quando você chegou ao término de sua existência intrauterina sob a forma de um menino, e nasceu para este mundo, meu olhar ainda o acompanhava, sempre acompanhou. E quando, em sua infância, você cobriu com as areias de Nadia seu pequenino corpo em posição de lótus, eu estava lá; invisível, mas presente. Mês após mês, ano após ano, cheio de paciência, zelei por você, aguardando este dia perfeito. Agora você está comigo! Aqui está sua caverna amada de tempos pretéritos; eu a conservei sempre limpa e pronta para seu regresso. Aqui está sua manta santificada para as *ásanas*, onde todos os dias você se sentava para expandir seu coração com Deus. Eis aqui sua vasilha de madeira, da qual frequentemente você bebia o néctar preparado por mim. Veja como conservei polida e brilhante a xícara de bronze para que, algum dia, você pudesse beber nela outra vez! Você que me pertence, compreende agora?'

'Meu guru, que posso dizer?' – Murmurei, com a voz embargada. – 'Onde alguém já ouviu dizer de um amor imperecível como este?' – Em êxtase, contemplei longamente meu perpétuo tesouro, meu guru na vida e na morte.

'Láhiri, você precisa de purificação. Beba o óleo desta vasilha e se deite na margem do rio.' – Logo pensei, com um breve sorriso que espelhava minhas memórias, que a sabedoria prática de Babaji estava sempre à frente.

Obedeci às instruções. E, embora a fria noite do Himalaia viesse descendo, uma quentura, uma radiação reconfortante, começou a pulsar dentro de mim. Fiquei maravilhado: estaria o óleo desconhecido impregnado de um calor cósmico?

Ventos fustigantes giravam à minha volta na escuridão, gritando um desafio feroz. As ondas gélidas do rio Gogash saltavam periodicamente sobre meu corpo, estendido na margem rochosa. Tigres rugiam nos arredores, mas eu tinha o coração livre de medo; a energia irradiante, há pouco gerada em meu interior, me comunicava a segurança de uma proteção inexpugnável.

Muitas horas se passaram rapidamente; memórias desvanecidas de uma existência anterior se entrelaçavam ao atual e luminoso paradigma da reunião com meu divino guru.

Minhas reflexões solitárias foram interrompidas pelo som de passos que se aproximavam. Na escuridão, gentilmente, a mão de um homem me ajudou a levantar e me deu alguma roupa seca.

'Venha, irmão.' – Disse o homem. – 'O mestre o espera.'

Ele seguiu à frente, se embrenhando por uma trilha na floresta. Ao chegarmos a uma curva do caminho, a noite sombria foi repentinamente iluminada por um esplendor estável na distância.

'Será o nascer do sol? Uma noite inteira já se passou?'

'Ainda é meia-noite.' – Meu guia sorriu. – 'Aquela luminosidade é o brilho de um palácio de ouro, materializado aqui, esta noite, pelo incomparável Babaji. No passado obscuro, uma vez você expressou o desejo de desfrutar as belezas de um palácio. Nosso mestre está agora satisfazendo este desejo, e assim o livrando do último laço de seu karma [144]. O magnífico palácio será o cenário da sua iniciação, esta noite, em Kriya Yoga. Aqui, todos os seus irmãos se reúnem num hino de júbilo pelo fim de seu exílio. Contemple-o!'

Erguia-se, diante de nós, um imenso palácio de ouro cintilante. Com adornos de incontáveis jóias, situado entre jardins planejados, com sua belíssima arquitetura refletida em lagoas tranquilas; era um espetáculo único!

Arcadas elevadas revelavam complexas incrustações de grandes diamantes, safiras e esmeraldas. Homens de semblante angelical aguardavam em portões rubros de rubis resplendentes.

Segui meu guia até um espaçoso salão de recepção. Aroma de incenso e rosas flutuava no ar; lâmpadas veladas irradiavam um brilho multicolorido. Pequenos grupos de devotos, alguns de pele clara, outros de pele escura, cantavam ou sentavam-se em silêncio, na posição meditativa, imersos em profunda paz. Uma alegria vibrante preenchia a atmosfera.

'Olhe tudo; deixe que sua visão desfrute os esplendores artísticos do palácio, pois tudo foi criado exclusivamente em sua honra.' – Meu guia comentou, sorrindo com simpatia ante minhas exclamações de assombro.

'Irmão, a beleza desta estrutura ultrapassa os limites da imaginação humana. Por favor, me explique o mistério de sua origem.'

'Com prazer.' – Os olhos negros de meu amigo irradiavam sabedoria. – 'Nada existe de inexplicável nesta materialização. O cosmo inteiro é uma projeção do pensamento do Criador. Este pesado globo de terra, flutuando no espaço, é um sonho de Deus. Ele extraiu de Sua mente todas as coisas, assim como o homem, durante o sonho, reproduz e infunde vida a um mundo povoado de criaturas.

Primeiro o Senhor criou a Terra no plano das ideias. Insuflou-lhe com vida; e então a energia atômica, e depois a matéria, passaram a existir. Ele coordenou os átomos da Terra de modo a formar uma esfera sólida. A vontade de Deus mantém a coesão de todas as moléculas. Quando Ele retirar Sua vontade, todos os átomos da Terra se transformarão em energia. A energia atômica regressará à sua fonte: a Consciência Cósmica. A ideia *Terra* já não terá uma existência objetiva.

Da mesma forma, a substância de um sonho se mantém materializada graças ao pensamento subconsciente do sonhador. Quando este pensamento se retira, porque o homem despertou, o sonho e seus elementos se dissolvem. Um homem dorme e erige uma criação de sonho que ele mesmo desmaterializa sem esforço ao despertar. Assim, imita o exemplo arquetípico de Deus. E, da mesma forma, quando acorda para a Consciência Cósmica, ele desmaterializa sem esforço a ilusão que é o universo, o sonho cósmico.

Estando sintonizado com a infinita Vontade onipotente, Babaji pode ordenar aos átomos elementares que se combinem e assumam qualquer forma. Este palácio de ouro, instantaneamente criado, é real, no mesmo sentido em que o nosso planeta é real. Babaji retirou de sua própria mente esta bela casa dourada, e está mantendo todos os seus átomos unidos pelo poder de sua vontade, assim como o pensamento de Deus criou o nosso planeta, e Sua vontade o mantém existindo. Dessa forma, quando esta estrutura tiver servido a seu propósito, Babaji a desmaterializará.'

Como eu continuava silencioso, em atemorizada reverência, meu guia apontou para o palácio materializado e prosseguiu a explicação:

'Este palácio cintilante, soberbamente embelezado com jóias, não foi construído pelo esforço humano; seu ouro e suas pedras preciosas não foram laboriosamente extraídos de minas. Mesmo assim, ergue-se com toda solidez, um desafio monumental ao homem [145]. Quem quer que alcance a consciência e a experiência de filho de Deus, como Babaji, pode atingir qualquer objetivo com os infinitos poderes ocultos dentro de si. Uma pedra contém secretas e extraordinárias energias atômicas [146]; e, da mesma forma, o mais ínfimo dos mortais é uma central elétrica de divindade.'

Em seguida, o sábio apanhou numa mesa vizinha um vaso gracioso, com a alça preenchida de diamantes. Daí prosseguiu:

'Nosso grande guru criou este palácio, solidificando miríades de raios cósmicos livres. Apalpe este vaso e seus diamantes; eles suportam com sucesso qualquer teste da experiência sensorial.'

Eu examinei cuidadosamente o vaso: suas joias eram dignas da coleção de um rei. Deslizei minha mão pelas paredes da sala, espessas de ouro reluzente. De súbito, uma grande satisfação mental me deixou entusiasmado. Um desejo, oculto em minha subconsciência desde vidas passadas, parecia ao mesmo tempo se sacier e se aniquilar.

Meu imponente companheiro continuou a me guiar por arcos e corredores ornamentados, até uma série de câmaras ricamente mobiliadas no estilo de um típico palácio imperial. Adentramos num salão imenso. No centro estava um trono de ouro, incrustado de joias que emitiam uma faiscante mistura de cores. Ali, em posição de lótus, sentava-se o supremo Babaji. Ajoelhei-me a seus pés, no chão lustroso.

'Láhiri, você ainda se delicia com seu desejado palácio de ouro?' – Os olhos de meu guru cintilavam tal qual um par de safiras. – 'Desperta! Todos os seus anseios terrenos estão a ponto de se aniquilar para sempre!' – Ele murmurou algumas bênçãos em palavras místicas. – 'Levante-se, meu filho. Receba sua iniciação no reino de Deus, por meio de Kriya Yoga.'

Babaji estendeu a mão; um fogo de *homa* [sacrificial] surgiu, cercado de flores e frutas. Recebi a libertadora técnica de ioga em frente a este altar flamejante.

O ritual se encerrou ao despontar a aurora. Em meu estado de êxtase, não sentia necessidade de dormir. Vaguei pelas salas do palácio, repletas de tesouros e de requintados objetos de arte, e visitei os jardins. Percebi, nos arredores, as cavernas e as desoladas saliências da montanha, vistas no dia anterior, quando ainda não eram vizinhas da grande construção, nem de seus terraços floridos.

Entrando outra vez no palácio, fabulosamente fulgurante ao frio sol do Himalaia, busquei a presença de meu mestre. Ele ainda se encontrava no trono, rodeado de muitos discípulos silenciosos. Ao me ver, ele disse:

'Láhiri, você está com fome. Feche seus olhos.'

Quando os reabri, o palácio dourado e seus jardins haviam desaparecido por completo. Os corpos de Babaji e de seus discípulos, assim como o meu, agora se encontravam todos sentados na terra nua, no lugar exato do palácio desvanecido, não muito longe das aberturas ensolaradas nas grutas rochosas. Então, me lembrei de meu guia ter dito que o palácio seria desmaterializado, e que seus átomos cativos seriam liberados para voltarem às essências mentais de sua origem. Embora atordoado, fitei meu guru com toda a confiança. Eu não sabia o que esperar, a seguir, naquele dia de milagres.

'O palácio já serviu ao propósito para o qual foi criado.' – Explicou Babaji. E pegou do chão um recipiente de barro. – 'Ponha sua mão aqui e receberá o alimento que desejar.'

Toquei a ampla tigela; logo surgiram *lúchis* [pães] quentes fritos em manteiga, curry e frutas cristalizadas. Ao comê-los, pude notar que a tigela permanecia sempre cheia. No fim da refeição, olhei em volta, procurando água. Meu guru apontou para a tigela diante de mim. O alimento tinha sumido, e em seu lugar havia água.

'Poucos mortais sabem que o reino de Deus também inclui o reino das satisfações mundanas.' – Observou Babaji. – 'O reino divino se estende até o terrestre; mas este, ilusório por natureza, não contém a essência da Realidade.'

'Ó, amado guru, ontem à noite eu recebi a prova do vínculo de beleza entre o céu e a terra!' Sorri ao recordar do palácio desvanecido; sem dúvida nenhum iogue jamais recebeu sua iniciação nos mistérios do Espírito em um ambiente de luxo tão impressionante! Sereno, observei o cenário atual, um absoluto contraste com o anterior: o solo árido, o céu como teto, as cavernas oferecendo um abrigo primitivo – tudo aqulo parecia formar uma bela paisagem natural para os santos seráficos que me rodeavam.

Chegando a tardinha, sentei em minha manta, santificada pelo acúmulo de realizações em existências anteriores. Meu divino guru se aproximou e passou a mão sobre minha cabeça. Entrei no estado de nirbikalpa samádhi, permanecendo em beatitude durante sete dias ininterruptos. Cruzando os estratos sucessivos do autoconhecimento, penetrei nos reinos imortais da Realidade. Transcendidas todas as limitações ilusórias, minha alma se estabeleceu por completo no altar do Espírito Cósmico.

No oitavo dia caí aos pés de meu guru e supliquei-lhe que me conservasse sempre junto a si naquele recanto sagrado. Essa foi a sua resposta, enquanto me dava um abraço:

'Meu filho, seu papel nesta encarnação deve ser representado diante dos olhos das multidões. Desde antes de seu nascimento, você foi abençoado por muitas vidas de meditação solitária, agora você deve se misturar ao mundo dos homens.

Veja: o fato de você só me ter encontrado nesta encarnação, quando já era um homem casado, com família modesta e responsabilidades profissionais estabelecidas, tem um sentido profundo. Você deve colocar de lado essa ideia de se reunir ao nosso grupo secreto no Himalaia. Você viverá entre a gente da cidade para servir de exemplo: o símbolo do iogue que também é chefe de família.

Os gritos de muitos homens e mulheres desnorteados neste mundo sensibilizaram os ouvidos das Grandes Almas. Você foi o escolhido para trazer consolo espiritual através de Kriya Yoga às numerosas criaturas que buscam Deus com coração sincero. Assim, você irá inspirar coragem renovada a milhões de seres sobrecarregados por laços familiares e pesados deveres mundanos, quando eles virem em você um chefe de família como eles. Você deve levá-los a compreender que as mais elevadas conquistas iogues não estão vedadas ao homem de família. Mesmo levando uma vida mundana, o iogue que cumpre suas responsabilidades com toda fidelidade, sem apego ou motivação pessoal, trilha firmemente a via da iluminação.

De fato não há nenhuma necessidade que o obrigue a abandonar o mundo, pois internamente você já desatou todos os laços kámínicos. Mesmo já não sendo mais deste mundo, é nele que você deve permanecer. Ainda vão se passar muitos anos, neles você deverá cumprir conscienciosamente seus deveres domésticos, profissionais, cívicos e espirituais. Com isso, um novo e doce alento de divina esperança penetrará nos áridos corações dos homens mundanos. Eles compreenderão, pelo exemplo do seu equilíbrio, que a libertação depende mais de renúncias internas do que externas.'

Naquele momento, enquanto eu ouvia meu guru nas altas solidões do Himalaia, que remotos me pareciam minha família, o escritório, o mundo! Todavia, a verdade mais cristalina ressoava em suas palavras; submisso, concordei em deixar aquele abençoado recanto de paz. Antes disso, no entanto, Babaji me instruiu nas regras antigas e rígidas que governam a transmissão da arte da ioga, de guru a discípulo:

'Dê a chave de Kriya somente a *chelas* [discípulos] qualificados. Quem promete sacrificar tudo na busca do Divino, está apto a desvelar os mistérios finais da vida através da grande ciência da meditação.'

Em dado momento, eu fiz uma súplica ao mahavatar:

'Ó guru angélico, o senhor que já prestou um benefício à humanidade com a ressurreição da perdida arte do Kriya, não o aumentará, tornando mais brandas as severas exigências para a aceitação de novos discípulos? Assim eu lhe peço: permita que eu ensine Kriya a todos os que buscam a Deus com sinceridade, ainda que, a princípio, não sejam capazes de se devotar à completa renúncia interna. Homens e mulheres deste mundo, torturados e perseguidos pelo tríplice sofrimento [147], precisam de um encorajamento especial. Afinal, talvez eles nunca tentem caminhar para a liberdade se a iniciação em Kriya lhes for vedada.'

'Que assim seja. A vontade divina se expressou por seus lábios. Dê Kriya livremente a todos os que humildemente pedirem sua ajuda.' – Respondeu o guru, com misericórdia.

Após algum silêncio, Babaji acrescentou:

'Repita a cada um de seus discípulos esta soberana promessa do *Bhagavad Gita* [II:40]: *Swalpamasya Dharmasya, Trayata Mahato Bhoyat* (Até mesmo uma pequena prática deste dharma [reta ação] o salvará de medos terríveis e sofrimentos colossais).'

Na manhã seguinte, ao me ajoelhar aos pés de meu guru para sua bênção de despedida, ele sentiu minha profunda relutância em deixá-lo. Então, tocou meu ombro num gesto de afeto, e disse:

'Filho amado, não há separação entre nós. Sempre que me chamar, esteja onde estiver, imediatamente me encontrará ao seu lado.'

Consolado por esta maravilhosa promessa, e engrandecido com o ouro da sabedoria de Deus, achado tão recentemente, desci a montanha. No escritório, fui bem acolhido por meus colegas de trabalho que, ao longo de dez dias, acreditaram que eu estava perdido nas selvas do Himalaia. Pouco tempo depois, chegou uma carta do departamento central. Eis o que ela informava:

'Lâhiri deve retornar ao posto de Danapur. Sua transferência para Ranikhet resultou de um erro. Outro homem deveria ter sido enviado para exercer suas funções em Ranikhet.'

Eu sorri, refletindo sobre as contracorrentes ocultas nos eventos que eventualmente me levaram até este ponto mais remoto da Índia.

Antes de regressar a Danapur [cidade próxima a Benares], passei alguns dias com uma família bengali em Moradabad. Um grupo de seis amigos veio me visitar. Quando levei a conversa para temas espirituais, meu anfitrião observou sombriamente:

'Oh, a Índia de hoje não tem mais santos!'

'Mas, senhor, sem dúvida ainda existem grandes mestres em nossa terra!' – Eu protestei.

Então, numa exaltação de fervor, me senti impelido a narrar minhas extraordinárias aventuras no Himalaia. A pequena plateia, no entanto, se mostrou educadamente incrédula. Um dos homens fez um comentário cortês:
'Láhiri, sua mente passou por grande tensão naqueles ares rarefeitos da cordilheira. O que você nos relata é algum sonho de olhos abertos.'
No ardor entusiasmado pela verdade, falei sem pensar com mais calma:
'Se eu chamar meu guru, ele aparecerá aqui mesmo, nesta casa.'
Repentinamente, um vívido interesse brilhou em todos os olhos; não era de se admirar que o grupo estivesse interessado em observar tal fenômeno. Meio relutante, pedi uma sala silenciosa e dois cobertores novos de lã.
'O mestre virá do éter e vai se materializar aqui.' – Eu expliquei. – 'Permaneçam em silêncio do lado de fora; em breve irei chamá-los.'
Uma vez só, mergulhei em meditação, humildemente invocando meu guru. O quarto escuro se encheu gradualmente de um brilho suave; até que a luminosa figura de Babaji surgiu.
'Láhiri, você me chama por um motivo fútil?' – O olhar do mestre era severo. – 'Veja: a verdade é para quem a busca com sinceridade, não para quem tem somente uma curiosidade ociosa. É fácil acreditar quando se vê: dispensa a busca e o esforço. Assim, só desvelam a verdade além dos sentidos os que a merecem, por já terem vencido seu natural ceticismo materialista. Deixe-me ir embora!'
Eu caí a seus pés, em súplica:
'Ó, sagrado guru, agora compreendo o meu grave erro; humildemente lhe peço perdão. Foi no intuito de despertar a fé nestas mentes espiritualmente cegas que eu me arrisquei a chamá-lo. Mas, já que tão bondosamente surgiu em resposta à minha prece, por favor, não se retire sem conceder uma bênção aos meus amigos. Embora sejam descrentes, eles ao menos se inclinam a investigar a verdade em minhas afirmações.'
'Muito bem, ficarei mais um pouco. Não desejo ver sua palavra desacreditada diante de seus amigos!' – A face de Babaji havia suavizado, mas ele disse mais. – 'Mas de agora em diante, meu filho, virei sempre que você precisar de mim, e não sempre que me chamar [148].'

Um silêncio cheio de tensão pairava no pequeno grupo quando abri a porta. Como se não acreditassem nos próprios sentidos, meus amigos fitaram de olhos arregalados a resplandecente figura de Babaji, sentado sobre o cobertor.

'Isto só pode ser um hipnotismo coletivo!' – Um deles riu alto. – 'Ninguém poderia ter entrado neste quarto sem que nós tivéssemos visto!'

Babaji sorriu, e em seguida fez um sinal a cada um para que viesse tocar a carne sólida de seu corpo. Desfeitas as dúvidas, meus amigos prostraram-se ao chão, em arrependimento cheio de temor reverente.

'Prepare *halua* [espécie de mingau].'

Babaji fez este pedido, eu sabia, para que o grupo tivesse mais tempo para se convencer da realidade física do mestre. Enquanto o mingau fervia, o divino guru conversava amavelmente. E grande foi a metamorfose destes incrédulos Tomés em devotos São Paulos. Encerrada a refeição, Babaji abençoou cada um de nós individualmente. Houve um súbito relâmpago, e assistimos a instantânea desintegração dos elementos do corpo de Babaji em uma luz vaporosa e expansiva. A força do mestre sintonizado com Deus tinha relaxado seu controle sobre os átomos de éter que lhe formavam o corpo; imediatamente, trilhões de diminutas centelhas de vida desapareceram no reservatório infinito.

'Eu vi, com meus próprios olhos, o vencedor da morte.' – Disse, com reverência, um dos membros do grupo, chamado Maitra [149]. Tinha o rosto transfigurado pela alegria de seu recente despertar. – 'O supremo guru brincou com o tempo e o espaço, tal qual uma criança brinca com bolhas de sabão. Contemplei alguém que possui as chaves do céu e da terra.'

Logo depois deste dia, voltei a Danapur."

E concluiu Láhiri Mahasaya:

"Firmemente ancorado no Espírito, assumi mais uma vez as diversas obrigações domésticas e profissionais de um chefe de família".

Láhiri Mahasaya também relatou a Swâmi Kebalananda e a Sri Yuktéswar a história de outro encontro com Babaji, uma das muitas ocasiões em que o mahavatar cumpriu sua promessa: "Virei sempre que precisar de mim".

"A cena se deu durante um Kumbha Mela [maior festival hindu, que se dá de doze em doze anos], em Allahabad." – Disse Láhiri Mahasaya aos seus discípulos. – "Eu estava lá gozando de um curto período de férias do trabalho. Ao perambular entre a multidão de monges e sádhus, vindos de grandes distâncias para assistir ao festival, notei um asceta coberto de cinzas, que segurava uma tigela de mendicância. Em minha mente brotou o pensamento de que o homem era um hipócrita, pelo fato de usar símbolos exteriores de renúncia, sem possuir a graça interior correspondente.

Assim que deixei o asceta para trás, meu olhar surpreso recaiu em Babaji. Ele se ajoelhava diante de um eremita de cabelos emaranhados.

'Guruji!' – Corri para junto dele. – 'Senhor, o que faz aqui?'

'Ora, estou lavando os pés deste homem que abraçou a via da renúncia, e depois lavarei seus utensílios de cozinha.'

Babaji abriu um sorriso de criança. De imediato, compreendi que ele me indicava sua vontade de que eu não julgasse ninguém, porém visse o Senhor residindo igualmente em todos os templos–corpos, fossem de homens superiores ou inferiores.

E acrescentou Babaji, o mahavatar:

'Servindo a sádhus ignorantes e sábios, estou aprendendo a maior das virtudes, a que agrada a Deus acima de todas as outras: a humildade.'"

35. A vida crística de Láhiri Mahasaya

"Assim nos convém cumprir toda a justiça." [*Mateus*, 3:15]

Ao dirigir tais palavras a João Batista e ao pedir lhe o batismo, Jesus reconhecia os direitos divinos de seu guru.

Com base num estudo reverente da *Bíblia*, do ponto de vista de um oriental [150], e também em minha própria percepção intuitiva, estou convencido de que João Batista foi o guru de Cristo em vidas anteriores. Diversas passagens na *Bíblia* deixam implícito que João e Jesus, em suas últimas encarnações, foram respectivamente Elijah e seu discípulo Elisha – Esta foi a grafia utilizada no *Velho Testamento*. Os tradutores gregos escreveram Elias e Eliseu, nomes que reaparecem, sob esta nova tradução, no *Novo Testamento*.

Em seus versículos finais, o *Velho Testamento* prediz a reencarnação de Elijah e Elisha: "Eis que vos envio Elijah, o profeta, antes que venha o grande e terrível dia do Senhor" [*Malaquias*, 4:5]. Assim, João (Elijah), enviado "antes da vinda do Senhor", nasceu alguns anos antes para servir de arauto a Cristo. Um anjo apareceu a Zacarias, o pai, para dar testemunho de que o filho esperado, João, não seria outro senão Elijah:

"Mas o anjo lhe disse: Não tema, Zacarias, pois tua prece foi ouvida; e tua mulher Isabel dará à luz um filho e lhe porás o nome de João (...) E converterá muitos dos filhos de Israel ao Senhor seu Deus. E irá diante dele [isto é, "diante do Senhor"] no espírito e poder de Elijah, para converter os corações dos pais aos filhos, e os rebeldes à sabedoria dos justos; a fim de preparar ao Senhor um povo disposto." [*Lucas*, 1:13-17]

Duas vezes, inequivocamente, Jesus identificou Elijah como João: "Elijah já veio, e eles não o conheceram (...) Então, os discípulos compreenderam que ele lhes falara de João Batista" [*Mateus*, 17:12-13]. Em outra ocasião, Jesus disse: "Porque todos os profetas e a lei profetizaram até João. E se quereis dar crédito, este é o Elijah que havia de vir" [*Mateus*, 11:13-14].

Quando João negou que fosse Elijah [*João*, 1:21], em realidade quis dizer que, no humilde traje de João, já não vinha com a elevada investidura exterior de Elijah, o grande guru. Em sua última encarnação, ele havia cedido o "manto" de sua glória e de sua riqueza espiritual a seu discípulo Elisha:

"E disse Elisha: Peço-te, deixa que uma porção dupla de teu espírito seja sobre mim. E respondeu Elijah: Coisa difícil pediste; entretanto, se me vires quando eu for arrebatado de ti, terás o que pediste (...) E Elisha tomou o manto de Elijah, que este deixara cair." [*II Reis*, 2:9-14]

Assim, eles trocaram de papéis; pois Elijah-João já não era mais necessário como mestre de Elisha-Jesus, que havia alcançado a realização divina.

Quando Cristo se transfigurou na montanha [*Mateus*, 17:3], foi seu guru Elias que ele viu, junto a Moisés. Em sua hora extrema na Cruz, Jesus exclamou: *Eli, Eli, lama sabachthani?* – Isto é: "Deus meu, Deus meu, por que me desamparaste?" Alguns dos que permaneciam ali, ao ouvirem isto, disseram: "Este homem chama por Elias (...) Vejamos se Elias vem salvá-lo" [*Mateus*, 27:46-49].

O vínculo eterno entre guru e discípulo, unindo João e Jesus, existia também entre Babaji e Láhiri Mahasaya. Com amável solicitude, o imortal guru cruzou as águas do abismo que corriam entre as duas vidas de seu discípulo, e guiou os passos da criança, e depois do homem Láhiri Mahasaya. Somente quando o discípulo completou trinta e três anos, Babaji julgou ter chegado o momento de restabelecer abertamente o laço; que em realidade jamais fora cortado.

Assim, após o breve encontro próximo a Ranikhet, o abnegado guru não manteve o discípulo amado ao seu lado, mas o libertou para o desempenho de uma missão importante no mundo. "Meu filho, virei sempre que precisar de mim". Ora, e que amante mortal poderia cumprir as infinitas implicações de uma promessa como esta?

Sem que o mundo soubesse, um grande renascimento espiritual teve início em 1861, num recanto isolado de Benares. Assim como não se pode suprimir o aroma das flores, igualmente Láhiri Mahasaya, vivendo em quietude como chefe de família ideal, não podia esconder sua glória inata. Tal qual abelhas, devotos de todas as partes da Índia começaram a procurar o néctar divino do mestre liberto.

O chefe de seu departamento, um inglês, foi um dos primeiros a notar a estranha e transcendental mudança de seu funcionário, a quem afetuosamente havia apelidado de "Babu Extático".

"O senhor parece triste. O que aconteceu?" – Láhiri Mahasaya, preocupado, certa manhã fez esta pergunta ao seu chefe.

"Minha esposa na Inglaterra está gravemente doente. A angústia está me dilacerando."

"Bem, eu vou buscar para o senhor algumas palavras dela."

Láhiri Mahasaya deixou a sala e foi se sentar por algum tempo em um local isolado. Ao retornar, trazia um sorriso consolador na face:

"Ela está melhorando. Inclusive, neste momento, sua esposa lhe escreve uma carta." – O guru onisciente citou alguns trechos da mensagem.

"Extático Babu, eu já sei que você não é um homem comum. Memso assim, sou incapaz de acreditar que o senhor pode suprimir, à vontade, o tempo e o espaço!"

A carta prometida enfim chegou. Para seu grande espanto, o chefe descobriu que ela continha não só as boas notícias da cura de sua esposa, mas também as mesmas frases pronunciadas pelo grande mestre, semanas antes.

Alguns meses depois, a esposa veio até a Índia. Ao encontrar Láhiri Mahasaya, ela o observou com veneração, até que criou coragem para dizer:

"Senhor, foi a sua forma, envolta em luz gloriosa, que eu vi meses atrás, ao lado de meu leito no hospital em Londres. Naquele instante, eu me senti completamente curada! Poucos dias depois, já me encontrava em condições de realizar a longa viagem [de navio] pelo oceano."

Dia após dia, o sublime guru iniciava um ou dois devotos em Kriya Yoga. Além de tais deveres espirituais e de suas responsabilidades profissionais e domésticas, o grande mestre demonstrava, com grande entusiasmo, o seu interesse pela educação. Organizou numerosos grupos de estudo e teve parte ativa no desenvolvimento de uma escola secundária no distrito Bengalitola, em Benares. Nas reuniões semanais que vieram a ser conhecidas como "Assembléia do *Gita*", o guru explicava as Escrituras a muitos ávidos buscadores da verdade.

Com todas estas atividades, Láhiri Mahasaya procurou responder ao desafio comum: "Depois de cumprir os deveres profissionais e sociais, onde se encontra o tempo restante para a meditação devocional?"

Assim, a vida harmoniosamente equilibrada do grande guru e chefe de família veio a se tornar uma inspiração para milhares de homens e mulheres. Ganhando somente um salário modesto e sendo econômico, despretensioso e acessível a todos, o mestre prosseguia, de forma natural e venturosa, na trilha da vida mundana disciplinada.

Embora oculto no trono da Suprema Divindade, Láhiri Mahasaya mostrava reverência para com todos os homens, sem considerar seus méritos ou deméritos. Quando seus devotos o saudavam, ele também se inclinava diante deles. Com a humildade de uma criança, o mestre frequentemente tocava os pés de outras pessoas, mas raras vezes permitia que lhe prestassem a mesma homenagem, apesar desta reverência em relação a um guru ser um antigo costume oriental.

Um aspecto significativo da vida de Láhíri Mahasaya foi conferir a iniciação em Kriya a devotos de todos os credos. Não somente hindus, mas maometanos e cristãos estavam entre os seus mais avançados discípulos. Monistas e dualistas, adeptos de várias seitas sem credo definido, eram recebidos e instruídos pelo guru universal, sempre imparcial. Um de seus discípulos mais adiantados foi Abdul Gufoor Khan, que era maometano.

Membro da casta dos brâmanes, a mais elevada, Láhiri Mahasaya se esforçou em diluir, com muita coragem para sua época, o rígido fanatismo de castas. Caminhantes das mais diversas estradas da vida achavam abrigo sob as asas onipresentes do mestre. Como todos os outros profetas inspirados por Deus, Láhiri Mahasaya trouxe novas esperanças aos párias e aos oprimidos. Eis o que ele próprio afirmava aos seus discípulos;

"Lembre-se de que você não é propriedade de ninguém, e que ninguém lhe pertence. Reflita que algum dia você terá subitamente de abandonar tudo neste mundo; assim, estabeleça seu contato com Deus agora mesmo. Prepare-se para a jornada astral da morte que se aproxima, viajando diariamente no balão da percepção divina. Por obra da ilusão, você se imagina como um fardo de carne e ossos, o qual vem a ser, quando muito, um ninho de complicações [151]. Medite sem interrupção, e logo virá a contemplar a si mesmo como Essência Infinita, livre de todas as misérias. Deixe de ser um prisioneiro do corpo: usando a chave secreta de Kriya, aprenda a escapar para o Espírito."

O mestre encorajava seus diversos discípulos a seguirem a disciplina tradicional de seus próprios credos. Dando ênfase a Kriya como técnica prática de libertação que, por sua natureza, serve a homens de todos os credos, em seguida o guru dava a seus discípulos a liberdade para expressarem suas vidas de acordo com o ambiente e a educação que haviam recebido desde cedo.

"Um maometano deveria realizar seu culto *namaj* [152] cinco vezes ao dia." – Assinalava Láhiri Mahasaya. – "Um hindu deveria se sentar para meditar várias vezes por dia. Um cristão deveria se ajoelhar quatro vezes ao dia para rezar a Deus; e, em seguida, ler a *Bíblia*."

Com sábio discernimento, o guru guiava seus adeptos nas sendas de Bhákti Yoga (ioga da devoção), Karma Yoga (ioga da ação), Jnâna Yoga (ioga da sabedoria) ou Raja Yoga (ioga real, ou completa), segundo as tendências naturais de cada homem. Reticente em dar sua permissão a devotos desejosos de ingressar no caminho formal da vida monástica, o mestre sempre os aconselhava a refletirem prévia e demoradamente nas austeridades desta via.

O grande guru ensinou seus discípulos a evitarem discussões teóricas das Escrituras:

"Sábio é quem se devota a realizar, e não apenas ler as antigas revelações. Resolva todos os seus problemas através da meditação [153]. Quanto às especulações infrutíferas, troque-as pela autêntica comunhão com Deus. Limpe sua mente do entulho teológico, abarrotado de dogmas, e permita que nela desaguem as águas frescas, curativas, da percepção direta. Harmonize-se com a ação do seu Guia Interior; a Voz Divina tem resposta para todo dilema da vida. Embora a habilidade humana para se meter em dificuldades pareça sem fim, o Socorro Infinito não é menos inesgotável."

Certo dia, o mestre demonstrou sua onipresença a um grupo de discípulos que ouvia sua exposição do *Bhagavad Gita*. Ao explicar o significado de *Kutastha Chaitânya* (ou Consciência Crística) em toda a criação vibratória, Láhiri Mahasaya, de súbito ficando ofegante, exclamou:

"Estou me afogando nos corpos de muitas almas, à pouca distância das praias do Japão!"

Na manhã seguinte, os discípulos leram um relato telegráfico da morte de muitas pessoas cujo navio havia naufragado, no dia anterior, próximo ao Japão.

Muitos discípulos distantes de Láhiri Mahasaya tinham cons-ciência de sua presença envolvente.

"Estou sempre com os que praticam Kriya." – Ele dizia a cada discípulo que não podia permanecer perto dele. – "Eu o conduzirei ao Lar Cósmico através de suas percepções espirituais ampliadas."

Sri Bhupendranath Sanyal, um discípulo eminente do grande guru, afirmou que, durante sua adolescência, em 1892, não podendo ir a Benares, rezava ao grande mestre para receber instrução espiritual. Láhiri Mahasaya lhe apareceu em sonho e lhe deu *diksha* (iniciação). Pouco tempo depois, o adolescente finalmente conseguiu ir a Benares, e foi solicitar diksha ao guru.

"Mas eu já o iniciei, foi durante um sonho." – Respondeu Láhiri Mahasaya.

Caso um discípulo descuidasse de qualquer uma de suas obrigações mundanas, o mestre o corrigia e o disciplinava com gentileza.

"As palavras de Láhiri Mahasaya eram brandas e curativas, mesmo quando devia se referir abertamente às falhas de um discípulo. A realidade é que nenhum discípulo jamais escapou das farpas do mestre." – Disse-me certa vez Sri Yuktéswar, em tom de lamento.

Não pude conter o riso, mas garanti sinceramente a Sri Yuktéswar que cada uma daquelas palavras eram como música para os meus ouvidos.
Láhiri Mahasaya cuidadosamente repartiu o Kriya Yoga em quatro iniciações progressivas [154]. Ele concedia as três técnicas mais elevadas somente após o discípulo manifestar um progresso espiritual definido.
Certo dia, um discípulo, convencido de que seu valor não estava sendo devidamente reconhecido, externou seu descontentamento:

"Mestre, eu já estou preparado, sem dúvida, para a segunda iniciação."

Nesse momento, a porta se abriu para a entrada de um discípulo humilde, Brinda Bhagat, um carteiro de Benares.

"Brinda, venha se sentar aqui aqui, perto de mim." – O grande guru sorriu afetuosamente. – "Diga-me, está preparado para a segunda técnica de Kriya?"

O pequeno carteiro juntou as mãos em gesto de súplica e disse, alarmado:

"Gurudeva, por favor, sem mais iniciações! Como posso assimilar ensinamentos ainda mais elevados? Vim hoje para pedir-lhe a bênção porque a primeira divina Kriya me deixou tão inebriado que já não consigo entregar as cartas!"

"Brinda já nada no oceano do Espírito." – Ao escutar estas palavras da boca de Láhiri Mahasaya, o outro discípulo abaixou a cabeça.

"Mestre, agora percebo que tenho sido um pobre operário, atribuindo defeitos aos meus instrumentos de trabalho." – Confessou o discípulo.

O modesto carteiro, apesar de sua pouca instrução, mais tarde desenvolveu sua intuição através de Kriya, ao ponto de especialistas virem ocasionalmente procurar sua interpretação de passagens complexas ou controversas das Escrituras. Desconhecendo ao mesmo tempo o pecado e a sintaxe, o pequeno Brinda conquistou renome entre os eruditos.

Além dos numerosos discípulos de Láhiri Mahasaya em Benares, centenas de outros vinham de distantes regiões da Índia. Ele próprio viajou a Bengala em diversas ocasiões, visitando os sogros de seus filhos. Assim, abençoada pela sua presença, Bengala viu multiplicarem-se colmeias, pequenos grupos de Kriya. Especialmente nos distritos de Krishnagar e Bishnupur, onde há muitos devotos silenciosos, até hoje continua a fluir a invisível corrente de meditação espiritual.

Entre os muitos santos que receberam Kriya de Láhiri Mahasaya, podem ser mencionados o ilustre Swâmi Vhaskarananda Saraswati, de Benares; e Balananda Brahmachari, asceta de Deoghar, de grande adiantamento. Durate algum tempo, Láhiri Mahasaya foi professor particular do filho do marajá Iswari Narayan Sinha Bahadur, de Benares. Reconhecendo as elevadas conquistas espirituais do mestre, o marajá e seu filho buscaram a iniciação em Kriya, assim como havia feito o marajá Jotindra Mohan Thakur.

Vários discípulos de Láhiri Mahasaya, preenchendo posições de influência no mundo, desejavam expandir o círculo de Kriya por meio da publicidade. O guru nunca lhes deu tal permissão. Um discípulo, médico da corte do Senhor de Benares, deu os primeiros passos para fundar uma organização que difundiu o nome do mestre como "Kashi Baba" (O Exaltado de Benares) [155]. E, mais uma vez, o guru proibiu a publicidade.

"Deixe que o aroma da flor de Kriya seja levado pelo vento, de forma natural." – Ele dizia. – "As sementes de Kriya lançarão raízes firmes no solo dos corações espiritualmente férteis."

Muito embora o grande mestre não adotasse os meios modernos de propaganda, como os grupos organizados e a imprensa, ele sabia que o poder de sua mensagem se espalharia tal qual uma enchente irresistível, inundando com sua própria força as margens das mentes humanas. Vidas transformadas, vidas purificadas: estas eram as únicas reais garantias da imortal vitalidade do Kriya Yoga.

Em 1886, vinte e cinco anos depois de sua iniciação em Ranikhet, Láhiri Mahasaya enfim se aposentou [156]. Assim, com mais tempo disponível durante o dia, os discípulos o procuravam em número cada vez maior. O grande guru agora se sentava em silêncio durante a maior parte do tempo, em posição de lótus. Raramente deixava sua pequena sala de recepção, nem para dar uma caminhada ou mesmo fazer uma visita aos demais aposentos da casa. Um silencioso fluxo de discípulos o visitava, quase incessantemente, para o *darshan* (vislumbre sagrado do guru).

Para o temor reverente de todos os observadores, o estado fisiológico habitual de Láhiri Mahasaya exibia as características sobre-humanas de ausência de respiração, ausência de sono, cessação do pulso e dos batimentos cardíacos, os olhos calmos, sem pestanejar durante horas, e uma profunda aura de paz. Nenhum visitante ia embora dali sem experimentar uma elevação espiritual; todos sabiam que os acompanhava a bênção silenciosa de um autêntico homem de Deus.

Eventualmente o mestre permitiu a um discípulo, Panchanon Bhattacharya, abrir em Calcutá um centro de ioga, o "Instituto Missão Arya". O centro distribuía certas ervas medicinais iogues [157] e publicava as primeiras edições populares do *Bhagavad Gita*, em Bengala. O *Gita* da Missão Arya, em hindi e bengali, foi lido em centenas de lares.

Seguindo um costume de eras antigas, o mestre dava ao povo em geral o óleo de neem [da árvore amargosa] para a cura de diversas moléstias. Quando o guru pedia a um discípulo que destilasse o óleo, a tarefa era facilmente cumprida. Todavia, se qualquer outro o tentasse, logo se deparava com estranhas dificuldades: descobria, depois de submeter o óleo aos processos de destilação necessários, que o líquido havia evaporado quase que por completo. Segundo todas as evidências, a bênção do mestre era um ingrediente indispensável da sua preparação.

A letra e a assinatura de Láhiri Mahasaya, no idioma bengali, apa-recem na imagem a seguir. As frases são de uma carta a um discípulo. O grande mestre interpreta desta forma um verso sânscrito: "Quem atingiu o estado de calma no qual as pálpebras já não pestanejam, alcançou *sambhabi mudra* [158]. (Assinado:) Sri Shyama Charan Deva Sharman".

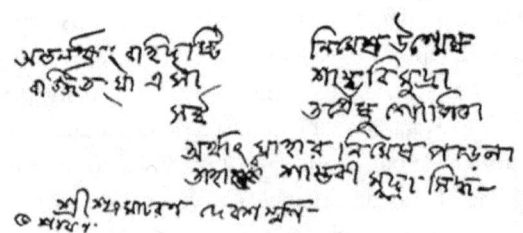

Carta de Láhiri Mahasaya
a um discípulo, em bengali.

Assim como diversos grandes profetas, Láhiri Mahasaya não escreveu livros, mas instruiu vários discípulos na interpretação que deveriam dar às Escrituras. Meu querido amigo Sri Ananda Mohan Láhiri, falecido neto do mestre, escreveu o seguinte:

"O *Bhagavad Gita* e outros trechos do épico *Mahabharata* possuem numerosos pontos chaves (*vyas-kutas*). Se não nos perguntarmos o que significam esses pontos chaves, restarão apenas histórias mitológicas um tanto excêntricas, que logo serão mal compreendidas. Deixando sem explicação tais pontos chaves, perdemos uma ciência que a Índia preservou com paciência sobre-humana, após uma pesquisa equivalente a milhares de anos de experimentos [159].

Láhiri Mahasaya trouxe à luz, despida de alegorias, a ciência da religião que tão engenhosamente fora ocultada em imagens enigmáticas das Escrituras. Antes eram ininteligíveis, como uma prestidigitação de palavras, todavia o mestre comprovou que as fórmulas do culto védico são plenas de significado científico.

Sabemos que o homem geralmente não tem forças para combater as paixões más; porém, quando nele alvorece a consciência da beatitude superior e duradoura, através de Kriya Yoga, tais paixões se reduzem à impotência, e o homem deixa de condescender com elas. Então a renúncia, a negação da natureza inferior, se sincroniza com a afirmação do superior, a experiência de bem-aventurança. Sem essa evolução, as máximas morais que são constituídas de meras proibições serão inteiramente inúteis para nós.

Por detrás de todas as manifestações dos fenômenos naturais, ergue-se a Murada do Infinito, o Oceano de Poder. A sede pela atividade mundana mata em nós o senso de reverência espiritual. Deixamos de perceber a Grande Vida oculta por trás de todos os nomes e formas, somente porque a ciência moderna nos diz como utilizar os poderes da Natureza. A familiaridade com a Natureza fez nascer o desprezo pelos seus segredos últimos; nossa relação com ela é de caráter prático. Nós a importunamos, digamos assim, para descobrir de que modo podemos forçá-la a servir os nossos propósitos; tiramos proveito de suas energias, mas sua Fonte ainda permanece desconhecida. Na ciência moderna, nossa relação com a

Natureza é semelhante à que existe entre um homem arrogante e sua criada; ou, num sentido filosófico, a Natureza é como um cativo no banco das testemunhas. Nós a interrogamos repetidas vezes, e a provocamos, e pesamos o seu depoimento com todo cuidado, mas usamos balanças humanas, incapazes de medir seus valores ocultos.

Por outro lado, quando a alma se acha em comunhão com um poder mais alto, a Natureza automaticamente obedece, sem esforço e sem tensões, à vontade do homem. Este domínio sobre a Natureza, aparentemente tão "fácil", é chamado de "milagroso" pelo materialista que não o compreende.

A vida de Láhiri Mahasaya estabeleceu um exemplo que modificou a noção equivocada de que a ioga é uma ciência misteriosa. Apesar do caráter objetivo da ciência física, todo homem, graças ao Kriya Yoga, pode encontrar um caminho para compreender sua correta relação com a Natureza e sentir reverência espiritual por todos os fenômenos [160], sejam de ordem mística ou mundana. Deveríamos ter em mente que muitas coisas, inexplicáveis há mil anos, já não o são, e os mistérios de hoje podem se tornar perfeitamente inteligíveis e compreensíveis daqui a alguns anos.

A ciência de Kriya Yoga é eterna. É verdadeira como a matemática: como as regras mais simples de soma e subtração, a lei de Kriya nunca será destruída. Ainda que sejam queimados todos os livros de matemática, a mente lógica sempre redescobrirá tais verdades. Ainda que sejam suprimidos todos os livros de ioga, os seus princípios fundamentais serão revelados outra vez – basta que apareça um sábio com devoção pura e, consequentemente, conhecimento puro."

Assim como Babaji está entre os maiores avatares, sendo um genuíno Mahavatar, e assim como Sri Yuktéswar pode, com justiça, ser chamado um Jnânavatar, ou Encarnação da Sabedoria, da mesma forma Láhiri Mahasaya é um Yogavatar, ou Encarnação da Ioga.

De acordo com os padrões do bem, tanto quantitativa quanto qualitativamente, o grande mestre elevou o nível espiritual da sociedade como um todo. Por seu poder de elevar seus discípulos íntimos à estatura do Cristo, e por sua ampla disseminação da verdade entre as massas, Láhiri Mahasaya figura entre os redentores da humanidade.

Sua singularidade como profeta reside em sua ênfase prática num método definido, o de Kriya, abrindo pela primeira vez a todos os homens as portas da liberdade pela ioga. A despeito dos milagres de sua própria vida, o Yogavatar certamente atingiu o cume de todas as maravilhas ao reduzir as antigas complexidades da ioga a uma simplicidade efetiva, dentro dos limites da compreensão ordinária.

Aliás, sobre os milagres, Láhiri Mahasaya costumava dizer:

"A operação de leis sutis, desconhecidas do povo em geral, não deve ser publicamente discutida ou divulgada sem o devido discernimento."

Mas se, nestas páginas, pode parecer que ignorei suas palavras de cautela, foi porque ele me deu seu consentimento pela via espiritual. Todavia, ao registrar as vidas de Babaji, Láhiri Mahasaya e Sri Yuktéswar, considerei conveniente omitir certas histórias milagrosas. Aliás, dificilmente eu poderia incluí-las sem escrever todo um volume adicional com a filosofia relacionada a tais eventos.

Como um iogue chefe de família, Láhiri Mahasaya trouxe uma mensagem prática, adequada às necessidades do mundo moderno. As excelentes condições econômicas e religiosas da antiga Índia não subsistem na época atual. Também por conta disso, o grande mestre não enconrajou o velho ideal do iogue como asceta errante carregando a sua tigela de mendigo. Ele optou por destacar as vantagens que o iogue teria em ganhar o seu próprio sustento, não dependendo de uma sociedade competitiva para a sua sobrevivência, e assim poder praticar ioga no recanto de seu lar, ainda que somente nas horas vagas.

A tal conselho, Láhiri Mahasaya acrescentou a força alentadora do seu próprio exemplo. Ele foi o modelo do iogue moderno. Seu modo de vida, planejado por Babaji, tinha por objetivo servir de guia aos aspirantes à ioga em todas as regiões do planeta.

"Nova esperança para novos homens!" – Proclamou o Yogavatar. – "A união divina é possível através do esforço diário, e independe de crenças teológicas ou da vontade arbitrária de um Ditador Cósmico."

Através da utilização da chave de Kriya, as pessoas que não podem crer na divindade de homem algum, contemplarão, enfim, a plena divindade de si mesmas.

36. O interesse de Babaji pelo Ocidente

"Mestre, o senhor já se encontrou com Babaji alguma vez?"

Era uma tranquila noite de verão em Serampore; as grandes estrelas dos tópicos cintilavam sobre nossas cabeças, e eu estava sentado próximo de Sri Yuktéswar, na varanda do andar superior do ashram.

"Sim." – O mestre sorriu ante minha pergunta direta; seus olhos brilharam de veneração. – "Por três vezes eu fui abençoado pela aparição do imortal guru. Nosso primeiro encontro foi em Allahabad, numa celebração de Kumbha Mela."

As concentrações de religiosos que se verificam na Índia, desde tempos imemoriais, são conhecidas como Kumbha Mela; elas sustentam os objetivos espirituais em constante evidência na memória da multidão. Os devotos se reúnem aos milhões, a cada doze anos, para encontrar milhares de sádhus, iogues, swâmis e ascetas de todos os tipos. Muitos deles são eremitas que jamais abandonam o isolamento de seus refúgios, exceto para estar presentes às *melas*, e nelas conceder bênçãos a homens e mulheres do mundo.

"Eu ainda não era um swâmi na época de meu encontro com Babaji." – Sri Yuktéswar prosseguiu. – "Porém já havia recebido de Láhiri Mahasaya a iniciação em Kriya. Ele me estimulou a comparecer à *mela* que ocorreria em janeiro de 1894, em Allahabad. Foi minha primeira experiência em uma *kumbha*; senti-me ligeirame aturdido pelo clamor da multidão, pelas ondas de gente que iam e vinham. Arregalei os olhos, procurando ao redor, mas não vi o rosto iluminado do mestre: estava só em meio a tanta gente.

Então, cruzando aleatoriamente uma ponte, à margem do Ganges, notei um conhecido parado ali perto, com sua tigela de esmolas estendida.

'Oh, toda esta concentração de gente nada mais é que um caos de ruídos e mendigos', eu pensei, decepcionado. 'Gostaria de saber se os cientistas ocidentais, que pacientemente alargam os campos do conhecimento para o benefício prático da humanidade, não são mais agradáveis a Deus que tais preguiçosos, que professam a religião, mas se concentram nas esmolas'.

Minhas dolorosas reflexões foram interrompidas pela voz de um sannyási alto que se deteve à minha frente:

'Senhor, um santo deseja vê-lo.'

'Quem é ele?'

'Venha e veja por si mesmo.'

Seguindo com certa hesitação aquele conselho tão sucinto, logo me vi perto de uma árvore cujos ramos abrigavam um guru com seu atraente grupo de discípulos. O mestre, uma figura luminosa, com olhos escuros resplandecentes, levantou-se ante minha aproximação e me deu um caloroso abraço.

'Bem vindo, Swâmiji.' – Disse ele, com afeto.

'Mas senhor, eu não sou um swâmi.'

'Aqueles a quem eu concedo, por inspiração divina, o título de swâmi, nunca o perdem.'

O santo me falava com toda singeleza, mas uma profunda convicção de verdade soava em sua voz; senti-me imediatamente envolto numa onda de bênção espiritual. Sorrindo ante minha súbita elevação à antiquíssima ordem monástica [161], curvei-me aos pés daquele angélico ser em forma humana, cuja grandeza era óbvia, e que havia me honrado com tal oportunidade.

Babaji, pois de fato era ele, me indicou um assento a seu lado, sob a árvore. Jovem e vigoroso, ele se parecia com Láhiri Mahasaya; todavia, a semelhança não me surpreendeu, apesar de eu ter ouvido falar muitas vezes acerca da extraordinária semelhança dos dois mestres. Babaji possui o poder de impedir que um pensamento específico brote na mente de alguém. Evidentemente, o grande mestre desejava que eu me comportasse em sua presença com toda a naturalidade, sem que o conhecimento de sua identidade me causasse qualquer temor.

'O que achou da Kumbha Mela?'

'Desapontou-me bastante, senhor, pelo menos até o momento em que o encontrei. De qualquer forma, santos e toda esta algazarra são coisas que não parecem combinar lá muito bem.'

'É mesmo *filho*, mas não julgue o todo pelos erros de muitos.' — Disse o mestre (embora aparentemente eu tivesse o dobro de sua idade). — 'Veja: tudo o que existe no mundo tem seu caráter misto, semelhante a uma mescla de areia e açúcar. Seja como a sábia formiga que agarra somente o açúcar, deixando a areia intacta. Apesar de muitos destes sádhus ainda vagarem na ilusão, a *mela* ainda segue sendo abençoada por alguns homens de realização divina.'

Por conta de meu próprio encontro com este excelso mestre, eu rapidamente concordei com ele. Depois, aproveitei para comentar:

'Senhor, eu tenho pensado nos cientistas proeminentes do hemisfério ocidental, tanto da Europa como da distante América, que excedem em inteligência a muita gente aqui reunida, embora professem diferentes credos e desconheçam os valores reais de *melas* como esta. Creio que são homens que se beneficiaram tremendamente de um encontro com os mestres da Índia. Apesar do seu adiantamento em conquistas intelectuais, muitos ocidentais estão apegados ao materialismo mais grosseiro. Outros, famosos em ciência e filosofia, não reconhecem a unidade essencial das religiões. Seus credos servem mais como barreiras intransponíveis que ameaçam nos separar deles para sempre.'

O rosto de Babaji cintilava em aprovação. Eu simplesmente parei de falar, para escutá-lo no lugar de minha própria voz:

'Bem, eu percebi que você está tão interessado no Ocidente quanto no Oriente. Eu senti as angústias de seu coração, amplo o bastante para pulsar por todos os homens. Foi por isso que o chamei aqui.

Veja: o Oriente e o Ocidente devem marchar por uma mesma estrada, de atividade e espiritualidade combinadas. É verdade que a Índia tem muito a aprender com o Ocidente em questões de desenvolvimento material; mas em troca a Índia pode ensinar os métodos universais que possibilitarão ao

Ocidente basear suas crenças religiosas nos alicerces inabaláveis da ciência da ioga.

Você, Swâmiji, tem um papel a desempenhar no intercâmbio harmonioso que se dará entre o Oriente e o Ocidente. Daqui a alguns anos eu vou lhe enviar um discípulo, e você irá treiná-lo para a disseminação da ioga no Ocidente. As vibrações de muitas almas, sedentas de espiritualidade, chegam de lá até mim, como um dilúvio. Hoje eu percebo santos potenciais na América e na Europa, esperando ser despertos.'"

Neste ponto de seu relato, Sri Yuktéswar mergulhou seu olhar inteiramente no meu. Então, enfim me contou, sorrindo sob o luar:

"Meu filho, é você o discípulo que Babaji prometeu me enviar."

Obviamente fiquei feliz ao saber que Babaji havia guiado meus passos até Sri Yuktéswar; todavia, era difícil me ver no remoto Ocidente, longe de meu bem amado guru e da paz singela do ashram.

Talvez por notar minhas incertezas, meu mestre prosseguiu sua história:

"Então, Babaji falou do *Bhagavad Gita*. Para meu espanto, com algumas palavras de louvor, ele demonstrou saber que eu tinha escrito minha própria interpretação de muitos capítulos do *Gita*:

'Tenho um pedido a você, Swâmiji, e se trata de mais uma tarefa: Não poderia escrever um pequeno livro sobre a harmonia existente entre as Escrituras cristãs e hindus? Hoje, a sua unidade básica é obscurecida pelas diferenças sectárias entre os homens. Mostre, através de citações paralelas, que os inspirados filhos de Deus disseram as mesmas verdades!'

'*Maharaj* [grande rei], que ordem o senhor me dá! Serei capaz de cumpri-la?' – Respondi, timidamente.

Babaji riu com suavidade, e então me disse:

'Meu filho, por que duvida? De fato, de Quem é todo este trabalho? E Quem é o autor de todas as ações? Tudo o que o Senhor me faz dizer, está destinado a se materializar como verdade.'

Acreditei em meu próprio poder, em virtude das bênçãos do santo, e concordei em escrever o livro. Sentindo que a hora da despedida tinha chegado, levantei com relutância de meu assento de folhas.

'Você conhece Láhiri?' – Perguntou o mestre. – 'É uma grande alma, não é? Conte a ele do nosso encontro.' – Babaji também me confiou uma mensagem específica para Láhiri Mahasaya.

Após minha humilde reverência de despedida, o santo sorriu com bondade e se despediu com uma promessa:

'Quando seu livro estiver acabado, eu lhe farei uma visita. Por enquanto, até logo.'

Deixei Allahabad no dia seguinte, pegando o trem para Benares. Ao chegar na residência de meu guru, narrei a ele toda a história do maravilhoso santo na Kumbha Mela.

'E você não o reconheceu?' – O riso dançava nos olhos de Láhiri Mahasaya. – 'Compreendo que na realidade você não pôde, pois ele o impediu. Era meu incomparável guru, o celestial Babaji.'

'Babaji!' – Repeti, atemorizado. – 'O Cristo-Iogue Babaji! O invisível-visível salvador Babaji! Oh, se eu pudesse voltar ao passado e estar outra vez em sua presença, para demonstrar minha devoção a seus pés de lótus!'

'Não tem importância.' – Disse Láhiri Mahasaya, me consolando. – 'Ele prometeu que lhe veria outra vez.'

'Gurudeva, o divino mestre me pediu que lhe transmitisse esta mensagem: Diga a Láhiri que a energia armazenada para esta vida no momento é escassa, está quase esgotada.'

Quando pronunciei estas palavras enigmáticas, a figura de Láhiri Mahasaya estremeceu toda, como que tocada por uma corrente elétrica. No mesmo instante, tudo ao seu redor entrou em silêncio. Sua face sorridente se tornou incrivelmente austera. Semelhante a uma estátua de madeira, sombrio e imóvel em seu assento, seu corpo perdeu a cor. Diante daquela cena, eu fiquei alarmado, desnorteado. Nunca em minha vida eu tinha visto aquela alma tão alegre manifestar uma gravidade tão assustadora. Os demais discípulos arregalaram os olhos, apreensivos.

Três horas transcorreram em completo silêncio. Então, Láhiri Mahasaya reassumiu sua conduta natural e alegre, e falou afetuosamente a cada um dos discípulos. Todos suspiraram aliviados.

Todavia, analisando a reação de meu mestre, eu compreendi que a mensagem de Babaji tinha sido um aviso inequívoco através do qual Láhiri Mahasaya entendeu que seu corpo seria desocupado em breve. Seu pavoroso silêncio provou que meu guru havia controlado instantaneamente todo o seu ser: que havia cortado o último laço de apego ao mundo material e voado até sua identidade, eternamente viva, no Espírito. Aquelas palavras de Babaji foram a sua maneira de dizer: 'Estarei sempre contigo'.

Embora Babaji e Láhiri Mahasaya fossem oniscientes, e não tivessem nenhuma necessidade de se comunicarem um com o outro por meu intermédio, nem de qualquer outra pessoa, as grandes almas com frequência concordam em participar do drama humano. Às vezes eles transmitem suas profecias pela via usual, através de mensageiros, e mais tarde a manifestação de suas palavras infunde grandiosa crença divina num amplo círculo de pessoas que vêm a ter conhecimento do ocorrido.

Eu vivi em Benares por algum tempo, e em Serampore me dediquei a escrever o livro pedido por Babaji. Mal havia iniciado minha tarefa e já me sentia inspirado a compor um poema dedicado ao falecido guru. As linhas melodiosas fluíam vigorosamente de minha pena, apesar de eu nunca antes ter me aventurado na poesia sânscrita.

Na quietude das noites eu me ocupava na comparação da *Bíblia* com as escrituras do *Sanatan Dharma* [162]. Cotejando as palavras do abençoado Senhor Jesus, concluí que seus ensinamentos são, essencialmente, unificados com as revelações dos *Vedas*. Graças ao meu *paramguru* [163], meu livro *A Ciência Sagrada* se esgotou rapidamente.

Na manhã seguinte ao término de meus esforços literários, fui ao Rai Ghat me banhar no Ganges. O ghat estava deserto, e eu fiquei ali, em silêncio, gozando de uma paz radiante. Após a imersão nas águas cintilantes, retornei para casa. Naquele silêncio, o único ruído que podia ouvir era o da toalha ensopada das águas do Ganges farfalhando a cada um de meus passos. Quando passava pela sombra das grandes figueiras, próximas da margem, um forte impulso me levou a olhar para trás. Ali, debaixo de uma das árvores frondosas, cercado por alguns discípulos, estava o grande Babaji!

'Saudações, Swamiji!' – A bela voz do mestre se fez ouvir, para me assegurar de que eu não estava sonhando. – 'Vejo que você teve grande sucesso com seu livro. Como havia prometido, aqui estou para lhe agradecer.'

Com o coração batendo em descompasso, me prostrei completamente aos seus pés. Depois, elevando o olhar, supliquei:

'Ó Paramguruji, o senhor e seus discípulos não poderiam honrar minha humilde casa com sua presença?'

O supremo guru declinou, amavelmente:

'Não, filho. Somos gente que aprecia o abrigo das árvores. Este lugar é bastante confortável.'

'Então lhe peço que fique um pouco mais... Eu volto num instante com iguarias deliciosas!'

Então, passados alguns minutos, quando retornei com um prato de manjares, a sombra da nobre figueira já não abrigava mais o grupo celestial. Eu os busquei pelo ghat inteiro, mas em meu coração senti que o pequeno grupo já escapava dali, em seus voos etéreos.

Fiquei profundamente magoado. 'Mesmo que nos vejamos outra vez, não farei questão de lhe falar', disse a mim mesmo. 'Ele foi grosseiro ao me abandonar tão repentinamente'.

Naturalmente, eram só zangas de amor, e nada mais. Poucos meses depois, visitei Láhiri Mahasaya em Benares. Ao entrar na sala de visitas, meu guru me saudou com um sorriso e disse:

'Bem-vindo Yuktéswar. Você pode ver o virtuoso Babaji na soleira de meu quarto?'

'Não, por quê?' – Eu respondi, surpreso.

'Venha cá.'

Láhiri Mahasava me tocou gentilmente na testa; e desta vez contemplei junto à porta a figura de Babaji, florescente como um lótus. Todavia, lembrando de minha mágoa, eu não o saudei. Láhiri Mahasaya me olhou com espanto.

O divino guru me contemplava com seu olhar profundo:

'Você ficou aborrecido comigo.'
'Senhor, por que não deveria ficar? O senhor surgiu do ar com seus discípulos, e logo desvaneceram todos.'
'Ora, eu disse que iria vê-lo, não falei que minha visita duraria um longo tempo.' – Babaji riu afavelmente. – 'Ademais, você estava muito excitado. Eu lhe asseguro que eu já estava quase extinto no éter pelo pé de vento da sua inquietação.'
Fiquei instantaneamente satisfeito por esta explanação pouco lisonjeira. Ajoelhei-me aos seus pés, e o supremo guru me tocou afavelmente no ombro, dizendo:
'Filho, você deve meditar mais. Sua contemplação não é perfeita. Você nem pôde me ver sumindo através da luz do sol.' – Com estas palavras, proferidas numa voz semelhante ao som de uma flauta celestial, Babaji desapareceu no esplendor oculto."

Sri Yuktéswar estava para concluir a história:
"Esta havia sido uma de minhas últimas visitas a Benares para ver meu guru. Como Babaji previu na Kumbha Mela, a encarnação de chefe de família de Láhiri Mahasaya estava se encaminhando para o fim. Ao longo do verão de 1895, surgiu um pequeno tumor nas costas de seu corpo. Quiseram operá-lo, mas ele protestou: pagava em sua própria carne pelo mau carma de alguns de seus discípulos. Passados alguns dias, dois ou três *chelas* insistiram com o tema da operação; o mestre respondeu, enigmaticamente:
'O corpo tem de encontrar uma causa para a morte; concordo, façam o que bem entenderem.'
Pouco tempo depois, o incomparável guru abandonou seu corpo em Benares. Hoje já não preciso procurá-lo em sua pequena sala de recepção – todos os dias de minha vida são abençoados por ele, o meu guia onipresente."

Anos mais tarde, Swâmi Keshabananda, um discípulo adiantado de Láhiri Mahasaya, me deu muitos detalhes admiráveis sobre a partida de seu mestre:

"Poucos dias antes de meu guru abandonar o corpo, ele se materializou diante de mim, quando eu me encontrava sentado em meu ashram de Hardwar.

'Venha imediatamente a Benares.' – Após dizer estas palavras, Láhiri Mahasaya desapareceu.

Corri para pegar o primeiro trem para Benares. Chegando na casa de meu guru, encontrei muitos discípulos reunidos. Durante horas, naquele dia [164], o mestre nos presenteou com suas interpretações do *Gita*; depois, com simplicidade, dirigiu-se a nós:

'Estou voltando para casa.'

Os soluços de angústia irromperam entre os discípulos, com uma onda irresistível.

'Consolem-se; eu ressuscitarei.'

Após esta última afirmação, Láhiri Mahasaya se levantou de seu assento, girou três vezes seu corpo em círculo, se sentou em posição de lótus encarando o norte e, gloriosamente, entrou em *mahasamádhi* [165].

O belo corpo de Láhiri Mahasaya, tão caro a seus devotos, foi cremado segundo os ritos solenes reservados aos chefes de família, em Manikarnika Ghat, junto ao Ganges sagrado.

No dia seguinte, às dez horas da manhã, enquanto ainda me encontrava em Benares, meu quarto foi inundado por uma grande luz. À minha frente apareceu, em carne e osso, Láhiri Mahasaya. Ele estava de pé, e seu corpo se parecia exatamente com o anterior, embora mais jovem e mais radiante. Meu divino guru me disse:

'Keshabananda, sou eu mesmo. Com os átomos que se desintegraram de meu corpo cremado, remodelei minha forma, ressuscitei. Minha tarefa como chefe de família no mundo terminou; mas não deixo a Terra inteiramente. Daqui em diante, passarei uma temporada com Babaji no Himalaia; e depois, seguirei meu guru pelo cosmo.'

Abençoando-me com mais algumas palavras, o transcendente mestre desvaneceu no ar. Uma inspiração maravilhosa preencheu meu coração; fui elevado em Espírito, tal qual os discípulos de Cristo e de Kabir [166], que contemplaram seus gurus ressuscitados após a morte física.

Quando retornei ao meu ashram isolado, em Hardwar, levei comigo um pequeno bocado das cinzas sagradas de meu guru. Sabia que ele havia escapado da prisão do espaço e do tempo – o pássaro da onipresença estava livre. No entanto, era um consolo para meu coração guardar suas cinzas em meu santuário."

Outro discípulo abençoado com a visão do guru ressuscitado foi o santo Panchanon Bhattacharya. Eu o visitei em sua morada em Calcutá, e ouvi com deleite a história da sua convivência de muitos anos com o mestre. Lá pelo final da visita, ele me narrou o acontecimento mais maravilhoso de sua vida:

"Aqui em Calcutá, às dez horas da manhã seguinte a sua cremação, Láhiri Mahasaya apareceu diante de mim, gloriosamente vivo."

Swâmi Pranabananda, "o santo de dois corpos", também me deu relatos detalhados de sua sublime experiência. Durante sua visita à minha escola em Ranchi, Pranabananda me contou:

"Alguns dias antes de Láhiri Mahasaya abandonar o corpo, recebi uma carta dele, onde pedia minha ida imediata a Benares. Todavia, não tive como partir naquele mesmo dia. Então, na manhã seguinte, exatamente quando me preparava para a viagem, fui dominado por súbita alegria ao ver em meu quarto a figura resplandecente de meu guru.
'Por que se apressa a ir para Benares?' – Disse Láhiri Mahasaya, sorrindo. – 'Não me encontrará mais por lá.'
Quando compreendi o significado de suas palavras, chorei com grande tristeza, crendo que o que via era apenas uma visão.
Então, o mestre se aproximou de mim, confortadoramente, e disse:
'Toque minha carne; estou vivo, como sempre. Não se lamente; não estou contigo por toda a eternidade?'"

Assim, dos lábios destes três grandes discípulos emergiu uma história de maravilhosa verdade: um dia após a cremação do corpo de Láhiri Mahasaya, o mestre ressuscitado, em corpo real mas transfigurado, apareceu diante de três discípulos, em cidades diferentes, exatamente na mesma hora – dez da manhã.

"E quando este corpo corruptível se revestir de incorruptibilidade, e este corpo mortal se revestir de imortalidade, então se cumprirá a palavra que está escrita: Tragada foi a morte na vitória. Onde está, ó morte, o teu aguilhão? Onde está, ó sepulcro, a tua vitória?" [*I Coríntios*, 15:54–55]

37. Eu vou à América

"América! Esta gente é certamente americana!"

Este foi o meu pensamento no momento em que meu olhar interior desvelou um panorama de restos ocidentais [167].

Imerso em meditação, eu estava sentado atrás de alguns caixotes cobertos de poeira, na despensa da escola em Ranchi. Era difícil achar um retiro privado ao longo daqueles anos trabalhosos em favor das gerações mais jovens.

A visão persistiu: uma vasta multidão, que me encarava atentamente, deslizava como atores no palco de minha consciência.

De repente, a porta da despensa foi aberta; como de costume, um dos meninos tinha achado o meu esconderijo.

"Vem cá, Bimal" – Chamei-o, alegremente. – "Tenho novidades para você: o Senhor está me chamando para ir à América!"

"Para ir à América?" – O menino repetiu minhas palavras num tom que sugeria que eu havia dito algo como: "para ir à lua".

"Sim! Devo partir para descobrir a América, tal qual Colombo. Ele pensou ter achado a Índia; sem dúvida, existe um elo kármico entre estas duas terras!"

Bimal se afastou correndo; logo depois, a escola inteira já havia sido informada pelo jornal de duas pernas. Eu convoquei o desnorteado grupo de professores e lhes entreguei a direção da escola:

"Sei que vocês conservarão os ideais iogues de Láhiri Mahasaya: a educação como finalidade primeira e última. Não se preocupem, devo lhes escrever com frequência. Se Deus quiser, algum dia estarei de volta."

As lágrimas se avolumaram em meus olhos quando lancei o último olhar aos meninos e aos terrenos ensolarados de Ranchi. Sabia que uma época definida de minha existência se encerrara exatamente ali; daquele dia em diante, residiria em terras longínquas.

Peguei o trem para Calcutá poucas horas depois de minha visão. No dia seguinte, recebi um convite para representar a Índia no Congresso Internacional de Liberais Religiosos, na América. Naquele ano ele seria realizado na cidade de Boston (nos EUA), sob os cuidados da Associação Unitária Americana.

Com as ideias em remoinho, procurei Sri Yuktéswar em Serampore:

"Guruji, eu acabo de ser convidado para participar de um congresso religioso nos Estados Unidos. Devo ir?"

"Todas as portas estão abertas para você." – Respondeu o mestre, com toda simplicidade. – "É agora ou nunca."

"Mas, senhor, o que eu sei de oratória? Raramente dei palestras em conferências, e nenhuma delas em inglês." – Respondi, desanimado.

"Seja em inglês ou não, suas palavras sobre a ioga serão ouvidas no Ocidente."

Dei uma risada antes de prosseguir:

"Bem, querido guruji, imagino que os norte-americanos dificilmente aprenderão bengali! Por favor, me abençoe com um 'empurrão' para que eu consiga saltar os obstáculos da língua inglesa. [168]"

Quando anunciei meus novos planos a papai, ele ficou atônito. Para ele, a América era uma terra incrivelmente distante. Assim, ele temia nunca mais conseguir me ver:

"Mas como poderá ir? Quem vai pagar sua viagem?" – Tendo arcado afetuosamente com as despesas de minha educação e de toda a minha vida, ele sem dúvida esperava que tal pergunta trouxesse uma embaraçante interrupção dos meus planos.

"O Senhor me financiará, seguramente." – Ao formular esta resposta, recordei de outra idêntica, que muitos anos atrás eu tinha dado a meu irmão Ananta, em Agra. Sem exagerar na malícia, acrescentei. – "Talvez Deus sugira à sua mente, papai, que me ofereça ajuda."

"Não, nunca!" – Ele me olhou com piedade.

Por isso fiquei assombrado quando, já no dia seguinte, papai me entregou uma grande soma financeira em cheque:

"Eu lhe dou este dinheiro não pela minha condição de pai, mas de discípulo fiel de Láhiri Mahasaya. Então vá até essa distante nação do Ocidente; vá, e difunda em suas terras os ensinamentos de Kriya Yoga, que independem das crenças de cada um."

Fiquei profundamente comovido ao perceber o espírito altruísta de papai, e como ele foi capaz de renunciar de imediato a seus desejos pessoais. Na noite anterior, ele havia chegado à justa compreensão de que o turismo estava inteiramente fora dos meus planos.

"Talvez nunca mais nos encontremos nesta vida." – Papai, que contava 67 anos na época, se expressou com tristeza.

Mas uma convicção intuitiva me impeliu a responder:

"Tenho a certeza de que o Senhor nos reunirá outra vez."

Ao prosseguir com meus preparativos para deixar o mestre e minha terra natal, rumo às praias desconhecidas da América, eu experimentei certa inquietação. Ao longo da vida, tinha escutado muitas histórias sobre o "Ocidente materialista": uma terra muito diferente da Índia, impregnada com a aura milenar dos santos.

"Para desafiar os ares ocidentais", pensei, "um instrutor oriental deve resistir a provas muito mais duras do que o frio do Himalaia!".

Certa manhã, eu comecei a rezar bem cedinho, com a inflexível determinação de continuar rezando até morrer de rezar, ou até ouvir a voz de Deus. Queria Sua bênção e garantia de que eu não me perderia na bruma do utilitarismo moderno. Meu coração se dispunha a ir para a América; no entanto, com força ainda maior, se propunha a ouvir a permissão divina, para o seu consolo.

Rezei, rezei e rezei, abafando os soluços. Não veio nenhuma resposta. Ao meio-dia, atingi o clímax: minha cabeça girava sob a pressão de minha própria agonia. Senti que se clamasse mais uma vez, aumentando a profundeza de minha paixão interior, meu cérebro explodiria.

Naquele instante, ouvi uma batida na porta de minha casa, em Gurpar Road. Atendendo ao chamado, vi um jovem vestido com o traje humilde do homem renunciante. Ele entrou.

"Deve ser Babaji!", pensei aturdido, porque o homem diante de mim tinha a aparência de um jovem Láhiri Mahasaya. Ele respondeu ao meu pensamento:

"Sim, sou Babaji." – Ele falava melodiosamente em hindi. – "Nosso Pai Celestial ouviu a sua prece. Ele me ordena que lhe diga: 'Obedeça ao seu guru e vá à América. Nada tema: você será protegido.'"

Após uma pausa vibrante, Babaji novamente se dirigiu a mim:

"Eu o escolhi para difundir a mensagem de Kriya Yoga no Ocidente. Anos atrás encontrei seu guru Yuktéswar numa Kumbha Mela e lhe disse que enviaria um discípulo ao seu ashram para receber treinamento com esse objetivo."

Emudecido, afogado em temor reverente por conta de sua presença, senti profunda comoção ao ouvir de seus próprios lábios que ele, o mahavatar, havia me guiado até Sri Yuktéswar. Prostrei-me aos pés do imortal guru. Afavelmente, ele me ergueu. Depois de me dizer muitas coisas sobre a minha vida, me deu certas instruções pessoais e me contou algumas profecias secretas.

Enfim, me falou, em tom solene:

"Kriya Yoga, a técnica científica para alcançar a consciência de Deus, irá se difundir por todas as terras, e ajudará a harmonizar as nações através da percepção pessoal e transcendente que o homem alcançará do Pai Infinito."

Com um olhar de poder soberano, o mestre me irradiou com um vislumbre de sua consciência cósmica.

Logo depois, Babaji foi em direção à porta, observando:

"Não tente me seguir. Não conseguirá."

"Por favor, Babaji, não vá embora!" – Eu gritei, repetidamente. –"Leve-me contigo!"

"Agora não; em outra oportunidade." – Ele respondeu.

Dominado pela emoção, não atendi ao seu alerta. Tentando segui-lo, percbi que meus pés estavam firmemente cravados no chão. Já na porta de saída, Babaji me lançou um último olhar afetuoso. Meus olhos se fixaram nele com anseio e nostalgia, enquanto sua mão se erguia num gesto de bênção. Logo após, ele foi embora.

Alguns minutos depois, meus pés ficaram livres. Sentei-me e mergulhei em uma meditação profunda, agradecendo a Deus incessantemente, não somente pela Sua resposta à minha prece, mas por ter me proporcionado a bênção de um encontro com Babaji. Meu corpo inteiro parecia santificado pelo contato com o mestre ancestral, embora sempre jovem. Longo havia sido o meu ardente desejo de contemplá-lo.

Até agora, jamais havia contado a ninguém esta história de meu encontro com Babaji. Por considerá-la a mais sagrada de minhas experiências humanas, eu a mantinha oculta em meu coração. Todavia, me ocorreu o pensamento de que os leitores desta autobiografia tenderiam mais a acreditar na realidade do recluso Babaji, e em seu interesse pelo mundo, se eu contasse que o vi com meus próprios olhos. Ajudei um artista a desenhar, para este livro, um fiel retrato do Cristo-Iogue da Índia moderna [a imagem aparece ao longo do capítulo 33].

Na véspera de minha partida para os Estados Unidos, encontrei-me na santa presença de Sri Yuktéswar.

"Esqueça que nasceu entre indianos, mas não adote todos os costumes americanos. Escolha o melhor de ambos os povos." – Disse ele, em sua sabedoria. – "Seja o que você realmente é: um filho de Deus. Busque e incorpore ao seu ser as melhores qualidades de todos os seus irmãos espalhados pela Terra, em diferentes etnias."

Por fim, ele me abençoou:

"Todos os que vierem até você com fé, à procura de Deus, serão auxiliados. Quando você olhar para eles, a corrente espiritual que emana de seus olhos penetrará em seus cérebros e modificará os seus hábitos materiais, os tornando mais conscientes de Deus." – Com um sorriso, meu mestre acrescentou: – "A sua sorte para atrair almas sinceras é muito boa. Aonde quer que vá, até mesmo no deserto ou na selva, encontrará amigos."

Ambas as bênçãos de Sri Yuktéswar tiveram ampla confirmação. Vim sozinho à América, onde não tinha um único amigo; mas aqui encontrei milhares, prontos a receber ensinamentos imperecíveis para a alma.

Parti da Índia em agosto de 1920, a bordo do "Cidade de Esparta", o primeiro navio de passageiros a zarpar para a América depois do fim da Primeira Guerra Mundial. Só havia conseguido obter minha passagem após a remoção, de modo quase miraculoso, de muitas dificuldades burocráticas refrentes à concessão do meu passaporte.

Ao longo da viagem de dois meses, um dos passageiros descobriu que eu era o delegado que representaria a Índia no Congresso de Boston. Ele logo veio falar comigo, com a primeira das muitas pronúncias exóticas que eu ouviria posteriormente na América, ao mencionarem meu nome:

"Swâmi Yogananda, por favor, nos dê a honra de ouvir uma conferência sua na próxima quinta-feira à noite. Penso que seria muito útil a todos nós, passageiros, se falasse sobre *A Batalha da Vida e como empreendê-la*."

Ai de mim! Eu é que tinha de travar a batalha de minha própria vida, conforme descobri na quarta-feira. Tentando desesperadamente coordenar minhas ideias para dar uma palestra em inglês, acabei por abandonar todos os preparativos; meus pensamentos, como um potro selvagem experimentando a sela, recusaram qualquer cooperação com as regras da gramática inglesa. No entanto, confiando plenamente nas afirmações prévias de meu mestre, me apresentei aos ouvintes no salão do navio, na quinta-feira. A eloquência não me chegou aos lábios; permaneci de pé, sem articular uma palavra sequer diante do auditório. Os ouvintes, depois de uma prova de paciência que durou dez minutos, compreenderam minhas dificuldades e começaram a rir.

Para mim, é claro, a situação não era nada engraçada naquele momento; indignado, dirigi ao mestre uma prece silenciosa.

"Você pode! Fale!" – A voz dele ressoou de imediato no mais íntimo de minha consciência.

Então, de súbito, meus pensamentos restabeleceram relações amigáveis com a língua inglesa. Quarenta e cinco minutos depois, a audiência ainda se mantinha atenta. A palestra me valeu uma série de convites para falar posteriormente a diversos grupos na América.

Após a conferência no navio, nunca consegui me lembrar de uma só palavra dita por mim. Investigando discretamente, ouvi de diversos passageiros: "O senhor pronunciou uma palestra inspiradora, em inglês correto e fluente". Ao receber relatos tão reconfortantes, agradeci humildemente a meu guru por sua ajuda oportuna, compreendendo mais uma vez que ele estava sempre comigo, suprimindo todas as barreiras de espaço e tempo.

De vez em quando, durante o resto da viagem por mar, experimentava algumas pontadas de apreensão acerca da prova iminente: a próxima conferência em inglês, no Congresso de Boston.

"Senhor, permita que Tu sejas a minha única inspiração!" – Rezei profundamente.

O "Cidade de Esparta" atracou perto de Boston, nos últimos dias de setembro. Em 6 de outubro de 1920, pronunciei para os congressistas o meu discurso de estréia na América. Ele foi bem recebido, e eu respirei aliviado. O magnânimo secretário da Associação Unitária Americana escreveu o seguinte comentário para um relatório impresso [169] das atas do Congresso:

"Swâmi Yogananda, representante do Brahmacharya Ashram, de Ranchi, trouxe ao Congresso os cumprimentos da Associação a que pertence. Em inglês fluente e dicção vigorosa, fez uma palestra de caráter filosófico sobre *A Ciência da Religião*, a qual foi impressa em folhetos para distribuição mais ampla. A religião, disse ele, é uma só e universal. Não podemos universalizar costumes e convenções particulares; mas o elemento comum nas religiões pode ser universalizado, e podemos pedir a todos que o sigam e cumpram."

Graças ao cheque generoso de papai, foi possível permanecer nos Estados Unidos depois do fim do Congresso. Três anos felizes se passaram em circunstâncias humildes na cidade de Boston. Dei conferências públicas, instruí minhas classes de ioga e escrevi um livro de poemas, intitulado

Canções da Alma, com prefácio do Dr. Frederick B. Robinson, diretor da Escola Superior da Cidade de Nova York [170].

Iniciando em 1924 uma excursão transcontinental, falei a milhares de pessoas em muitas das cidades principais dos Estados Unidos. Em Seattle, embarquei para desfrutar férias na bela região do Alasca.

Com a ajuda de estudantes de coração generoso, no final de 1925 estabeleci a sede americana de minha escola nas terras do Monte Washington, em Los Angeles. O edifício é o mesmo que contemplei em minha visão de Cachemira. Tratei de enviar a Sri Yuktéswar fotografias ilustrando minhas atividades na América distante. Ele respondeu com um cartão postal em bengali, que transcrevo a seguir:

11 de agosto de 1926

Filho de meu coração, ó Yogananda!

Admirando as fotografias de sua escola e de seus estudantes, não posso expressar em palavras o contentamento que inunda a minha vida. Transbordo de alegria ao contemplar seus estudantes de ioga de diferentes cidades. Lendo sobre seus métodos de afirmações cantadas, vibrações de saúde e preces para a cura divina, não posso deixar de lhe agradecer de todo o meu coração. Vendo o portão de entrada, o caminho ascendente, em espiral íngreme, e a belíssima paisagem que se estende aos pés do Monte Washington, só tenho um desejo: contemplá-los com meus próprios olhos.

Tudo aqui vai bem. Que você possa, com a graça de Deus, estar sempre em estado de beatitude.

SRI YUKTÉSWAR GIRI

Os anos se passaram, velozes. Dei conferências em todos os pontos de minha nova terra, e falei a centenas de clubes, faculdades, igrejas e grupos de todas as denominações. Em dado momento, minhas aulas de ioga eram freqüentadas por dezenas de milhares de norte-americanos. A todos eles, dediquei meu novo livro de preces e pensamentos espirituais, *Sussurros da Eternidade*, com prefácio da Sra. Amelita Galli-Curci. Trago aqui, do livro, um poema intitulado *Deus! Deus! Deus!*, composto uma noite enquanto eu estava em um ciclo de palestras:

Das profundezas do sono,
Enquanto subo a escada em espiral da vigília,
Eu sussurro:
Deus! Deus! Deus!
Tu és a comida, e quando eu quebro meu jejum
Da separação noturna de Ti,
Provo-Te outra vez, e digo mentalmente:
Deus! Deus! Deus!
Não importa onde eu vá, os holofotes de minha mente
Sempre continuam se voltando para Ti;
E no tintilar da batalha da atividade
Meu grito de guerra silencioso é sempre: Deus! Deus! Deus!
Quando ruidosas tempestades de provações gritam,
E quando as preocupações uivam para mim,
Eu afogo seu clamor, cantando alto:
Deus! Deus! Deus!
Quando minha mente tece sonhos
Com fios de memórias,
Então, naquele pano mágico, encontro gravado:
Deus! Deus! Deus!
Todas as noites, na hora do sono mais profundo,
Minha paz sonha e conclama: Alegria! Alegria! Alegria!
E minha alegria vem cantando, com entusiasmo cada vez maior:
Deus! Deus! Deus!
Ao acordar, comer, trabalhar, sonhar e dormir,
Servindo, meditando, cantando ou amando divinamente,
Minha alma cantarola constantemente, sem que ninguém ouça:
Deus! Deus! Deus!

Às vezes (geralmente nos primeiros dias do mês, quando nos chegavam as contas de manutenção da escola de Monte Washington e dos outros centros da *Self Realization Fellowship* [Irmandade da Autorrealização]) eu pensava com saudade na paz singela da Índia. Todavia, reconhecia que a compreensão entre o Ocidente e o Oriente se ampliava, dia após dia, e com isso minha alma se rejubilava.

Eu encontrei o grandioso coração da América expresso nas palavras maravilhosas de Emma Lazarus, num poema gravado na base da Estátua da Liberdade, a "Mãe dos Exilados":

De sua mão iluminada
Cintila a acolhida a todo o mundo; seus olhos suaves comandam
O porto salpicado de pontes que as cidades gêmeas emolduram.
"Mantenha, ó terra ancestral, a sua pompa lendária!" – ela chora
Com lábios silenciosos. "Dê-me seus exaustos, seus pobres,
Suas massas amontoadas, que anseiam respirar livremente;
Dê-me os miseráveis rejeitados de suas costas repletas.
Envie estes, os sem-teto, jogue-os logo para mim –
Veja: eu levanto minha lâmpada ao lado da porta dourada."

38. Luther Burbank – um santo entre as rosas

"O segredo para melhorar o cultivo das plantas, além do conhecimento científico, é o amor."

Luther Burbank pronunciou tais palavras de sabedoria enquanto eu caminhava ao seu lado, no seu jardim em Santa Rosa, na Califórnia. Paramos em frente a um canteiro de cactos comestíveis, e ele continuou a falar:

"Enquanto realizava experimentos para produzir cactos sem espinhos, eu falava frequentemente com as plantas; meu intuito era criar uma vibração de amor. 'Não tenham medo', eu dizia, 'vocês não vão mais precisar de seus espinhos defensivos, pois as protegerei'. Gradualmente, a útil planta do deserto brotou numa variedade sem espinhos."

Fiquei encantado com este milagre, e decidi fazer um pedido:

"Por favor, querido Luther, me dê algumas folhas de cactos para que eu possa plantar em meu jardim de Monte Washington."

Um trabalhador ali perto começou a arrancar algumas folhas; mas Burbank o impediu de continuar.

"Eu mesmo as colherei para o swâmi."

Ele me deu três folhas, que mais tarde plantei, regozijando-me na medida em que elas atingiam um porte cada vez mais alto.

O grande horticultor me contou que o seu primeiro triunfo digno de nota foi a obtenção de uma batata enorme, agora conhecida por seu sobrenome. Como gênio incansável, ele prosseguiu apresentando ao mundo centenas de cruzamentos para melhorar a natureza – suas novas variedades Burbank de tomate, milho, abóbora, cerejas, ameixas, pêssegos, morangos, papoulas, lírios e rosas.

Focalizei minha câmara fotográfica quando Luther me conduziu à famosa nogueira com a qual provou que a evolução natural pode ser telescopicamente apressada.

"Em apenas dezesseis anos esta nogueira chegou a produzir nozes em abundância. Sem auxílio, a natureza teria demandado o dobro desse tempo."
– Ele explicou.

A filhinha adotiva de Burbank veio ao jardim, brincando e fazendo algazarra com seu cão. Ele acenou para ela com afeto.

"Ela é a minha plantinha humana. Hoje eu vejo a humanidade toda como uma imensa planta que precisa, para as suas mais altas realizações, apenas do amor, das bênçãos naturais dos campos abertos, e dos cruzamentos e seleção inteligentes. Ao longo de minha própria existência eu observei progressos tão maravilhosos em evolução vegetal que prevejo com otimismo um mundo sadio e feliz, tão logo sejam ensinados às crianças os princípios da vida simples e natural. Devemos retornar à natureza, e ao seu Criador."

"Luther, você sentiria um grande prazer em minha escola de Ranchi, na Índia, com suas aulas ao ar livre e sua atmosfera de alegria e simplicidade."

Minhas palavras tocaram uma corda sensível no coração de Burbank: a educação da infância. Em seguida, ele me fez muitas perguntas, com seus olhos serenos e profundos cintilando de interesse entusiasmado. Enfim, concluiu:

"Swâmiji, escolas como a sua são a única esperança do futuro milênio. Eu me revolto com os sistemas educacionais de nosso tempo, segregados da natureza e sufocando toda individualidade. Assim, compartilho dos seus ideais práticos em educação de toda a minha alma, e de todo o meu coração."

Ao me despedir do amável sábio, ele autografou e me ofereceu um pequeno volume [171]:

"Aqui está meu livro, *A Educação da Planta Humana*. Novos treinamentos se fazem necessários, experiências destemidas. Às vezes, as tentativas mais audaciosas conseguiram fazer surgir o que havia de melhor nas flores e nos frutos. Da mesma forma, as inovações educacionais para as crianças deveriam se tornar mais frequentes e mais corajosas."

Luther Burbank e Yogananda

Li o pequeno livro com grande interesse. Seu olhar vislumbrava um futuro glorioso para a raça humana quando ele escreveu:

"A coisa viva mais teimosa neste mundo, a mais difícil de torcer, é uma planta, uma vez fixada em certos hábitos (...) Lembre-se de que essa planta preservou sua individualidade através das eras; talvez seja uma cuja existência possa ser retraçada através de milênios, fincada às próprias rochas, nunca tendo variado em qualquer medida durante todo esse tempo. Você supõe que, após tantos séculos de repetição, a planta não se tornou possuidora de uma vontade, se assim se pode chamar, de uma tenacidade sem paralelo? De fato há plantas, como certas palmeiras, tão persistentes que nenhum poder humano ainda foi capaz de modificar. A vontade humana é débil comparada à vontade de uma planta. Todavia, veja como esta teimosia vegetal de milênios se apazigua simplesmente pela mistura de uma nova vida à sua, através do cruzamento: opera-se uma modificação completa e poderosa nela. Então, ocorrida a mudança, é preciso fixá-la por supervisão e seleção pacientes durante sucessivas reproduções; e a nova planta se desenvolve em seu novo rumo para jamais voltar ao antigo. Assim, aquela vontade tenaz foi vencida e alterada definitivamente. Quando chegamos a algo tão sensível e maleável como a natureza de uma criança, o problema se torna imensamente mais fácil."

Atraído magneticamente por este grande norte-americano, fui visitá-lo muitas vezes. Certa manhã, cheguei em sua casa junto com o carteiro: ele depositou no escritório de Burbank cerca de mil cartas! Horticultores lhe escreviam de todas as partes do mundo.

"Swâmiji, sua presença é justamente a desculpa que preciso para sair ao jardim." – Disse Luther, com alegria.

Mas antes de sair, abriu uma grande gaveta em sua escrivaninha, contendo centenas de folhetos turísticos:

"Veja, é assim que eu viajo. Preso às minhas plantas e às cartas que chegam de tantos países, busco satisfazer meu desejo de conhecer terras estrangeiras lançando, de vez em quando, um olhar sobre estas gravuras."

Meu carro havia estacionado em frente ao seu portão; Luther e eu percorremos as ruas da pequena cidade, cujos jardins se coloriam com variedades de rosas "Peachblow", "Santa Rosa" e "Burbank".

"Meu amigo Henry Ford e eu acreditamos na antiga teoria da reencarnação" – Ele me disse. – "Ela lança luz sobre aspectos da vida que de outra forma seriam inexplicáveis. A memória não é um teste da verdade; só porque o homem não consegue se lembrar de suas vidas passadas não prova que ele nunca as teve. A memória nada retém em relação à sua vida uterina e primeira infância, mas ele provavelmente passou por elas!" – E deu uma risada.

O grande cientista havia recebido a iniciação em Kriya durante uma de minhas visitas anteriores:

"Pratico a técnica com devoção, Swâmiji."

Depois de me fazer muitas perguntas bem postuladas sobre diversos aspectos da ioga, Luther comentou, com sua voz pacata:
"De fato o Oriente possui grandiosos tesouros de conhecimento que o Ocidente mal começou a explorar."

A comunhão íntima e profunda com a Natureza, que lhe ajudou a desvendar muitos dos seus segredos, até mesmo os mais ocultos, havia despertado em Burbank uma veneração espiritual sem limites.

"Às vezes, eu me sinto muito próximo do Poder Infinito." – Ele me confidenciou, quase num sussurro. Sua face, bela e sensível, iluminou-se com suas memórias. – "Então sou capaz de curar pessoas doentes ao meu redor, e também muitas plantas enfermas."

Ele também me falou de sua mãe, uma cristã sincera:

"Após a sua morte, muitas vezes fui abençoado por sua aparição; nessas visões ela se comunica normalmente comigo."

Com certa relutância, decidimos retornar à sua casa, e àquelas milhares de cartas à espera de uma resposta.

"Luther, no mês que vem começarei a publicar uma revista destinada a ser um repositório de verdades vindas do Oriente e do Ocidente. Por favor, me ajude a escolher um nome conveniente para tal publicação."

Discutimos algum tempo sobre títulos, e finalmente concordamos na escolha de *East—West* (Oriente—Ocidente). Quando já havíamos regressado ao seu escritório, Burbank me deu um artigo de sua autoria sobre o tema "Ciência e Civilização".

"Obrigado. Será publicado no primeiro número de *East—West*."

Quando nossa amizade cresceu em profundidade, chamei a Burbank de meu "santo norte—americano". "Eis um homem em quem não existe dolo", parafraseei [referência a *João*, 1:47]. Seu coração era insondavelmente profundo, há muito tempo familiarizado com a humildade, a paciência e o sacrifício. Seu pequeno lar entre as rosas era austeramente simples; ele conhecia bem a inutilidade do luxo e a alegria de ter poucos pertences. A modéstia com que carregava sua fama científica me lembrou, repetidas vezes, das árvores que se inclinam para o solo com o peso de seus frutos maduros; é a árvore estéril que ergue ao céu a cabeça em ostentação vazia.

Eu estava em Nova York, em 1926, quando meu querido amigo partiu deste mundo. Em lágrimas, pensei: "Oh, com que prazer eu faria todo o longo percurso daqui até Santa Rosa, só para vê-lo uma vez mais!" Pedindo licença aos visitantes e secretários do evento onde estava, passei as vinte e quatro horas seguintes em reclusão total, no quarto de um hotel.

No dia seguinte, dirigi um ritual védico em sua memória, diante de uma grande fotografia de Luther. Um grupo de discípulos meus, todos norte-americanos, vestindo trajes cerimoniais hindus, cantou hinos ancestrais enquanto o rito procedia com uma oferenda de flores água e fogo – símbolos dos elementos físicos e de seu regresso à Fonte Infinita.

Embora o corpo de Burbank esteja num jazigo em Santa Rosa, sob um cedro do Líbano que ele plantou anos atrás em seu jardim, para mim a sua alma se encontra no santuário de toda flor desabrochada à margem do caminho. Retirado por algum tempo no espírito vasto da Natureza, não é Luther quem sussurra em seus ventos e passeia em suas madrugadas?

Hoje o seu nome passou à herança da linguagem comum. Classificando "burbank" como verbo transitivo, o *Novo Dicionário Internacional de Webster* o define assim: "cruzar ou enxertar (uma planta); então, figuradamente, melhorar (qualquer coisa, seja um processo ou uma instituição), pela seleção das boas características e a rejeição das más, ou ainda pelo acréscimo de boas características".

Após ler tal definição, exclamei:

"Ó, amado Burbank, seu próprio nome é agora um sinônimo de bondade!"

Luther Burbank
Santa Rosa, Califórnia, USA

22 de setembro de 1924

Examinei o sistema Yogôda de Swâmi Yogananda e, na minha opinião, é um sistema ideal para treinar e harmonizar as naturezas físicas, mental e espiritual do homem. O objetivo do swâmi é estabelecer, em todo o mundo, escolas que ensinem a viver; onde a educação, longe de se limitar apenas ao desenvolvimento intelectual, também deverá abarcar o treinamento do corpo, da vontade e dos sentimentos.

O sistema Yogôda de desenvolvimento físico, mental e espiritual, oferecendo métodos simples e científicos de concentração e de meditação, permite a solução de muitos dos complexos problemas da vida, para que a paz e a boa vontade reinem sobre a Terra. O swâmi tem um conceito de educação que é baseado no simples bom senso, livre de todo o misticismo e impraticabilidade: do contrário, não teria a minha aprovação.

Muito me agrada ter a oportunidade de me unir de coração ao swâmi em seu apelo em prol de escolas internacionais que ensinem a arte de viver; as quais, caso estabelecidas, deverão assegurar um futuro melhor do que tudo quanto conheci até aqui.

LUTHER BURBANK

39. Teresa Neumann, a católica estigmatizada

"Retorne à Índia. Tenho esperado por você pacientemente durante quinze anos. Todavia, em breve nadarei para fora deste corpo, rumo à Morada Cintilante. Yogananda, venha!"

A voz de Sri Yuktéswar ressoou surpreendemente em meu ouvido astral enquanto eu meditava, sentado em minha sede em Monte Washington. Percorrendo 16 mil quilômetros num piscar de olhos, sua mensagem penetrou em meu ser como a luz de um relâmpago.

Quinze anos! "Sim", refleti, "já estamos em 1935". Eu havia passado quinze anos na América propagando os ensinamentos de meu guru. Agora, ele me chama de volta.

Poucas horas depois, descrevi minha experiência a um querido amigo e discípulo, o Sr. James J. Lynn. Seu desenvolvimento espiritual pela prática diária de Kriya Yoga tem sido tão notável que eu o chamo, muitas vezes, de "Santo Lynn". Nele e em diversos outros discípulos ocidentais, vejo com felicidade cumprir-se a profecia de Babaji de que o Ocidente também iria produzir santos com a autêntica percepção de Deus, através da antiga via da ioga.

O Sr. Lynn, juntamente com alguns outros discípulos, generosamente insistiram em doar o necessário para a minha viagem. Então, com o problema financeiro solucionado, fiz os planos de embarque para a Índia, via Europa. Em março de 1935, registrei a *Self Realization Fellowship* [Irmandade da Autorrealização; *Nota do Tradutor:* daqui em diante chamaremos a Irmandade pela sua sigla em inglês, SRF] segundo as leis do

Estado da Califórnia, como uma organização não-lucrativa. Doei à SRF tudo o que me pertence na América, inclusive os direitos autorais de todos os livros, artigos de revista e cursos de minha autoria [*Nota do Editor:* a SRF se sustenta até hoje com a venda de tais obras, além das doações de seus membros e do público em geral, assim como a maioria das instituições educacionais e religiosas existentes no mundo].

"Eu voltarei." – Disse aos meus estudantes. – "Jamais esquecerei a América."

Durante o banquete de despedida que amigos queridos me ofereceram em Los Angeles, olhei demoradamente para o rosto de cada um deles e pensei, agradecido: "Senhor, a quem se lembra de Ti como o único Doador, nunca faltará a doçura da amizade entre os mortais".

Parti de Nova York em 9 de junho de 1935, no navio "Europa" [172]. Dois estudantes me acompanhavam: meu secretário, o Sr. C. Richard Wright, e uma dama de meia idade, a Srta. Ettie Bletch, de Cincinnati.

Desfrutamos dias de paz oceânica, num bem-vindo contraste com as semanas anteriores de correria e trabalho burocrático. Todavia, nosso período de descanso foi curto: a velocidade dos modernos navios a vapor tem seus aspectos lamentáveis!

Nossa embarcação atracou no Reino Unido. Como qualquer outro grupo de turistas curiosos, fomos caminhar pela antiga e enorme cidade de Londres. No dia seguinte à minha chegada, me convidaram a falar para uma grande audiência em Caxton Hall, onde apresentado aos ouvintes londrinos por Sir Francis Younghusband.

Nosso grupo também passou um dia deveras agradável como hóspede de Sir Harry Lauder, em sua propriedade rural na Escócia. Alguns dias mais tarde, nós cruzamos o Canal da Mancha, rumo ao continente europeu, pois eu desejava fazer uma peregrinação à Baviera, no sul da Alemanha. Senti que esta seria a única oportunidade de visitar a grande mística católica Teresa Neumann, na pequenina Konnersreuth.

Anos atrás, eu tinha lido um admirável relato sobre Teresa. O artigo trazia as seguintes informações:

(1) Teresa, nascida na Sexta-Feira da Paixão, em 1898, se feriu gravemente num acidente aos vinte anos; ficou cega e paralítica.

(2) Recuperou a visão milagrosamente em 1923, através de preces a Sta. Teresinha do Menino Jesus, "A Pequena Flor". Mais tarde, as pernas de Teresa Neumann também foram curadas instantaneamente.

(3) A partir de 1923, Teresa se absteve completamente de alimentos e bebidas, exceto pela ingestão diária de uma pequena hóstia consagrada.

(4) Estigmas, semelhantes às chagas sagradas de Cristo, apareceram na cabeça, peito, mãos e pés de Teresa, em 1926. Desde então, todas as sextas-feiras ela revive a Paixão de Cristo, padecendo em seu próprio corpo as históricas agonias de Jesus.

(5) Mesmo conhecendo somente o simples idioma germânico de sua aldeia, durante os transes de sexta-feira Teresa pronuncia frases em um idioma que os eruditos identificaram como aramaico antigo. Em certos momentos de suas visões, ela também fala em hebraico ou grego.

(6) Com permissão da Igreja, Teresa se submeteu diversas vezes à rigorosa observação científica. O Dr. Fritz Gerlick, editor de um jornal protestante alemão, foi até Konnersreuth para "desmascarar a fraude católica", mas ficou tão impressionado com o que viu que acabou se dedicando a escrever a biografia de Teresa.

Como sempre, fosse no Oriente ou no Ocidente, eu estava ansioso por encontrar uma santa. Alegrei-me quando nosso pequeno grupo alcançou, em 16 de julho, a curiosa aldeia de Konnersreuth. Os camponeses bávaros demonstraram grande interesse por nosso automóvel Ford (trazido da América) e seus ocupantes tão diversos: um jovem norte-americano, uma senhora idosa e um oriental de pele bronzeada, com longos cabelos escondidos sob a gola do paletó.

A casinha de Teresa, limpa e arrumada, com gerânios florescendo junto a um poço primitivo, estava bem ali! – silenciosamente fechada. Os vizinhos e até o carteiro que atendia o povoado, que passava por ali no momento, não puderam nos dar qualquer informação. A chuva começou a cair; meus companheiros sugeriram que simplesmente fôssemos embora.

"Não." – Respondi, obstinado. – "Ficarei aqui até achar algum indício que me leve até Teresa."

Duas horas mais tarde, ainda estávamos sentados em nosso carro, sob pesada chuva. Suspirei, resmungando: "Senhor, por que Tu me trouxeste até aqui, se ela desapareceu?"

Um homem que falava inglês parou ao nosso lado e nos ofereceu ajuda, cortesmente:

"Bem, eu não sei ao certo onde Teresa está, mas ela costuma visitar a casa do professor Franz Wutz, que ensina línguas estrangeiras na Universidade de Eichstatt, a cerca de cento e trinta quilômetros daqui."

Na manhã seguinte, nosso grupo seguiu de automóvel até a pacata cidade de Eichstatt. O Dr. Wutz nos recebeu cordialmente em sua casa:

"Sim, Teresa está aqui."

Ele mandou avisá-la de que visitantes estavam a sua procura. Um mensageiro voltou com a resposta:

"Embora o bispo tenha me pedido que não veja ninguém sem a sua permissão, receberei o homem de Deus que vem da Índia."

Profundamente comovido por tais palavras, segui o Dr. Wutz escada acima, até chegar numa saleta. Teresa entrou imediatamente, irradiando uma aura de paz e jovialidade. Usava vestido preto e véu imaculadamente branco sobre a cabeça. Apesar de contar trinta e sete anos naquela época, parecia muito mais jovem, possuindo de fato um encanto e frescor infantis. Saudável, bem delineada, com faces rosadas e sempre alegre, eis a santa que não come!

Teresa me cumprimentou com um aperto de mãos muito gentil. Sorrimos em silenciosa comunhão, nos reconhecendo, um ao outro, como amantes de Deus.

O Dr. Wutz se ofereceu bondosamente para servir como intérprete de nossa conversa. Quando nos sentamos, notei que Teresa me encarava com uma curiosidade ingênua; logo notei que pouquíssimos hindus eram vistos perambulando pela Baviera.

"A senhora não se alimenta de nada?" – Eu queria ouvir tal resposta de seus próprios lábios.

"Não, exceto por uma hóstia, às seis horas da manhã, todos os dias." [*Nota do Editor:* uma hóstia é um tipo de pão assado sem fermento, apenas com farinha de trigo e água]

"De que tamanho é a hóstia?"

"Tem a espessura do papel e o tamanho de uma pequena moeda. Eu a como por motivos sacramentais; se não está consagrada, sou incapaz de ingeri-la."

"Mas a senhora decerto não poderia viver apenas disso, durante doze anos inteiros?"

"Vivo da luz de Deus."

Que simples a sua resposta, me lembrou de Einstein!

"Eu compreendo. Você sabe que a energia flui para o interior de seu corpo, proveniente do éter, do sol e do ar."

Um breve sorriso iluminou a face de Teresa, e em seguida ela me disse:

"Eu fico muito feliz em saber que o senhor compreende de que modo eu vivo."

"Sua sagrada vida é uma demonstração diária da verdade proclamada por Cristo: *não só de pão viverá o homem, mas de toda palavra que sai da boca de Deus* [173]."

Novamente, ela demonstrou alegria ao ouvir minha explicação:

"De fato, é realmente assim. Uma das razões por que estou na Terra atualmente é para provar que o homem pode viver da luz invisível de Deus, e não apenas de alimento."

"Você poderia ensinar outras pessoas a viverem sem alimento?"

Antes de me dar uma resposta, ela me pareceu um pouco chocada com a minha pergunta:

"Não, não posso fazer isso; não é da vontade de Deus."

Quando meu olhar se voltou para suas mãos fortes e graciosas, Teresa me mostrou uma chaga quadrada, recém-cicatrizada, nas costas de cada mão. Em cada palma, ela assinalou uma chaga menor, recém-cicatrizada em forma de lua crescente. Cada chaga transpassava completamente a mão. Isto me trouxe uma clara associação com a imagem de grandes pregos de ferro, quadrados, com extremidade em forma de meia lua, ainda usados no Oriente, mas que não me lembro de ter visto no Ocidente.

Como que para explicar aquilo, a santa me contou sobre os seus transes semanais:

"Como observadora indefesa, assisto integralmente à Paixão de Cristo."

Toda semana, de quinta-feira à noite até sexta-feira à uma hora da tarde, suas chagas abrem e sangram; com isso, ela perde quatro quilos e meio de seu peso usual, de cerca de cinquenta e cinco. Todavia, mesmo sofrendo intensamente em seu piedoso amor, Teresa espera com alegria por estas visões semanais de seu Senhor.

Compreendi de imediato que Deus planejou a estranha existência de Teresa para reassegurar a todos os cristãos a autenticidade histórica da vida e da crucificação de Jesus, conforme relatam os Evangelhos, e para demonstrar dramaticamente o laço eternamente vivo entre o Mestre da Galiléia e seus devotos.

O professor Wutz me contou algumas de suas experiências com a santa:

"Um grupo de amigos, incluindo Teresa, costuma excursionar durante vários dias para conhecer diferentes regiões da Alemanha. Nessas viagens, eu sempre percebo um notável contraste: Teresa nada come, enquanto todos os demais fazem três refeições por dia. Ela se parece com uma rosa recém-aberta, imune à fadiga. Sempre que algum de nós sente fome e procura por hospedarias no caminho, Teresa ri jovialmente."

O professor acrescentou alguns detalhes fisiológicos interessantes:

"Como Teresa praticamente não ingere alimento, seu estômago se contraiu. Ela não tem excreções, mas suas glândulas sudoríparas funcionam; sua pele está sempre suave e firme."

No momento de ir embora, manifestei a Teresa meu desejo de assistir a um de seus transes.

"Sim! Venha a Konnersreuth na próxima sexta-feira." – Ela disse, entusiasmada. – "O bispo vai lhe dar permissão. Estou muito contente pelo senhor ter me procurado em Eichstatt."

Teresa, sempre gentil, apertou minhas mãos várias vezes, e acompanhou nosso grupo até o portão. O Sr. Wright ligou o rádio do automóvel; a santa o examinou com risinhos entusiásticos. Todavia, logo juntou-se um número tão grande de crianças e jovens interessados naquela novidade que Teresa se retirou para o interior da casa. Pouco depois ela ressurgiu numa das janelas, de onde nos observava, atenta, às vezes acenando com a mão.

No dia seguinte, conversamos com dois irmãos de Teresa, muito bondosos e amigáveis. Eles nos disseram que a santa dorme apenas uma ou duas horas por noite. Assim, apesar das diversas chagas em seu corpo, ela é muito ativa e eficiente. Ama os pássaros, cuida de um aquário de peixes, e trabalha regularmente em seu jardim. Sua correspondência é grande: os devotos católicos lhe pedem muitas orações e bênçãos para cura. Outros a procuraram pessoalmente, sendo por ela curados de graves enfermidades.

Seu irmão Ferdinando, com cerca de vinte e três anos de idade, explicou que Teresa tem o poder, através de suas preces, de transferir os males alheios para o seu próprio corpo – onde os *resgata*. A abstinência da santa em relação aos alimentos data da época em que ela rezava para que a moléstia na garganta de um jovem de sua paróquia, que então se preparava para ingressar no sacerdócio, fosse transferida para a sua.

Na tarde de quinta-feira, nosso grupo se dirigiu até a casa do bispo, que fitou meus cabelos flutuantes com alguma surpresa. Ele redigiu imediatamente a permissão necessária. Não havia pagamento a fazer; o regulamento criado pela Igreja se destinava tão somente a proteger Teresa da avalanche de turistas que, em anos anteriores, chegavam aos milhares em Konnersreuth, geralmente às sextas-feiras.

Chegamos na aldeia, já na sexta-feira, aproximadamente às nove e meia da manhã. Notei que a casinha de Teresa possui uma clarabóia extensa para permitir que a santa se banhe de luz solar abundante. Ficamos felizes em ver a residência agora com as portas totalmente abertas, em hospitaleira acolhida. Entramos em uma fila de cerca de vinte visitantes, cada um na posse da permissão necessária. Muitos tinham vindo de grandes distâncias para assistir ao transe místico.

Teresa havia sido aprovada no primeiro teste a que eu a tinha submetido, ainda na casa do professor: havia demonstrado seu conhecimento intuitivo de que eu desejava vê-la por motivos espirituais, e não meramente para satisfazer uma curiosidade passageira.

Meu segundo teste se basearia no fato de eu ter me colocado, pouco antes de subir as escadas para o seu aposento, em estado de transe iogue, a fim de manter com ela uma relação telepática. Adentrei no quarto cheio de visitantes; ela se encontrava deitada na cama, vestindo um traje branco. Com o Sr. Wright logo atrás de mim, parei onde estava assim que aravessei a porta, intimidado diante de um espetáculo dos mais estranhos e espantosos:

O sangue escorria das pálpebras inferiores de Teresa, num fio delgado e incessante, da espessura de uns dois centímetros e meio. Seu olhar, dirigido para cima, focalizava o olho espiritual no centro da testa. O pano que lhe envolvia a cabeça estava ensopado de sangue, oriundo dos estigmas, as chagas da Coroa de Espinhos. O traje branco apresentava uma mancha considerável sobre o coração, proveniente da ferida logo ao lado, no exato lugar onde o corpo de Cristo, séculos antes, havia sofrido o seu último ataque, ao ser atingido pela lança do soldado.

As mãos da santa se estendiam à frente em gesto maternal, suplicante; sua face tinha uma expressão ao mesmo tempo torturada e divina. Teresa parecia mais magra e apresentava mudanças sutis, tanto internas como externas. Murmurando palavras de uma língua estrangeira, falava com lábios ligeiramente trêmulos a pessoas que eram visíveis ao seu olhar superconsciente.

Como eu havia me colocado em um estado onde podia sintonizar com ela, comecei a ver as cenas de sua visão. Ela observava Jesus, enquanto ele carregava a madeira da Cruz entre as zombarias da multidão [174]. De repente, ela ergueu a cabeça, consternada: o Senhor havia tombado sob o peso cruel. A visão sumiu. Exausta em sua fervorosa piedade, Teresa caiu pesadamente sobre o travesseiro.

Neste momento, ouvi um baque forte atrás de mim. Voltando a cabeça durante um segundo, vi dois homens carregarem para fora um corpo desacordado. Todavia, por estar saindo do profundo estado superconsciente, não reconheci imediatamente a pessoa que havia caído. Voltei outra vez meu olhar para o rosto de Teresa, mortalmente pálido sob os filetes de sangue, mas agora tranquilo, irradiando pureza e santidade. Pouco depois olhei para trás e vi o Sr. Wright de pé, com a mão sobre o rosto manchado de sangue. Não pude evitar a pergunta:

"Richard, quem foi que caiu? Você?"
"Sim, desmaiei com o pavoroso espetáculo."

"Bem, ao menos você teve a coragem de voltar e presenciar o espetáculo um pouco mais."

Lembrando da longa fila de peregrinos lá fora, o Sr. Wright e eu silenciosamente nos curvamos, dando adeus a Teresa e nos afastando de sua sagrada presença.

No dia seguinte, nosso pequeno grupo prosseguiu de automóvel rumo ao sul, agradecido por já não depender do itinerário dos trens, e podendo parar nosso Ford onde bem quiséssemos ao longo da paisagem rural. Assim, desfrutamos cada minuto de nossa viagem através da Alemanha, Holanda, França e Alpes Suíços. Na Itália, fizemos uma visita especial a Assis, em homenagem ao apóstolo da humanidade, São Francisco. A viagem pela Europa se encerrou na Grécia, onde visitamos os templos gregos e vimos a prisão onde o tranquilo Sócrates bebeu a cicuta mortal [175]. Desperta grande admiração a arte com que os antigos gregos, em todo o país, esculpiram em alabastro as obras de sua imaginação.

Em seguida embarcamos no navio para cruzar o Mediterrâneo ensolarado, e desembarcarmos na Palestina. Percorrendo durante dias a Terra Santa, mais do que nunca me convenci do valor da peregrinação. Para o coração sensível, o espírito de Cristo impregna tudo na Palestina. Caminhei reverentemente ao seu lado em Belém e no jardim de Getsêmani, no Calvário e no santo Monte das Oliveiras, às margens do rio Jordão e do Mar da Galileia.

Nosso pequeno grupo visitou o Presépio do Nascimento, a carpintaria de José, o sepulcro de Lázaro, a casa de Marta e Maria, o salão da Última Ceia. Assim, nós revivíamos a Antiguidade: cena após cena, assisti ao drama que Cristo representou visando os séculos futuros.

De lá, logo alcançamos o Egito, com seu Cairo dos tempos modernos e suas pirâmides de tempos imemoriais. Depois, embarcamos em mais um navio, descendo o estreito Mar Vermelho e cruzando o Mar de Omã; então, finalmente, a Índia!

40. Eu retorno à Índia

Agradecido, eu respirava o ar abençoado da Índia. Nosso navio, o "Rajputana", atracou em 22 de agosto de 1935 no enorme porto de Bombaim. Já no primeiro dia de minha chegada provei o gosto antecipado da atividade ininterrupta que me absorveria durante o ano todo. Amigos haviam se reunido no cais para nos recepcionar com guirlandas de flores; pouco depois, em nosso apartamento do Hotel Taj Mahal, recebemos diversos grupos de repórteres e fotógrafos.

Bombaim trazia aspectos novos para mim; encontrei uma cidade modernizada, com diversas inovações ocidentais. Palmeiras se enfileiravam nas largas avenidas; magníficos edifícios do governo rivalizavam com os templos milenares. Todavia, usamos pouco tempo em atividades turísticas; eu estava impaciente, ansioso por ver meu muito amado guru e outros entes queridos. Confiando o Ford ao vagão bagageiro, nosso grupo avançou velozmente em direção leste, por trem, rumo a Calcutá [176].

Chegando à estação de Howrah, encontramos tamanha multidão reunida para nos saudar que, por alguns minutos, foi impossível descermos do trem. O jovem marajá de Kasimbazar e meu irmão Bishnu comandavam a comissão de recepção; confesso que eu não me achava preparado para o calor e a magnitude daquela acolhida.

Precedidos por uma fila de automóveis e motocicletas, e entre a algazarra dos tambores, a Srta. Bletch, o Sr. Wright e eu, cobertos de guirlandas da cabeça aos pés, seguimos lentamente de carro até à casa de meu velho pai.

Papai me abraçou como se eu houvesse regressado dos mortos; encaramos longamente um ao outro, em silêncio, plenos de alegria. Irmãos e irmãs, tios, tias, primos, discípulos e amigos do passado se agrupavam todos ao meu redor, muitos com os olhos úmidos. Agora transferida aos arquivos da memória, a cena daquela amorosa reunião perdura vividamente, eterna em meu coração. Quanto ao meu encontro com Sri Yuktéswar, faltam-me palavras – permitam-me simplesmente transcrever os registros de meu secretário, o Sr. Wright, em seu diário de viagem:

"Hoje, pleno das mais sublimes expectativas, conduzi Yogananda, em nosso Ford, de Calcutá até Serampore.

No caminho, nós passamos por estabelecimentos comerciais singulares – um destes era o restaurante preferido de Yogananda em seu tempo de Universidade – e finalmente penetramos numa estreita viela, espremida entre dois muros. Uma súbita curva à esquerda e eis à nossa frente o ashram do mestre, um edifício de tijolos, em cujo andar superior se destaca uma sacada com grade de ferro. A moradia irradiava uma aura de pacata solidão.

Com toda humildade, atrás de Yoganandaji, adentrei no pátio, dentro dos muros do eremitério. Enquanto nossos corações pulsavam aceleradamente, subimos alguns degraus de cimento – onde também passaram, sem dúvida, inúmeros buscadores da verdade. Nossa tensão crescia à medida que avançávamos. À nossa frente, no alto da escada, apareceu silenciosamente o Grande Ser, Swâmi Sri Yuktéswarji; ele estava de pé, emanando sabedoria.

Meu coração, cada vez mais pulsante, celebrava o privilégio abençoado de estar em sua sublime presença. Lágrimas toldaram meu olhar atento quando Yoganandaji caiu de joelhos e ofertou, com uma inclinação de cabeça, as saudações e o agradecimento de sua alma, tocando com a mão os pés do guru e, a seguir, em humilde obediência, a sua própria testa. Então se levantou e foi abraçado, dos dois lados do peito, por Sri Yuktéswarji.

De início, nenhuma palavra foi pronunciada, mas um sentimento intenso era expresso em frases mudas, advindas da alma. Como seus olhos resplandeciam no calor do encontro! Uma vibração de ternura se espalhou pelo tranquilo pátio, e o sol repentinamente se esquivou das nuvens para acrescentar um fulgor de glória.

Com meu joelho no chão, diante do mestre, lhe ofereci meu agradecimento e amor indizíveis; tocando seus pés calejados pelo tempo e pelo serviço, recebi a sua bênção. Em seguida, me ergui e fitei seus belos olhos, profundamente introspectivos, mas radiantes de ventura.

Entramos em sua sala de estar, com um lado inteiro se abrindo para a sacada que vimos da rua. O mestre se acomodou num colchão forrado, no chão de cimento, apoiando o braço num velho sofá. Yoganandaji e eu nos sentamos junto aos pés do guru, recostados em almofadas cor de laranja, a fim de tornar mais confortável a nossa posição sobre a esteira de palha.

Tentei, sem muito sucesso, captar a essência da conversa em bengali entre os dois swâmijis (pois descobri que eles não usam o inglês quando estão juntos, embora o Swâmiji Maharaj, título com que também designam o grande guru, fale com certa frequência em inglês fluente). Todavia, percebi facilmente a santidade deste Grande Ser, através de seu bondoso sorriso e de seus olhos cintilantes. Em sua conversa, engraçada ou séria, percebe-se rapidamente o caráter positivo de suas declarações – a marca de um sábio: alguém que sabe, porque conhece Deus. A grande sabedoria, o vigor de propósitos e a determinação do mestre são evidentes em cada um de seus atos.

Ele se veste com simplicidade; seu *dhoti* [espécie de vestido tradicional] e sua camisa, tingidos anos atrás com tonalidade ocre, apresentam agora um desbotado matiz de laranja. Observando-o com reverência, notei sua grande estatutra; seu corpo se tornou atlético com as provas e os sacrifícios da vida de renunciante. Seu porte é majestoso. Caminha com passo nobre, em posição ereta. Às vezes, um riso travesso e jovial brota das profundezas de seu peito, sacudindo e estremecendo todo o seu corpo.

Sua face austera transmite uma impressão de divino poder. O cabelo, repartido ao meio, branco próximo à testa, traz mechas de prata e negro, terminando em anéis sobre os ombros. Sua barba e bigode, embora ralos, realçam os traços do rosto. A testa é em rampa, como se buscasse os céus. Seus olhos pretos irradiam um halo de azul etéreo.

Tem um nariz grande, comum, com o qual brinca em momentos de ócio, esfregando-o com os dedos, tal qual um menino. Quando em repouso, sua boca é severa, com um toque sutil de ternura.

Observando aqui e ali, notei que certos estragos na sala sugerem o desapego do proprietário ao conforto material. As paredes brancas da comprida câmara, manchadas pelo tempo, apresentam faixas de estuque azul desbotado. Em um dos extremos da sala está pendurado o único retrato de

Láhiri Mahasaya, cujo ornamento devocional é uma simples guirlanda. Existe também uma velha fotografia mostrando Yoganandaji, de pé, na época de sua chegada em Boston, entre os demais delegados do Congresso de Liberais Religiosos.

Reparei na estranha confluência do moderno com o antigo. Um enorme candelabro de vidro lapidado acha-se coberto de teias de aranha, certamente devido ao longo desuso; já na parede está fixado um calendário vistoso e moderno. Da sala emana uma fragrância de paz e de felicidade. Para além da sacada, coqueiros se erguem sobre o eremitério, em silenciosa proteção.

O mestre só precisa bater palmas; antes mesmo de terminar, é atendido por algum jovem discípulo. Um deles, um mocinho magro, cujo nome é Prafulla [177], tem longos cabelos escuros, brilhantes olhos negros e um sorriso celestial; seus olhos cintilam quando os cantos da boca se erguem, como se fossem duas estrelas e uma lua crescente que surgissem, de repente, sobre o crepúsculo.

A alegria de Swâmi Sri Yuktéswarji é obviamente intensa pelo retorno de seu "produto" (e ele parece um tanto curioso acerca de mim, o "subproduto"). Todavia, o predomínio de sabedoria na natureza deste Grande Ser impede a plena exteriorização de seus sentimentos.

Yoganandaji lhe ofereceu alguns presentes, segundo o costume quando um discípulo regressa ao seu guru. Mais tarde, nos sentamos à mesa para uma refeição simples, mas bem preparada, de arroz e vegetais. Para Sri Yuktéswarji foi um prazer perceber a minha observância de certos costumes indianos como, por exemplo, o de comer com os dedos.

Após várias horas de intercâmbio de frases bengalis, assim como de cálidos sorrisos e olhares alegres, fizemos uma reverência a seus pés, dissemos adeus com um *pronam* [178] e partimos para Calcutá com a lembrança perpétua de um encontro sagrado.

Embora eu escreva principalmente sobre minhas impressões externas do mestre, sempre tive consciência de sua glória espiritual. Senti o seu poder, e sempre guardarei comigo tal sentimento: esta é a minha divina bênção daquele encontro."

Eu havia trazido muitos presentes para Sri Yuktéswar: da América, Europa e Palestina. Ele os recebeu, sorrindo, mas sem comentários. Para o meu próprio uso, eu tinha comprado na Alemanha uma combinação de guarda-chuva com bengala. Na Índia, resolvi dar a bengala ao mestre.

"Realmente gosto muito deste presente!"

Os olhos de meu guru voltaram-se para os meus, cheios de amável compreensão, ao fazer um comentário que fugia aos seus hábitos. De todos os presentes, era a bengala que ele escolhia para exibir aos visitantes.

"Mestre, por favor, permita-me trazer um novo tapete para a sala de estar." – Eu percebi que a pele de tigre de Sri Yuktéswar agora se estendia sobre um tapete rasgado.

"Pode trazer, se lhe agrada." – A voz de meu guru não demonstrava lá muito entusiasmo. – "Mas observe, minha pele de tigre é boa e limpa; sou um monarca em meu pequeno reino. Para além dele, está o vasto mundo, interessado somente em exterioridades."

Quando ele pronunciou estas palavras, senti que os anos voavam para trás; mais uma vez eu era um jovem discípulo, me purificando diariamente no fogo do castigo!

Assim que pude me distanciar de Serampore e Calcutá, parti com o Sr. Wright para visitar minha antiga escola em Ranchi. Que acolhimento tivemos ali, que comovente recepção! As lágrimas inundaram meus olhos ao abraçar os professores altruístas que conservaram o estandarte da escola dançando ao vento durante minha ausência de quinze anos. As faces brilhantes e os sorrisos felizes dos alunos internos e externos testemunhavam amplamente o valor de seu cuidadoso preparo nas diversas disciplinas escolares, assim como de seu treinamento em ioga.

Todavia, infelizmente a instituição de Ranchi atravessava um momento de terríveis dificuldades financeiras. Sri Manindra Chandra Nundy, o velho marajá que havia permitido que o seu palácio de Kasimbazar se convertesse no edifício central da escola, e que tinha mantido a sua saúde financeira com numerosas doações, agora estava morto. Muitas atividades beneficentes e liberais da escola se encontravam em sério perigo por falta de auxílio público suficiente.

Porém, eu não havia vivido durante anos nos Estados Unidos sem aprender algo de sua sabedoria prática, de seu espírito destemido ante os obstáculos. Permaneci uma semana em Ranchi, lutando contra problemas críticos. A seguir vieram as entrevistas em Calcutá com líderes e educadores eminentes, uma longa conversa com o jovem marajá de Kasimbazar, um apelo financeiro a meu pai e... viva! Os abalados alicerces da escola de Ranchi começaram a se firmar outra vez. Chegaram muitas doações, inclusive de meus estudantes norte-americanos, no momento mais crítico.

Alguns meses após meu retorno à Índia, eu tive a alegria de ver legalizada a situação da escola de Ranchi. O sonho de toda a minha vida, a criação de um centro educacional iogue mantido por doações permanentes, se encontrava plenamente realizado. Tal aspiração havia me guiado desde o início humilde, em 1917, com um grupo de sete meninos.

A escola, intitulada Brahmacharya Vidyalaya, ministra aulas ao ar livre de matérias dos cursos primário e secundário. Os estudantes internos e externos também recebem treinamento vocacional para profissões específicas.

Os próprios jovens regulamentam muitas de suas atividades através de comissões autônomas. Muito cedo em minha carreira de educador eu descobri que os mesmos jovens que se deliciam em zombar de um professor vão aceitar com alegria as regras disciplinares estabelecidas por seus próprios colegas. Aliás, eu mesmo, que nunca fui exatamente um aluno modelo, tinha simpatia espontânea por todas as questões relacionadas às travessuras infantis.

Na escola de Ranchi os esportes e os jogos em geral são estimulados, e os campos estão sempre ocupados com práticas de futebol e hóquei [sobre a grama]. Seus estudantes vencem com frequência as principais competições esportivas da região. Os jovens também aprendem o método Yogôda de reabastecer os músculos com o poder da vontade, dirigindo mentalmente a energia vital até qualquer parte do corpo. Eles também aprendem *ásanas* (posições iogues para a saúde) e exercícios de esgrima e de *lathi* (tipo de bastão). Treinados em socorros de urgência, os estudantes de Ranchi prestaram serviços dignos de louvor nos momentos trágicos de inundações ou de outros desastres naturais em sua província. Os jovens trabalham no jardim e plantam na horta os vegetais necessários para o seu próprio consumo.

O ensino nas matérias do curso primário é ministrado em hindi às tribos aborígenes da província, os Kols, Santals e Mundas. Aulas exclusivamente para meninas são dadas em aldeias próximas.

Outra característica singular de Ranchi é a iniciação em Kriya Yoga. Os jovens praticam diariamente seus exercícios espirituais, empenham-se em cânticos do *Gita* e aprendem, pelo preceito e pelo exemplo, as virtudes da simplicidade, do autossacrifício, da honra e da verdade. A eles se ensina que o mal é o causador das infelicidades, e o bem, daquelas ações que resultam na verdadeira felicidade. Assim, o mal se compara ao mel envenenado: tentador, porém trazendo consigo a morte.

Dominando a inquietude do corpo e da mente pelas técnicas de concentração, os alunos atingiram resultados assombrosos: em Ranchi, não é incomum ver uma criança pequenina, de nove ou dez anos, sentada por uma hora ou mais, em equilíbrio ininterrupto, com seu olhar imóvel dirigido ao olho espiritual.

Ranchi está a 610 metros acima do nível do mar; seu clima é ameno e uniforme. O terreno, com área superior a 100 mil metros quadrados, margeando uma grande lagoa que serve ao banho e à natação, inclui um imenso pomar, com cerca de 500 árvores frutíferas de mangas, tâmaras, goiabas, lichias e jacas.

No pomar existe um templo dedicado a Shiva, com uma estátua do abençoado mestre Láhiri Mahasaya. Todos os dias de semana, orações e aulas sobre as Escrituras ocorrem no jardim, sob a sombra das mangueiras.

Aliás, o hospital de caridade e dispensário da Missão Láhiri Mahasaya, com muitas filiais ao ar livre em aldeias distantes, já atendeu mais de 100 mil pobres da Índia.

A biblioteca de Ranchi contém numerosas revistas, assim como cerca de mil volumes em inglês e bengali, doados por ocidentais e orientais. Há uma coleção de todas as Escrituras sagradas do mundo. Um museu bem organizado exibe pedras preciosas e espécimens arqueológicos, geológicos e antropo-lógicos – em sua maior parte troféus trazidos de minhas andanças pela vasta terra do Senhor.

Escolas secundárias, com as mesmas características de internato e de treinamento em ioga de Ranchi, foram abertas e estão agora em pleno florescimento. São elas: a Escola Yogôda Satsanga Vidyapith para meninos e rapazes em Lakshmanpur, Bihar, e a Escola Secundária e Eremitério Yogôda Satsanga em Ejmalichak, em Midnapore, Kharagpur.

Um imponente Yogôda Math (eremitério) em Dakshines-war, de frente para o Ganges, foi consagrado em 1938. Situado apenas a alguns quilômetros ao norte de Calcutá, o ashram oferece um porto de paz aos habitantes da cidade.

O Math em Dakshineswar é o centro diretor da Sociedade Yogôda Satsanga (YSS, na sigla em inglês) e de suas escolas, centros e ashrams em várias regiões da Índia. A YSS se filia legalmente à Sede Internacional: a SRF em Los Angeles, na Califórnia, EUA. As atividades da YSS incluem a publicação do periódico trimestral *Yogôda Magazine* e as remessas quinzenais de lições aos estudantes em todas as regiões da Índia. Tais lições dão instrução detalhada sobre os exercícios de tensão e relaxamento, e sobre as técnicas de concentração e de meditação. Sua prática fiel constitui o fundamento essencial para a instrução superior em Kriya Yoga, dada em lições subsequentes aos estudantes qualificados.

As atividades da YSS – educacionais, religiosas e humanitárias – exigem o serviço e a devoção de muitos professores e trabalhadores. Não menciono seus nomes aqui por serem muito numerosos; mas, em meu coração, cada um tem um cantinho iluminado.

O Sr. Wright fez muitos amigos entre os jovens de Ranchi; trajando um simples *dhoti*, conviveu durante algum tempo com eles. Em Bombaim, Ranchi, Calcutá, Serampore, em todos os lugares por onde passou, meu secretário registrava em seu diário de viagem as suas aventuras, com o talento da escrita vívida. Certa noite, eu lhe fiz uma pergunta:

"Richard, qual é a sua impressão da Índia?"

"De paz." – Disse ele, pensativo. – "Ela emana paz."

41. Uma visita ao sul da Índia

"Richard, você é o primeiro ocidental a entrar neste santuário. Muitos outros tentaram fazê-lo, sem sucesso."

Ao ouvir minhas palavras o Sr. Wright pareceu surpreendido, e depois satisfeito. Acabávamos de sair do belo templo de Chamundi, encravado nas colinas de cujas alturas se contempla Mysore, no sul da Índia. Ali havíamos nos curvado ante os altares de ouro e prata da Deusa Chamundi, a divindade padroeira da família dos marajás de Mysore.

O Sr. Wright trouxe consigo algumas pétalas de rosa do templo, cuidadosamente embrulhadas num pano:

"Como lembrança desta honra singular, sempre conservarei estas pétalas, abençoadas pelo sacerdote com a água do templo."

Meu companheiro e eu [179] passávamos o mês de novembro de 1935 como hóspedes do Estado de Mysore. O herdeiro do marajá, sua Alteza Sri Krishna Narasingharaj Wadiyar, convidou a mim e a meu secretário para visitarmos seu reino culto e progressista.

Durante a quinzena anterior, eu havia discursado na cidade de Mysore para milhares de cidadãos e estudantes. Eu falei no auditório oficial, na Escola Universitária do Marajá e na Universidade de Medicina; além disso, fiz três conferências públicas em Bangalore, na Escola Secundária Nacional, na Escola Superior e no auditório em Chetty, onde três mil pessoas se reuniram.

Se os atentos ouvintes deram crédito à imagem vivaz que tracei dos Estados Unidos, não o sei; mas os aplausos sempre foram mais sonoros quando falei dos benefícios mútuos que viriam do intercâmbio do que existe de melhor na civilização do Oriente e do Ocidente.

Mas agora o Sr. Wright e eu estávamos nos dedicando exclusivamente ao descanso. Seu diário de viagem contém o seguinte relato sobre as suas impressões de Mysore:

"Nós tivemos muitos instantes de arrebatamento ao contemplar, quase absortos, a sempre variante tela do Pintor Divino, estendida pelo firmamento, pois somente o pincel de Deus é capaz de produzir cores que vibram com o frescor da vida. Essa juventude de cores se perde quando o homem procura imitá-lo com meras tintas, pois o Senhor se vale de um meio mais simples e eficiente: nem óleos nem corantes, apenas simples raios de luz. Ele joga um borrão de luz aqui, e surgem reflexos do vermelho; agita Seu pincel novamente e a cor é gradualmente tingida de alaranjado e ouro; a seguir, de modo impulsivo e penetrante, Ele apunhala as nuvens com uma pincelada de púrpura que deixa um anel escarlate gotejando da ferida; e assim, Ele continua sem pausas, da madrugada ao crepúsculo. O Seu jogo é sempre impermanente, sempre novo, sempre vivo: nenhuma reprodução, nenhum modelo, nenhum matiz é sempre a mesma. Na Índia, a beleza das transmutações do dia para a noite e da noite para o dia não tem paralelo em nenhuma outra parte do mundo: o céu se apresenta, dia após dia, como se Deus houvesse retirado todas as cores de Sua paleta e as tivesse atirado, num gesto poderoso e caleidoscópico, ao longo de todo o firmamento.

Devo relatar o esplendor de uma visita, à luz das primeiras estrelas, à enorme represa de Krishnaraja Sagar [180], a dezenove quilômetros da cidade de Mysore. Yoganandaji e eu alugamos uma perua e, na companhia de um jovem que faria as vezes de ajudante de mecânico, partimos por uma suave estrada de terra, exatamente quando o sol ia se pondo, espremido no horizonte tal qual um tomate maduro.

Nosso trajeto nos levou através dos infalíveis campos quadrangulares de arroz, até cruzarmos uma plantação de acolhedoras figueiras de Bengala, protegida por coqueiros altíssimos; de fato, naquelas paragens a vegetação era tão densa quanto uma selva. Chegando ao alto de uma colina, contemplamos a represa, um imenso lago artificial onde se refletiam as estrelas, as palmeiras e o arvoredo em suas margens; ao seu redor também vimos belos jardins em terraços e fileiras de lâmpadas elétricas.

Ao pé da barragem da represa, observamos um espetáculo deslumbrante: fontes similares a gêiseres, cujas águas coloridas recordavam jorros de tintas brilhantes, em cascatas esplendidamente azuis, vermelhas, verdes e amarelas; além de majestosos elefantes de pedra esguichando água. A represa (suas fontes luminosas me lembraram das da Feira Mundial de Chicago, em 1933) se destaca por sua modernidade, bem no meio de uma terra ancestral, cheia de campos de arroz e da gente mais simples. Os indianos nos deram uma acolhida tão calorosa que agora eu receio que será necessário mais do que o meu poder e insistência para levar Yoganandaji de volta aos Estados Unidos.

Outro raro privilégio foi a minha primeira aventura em cima de um elefante. Ontem, o herdeiro do marajá nos convidou, em seu palácio de verão, a dar um passeio no dorso de um de seus elefantes, um animal imenso. Subi por uma escadinha que se destina a trepar até a *howdah*, uma sela em forma de caixa, revestida por um acolchoado de seda – e daí seguimos adiante! Aos trancos e barrancos, segui sacolejando de todo o jeito dentro da caixa, conforme as depressões do terreno; estava demasiado emocionado para exclamações, ou preocupações, pois me agarrava na sela com todas as forças, a fim de conservar a própria vida!"

O sul da Índia, rico em ruínas históricas e arqueológicas, é uma terra de encanto definido e, contudo, indefinível. Ao norte de Mysore encontra-se Hyderabad, um pitoresco altiplano cortado pelo caudaloso rio Godavari. Dali observam-se planícies extensas e férteis, as belas Montanhas Azuis ou Nilgiris, assim como regiões de colinas estéreis, formadas de pedra calcária ou de granito. Longa e cheia de nuances é a história de Hyderabad, iniciando há três mil anos sob o domínio dos reis Andhra, e continuando sob as dinastias hindus até 1294 d.C., quando a região passou a ser regida por uma linhagem de governantes muçulmanos.

A mais incrível exposição de arquitetura, escultura e pintura de toda a Índia está em Hyderabad, nas antigas cavernas de rocha esculpida de Ellora e de Ajanta. O Kailasa de Ellora, um imenso templo monolítico, possui figuras entalhadas de deuses, de homens e de animais, todas em proporções que nada devem a um Michelangelo. Já Ajanta é a sede de vinte e cinco mosteiros e cinco catedrais, todos escavados na própria rocha e sustentados por extraordinárias colunas pintadas, onde escultores e pintores imemoriais imortalizaram sua arte.

Embelezam a cidade de Hyderabad a Universidade de Osmânia e a imponente mesquita Mecca Masjid, onde dez mil muçulmanos se reúnem para a oração.

O Estado de Mysore, a cerca de 900 metros acima do nível do mar, possui numerosas e densas florestas tropicais, que servem de morada para elefantes selvagens, bisões, ursos, panteras e tigres. As duas cidades principais, Bangalore e Mysore, são limpas e atraentes, com muitos parques e jardins públicos famosos.

A arquitetura e a escultura da Índia atingiram seu ápice em Mysore, sob o patrocínio dos reis hindus dos séculos XI ao XV. O templo em Belur, uma obra prima do século XI, finalizado durante o governo do rei Vishnuvardhana, é insuperável em qualquer parte do mundo, seja pela delicadeza de detalhes ou pela estatuária exuberante.

Os éditos inscritos nos pilares de rocha, encontrados na região norte de Mysore, datam do século III a.C. Eles recordam a luminosidade do rei Asoka, cujo vasto império incluía a Índia, o Afeganistão e o Beluquistão. Gravados em diversos dialetos, os "sermões na rocha" de Asoka testemunham o notável índice de instrução alcançado em sua época. O Édito na Rocha núm. 13 condena as guerras: "Nada considerem como sendo uma verdadeira conquista: só a religião o é". O Édito na Rocha núm. 10 declara que a legítima glória do rei depende do progresso moral que ele auxilia seu próprio povo a alcançar. O Édito núm. 11 define "a dádiva autêntica" como sendo não os bens passageiros, mas o Grande Bem: a difusão da verdade. No Édito núm. 6 o amado imperador convida seus súditos a discutirem os negócios públicos com ele "a qualquer hora do dia ou da noite", acrescentando que, pelo cumprimento fiel dos seus deveres monárquicos, ele estava "resgatando a dívida que tinha para com os seus companheiros, os homens".

Asoka era neto do temível Chandragupta Maurya, que destruiu as guarnições militares deixadas na Índia por Alexandre, o Grande, e derrotou o exército macedônico invasor chefiado por Seleuco em 305 a.c. Então, Chandragupta recebeu em sua corte em Patna o embaixador grego Megástenes, que nos deixou valiosas descrições da Índia daquela época. Em 298 a.c., o vitorioso Chandragupta entregou o comando do governo da Índia ao seu filho. Viajando para o sul do reino, Chandragupta passou os últimos doze anos de sua vida como um asceta sem dinheiro, buscando a experiência de Deus numa caverna rochosa em Shravanabelagola, hoje um santuário de Mysore.

Inúmeros relatos interessantes foram minuciosamente registrados pelos historiadores que acompanharam Alexandre em sua expedição à Índia, ou o seguiram logo depois. As narrativas de Arriano, Deodoro, Plutarco e do geógrafo Estrabão, traduzidas para o inglês pelo Dr. J. W. McCrindle em *Seis volumes sobre a Índia Antiga*, lançaram um raio de luz na história antiga da Índia. O aspecto mais admirável da invasão fracassada de Alexandre foi o profundo interesse que ele demonstrou pela filosofia hindu e pelos iogues e santos, encontrados às vezes pelo caminho, cuja companhia ele buscava com ansiedade. Pouco depois de sua chegada a Taxila, na região norte da Índia, ele enviou Onesikritos, um discípulo da escola helênica de Diógenes, em busca de um grande sannyási local, chamado Dandamis.

"Salve, ó mestre dos brâmanes!" – Saudou Onesikritos, após encontrar Dandamis em seu retiro na floresta. – "O filho do poderoso Zeus, Alexandre, soberano senhor de todos os homens, solicita a sua presença. Se concordar, terá grandes dádivas como recompensa; se recusar, ele lhe cortará a cabeça!"

O iogue recebeu com toda calma este convite absolutamente compulsório, e "não fez mais do que erguer a cabeça de seu leito de folhas", antes de responder:

"Eu também sou filho de Zeus, se Alexandre o é. Nada quero do que pertence a Alexandre, pois estou contente com o que tenho. Todavia, observo que ele vagueia com seus homens através de mares e terras, sem conquistar nenhuma vantagem real, sem nunca colocar um fim às suas andanças.

Vá e diga a Alexandre que Deus, o Supremo Rei, jamais é o Autor de erros insolentes, mas sim o Criador da luz, da paz, da vida, da água, do corpo humano, das almas; Ele recebe todos os homens quando a morte os libera e não está sujeito, em absoluto, à doença fatal. Assim, é Ele, somente Ele, o Deus de minhas homenagens, que abomina a matança e não incita guerras.

Alexandre não é nenhum deus, visto que ainda irá provar o gosto da morte. Como alguém como ele pode ser o senhor do mundo, quando ainda não conseguiu se instalar no trono do domínio interno de seu próprio universo? Ela ainda não entrou vivo na região dos mortos, nem conhece o trajeto do sol sobre vastas nações da Terra. Muitas, aliás, nem sequer ouviram o seu nome!"

Após tal castigo verbal, decerto o mais cáustico dos que investiram contra os ouvidos do "Senhor do Mundo", o sábio acrescentou, com ironia:

"Se os atuais domínios de Alexandre não são espaçosos o suficiente para os seus desejos, que ele cruze o Ganges; ali encontrará um país capaz de sustentar todos os seus homens.

As dádivas que Alexandre promete são inúteis para mim. O que eu aprecio e tem valor real são as árvores, que constituem meu abrigo; as plantas viçosas, que me fornecem meu alimento diário; e a água, que me sacia a sede. Bens acumulados com preocupação e ansiedade tendem a ser a ruína daqueles que os ajuntaram, produzindo tão somente a tristeza e a vergonha: coisas que afligem tantos homens não despertos.

Quanto a mim, eu só me deito sobre as folhas na selva, e nada possuindo para guardar, fecho meus olhos em sono tranquilo; todavia, se tivesse algo de valor para o mundo, esse peso me tiraria o sono. A terra me dá tudo o que preciso, semelhante à mãe que amamenta o filho. Vou aonde quero, e não há preocupações com as quais sou forçado a me sobrecarregar.

Mesmo que Alexandre corte minha cabeça, não poderá tocar minha alma. Minha cabeça, então silenciosa, e meu corpo, como um traje rasgado, permanecerão na terra, de onde foram extraídos. Já eu, me tornando Espírito, ascenderei até Deus. A todos nós Ele enclausurou na carne, e nos colocou na Terra para verificar se, aqui embaixo, viveríamos em conformidade com os Seus mandamentos; e Ele vai nos exigir, em nossa partida, a prestação de contas de nossas vidas. Ele é o juiz de todo o mal praticado, pois as queixas do oprimido se tornarão a punição do opressor. Deixe que Alexandre aterrorize com ameaças os homens que ambicionam riquezas e temem a morte. Contra os brâmanes, suas armas são inofensivas; nós nem amamos o ouro nem tememos a morte. Vá, pois, e diga a Alexandre isto: Dandamis não precisa das suas ninharias e por isso não irá; e se Alexandre quer alguma coisa de Dandamis, que venha ele mesmo até aqui."

Onesikritos transmitiu a mensagem do iogue. Alexandre, que a ouviu atentamente, "sentiu um desejo mais intenso do que nunca de ver Dandamis; que, embora velho e nu, era o único antagonista em quem ele, o conquistador de muitas nações, havia encontrado força superior".

Alexandre convidou para virem a Taxila diversos ascetas brâmanes, famosos por sua habilidade em responder questões filosóficas com sabedoria oracular. Plutarco nos traz uma relação desses embates verbais; o próprio Alexandre formulou todas as perguntas:

"Quem são mais numerosos, os vivos ou os mortos?"

"Os vivos, pois os mortos não existem."

"Quem dá nascimento aos maiores animais, o mar ou a terra?"

"A terra, pois o mar é somente uma parte dela."

"Qual é a mais inteligente das feras?"

"Aquela que o homem ainda não conhece." (O homem teme o desconhecido.)

"O que veio primeiro, o dia ou a noite?"

"O dia, vindo um dia antes." – Tal resposta fez que Alexandre traísse a sua surpresa; ao que o brâmane acrescentou: – "Perguntas impossíveis exigem respostas impossíveis."

"Qual a melhor forma de um homem se fazer amado?"

"Um homem será amado se, mesmo na posse de um grande poder, não se fizer temido."

"Como pode um homem se tornar um deus?" [181]

"Fazendo o que é impossível que um homem faça."

"O que é mais forte, a vida ou a morte?"

"A vida, porque carrega tantos males."

Alexandre conseguiu levar da Índia, como seu instrutor, um verdadeiro iogue. Este homem era Swâmi Sphines, chamado "Kalanos" pelos gregos porque o santo, um devoto de Deus na forma de Kali, cumprimentou a todos pronunciando Seu nome auspicioso.

O sábio acompanhou Alexandre até a Pérsia. Em um dia previamente determinado, em Susa, na Pérsia, Kalanos se desfez de seu velho corpo, subindo a uma pira fúnebre, aos olhos de todo o exército macedônio. Os historiadores recordam o assombro dos soldados ao constatarem que o iogue não temia a dor nem a morte; nem uma só vez ele se moveu de sua posição, enquanto era consumido pelas chamas. Antes de seguir para a cremação voluntária, Kalanos abraçou muitos de seus companheiros mais íntimos, mas não deu adeus a Alexandre, a quem o santo hindu disse simplesmente:

"Eu o verei mais tarde, na Babilônia."

Alexandre deixou a Pérsia e, um ano mais tarde, morreu na Babilônia. A profecia do guru indiano havia sido uma declaração de eterna presença, de que ele estaria com Alexandre na vida e na morte.

Os historiadores gregos nos deixaram muitos relatos, vívidos e inspiradores, da sociedade hindu. A lei hindu, nos conta Arriano, protege o povo e "ordena que nem um só dos habitantes, sob quaisquer circunstâncias, seja escravo; mas que, gozando eles próprios de liberdade, respeitem a dos outros, lhes concedendo o mesmo direito" [182].

Outro texto conta que "Os hindus nem emprestam dinheiro a juros, nem sabem como o pedir emprestado. É contrário aos costumes estabelecidos que um hindu pratique uma fraude ou dela seja vítima; por isso, eles nem fazem contratos nem exigem fiadores". A cura, segundo nos informam, era obtida por meios simples e naturais: "As curas se dão mais pelo regime alimentar metódico do que pelo uso de medicamentos. Os remédios mais apreciados são unguentos e emplastros. Todos os outros são considerados perniciosos". A obrigação de servir na guerra era restrita aos Xátrias, a casta militar. "Nem mesmo um inimigo, ao cruzar com um lavrador trabalhando em seu campo, lhe faria qualquer mal; pois os homens da classe agrícola são considerados benfeitores públicos e protegidos contra qualquer dano. Dessa forma a terra, garantida contra as devastações e a pilhagem, livre para produzir abundantes colheitas, fornece aos habitantes os recursos para tornar a vida agradável".

Os santuários religiosos, praticamente onipresentes em Mysore, são um lembrete constante dos muitos grandes santos do sul da Índia. Um destes mestres, Thayumanavar, nos deixou o seguinte poema, um desafio por si só:

Você pode domar um elefate louco;
Você pode fechar a boca do urso e do tigre;
Você pode cavalgar em um leão;
Você pode dançar com uma cobra;
Pela alquimia, você pode obter o seu sustento;
Você pode vagar, incógnito, pelo universo inteiro;
Você pode fazer dos deuses, vassalos;
Você pode ser eternamente jovem;
Você pode caminhar sobre a água e viver sob o fogo;
Mas controlar a própia mente ainda é melhor,
E muito mais difícil!

No belo e fértil Estado de Travancore, no extremo sul da Índia, onde o tráfego se dá em rios e canais, o marajá cumpre todos os anos o compromisso hereditário de expiar os pecados advindos da anexação pela guerra, em tempos idos, de diversos estados menores ao de Travancore. Todo ano, ao longo de 56 dias, o marajá visita o templo, três vezes por dia, para ouvir hinos e recitações védicas; a cerimônia de expiação se encerra com o *lakshadipam*, ou a iluminação do templo por cem mil luzes.

Na costa sudeste da Índia, temos a plana e ampla cidade de Madras, cingida pelo mar, e Conjeeveram, a Cidade de Ouro, capital da dinastia Pallava, cujos reis governaram durante os primeiros séculos da era cristã. Na moderna Madras, os ideais de não–violência do Mahatma Gandhi galgaram grande progresso; os "gorros de Gandhi", que se distinguem por sua brancura, são vistos em toda parte. No sul, em geral, o Mahatma efetuou muitas alterações eclesiásticas importantes para os chamados "intocáveis", assim como relevantes reformas no sistema de castas.

Criado pelo grande legislador Manu, em sua origem o sistema de castas era admirável. Ele percebeu com grande clareza que os homens se distinguem pela evolução natural em quatro grandes classes: aqueles capazes de prestar serviços à sociedade através de seu trabalho braçal ou manual (Sudras); os que servem através de raciocínio e perícia, em agricultura, comércio, intercâmbio e negócios em geral (Vaixás); os que possuem talento administrativo, executivo e defensivo, sendo bons governantes e guerreiros

(Xátrias); e os de natureza contemplativa, espiritualmente inspirados e inspiradores (Brâmanes).

Diz o *Mahabharata*: "Nem o nascimento, nem os sacramentos, nem o estudo, nem os antepassados podem determinar se alguém nasceu duas vezes (isto é, nasceu um brâmane). Somente o caráter e a conduta podem determiná-lo" [183]. Manu ensinou que os membros de uma sociedade merecem respeito na medida de sua sabedoria, virtude, idade, parentesco ou, por último, riqueza. Dito isso, os homens ricos na Índia védica eram sempre desprezados se fossem avarentos ou contrários às obras de caridade. Aos homens de grande fortuna, mas falhos em generosidade, restava uma posição social inferior.

Sérios abusos surgiram quando o sistema de castas se cristalizou ao longo dos séculos, se tornando uma espécie de cabresto hereditário. Na Índia de hoje, reformadores sociais como Gandhi e os membros de muitas sociedades estão fazendo um progresso lento, mas seguro, na restauração dos antigos valores de casta, baseados apenas na qualificação natural – e não no nascimento. Toda nação na Terra luta contra o karma de injustiças sociais que lhe é particular, e que deve esgotar honrosamente. A Índia, com seu espírito invulnerável e versátil, enfrenta dignamente a sua tarefa de reformar o sistema de castas.

O sul da Índia é tão fascinante que o Sr. Wright e eu ansiávamos prolongar nossa visita. Mas o tempo, em sua rudeza imemorial, não teve a cortesia de aumentar nossa permanência ali. Fui incluído entre os que falariam na sessão final do Congresso Filosófico Indiano, na Universidade de Calcutá. Ao término de minha visita a Mysore, tive o prazer de conversar com Sri C. V. Raman, presidente da Academia Hindu de Ciências. Este brilhante físico indiano recebeu o Prêmio Nobel em 1930, por sua importante descoberta do "Efeito Raman" na difusão da luz, algo que hoje é ensinado em qualquer colégio.

Dando um relutante adeus à multidão de discípulos e amigos em Madras, o Sr. Wright e eu partimos em mais uma jornada. No caminho, paramos num pequeno santuário consagrado à memória de Sadasiva Brâhman [Swâmi Sri Sadasivendra Saraswati], cuja vida miraculosa se deu no século XVIII. O maior santuário a Sadasiva situa-se em Nerur, e foi erigido pelo marajá de Pudukkottai; é um lugar de peregrinação que testemunhou muitas curas divinas. Sucessivos governantes de Pudukkottai vêm conservando, como um tesouro sagrado, as instruções religiosas que Sadasiva escreveu em 1750, para orientação do príncipe que reinava na época.

Muitas histórias sobre Sadasiva, um mestre querido e completamente iluminado, ainda são contadas pelos habitantes das aldeias do sul da Índia – algumas bem estranhas.

Certo dia, viram Sadasiva em samádhi, às margens do rio Kaveri, sendo arrastado por uma enchente repentina. Semanas depois, o encontraram enterrado sob uma espessa camada de lodo. Quando as pás dos habitantes da aldeia tocaram seu corpo, o santo se ergueu e foi embora, como se nada tivesse acontecido.

Sadasiva tornou se um múni (santo silencioso) após seu guru o ter repreendido por derrotar categoricamente, em discussão dialética, um erudito em Vedanta, que era bem mais idoso.

"Quando um jovem como você aprenderá a segurar a língua?" – Seu guru comentou.

"A partir de agora, com a sua bênção."

Sadasiva tampouco usava roupa. Certa manhã, ele entrou na tenda de um chefe tribal muçulmano, totalmente nu. Duas mulheres gritaram alarmadas; o guerreiro, com um selvagem golpe de espada, decepou o braço de Sadasiva. O mestre novamente foi embora, como se nada tivesse acontecido. Tomado de pânico e remorso, o muçulmano apanhou do chão o braço decepado e seguiu Sadasiva. O iogue, calmamente, inseriu seu braço no coto sangrento. Quando o chefe da tribo implorou, com toda humildade, por alguma instrução espiritual, Sadasiva escreveu com o dedo na areia:

"Não faça o que quer, e então poderá fazer o que gosta."

O muçulmano se viu elevado a um estado mental mais puro, e logo compreendeu que esse conselho paradoxal significava que "através do domínio do ego se ganha a liberdade da alma". O impacto daquela frase foi tão grande que o guerreiro se tornou um discípulo digno de Sadasiva; seus conhecidos da antiga vida de batalhas nunca mais o reconheceram.

Certa vez as crianças da aldeia expressaram, diante de Sadasiva, o desejo de assistir a um festival religioso em Madura, a 240 quilômetros de distância. O iogue fez um gesto aos pequenos para que tocassem o seu corpo. Instantaneamente, o grupo inteiro foi transportado até Madura. As crianças perambularam, felizes, entre milhares de peregrinos. Passadas algumas horas, o iogue trouxe para casa os seus pequeninos, usando o mesmo meio de transporte direto. Os pais ouviram as vívidas narrativas sobre a procissão de imagens em Madura, e notaram, espantados, que as suas crianças traziam pacotes de doces característicos daquela cidade.

Um jovem incrédulo zombou do santo e da história. Quando se aproximava a época do próximo festival religioso, realizado em Srirangam, o mocinho foi falar com Sadasiva:

"Mestre, por que não me leva ao festival em Srirangam, como levou as outras crianças a Madura?"

Sadasiva concordou; em um instante, o jovem se viu entre a multidão da distante cidade. Todavia, quando o adolescente quis voltar para casa, onde estava o santo? O rapazinho foi obrigado a retornar usando o método ancestral da locomoção a pé.

42. Os últimos dias com meu guru

"Guruji, que alegria encontrá-lo sozinho esta manhã!"

Eu tinha acabado de chegar ao ashram de Serampore, trazendo uma oferenda aromática de frutas e rosas. Sri Yuktéswar me encarou com um olhar suave.

"Que pergunta deseja me fazer?" – O mestre lançou o olhar pela sala, como se procurasse alguma via de fuga.

"Guruji, eu vim para a sua companhia quando era um jovem na escola secundária; hoje sou um homem feito, já com um ou dois fios de cabelo branco. Embora o senhor tenha me agraciado com uma silenciosa afeição desde o primeiro instante até o presente, já pensou que foi só uma vez, no dia de nosso primeiro encontro, que disse 'eu te amo'?" – Fitei-o, suplicante.

O mestre abaixou os olhos antes de responder:

"Yogananda, é mesmo necessário que eu traga ao gélido reino da linguagem sentimentos tão ardentes, melhor preservados na mudez do coração?"

"Guruji, eu sei que me ama... mas meus ouvidos mortais anseiam pela confissão desse amor."

"Que seja feita a sua vontade. Ao longo da minha vida de casado, muitas vezes desejei ardentemente ter um filho, um filho que eu pudesse educar na via iogue. Todavia, quando você chegou, eu fiquei satisfeito: em você, encontrei meu filho." – Duas lágrimas, límpidas e puras, transbordaram dos olhos de Sri Yuktéswar. – "Yogananda, eu o amo, sempre."

"Guruji, sua resposta é o meu passaporte para o céu."

Naquele instante eu senti que era retirado um peso de meu coração, dissolvido para sempre naquelas palavras. Apesar de saber que ele não era emotivo, que era reservado em seus sentimentos, eu cismava sobre o significado de seu silêncio. Às vezes, temia ter fracassado, talvez não tivesse lhe dado completa satisfação. Afinal, meu mestre tinha uma natureza estranha, jamais era possível conhecê-lo inteiramente: uma natureza profunda e silenciosa, insondável para o mundo exterior, cujos valores ele havia transcendido há tempos.

Alguns dias depois, falei a um grande público no Albert Hall, em Calcutá. Sri Yuktéswar concordou em se sentar ao meu lado na mesa do palco, junto com o Marajá de Santosh e o Prefeito de Calcutá. O mestre não teceu nenhum comentário sobre o meu discurso; durante minha fala, porém, fitei-o de vez em quando e ele me pareceu satisfeito.

Em seguida, fiz uma palestra para os ex-alunos da Universidade de Serampore. Ao encarar meus velhos colegas, e ao verem eles o seu "monge louco", lágrimas de alegria brotaram sem nenhuma cerimônia. Meu eloquente professor de filosofia, o Dr. Ghoshal, se adiantou para me cumprimentar; todos os nossos antigos desentendimentos já tinham sido dissolvidos pelo Tempo, o grande alquimista.

No final de dezembro, o Festival do Solstício de Inverno foi celebrado no ashram de Serampore. Como sempre, os discípulos de Sri Yuktéswar se reuniram, vindos de perto ou de longe. Sankirtans devocionais, solos cantados pela doce voz de néctar de Kristo-da, um banquete servido por jovens discípulos, o discurso profundamente comovente do mestre sob as estrelas no pátio lotado do ashram – memórias, memórias! Eram alegres festivais de tempos idos! Naquela noite, todavia, ia haver algo de novo.

"Yogananda, por favor, fale à assembléia, em inglês."

Os olhos do Mestre piscavam, cintilantes, ao me fazer este pedido duplamente incomum; estaria ele pensando na situação de apuro em que me vi no navio, antes de minha primeira palestra em inglês? Contei a história a meus ouvintes e colegas discípulos, encerrando com um fervoroso tributo ao meu guru:

"Ele me guiou de modo infalível, não só naquele transatlântico, mas todos os dias, durante meus quinze anos nas vastas e hospitaleiras terras da América."

Depois dos hóspedes terem ido embora, Sri Yuktéswar me chamou ao mesmo dormitório onde (uma só vez, após um festival semelhante) ele havia me permitido dormir em sua cama. Naquela noite, meu guru estava sentado ali, profundamente tranquilo, com um semicírculo de discípulos a seus pés. Ao me ver, ele disse:

"Yogananda, você vai partir agora para Calcutá? Por favor, volte aqui amanhã. Tenho algo a lhe dizer."

Na tarde seguinte, com poucas e singelas palavras de bênção, Sri Yuktéswar me conferiu o título monástico de Paramahansa [184]:

"Este título substitui formalmente o seu anterior, de Swâmi." – Disse ele, enquanto eu me ajoelhava à sua frente. Com um sorriso, pensei nos esforços que meus estudantes ocidentais teriam de fazer para pronunciar Paramahansaji [185].

"Agora minha tarefa na Terra terminou; você deve continuá-la."

Ao dizer isto, o mestre trazia a expressão mansa, com sossego e bondade no olhar. Mesmo assim, meu coração palpitava de medo. Sri Yuktéswar prosseguiu:

"Por favor, envie alguém para se responsabilizar pelo ashram de Puri [186]. Deixo tudo em suas mãos. Você poderá, com sucesso, guiar o barco de sua vida e o da organização rumo às praias divinas."

Ele se ergueu e me abençoou com amor. Em lágrimas, eu abraçava seus pés. No dia seguinte, chamei de Ranchi um devoto, Swâmi Sebananda, e o enviei a Puri para ser o novo responsável pelo eremitério. Mais tarde, meu guru discutiu comigo os detalhes legais para doar seus bens; ele queria muito impedir um possível litígio entre os parentes, após a sua morte, quanto à posse de seus dois ashrams, assim como outras propriedades que ele desejava que fossem transferidas por escritura, exclusivamente para fins de caridade.

"Recentemente o mestre tomou providências para visitar Kidderpore [um distrito de Calcutá], mas acabou não indo."

Amulaya Babu, um companheiro discípulo, comentou isto comigo certa tarde; experimentei um arrepio gélido de premonição. Ante minhas insistentes perguntas, Sri Yuktéswar respondeu apenas:

"Nunca mais irei a Kidderpore." – No momento da resposta, todavia, ele estremeceu, como se fosse uma criança assustada.

("O apego à residência corpórea, oriundo de sua própria natureza, existe em grau mínimo até nos grandes santos", escreveu Patânjali [187]. Em alguns dos discursos de meu guru sobre a morte, ele havia se habituado a acrescentar: "Assim como um pássaro há longo tempo acostumado à gaiola hesita em voar quando a porta se abre".)

"Guruji, não me diga isso! Nunca pronuncie estas palavras diante de mim!" – Eu supliquei, choroso.

O rosto de Sri Yuktéswar me aquietou com um sorriso pacificador. Embora estivesse próximo ao seu aniversário de 81 anos, ele demonstrava saúde e vigor.

Então, dia após dia, me banhando na luz solar do amor do mestre, não expresso em palavras mas sentido profundamente no coração, afastei de meu pensamento as várias insinuações que ele havia feito, relativas ao iminente abandono do seu corpo.

"Senhor, a Kumbha Mela vai ser celebrada este mês em Allahabad." – Apontei ao mestre as datas da *mela* num almanaque bengali [188].

"Você quer realmente ir?"

Sem perceber que Sri Yuktéswar relutava em aceitar o meu afastamento, prossegui:

"Uma vez o senhor viu a abençoada figura de Babaji em uma *mela* de Allababad. Quiçá nesta oportunidade eu tenha a sorte de vê-lo."

"Não creio que o encontrará ali." – Dito isso, meu guru silenciou, não querendo contrariar meus planos.

Quando parti para Allababad no dia seguinte, levando um pequeno grupo, o mestre me abençoou, muda e serenamente, como sempre costumava fazer. É compreensível que eu estivesse cego aos diversos sinais de Sri Yuktéswar, porque o Senhor desejava me poupar da experiência de ser obrigado a presenciar a morte de meu guru, sem nada poder fazer. Como sempre aconteceu em minha vida, na ocasião da morte de meus entes mais queridos Deus foi piedoso, e possibilitou que eu estivesse fisicamente longe deles [189].

Nossa comitiva chegou a Kumbha Mela em 23 de janeiro de 1936. A multidão de quase dois milhões de pessoas, ondulando como o oceano, era um espetáculo ao mesmo tempo impressionante e opressivo. O gênio peculiar do povo hindu é a reverência inata, mesmo no homem mais humilde do campo, aos valores do Espírito e aos monges e sádhus que renunciaram aos laços mundanos para buscar o porto divino. É verdade que existem impostores e hipócritas neste meio, mas a Índia respeita todos por amor àqueles poucos que iluminam a Terra com suas bênçãos sublimes. Os ocidentais que contemplaram o imenso espetáculo tiveram a oportunidade única de sentir o pulso da nação, o ardor espiritual ao qual a Índia deve a sua vitalidade inesgotável, que a preservou dos assaltos do tempo.

Nosso grupo passou o primeiro dia com os olhos arregalados. Milhares de peregrinos se banhavam nas margens do rio sagrado, o Ganges, para a remissão dos seus pecados; sacerdotes brâmanes realizavam ritos solenes de adoração; oferendas devocionais espalhavam-se aos pés de sannyásis silenciosos, filas de elefantes, cavalos enfeitados e camelos vagarosos de Rajput passavam por nós, seguidos por um estranho desfile religioso de sádhus nus que agitavam seus cetros de ouro e prata, ou suas bandeiras de veludo.

Eremitas se sentavam em pequenos grupos, silenciosos, usando apenas tangas, com seus corpos untados de cinzas para protegê-los do calor e do frio. O olho espiritual se encontrava vividamente representado em suas testas por uma única pinta de pasta de sândalo. Swâmis com os cabelos raspados surgiam aos milhares, todos carregando um bastão de bambu e uma tigela de esmolas. Suas faces resplandeciam com a paz dos renunciantes.

Aqui e ali, debaixo das árvores, ao redor de enormes piras de toras queimando, podíamos ver sádhus pitorescos [190], com os cabelos trançados formando imensos coques no alto da cabeça. Alguns usavam barbas de mais de um metro de comprimento, crespas e amarradas com um nó. Sentavam-se em meditação ou estendiam suas mãos abençoando centenas de pessoas que trafegavam ao redor: mendigos seminus; marajás montados em elefantes; mulheres em saris multicolores, com pulseiras tilintantes nos braços e tornozelos; faquires com braços raquíticos erguidos grotescamente; *brahmacharis* [monges celibatários] carregando suportes de cotovelo para a meditação; e humildes sábios cuja solenidade ocultava sua beatitude interior. Muito acima dessa algazarra, ouvíamos a convocação incessante dos sinos dos templos.

Em nosso segundo dia de *mela*, meus companheiros e eu entramos em vários ashrams e tendas temporárias, saudando com *pronams* as figuras santas.

Recebemos a bênção do líder do ramo Giri da Ordem dos Swâmis – era um monge magro, ascético, com olhos de fogo, sempre sorridente. Em seguida, nosso grupo visitou um ashram cujo guru, ao longo dos últimos nove anos, vinha cumprindo o voto de silêncio e observando uma dieta de consumo exclusivo de frutas. Em um estrado no salão desse mesmo ashram, sentava-se um sádhu cego, Pragla Chakshu, profundo conhecedor dos *shastras* [livros sagrados; e seus preceitos] e muito reverenciado por todas as seitas.

Depois que pronunciei um breve discurso em hindi sobre a tradição Vedanta, nosso grupo partiu do pacato ashram para saudar um swâmi vizinho, Krishnananda, um belo monge com bochechas rosadas e ombros impressionantes. Junto dele, estava uma leoa domesticada. Submissa ao encanto espiritual do monge (certamente não à sua força física!), a fera da selva recusava a carne, preferindo arroz e leite. O swâmi ensinou a leoa de pelo castanho a pronunciar "AUM" com um rugido profundo e atraente – uma devota entre os grandes gatos!

Nossa aventura seguinte, uma entrevista com um jovem sádhu erudito, é descrita em detalhes no diário de viagem do Sr. Wright:

"Viajamos no Ford, cruzando o Ganges, quase junto à foz, numa balsa que rangia; seguíamos vagarosamente, como serpentes entre a multidão, nos esgueirando por ruelas tortuosas; seguindo a margem do rio sagrado, passamos pelo local onde, segundo Yoganandaji, se deu o primeiro encontro de Babaji com Sri Yuktéswar. Algum tempo depois, descemos do carro e caminhamos um pouco, seguindo através da espessa fumaça que surgia das fogueiras dos sádhus, e sobre areias escorregadias, para alcançar um aglomerado de pequenas cabanas feitas de bambu, palha e barro. Paramos na frente de uma dessas habitações temporárias, com uma pequena entrada sem porta: era o abrigo de Kara Patri, um jovem sádhu errante, notável por sua grande inteligência. Ele estava sentado de pernas cruzadas num monte de palha; sua única vestimenta – e, diga se de passagem, sua única propriedade – era um tecido ocre, pendendo de seus ombros.

Uma face verdadeiramente divina nos sorriu, após entrarmos curvados no interior da cabana e realizarmos a saudação de *pronam* diante dele; enquanto isso, uma lanterna de querosene posta na entrada tremeluzia, fantástica, projetando sombras dançantes nas paredes de bambu. Os olhos do sádhu irradiavam felicidade; seus dentes perfeitos cintilavam na luz baixa. Eu não podia entender suas palavras em hindi, mas seu rosto exprimia entusiasmo, amor e glória espiritual. Ninguém poderia se enganar quanto à sua grandeza. Imaginem sua existência venturosa! Ele está livre do problema de vestuário; livre da avidez por alimentos variados; livre de complicações financeiras: nunca armazenando nada, não levando consigo nem dinheiro nem tigela de esmolas, sempre confiando em Deus; livre das preocupações de transporte, jamais viajando em veículos, mas simplesmente caminhando pelas margens dos rios sagrados; não permanecendo em um só lugar por mais de uma semana, para evitar o apego.

Que alma modesta! Possuindo relevante erudição sobre os *Vedas*, tem o grau universitário de doutor em Letras e o título de *shastri* (mestre nas Escrituras) pela Universidade de Benares. Um sentimento sublime me preencheu enquanto estive aos seus pés; parecia uma resposta ao meu anseio de ver a Índia autêntica, a venerável, pois ele é um legítimo representante desta terra de gigantes espirituais."

Indaguei a Kara Patri acerca de sua vida como errante:

"Você tem uma roupa sobressalente para o inverno?"

"Não, esta é o bastante para mim."

"Carrega alguns livros consigo?"

"Não, ensino de memória as pessoas que desejam ouvir o que eu tenho a dizer."

"E o que mais você faz?"

"Vagueio nas margens do Ganges."

Aos ouvir tais palavras, tão tranquilas, fui tomado pelo desejo ardente de experimentar a simplicidade de um estilo de vida como aquele. Todavia, logo me lembrei dos Estados Unidos, e de todas as responsabilidades que me pesavam sobre os ombros.

"Não, Yogananda", constatei com tristeza, "nesta encarnação, vagar nas margens do Ganges não é para você".

Então, quando o sádhu terminou o relato de algumas de suas realizações espirituais, lancei uma pergunta abrupta:

"Você faz tais descrições se baseando na tradição das Escrituras ou na sua experiência interior?"

"A metade, aprendi nos livros." – Disse ele, com um sorriso genuíno. – "E, a outra metade, por experiência própria."

Depois nos sentamos por algum tempo, felizes, em silêncio meditativo. Quando enfim nos afastarmos de sua santa presença, eu disse ao Sr. Wright:

"Ele é um rei sentado num trono de palhas douradas."

Naquela noite nós jantamos nos terrenos da *mela*, sob a luz das estrelas, em "pratos" feitos de folhas. Na Índia, raramente é necessário lavar a louça!

Foram mais dois dias de mela, fascinantes; em seguida, seguimos rumo ao noroeste, ao longo das margens do Jumna, na direção de Agra. Mais uma vez contemplei o Taj Mahal; em minha memória, Jitendra estava ao meu lado, admirando, reverente, aquele sonho de mármore. Depois, rumamos para o ashram de Swâmi Keshabananda em Brindaban.

Meu objetivo ao procurar Keshabananda estava inteiramente relacionado com este livro.

Nunca me esqueci do pedido de Sri Yuktéswar para que eu escrevesse a vida de Láhiri Mahasaya. Durante minha nova estada na Índia, aproveitava qualquer oportunidade para visitar discípulos diretos ou parentes do Yogavatar. Registrando suas declarações em volumosos apontamentos, eu verificava datas e fatos, colecionava fotografias, cartas antigas e documentos.

Minha pasta de informações sobre Láhiri Mahasaya começou a engrossar; percebi, com algum espanto, que teria diante de mim um árduo trabalho de escrita. Orei para estar à altura de minha função de biógrafo do gigantesco mestre. Muitos dos seus discípulos temiam que, limitado em uma biografia escrita, seu guru aparecesse diminuído ou fosse mal interpretado.

"Usando palavras frias e diretas: dificilmente se pode fazer justiça à vida de uma encarnação divina." – Certa vez comentou para mim Panchanon Bhattacharya.

Outros discípulos íntimos revelavam igual satisfação em guardar o Yogavatar oculto em seus corações, como um instrutor eterno. Não obstante, consciente da predição de Láhiri Mahasaya sobre sua biografia, não poupei esforços para descobrir e confirmar fatos de sua vida.

Swâmi Keshabananda saudou calorosamente nossa comitiva, em Brindaban, em seu ashram Katayani Peith, um imponente edifício de tijolos, com pilares negros maciços, circundado por um belo jardim. De imediato, ele nos introduziu na sala de recepção, cujo principal adorno era uma fotografia ampliada de Láhiri Mahasaya. O swâmi já beirava os noventa anos, mas seu corpo musculoso irradiava saúde e vigor. De cabelos compridos, barba branca como a neve e olhos cintilantes de alegria, ele era, de fato, a personificação de um patriarca.

Informei-o de que desejava mencioná-lo em meu livro sobre os mestres da Índia:

"Por favor, me conte algo de sua vida em anos anteriores."

Dei um sorriso suplicante, pois os grandes iogues em geral não são lá muito comunicativos. Keshabananda respondeu com um gesto de humildade:

"Bem, não há quase nada que tenha importância exterior. Praticamente minha vida inteira se passou nas solidões do Himalaia, viajando a pé, de uma caverna silenciosa para outra. Durante algum tempo, mantive um pequeno ashram nos arredores de Hardwar, cercado por um bosque de altas árvores. Era um sítio de paz, raramente visitado por viajantes, devido à presença de cobras nos arredores." – Swâmi Keshabananda esboçou um sorriso. – "Mais tarde, uma enchente do Ganges carregou tanto o ashram quanto as serpentes. Então, meus discípulos me ajudaram a construir este novo ashram em Brindaban."

Um dos membros de nosso grupo indagou ao swâmi como ele fazia para se proteger dos tigres do Himalaia [191].

Keshabananda inclinou a cabeça em concordância com a relevância da pergunta, e em seguida respondeu:

"Naquelas elevadas altitudes espirituais, os animais selvagens raramente molestam os iogues. Certa vez, estando na selva, me encontrei face a face com um tigre. Bastou uma súbita exclamação minha e o animal se paralisou inteiro, como se tivesse sido transformado em pedra." – Outra vez, o swâmi riu se de suas próprias memórias. – "Às vezes, eu abandonava a reclusão para visitar meu guru em Benares. Ele costumava brincar comigo sobre minhas incessantes viagens pelas selvas do Himalaia. Certa vez, ele me disse:

'Você tem nos pés a marca do andarilho. Ainda bem que o sagrado Himalaia é extenso o bastante para o entreter.'

Muitas vezes Láhiri Mahásaya apareceu fisicamente diante de mim, tanto antes como depois de sua morte. Para ele, nenhum pico do Himalaia é inacessível!"

Swâmi Keshabananda,
Paramahansa Yogananda
e o Sr. Wright (agachado)

Duas horas depois, ele nos conduziu a um pátio, para o jantar. Suspirei, em silencioso terror: era mais uma refeição de quinze pratos! Em menos de um ano de hospitalidade indiana eu havia adquirido mais de 22 quilos! Todavia, teria sido considerado o cúmulo da descortesia se eu recusasse algum daqueles pratos cuidadosamente preparados, nos intermináveis banquetes em minha homenagem. Na Índia (e em nenhuma outra região, infelizmente!) um swâmi bem acolchoado em sua gordura é um espetáculo que não provoca sorrisos de zombaria.

Após o jantar, Keshabananda me levou até um recanto isolado de seu ashram. Assim que chegamos lá, ele me disse:

"Sua chegada não é imprevista para mim. Tenho uma mensagem para você."

Fiquei surpreso; eu não tinha falado a ninguém sobre meus planos de visitar Keshabananda. O swâmi prosseguiu:

"Ano passado, enquanto vagava uma vez mais pelo Himalaia, quando estava na parte norte da cordilheira, perto de Badrinarayan, acabei me perdendo no caminho. Encontrei abrigo numa espaçosa gruta, que estava vazia, apesar de reluzirem brasas num orifício cavado no chão da rocha. Enquanto me perguntava quem seria o ocupante daquele retiro solitário, sentei perto do fogo, com o olhar fixo na abertura ensolarada da caverna.

'Keshabananda, fico alegre por você estar aqui.'

Tais palavras vieram de trás de mim. Virei-me, assustado, e fiquei ofuscado ao contemplar Babaji! O grande guru havia se materializado em um recanto da gruta. Transbordando de júbilo por vê-lo outra vez, após tantos anos, eu me prostrei a seus pés sagrados.

'Eu o chamei aqui.' – Prosseguiu Babaji. – 'Por isso você perdeu o caminho e foi conduzido ao meu lar temporário nesta caverna. Longo tempo se passou desde o nosso último encontro; tenho o prazer de cumprimentá-lo mais uma vez.'

O mestre imortal me abençoou com algumas palavras de ajuda espiritual; depois, acrescentou:

'Deixo com você uma mensagem para Yogananda. Ele virá visitá-lo quando regressar à Índia. Muitos assuntos relacionados com seu guru Yuktéswar e com os outros discípulos ainda vivos de Láhiri manterão Yogananda inteiramente ocupado. Diga a ele, então, que eu não o verei desta vez, como ele ansiosamente espera; todavia, ainda devo vê-lo em outra ocasião.'"

Eu fiquei profundamente comovido ao receber dos lábios de Keshabananda esta consoladora promessa de Babaji. Certa mágoa em meu coração desvaneceu; não me lamentei mais por Babaji não haver aparecido na Kumbha Mela – como, aliás, Sri Yuktéswar já tinha insinuado.

Passando uma noite como hóspedes do ashram, nosso grupo partiu na tarde seguinte para Calcutá. Ao cruzar uma ponte sobre o rio Jumna, apreciamos uma visão magnífica dos céus de Brindaban, no exato momento em que o sol poente incendiava o horizonte: uma rubra fornalha de Vulcano, refletida aos nossos pés, nas águas tranquilas.

As memórias do menino Sri Krishna santificam a praia do Jumna. Aqui ele se entretinha com inocente doçura em seu *lilas* (jogos) com as *gopis* (donzelas), exemplificando o amor sobrenatural e eterno que existe entre uma encarnação divina e seus devotos. A vida do Senhor Krishna tem sido mal compreendida por muitos comentaristas do Ocidente; as alegorias das Escrituras são desnorteantes para as mentes que as tomam ao pé da letra. O erro hilariante de um tradutor ilustrará este ponto. A história se refere ao inspirado santo medieval, o sapateiro Ravidas; na linguagem simples de sua profissão, ele cantou a glória espiritual oculta em toda a humanidade:

Sob a vasta abóbada azul
Vive a divindade, vestida de couro.

Então, precisamos esconder o riso ao ouvir a prosaica interpretação dada ao poema de Ravidas por um escritor ocidental:

Após construir uma cabana,
Nela colocou um ídolo feito de couro
E se pôs a adorá-lo.

Ravidas foi um irmão espiritual do grande Kabir. Uma das discípulas mais adiantadas de Ravidas foi Rani (princesa) de Chitor. Ela convidou grande número de brâmanes para uma festa em honra de seu mestre, mas eles se recusaram a comer ao lado de um modesto sapateiro. Quando, à distancia, cheios de dignidade, sentavam-se os nascidos da mais alta casta para comer a sua refeição, surpresa!, cada brâmane encontrou ao seu lado a forma de Ravidas. Tal visão em massa provocou um renascimento espiritual de ampla difusão em Chitor.

Alguns dias depois, nosso pequeno grupo chegou a Calcutá. Ansioso por ver Sri Yuktéswar, fiquei desapontado ao saber que ele tinha deixado Serampore, e agora se encontrava em Puri, cerca de 483 quilômetros ao sul.

"Venha ao ashram de Puri imediatamente". Este telegrama foi enviado por um condiscípulo, em 8 de março, para Atul Chandra Roy Chowdhry, um dos discípulos do mestre em Calcutá. Eventualmente chegou aos meus ouvidos a notícia de que Atul tinha recebido tal mensagem; então, angustiado por suposições, caí de joelhos e implorei a Deus que poupasse a vida de meu guru. Quando eu estava para deixar a casa de papai no intuito de pegar o trem, uma Voz Divina falou dentro de mim:

"Não vá a Puri esta noite. Sua prece não pode ser atendida."

Atônido e magoado, respondi aos céus:

"Senhor, Tu não queres que sejamos antagonistas em Puri, onde terás de dizer 'não' às minhas preces incessantes pela vida do mestre. Então ele deve partir para deveres mais altos, por ordem Tua?"

Não obive nova resposta. Todavia, em obediência àquela ordem interna, não peguei o trem para Puri naquela noite.

No crepúsculo da tarde seguinte, saí para tomar o trem; enquanto caminhava, às dezenove horas, uma nuvem astral negra cobriu repentinamente o céu [192]. Mais tarde, durante a barulhenta viagem de trem em direção a Puri, tive uma visão de Sri Yuktéswar: ele estava sentado na cadeira à minha frente, com o semblante muito grave, e com uma luz de cada lado.

"Tudo se encerrou?" – Levantei meus braços, em súplica.

Ele assentiu, inclinando a cabeça, e depois desvaneceu muito lentamente. Na manhã seguinte, ao descer na plataforma da estação de Puri, ainda com a esperança de ter tido um mero devaneio sombrio, vi um desconhecido se aproximar de mim e dizer:

"Já soube que seu mestre se foi?"

E logo se afastou, sem dizer mais nada; nunca descobri quem ele era nem como soube onde me achar.

Atordoado, cambaleando com tontura, me apoiei contra da parede plataforma. Ali eu compreendi que, por meios diversos, meu guru estava tentando me transmitir a devastadora notícia. Fervendo de rebeldia, minha alma era um vulcão. Quando cheguei ao ashram de Puri, eu estava à beira de um colapso. Todavia, a Voz Interna insistia em repetir, com ternura: "Concentre-se. Acalme-se".

Entrei no quarto do ashram onde o corpo do mestre, sentado na posição de lótus, parecia incrivelmente vivo – uma personificação da saúde e do encanto pessoal. Pouco tempo antes do último transe, meu guru esteve ligeiramente enfermo, com febre, mas na véspera da ascensão para o Infinito, seu corpo havia recobrado inteiramente a saúde. Por mais que eu contemplasse sua adorada forma, não podia me convencer de que sua vida já não estava ali. Sua pele era lisa e suave; a face tinha uma expressão beatífica de tranquilidade. Ele havia abandonado o corpo conscientemente, assim que recebeu o chamado místico.

"O Leão de Bengala se foi!" – Gritei, aturdido.

Em 10 de março, eu dirigi a solene cerimônia fúnebre. Sri Yuktéswar foi sepultado de acordo com o antigo ritual dos swâmis no jardim de seu ashram, em Puri [193]. Dias depois, seus discípulos chegaram, vindos de todas as distâncias, a fim de prestar honras ao guru. Era um ofício religioso em sua memória, realizado no equinócio de verão. O *Amrita Bazar Patrika*, jornal mais importante de Calcutá, publicou o seu retrato e a seguinte notícia:

"A cerimônia fúnebre Bhandara para Srimat Swâmi Sri Yuktéswar Giri Marajá, de oitenta anos, realizou-se em Puri em 21 de março. Muitos discípulos foram à cidade para assistir aos ritos.

Um dos mais notáveis intérpretes do *Bhagavad Gita*, Swâmi Marajá foi um grande discípulo de Yogiraj Sri Shyama Charan Láhiri Mahasaya, de Benares. Swâmi Marajá fundou diversos centros Yogôda Satsanga (SRF) na Índia, e foi o grande inspirador do movimento de ioga levado ao Ocidente por Swâmi Yogananda, seu principal discípulo. Foram os poderes proféticos de Sri Yuktéswar, e sua profunda autorrealização, que inspiraram Swâmi Yogananda a cruzar os oceanos e ir divulgar na América a mensagem dos mestres da Índia.

As suas interpretações do *Bhagavad Gita* e a de outras Escrituras Sagradas testemunham com que profundidade ele dominava a filosofia, tanto oriental como ocidental; tais interpretações permanecerão entre nós, como um brinde erguido à harmonia entre Oriente e Ocidente. Acreditando na unidade de todas as religiões, Sri Yuktéswar Marajá estabeleceu a Sádhu Sabha (Sociedade de Santos), com a cooperação de chefes de várias seitas e credos, para a difusão do espírito científico no meio religioso. Na época de sua partida deste mundo, ele nomeou Swâmi Yogananda seu sucessor como presidente da Sádhu Sabha.

Hoje a Índia se encontra realmente mais pobre, com a partida de um homem tão notável. Que todos os que tiveram a fortuna de se aproximarem dele se compenetrem do verdadeiro espírito da sádhana e da cultura hindus que ele personificou em vida."

Retornei a Calcutá. Ainda não confiando em mim mesmo para ir ao ashram de Serampore, e me defrontar com suas sagradas recordações, fiz com que viesse de lá o pequeno discípulo de Sri Yuktéswar, Prafulla, e tomei todas as providências para o seu ingresso na escola de Ranchi.

Ao me ver, eis a primeira coisa que o menino me confessou:

"Na manhã em que o senhor partiu para a *mela* de Allahabad, o Mestre tombou pesadamente no sofá. 'Yogananda partiu! Yogananda partiu!', ele gritava; depois disse que 'teria de informá-lo de alguma forma', e em seguida ficou horas e horas sentado, em completo silêncio."

Meus dias foram preenchidos por conferências, aulas, entrevistas e reuniões com velhos amigos. Sob um sorriso forçado e uma vida de incessante atividade, uma torrente de escuridão poluiu o rio interior de bem-aventurança que por tantos anos serpenteou sob as areias de todas as minhas percepções.

"Para onde foi aquele sábio divino?", eu gritava, em silêncio, das profundezas de meu espírito atormentado.

Não chegou nenhuma resposta.

"O mestre completou sua união com o Amado Cósmico; melhor para ele"; a mente me garantia. "Agora ele vive no resplendor eterno, no reino da imortalidade".

Mas, enquanto isso, meu coração trazia o contraponto, em forma de lamento:

"Nunca mais você poderá vê-lo na antiga morada de Serampore Nunca mais poderá trazer seus amigos para conhecê-lo, nem dizer com orgulho: 'Contemplem, senta-se ali o Jnânavatar da Índia!'"

O Sr. Wright providenciou os documentos para que a partida de nosso grupo, de Bombaim para o Ocidente, fosse realizada no início de junho. Em Calcutá, a última quinzena de maio decorreu entre discursos e banquetes de despedida; em seguida, a Srta. Bletch, o Sr. Wright e eu partimos para Bombaim, em nosso Ford. Ao chegarmos, as autoridades do navio nos pediram o cancelamento das passagens, pois já não havia lugar para o Ford, do qual necessitaríamos novamente na Europa.

"Não tem importância." – Eu disse, melancólico, ao Sr. Wright. – "Quero retornar a Puri." – E, silenciosamente, falei para mim mesmo: "Que as minhas lágrimas reguem mais uma vez a sepultura de meu guru".

43. A ressurreição de Sri Yuktéswar

"Senhor Krishna!"

A gloriosa forma do avatar apareceu para mim num intenso resplendor, quando me encontrava no Hotel Regente, em Bombaim, sentado em meu quarto. Cintilando sobre o telhado de um alto edifício, do outro lado da rua, a inefável visão se manifestou de modo repentino, enquanto eu contemplava a paisagem pela janela do segundo andar, que já estava aberta há um bom tempo.

A divina figura acenou de volta com a mão, sorrindo e inclinando a cabeça em cumprimento. Depois, como eu não era capaz de compreender a exata mensagem do Senhor Krishna, ele se foi com um gesto de bênção. Maravilhosamente elevado, senti que a aparição era o presságio de algum evento espiritual.

Minha viagem de volta ao Ocidente tinha sido provisoriamente cancelada. Assim, eu havia me comprometido a fazer diversas conferências em Bombaim, antes de partir para uma nova visita a Bengala.

Sentado em minha cama no hotel de Bombaim, às três horas da tarde de 19 de junho de 1936, exatamente uma semana após a visão de Krishna, fui interrompido em minha meditação por uma luz beatífica. Diante de meus olhos abertos e atônitos, o quarto inteiro se transmutou num mundo estranho, onde até a luz do sol se vertia num esplendor sobrenatural.

Sentindo-me arrebatado em ondas de êxtase, contemplei a figura de Sri Yuktéswar bem na minha frente, em carne e osso!

"Meu filho!" – Exclamou o mestre com ternura, sorrindo com uma expressão angelical.

Pela primeira vez em minha vida eu não me ajoelhei a seus pés para saudá-lo: não pude me conter, e avancei imediatamente para apertá-lo em meus braços, com força. Que momento inesquecível! Toda a angústia dos meses anteriores se extinguiu ali, tornando-se irrelevante se comparada à beatitude torrencial que me inundou naquele instante.

"Mestre meu, ó amado de meu coração, por que me deixou?" – Atribuo esta incoerência ao meu excesso de alegria. – "Por que permitiu que eu fosse a Kumbha Mela? Com que amargura eu venho me recriminando por ter me afastado da sua presença naqueles dias!"

"Eu não quis interferir, você estava feliz em sua expectativa de conhecer o local de peregrinação onde encontrei Babaji pela primeira vez. Ademais, eu o deixei apenas por um breve momento; não estou aqui com você de novo?"

"Mas é o senhor *de verdade*, mestre, o mesmo Leão de Deus? Está usando um corpo igual ao que enterrei nas areias de Puri?"

"Sim, meu filho, sou eu mesmo. Este é um corpo de carne e osso. Embora eu o veja como etéreo, para a sua visão ele é físico. Com os átomos cósmicos, criei uma forma inteiramente nova, exatamente igual ao corpo físico de sonho cósmico que você depositou sob as areias de sonho de Puri, em seu mundo de sonho. Eu ressuscitei, é verdade, mas não na Terra, e sim num planeta astral. Seus habitantes são mais capazes do que a humanidade terrena para atender aos meus padrões espirituais atuais. Você e seus entes queridos, os que já alcançaram o êxtase, também irão rumar para lá algum dia; então, estaremos todos juntos.

"Ó, guru imortal, me conte mais!"

O mestre deu uma breve risada, cheia de jovialidade. Então me fez um pedido:

"Por favor, querido, não pode afrouxar um pouco o seu abraço?"

"Só um pouquinho!"

Eu estava abraçando meu mestre com braços de polvo. Percebi o mesmo odor leve, aromático e natural que era característico de seu corpo terreno. O emocionante contato de sua carne divina ainda persiste nas faces internas de meus braços e nas palmas das mãos, sempre que relembro aqueles momentos gloriosos.

Em seguida, Sri Yuktéswar atendeu a meu pedido e me contou um pouco mais da sua situação:

"Assim como os profetas são enviados a Terra para ajudar os homens a esgotarem o seu karma físico, Deus me enviou a um planeta astral com a missão de salvador. Esse globo se chama *Hiranyaloka*, ou "Planeta Astral Iluminado". Lá estou ajudando seres adiantados a se desembaraçarem de seu karma astral e a se libertarem, dessa forma, dos renascimentos astrais. Os habitantes de Hiranyaloka têm elevado desenvolvimento espiritual; todos eles conquistaram, em sua última encarnação terrestre, o poder de abandonar conscientemente o corpo na hora da morte – algo conferido pela meditação. Ninguém poderá entrar em Hiranyaloka se não tiver experimentado na Terra, não apenas sabikalpa samádhi, mas também o estado superior de êxtase, nirbikalpa sainádhi [194].

Os habitantes de Hiranyaloka já ultrapassaram as esferas astrais ordinárias para onde quase todas as pessoas da Terra devem ir ao morrer; nelas destruíram muitas sementes kármicas relacionadas à suas ações passadas no mundo astral. Somente os devotos mais adiantados realizam com eficiência esse trabalho redentor nas esferas astrais. Então, no intuito de livrar inteiramente suas almas de todos os traços de karma astral, a lei cósmica impeliu tais criaturas de aspiração mais alta a renascerem em novos corpos astrais em Hiranyaloka, o céu ou sol astral, onde agora me encontro para ajudá-los. Também vivem em Hiranyaloka seres imensamente adiantados, vindos do mundo causal superior."

Nessa altura da narrativa, minha mente se encontrava em sintonia tão perfeita com a de meu guru, que ele me comunicava suas palavras-imagens em parte através da linguagem em si, e em parte pela transmissão direta de pensamento. Dessa forma eu recebia seus tablóides de ideias muito rapidamente.

Meu mestre prosseguiu:

"Você leu nas Escrituras que Deus encerrou a alma humana em três corpos, sucessivamente: o corpo causal, ou das ideias; o corpo astral sutil, sede das naturezas mental e emocional do homem; e o grosseiro corpo material. Na Terra, o homem está equipado com os sentidos físicos. Um ser astral age através de sua consciência e sentimentos, e de um corpo feito de "vitatrons" [195]. Um ser em seu corpo causal paira no beatífico reino das ideias. Hoje meu trabalho se relaciona com aqueles seres astrais que estão se preparando para adentrar no mundo causal."

"Mestre adorável, por favor, me fale mais sobre o cosmos astral." – Embora eu tivesse afrouxado um pouco o meu abraço a pedido de Sri Yuktéswar, meus braços ainda continuavam a rodeá-lo: o tesouro dos tesouros, o guru que havia rido da morte para me alcançar!

"Existe uma infinidade de esferas astrais, apinhadas de seres." – O mestre começou. – "Seus habitantes usam veículos astrais, ou massas de luz, para viajar de um planeta ao outro, mais rápido que as energias elétricas ou radioativas.

O universo astral, composto de diversas vibrações sutis de luz e calor, é centenas de vezes maior que o cosmos material. A criação física inteira, como um cesto sólido e pequenino, está atada ao gigantesco balão luminoso que é a esfera astral. Assim como numerosas estrelas físicas vagam pelo espaço, no astral também existem incontáveis sistemas solares. Seus planetas contam com sóis e luas mais belos que os físicos. Os luminares astrais se parecem com as auroras boreais, e a aurora do sol astral nos maravilha ainda mais do que os tênues raios do despontar da lua astral. Aliás, os dias e as noites são muito mais longos do que os da Terra. Assim, o universo astral é infinitamente belo, límpido, puro e ordenado. Nele não existem planetas mortos nem terrenos estéreis. As pragas, lamentadas na Terra, lá se encontram ausentes: nada de ervas daninhas, bactérias, insetos e serpentes. Ao contrário das estações e climas variáveis do globo terrestre, os planetas astrais mantêm uma temperatura uniforme de eterna primavera; caindo, às vezes, neve de luminosa brancura e chuvas de luz multicolor. Tais planetas estão cheios de lagos opalinos, mares brilhantes e rios com os matizes do arco-íris.

O universo astral ordinário – não o céu de Hiranyaloka, bem mais sutil – é povoado por milhões de seres astrais, vindos da Terra num tempo relativamente recente; e também por míríades de fadas, sereias, peixes, animais, duendes, gnomos, semideuses e espíritos; todos eles habitam diferentes planetas astrais, sempre de acordo com as suas qualificações kármicas. Assim, diversas moradas planetárias ou regiões vibratórias são reservadas para espíritos bons e para espíritos maus. Os bons podem viajar livremente, mas as entidades prejudiciais estão confinadas a zonas restritas. Aqui, os seres humanos vivem na superfície da terra, os vermes no interior do solo, os peixes na água e os pássaros no ar; lá, da mesma forma, os seres astrais se encaminham para regiões vibratórias adequadas a seus diferentes estágios de evolução.

Entre sombrios anjos caídos, expulsos de outros mundos, surgem conflitos e declaram-se guerras com bombas "vitatrônicas" ou raios vibratórios da mente, mântricos [196]. Tais marginais perambulam nas regiões de trevas densas, no cosmo astral inferior, saldando as dívidas de seu mau karma.

Todavia, nos vastos reinos acima da fúnebre penitenciária astral, tudo é resplandecente e belo. O cosmo sutil, por sua natureza, se encontra mais sintonizado com a vontade de Deus e com Seu plano de perfeição do que a Terra. Todo objeto astral se manifesta primordialmente pela vontade declarada dos seres astrais: eles possuem o poder de modificar a forma ou realçar a beleza de qualquer objeto já criado pelo Senhor. A Seus filhos astrais, Ele deu a liberdade e o privilégio de modificarem ou aperfeiçoarem à vontade o cosmo astral. Na Terra, para transformar um sólido em líquido ou alterar a sua forma, é preciso submetê-lo a processos físicos ou químicos, enquanto que os sólidos astrais são convertidos em líquidos astrais, gases astrais ou energia atômica astral instantaneamente, bastando para tal a vontade de seus habitantes.

A Terra mergulha nas sombras das guerras e das matanças, seja nos continentes, nos mares, ou até mesmo no ar. Nos domínios astrais, entretanto, observamos o predomínio da igualdade, da harmonia e da alegria da existência. Valendo-se da pura vontade, os seres astrais desmaterializam suas formas e tornam a materializá-las. Flores, peixes ou outros animais podem se metamorfosear temporariamente em homens astrais. Todos os seres do astral são livres para assumir qualquer forma, e podem facilmente conversar entre si. Nenhuma lei natural, fixa, definitiva, os limita: a qualquer árvore astral se pode pedir, por exemplo, que produza mangas astrais, flores ou, separadamente, qualquer outro tipo de objeto. É verdade que existem certas restrições kármicas, mas no mundo astral não se faz nenhuma distinção quanto ao desejo de possuir esta ou aquela forma. Tudo vibra com a luz criadora de Deus.

Lá ninguém nasce do ventre da mulher: os seres astrais, por meio de sua vontade cósmica, materializam sua prole em formas expressivamente esculpidas, astralmente condensadas. Quem deixou o corpo recentemente no mundo físico se integra numa família astral por convite, atraída por tendências mentais e espirituais semelhantes.

O corpo astral não está sujeito ao frio e ao calor, ou a outras condições da natureza. Sua anatomia inclui um cérebro astral, ou o "lótus de mil pétalas de luz", e seis centros despertos no *sushumna*, ou o eixo astral que conecta cérebro e espinha dorsal. Do cérebro astral, o coração retira energia cósmica e luz, enviando-as aos nervos astrais e às células do corpo astral, ou "vitatrons". Os seres astrais podem alterar suas formas usando energia "vitatrônica", ou pelo emprego de vibrações mântricas sagradas.

Em muitos casos, o corpo astral é uma cópia exata da última forma física. A aparência de uma pessoa astral se assemelha a que possuía durante a juventude em sua última jornada terrena. Todavia, às vezes alguém opta por conservar a aparência que tinha em sua velhice, como é o meu caso."

Nesse ponto o mestre, a quintessência da juventude, riu jovialmente antes de prosseguir seu relato:

"Ao contrário do mundo físico tridimensional, conhecido somente através dos cinco sentidos, as esferas astrais são perceptíveis ao sexto sentido, a intuição, que engloba os demais. Os seres astrais veem, escutam, cheiram, saboreiam e apalpam por meio da multissensorial sensação intuitiva. Eles possuem três olhos, dois dos quais permanecem parcialmente fechados. O terceiro olho, o principal, no centro da testa, está aberto. Os seres astrais têm todos os órgãos externos dos sentidos: olhos, ouvidos, nariz, língua e pele; no entanto, eles se valem do sentido da intuição para experimentar sensações através de qualquer parte do corpo – isto é, podem ver por meio do ouvido, do nariz ou da pele, escutar pelos olhos ou pela língua, saborear através dos ouvidos ou da pele, e assim por diante [197].

O corpo físico do homem se acha exposto a inúmeros perigos, e se machuca ou se mutila com certa facilidade; já o corpo astral, que é etéreo, às vezes até pode ser cortado ou esmagado, mas logo se cura novamente, por mera expressão da vontade."

"Gurudeva, todas as pessoas astrais são belas?"

"A beleza no mundo astral é uma qualidade do espírito, algo que não se julga pela conformação exterior. Dessa forma, os seres astrais atribuem pouca importância às próprias feições. Todavia, eles têm o privilégio de se revestirem, à vontade, de corpos astralmente materializados, novos e multicolores. Assim como os homens mundanos vestem trajes específicos para eventos de gala, também as pessoas etéreas encontram oportunidade de se adornar com formas especialmente esculpidas.

Festas alegres nos planetas astrais superiores, como Hiranyaloka, ocorrem quando um ser, por conta de seu adiantamento espiritual, liberta-se do mundo astral e se encontra preparado para ingressar no céu do mundo causal. Em tais ocasiões, o Pai Celestial Invisível e os santos imersos Nele se materializam em corpos de Sua própria escolha e participam das celebrações astrais. Para agradar a Seu devoto amado, o Senhor assume a forma sob a qual este mais O adora. A quem O cultuou com devoção, Deus aparece como Divina Mãe. Para Jesus, o aspecto de Pai Infinito ultrapassava todas as demais concepções. A individualidade conferida pelo Criador a cada uma de Suas criaturas faz que todo tipo de demanda, concebível ou inconcebível, ponha à mostra a versatilidade do Senhor!"

Aqui tanto eu quanto meu guru rimos, felizes, em mais um intervalo do relato que prosseguiu em seguida, interessantíssimo:

"No mundo astral, amigos de vidas passadas facilmente se reconhecem uns aos outros. Celebrando o caráter imortal da amizade, eles experimentam a indestrutibilidade do amor: conceito que foi tantas vezes posto em xeque, por conta das tristes e ilusórias separações na Terra.

A intuição dos seres astrais é capaz de perfurar o véu e observar as atividades humanas na Terra; o homem, pelo contrário, não pode ver o mundo astral, a menos que seu sexto sentido esteja desenvolvido. Milhares de habitantes da Terra por vezes vislumbraram momentaneamente um ser astral, ou um mundo astral.

Os habitantes adiantados de Hiranyaloka em geral permanecem despertos em êxtase durante os longos dias e noites astrais, ajudando a resolver problemas complexos de governo cósmico e da redenção de filhos pródigos, almas apegadas à Terra. Quando os seres de Hiranyaloka dormem, às vezes têm visões astrais semelhantes ao sonho. Suas mentes, como de costume, estão absortas no estado consciente da mais elevada beatitude nirbikalpa.

Os residentes de todas as regiões dos mundos astrais ainda estão sujeitos a agonias mentais. As mentes hipersensíveis dos seres mais adiantados, em planetas como Hiranyaloka, sentem dor aguda se algum erro é cometido, seja na conduta ou na percepção da verdade. Estes seres mais evoluídos se esforçam constantemente para harmonizar cada um de seus pensamentos e atos com a perfeição da lei espiritual.

As comunicações entre os habitantes astrais se dão inteiramente por telepatia e por televisão astrais. Lá não mais se enfrentam a confusão e a incompreensão oriundas da palavra oral e escrita, que os moradores da Terra estão obrigados a suportar. Da mesma forma que os homens numa tela de cinema parecem se mover e participar de atividades ao longo de uma série de cenas luminosas, sem respirar de verdade, também os habitantes do mundo astral se locomovem e trabalham como imagens de luz inteligentemente guiadas e coordenadas, sem a necessidade de retirar forças do oxigênio. O homem depende de sólidos, líquidos, gases e energia para a sua subsistência; os moradores do astral se alimentam primordialmente de luz cósmica."

"Mestre, os seres astrais comem alguma outra substância?"

Eu sorvia seus maravilhosos esclarecimentos com a receptividade de todas as minhas faculdades: mente, coração e alma. As percepções superconscientes da verdade são permanentemente reais e imutáveis, enquanto as experiências e impressões fugazes dos sentidos são verdadeiras somente de modo relativo e temporário – a memória que o homem conserva delas logo perde a vivacidade. As palavras de meu guru foram gravadas de modo tão indelével no pergaminho de meu ser que, a qualquer momento, transferindo minha mente para o estado de superconsciência, posso reviver com nitidez toda a experiência.

"Legumes de constituição luminosa são abundantes nos solos astrais." – Ele respondeu. – "Os habitantes do mundo astral consomem vegetais e bebem o néctar que jorra de gloriosas fontes de luz, e de onde fluem os rios astrais. Assim como na Terra é possível extrair do éter as imagens invisíveis dos homens, torná-las visíveis por meio de um aparelho de televisão, e depois dissolvê-las novamente ao espaço, da mesma forma os invisíveis projetos estruturais de plantas e legumes, criados por Deus e flutuantes no éter, são condensados num planeta astral pela vontade de seus moradores. Do mesmo modo, nascidos da fantasia sem limites de tais seres, jardins inteiros de perfumada flora se materializam para retornar mais tarde à invisibilidade etérea. Se os habitantes de planetas celestiais, como Hiranyaloka, estão quase livres da necessidade de comer, ainda mais magnânima é a existência incondicionada de almas quase inteiramente livres no mundo causal, cujo único alimento é o maná da beatitude.

Um ser astral liberto da Terra se encontra com uma multidão de parentes, pais, mães, esposas, maridos e amigos: isto é, todos os relacionamentos que teve em suas inúmeras encarnações na Terra [198]; ele revê muitos deles, na medida em que essas criaturas regressam, de tempos em tempos, às diversas regiões do cosmo astral. Por isso se sente tão confuso ao tentar saber a quem amar em especial; assim eventualmente aprende a dedicar o mesmo amor a todos, compreendendo que todos são filhos e expressões individualizadas de Deus.

Muito embora a aparência externa dos seres amados possa ter mudado, de acordo com o desenvolvimento de novas qualidades na última vida, o ser astral se vale de sua infalível intuição para reconhecer todos aqueles que já lhe foram queridos em outros planos da existência, e trata de os receber com alegria ao chegarem a seu novo lar astral. Em virtude de cada átomo na criação estar dotado de uma individualidade que jamais poderá ser extinta [199], um amigo astral eventualmente será reconhecido, seja qual for o traje de que se revista atualmente, assim como na Terra se descobre, com observação atenta, a identidade de um ator, independente do seu papel na peça de teatro.

O espaço de tempo que um ser passa no mundo astral é bem mais longo que na Terra. Em média, o período de vida de um ser astral adiantado vai de quinhentos a mil anos; isto em comparação aos padrões de tempo terreno. Todavia, assim como determinadas sequóias sobrevivem à maioria das árvores por milênios, e certos iogues vivem várias centenas de anos (embora a maioria dos homens faleça ao redor dos sessenta anos), alguns seres astrais também ultrapassam o período médio de vida astral. Os visitantes do mundo astral residem nele por períodos mais curtos ou mais prolongados, de acordo com o peso de seu karma físico, que os atrai de volta a Terra dentro de um prazo específico.

O ser astral não tem de lutar dolorosamente contra a morte, no momento de se desprender de seu corpo luminoso. Mesmo assim, muitos se sentem um pouco nervosos com a ideia de se despojarem do invólucro astral para continuarem a exitir tão somente com o mais sutil, o causal. O mundo astral se escontra livre da morte, da doença e da velhice indesejável, três pavores que são como uma maldição na Terra, onde o homem permitiu à sua consciência se identificar quase que absolutamente com um frágil corpo físico, exigindo o socorro constante do ar, do alimento e do sono a fim de simplesmente existir.

A morte física se caracteriza pelo desaparecimento da respiração e pela desintegração das células orgânicas. A morte astral se dá pela dispersão dos "vitatrons", unidades de energia que sustentam a vida dos seres astrais. Na morte física, o homem perde a consciência do corpo físico, e logo se torna consciente do seu corpo sutil no mundo astral. Quando chega o tempo de experimentar a morte astral, o ser passa da consciência de nascimento e morte astrais à de nascimento e morte físicos. Estes ciclos periódicos de alojamentos astrais e físicos constituem o destino inescapável de todos os seres não iluminados.

Os conceitos de céu e inferno, comuns nas Escrituras, às vezes despertam no homem memórias de sua longa série de experiências no agradável reino astral e no decepcionante mundo terrestre, alcançando arquivos mais profundos que a subconsciência."

"Ó, mestre amado, pode descrever com maiores detalhes a diferença entre o renascimento na Terra e o renascimento nas esferas astrais e causais?"

"O homem, enquanto alma individualizada, possui um corpo essencialmente causal. Esse corpo é a matriz das 35 *ideias* concebidas por Deus: as forças de pensamento causal, fundamentais para que, posteriormente, Ele pudesse formar o sutil corpo astral a partir delas, usando 19 elementos; e, da mesma forma, o denso corpo físico, se valendo de 16 elementos.

Os 19 elementos do corpo astral são mentais, emocionais e "vitatrônicos". São eles: inteligência; ego; sentimento; mente (consciência dos sentidos); cinco instrumentos de *conhecimento*, réplicas sutis dos sentidos da visão, audição, olfato, paladar e tato; cinco instrumentos de *ação*, correspondentes mentais das capacidades executivas de procriar, excretar, falar, caminhar e executar atividade manual; e cinco instrumentos de *força vital*, com poder de realizar as funções orgânicas de cristalização, assimilação, eliminação, metabolismo e circulação do sangue. Este sutil envoltório astral de 19 elementos sobrevive à morte do corpo físico, composto de 16 elementos metálicos e não metálicos.

Deus concebeu diferentes ideias dentro de Si mesmo, e na tela de Seus sonhos fez a projeção delas. Assim surgiu Maya, a Sonhadora Cósmica, com seus infindáveis e colossais ornamentos de relatividade.

Nas 35 categorias de pensamento do corpo causal, Deus elaborou todas as complexidades de suas 19 réplicas astrais e 16 físicas. Pela condensação de forças vibratórias, a princípio sutis e depois grosseiras, Ele produziu o corpo astral e finalmente a forma física do homem. De acordo com a lei da relatividade, segundo a qual a Simplicidade Primordial veio a se verter em desconcertante multiplicidade, o cosmo causal e o corpo causal são diferentes do cosmo astral e do corpo astral; da mesma forma, o cosmo físico e o corpo físico diferem, em suas características, daquelas outras formas de criação.

O corpo físico é feito dos sonhos do Criador, materializados e solidificados. Assim, as dualidades sempre caracterizaram a vida na Terra: saúde e doença, prazer e dor, ganho e perda. Os seres humanos encontram limitação e resistência na matéria tridimensional. Quando a doença ou outras causas diversas abalam gravemente o desejo de viver, vem a morte: cai ao chão, temporariamente, o pesado sobretudo da carne. A alma, todavia, continua aprisionada nos corpos astral e causal [200]. A força de coesão que mantém unidos os três corpos é o desejo. O poder dos desejos irrealizados é a raiz de toda a escravidão do homem.

Os desejos físicos se concentram no egoísmo e nos prazeres dos sentidos. A compulsão ou a tentação da experiência sensorial é mais poderosa que a força do desejo relacionada a apegos astrais e percepções causais.

Os desejos astrais também se concentram nos prazeres, mas em termos vibratórios. Os seres astrais se deliciam com a etérea música das esferas e se extasiam com a contemplação do universo como um todo, gerado como expressão inesgotável de luz cambiante. Os seres astrais também cheiram, saboreiam e tocam a luz. Assim, seus desejos se relacionam com o seu poder de condensar todos os objetos e experiências em formas de luz, em pensamentos condensados ou em sonhos.

Os desejos causais são realizações do intelecto. Os seres quase livres, alojados apenas no corpo causal, veem o cosmo inteiro como projeções das ideias e dos sonhos de Deus: tudo experimentam em pensamento, em puro pensamento. Assim, eles consideram o gozo das sensações físicas e dos deleites astrais como algo demasiadamente grosseiro e sufocante para a requintada sensibilidade da alma. Os seres causais realizam seus desejos à vontade, materializando-os instantaneamente [201]. As almas que se cobrem somente com o delicado véu do corpo causal podem até mesmo materializar universos, à semelhança do Criador. Uma vez que todos os mundos possuem uma só textura primordial, a do sonho cósmico, uma alma em sua veste causal pode ter vastos poderes de realização.

Como é invisível por natureza, a alma só pode ser percebida pela presença de seu corpo (ou corpos). De modo que a mera presença de um corpo significa que sua existência se tornou possível por conta dos desejos irrealizados da alma que o habita [202].

Enquanto a alma do homem se achar enclausurada em um, dois, ou três frascos corporais, selados hermeticamente com as rolhas da ignorância e dos desejos, não poderá mergulhar no oceano do Espírito. Uma vez destruído o denso receptáculo físico pelo martelo da morte, seus dois outros invólucros – o astral e o causal – ainda persistem, impedindo que a alma se una, com absoluta consciência, à Vida Onipresente. Quando se conquista, pela via da sabedoria, a ausência dos desejos, seu poder desvanece os dois vasos remanescentes. Então a pequenina alma do homem emerge, enfim liberta, unificada com a Amplidão Imensurável."

Após tamanha palestra, pedi a meu divino guru que me desse maiores esclarecimentos acerca do mundo causal, tão misterioro e elevado. Eis a sua resposta:

"O mundo causal é indescritivelmente sutil. Para compreendê-lo, o homem teria de possuir poderes de concentração tão extraordinários que o habilitariam a fechar os olhos e visualizar, como se existissem unicamente como ideias, os cosmos astral e físico em toda a sua vastidão: o balão luminoso com seu cesto sólido dependurado. Se, por meio desta concentração sobre-humana, ele pudesse reconverter em ideias puras esses dois cosmos, com todas as suas complexidades, então chegaria ao mundo causal, bem na fronteira da fusão entre a mente e a matéria. Ali, percebemos todas as coisas criadas: sólidos, líquidos, gases, eletricidade, energia; ali também podemos abarcar todos os seres: deuses, homens, animais, plantas, bactérias, e percebê-los como formas de consciência.

Quando um homem, ao fechar os olhos, percebe que existe, apesar do seu corpo agora estar invisível para seus olhos físicos, é que ele existe enquanto ideia.

Tudo aquilo que um ser humano apenas imagina, um ser causal pode converter em realidade. Um homem dotado de grande imaginação e inteligência é capaz, tão somente em sua mente, de saltar de planeta em planeta, de cair interminavelmente num abismo sem fundo, de subir como um foguete ao reino das galáxias, e de brilhar como um holofote sobre as vias lácteas e os espaços constelados. Todavia, os seres do mundo causal gozam de liberdade muito superior: projetam seus pensamentos, instantaneamente os tornando objetivos, sem esforço, sem qualquer obstrução material ou astral, e sem restrições kármicas.

Os seres causais sabem, por experiência própria, que o cosmo físico não se compõe primordialmente de elétrons, nem o cosmo astral se constitui basicamente de "vitatrons", mas que na realidade ambos se originam de pequeninas partículas do pensamento de Deus, cortadas e fragmentadas por maya, a lei da relatividade que intervém para separar, aparentemente, a criação de seu Criador.

No mundo causal, as almas se reconhecem umas às outras como fragmentos individualizados do Espírito amoroso; as coisas que elas mesmas pensam são os únicos objetos ao seu redor. Os seres causais percebem que a diferença entre seus corpos e pensamentos é uma mera ideia. Assim como o homem, fechando os olhos, pode visualizar uma ofuscante luz branca ou uma névoa azul desbotada, também os seres causais, através de seu próprio pensamento, enxergam, ouvem, cheiram, saboreiam e apalpam: eles criam tudo, eles dissolvem tudo; exclusivamente pelo poder de sua mente cósmica.

No mundo causal, tanto a morte como o renascimento ocorrem em pensamento. O alimento delicioso dos seres causais é um só, a ambrosia do conhecimento eternamente novo. Bebem das fontes de paz, vagam pelo solo sem trilhas das percepções, nadam no oceano sem praias da beatitude. Oh, contemple! Seus cintilantes corpos-pensamentos passam zunindo vertiginosamente por trilhões de planetas imaginados pelo Espírito, por bolhas de universos recém-criados, por moradas estelares de sábios, e por sonhos espectrais de nebulosas douradas, tudo no seio azul celeste do Infinito! Muitos seres permanecem durante milhares de anos no cosmo causal. Então, depois de êxtases gradualmente mais profundos, a alma se libera do pequeno corpo causal e se mescla à imensidão do cosmo causal. Todos os redemoinhos de ideias, as ondas particularizadas de poder, amor, vontade, alegria, paz, intuição, calma, autodomínio e concentração se fundem, enfim, no inesgotável Oceano de Amor. Dali em diante, a alma já não fruirá sua ventura como uma onda individualizada de consciência; agora, mergulha no Oceano Cósmico, na unidade e totalidade das ondas, ela é o riso eterno, a pulsação perene, o drama universal.

Quando uma alma rompe o casulo dos três corpos, escapa para sempre à lei da relatividade, e se converte no inefável Sempre Existente [203].

Lá está ela: a borboleta da Onipresença, com estrelas e luas e sóis cintilando em suas asas! A alma expandida no Espírito paira sozinha na região da luz sem luz, da treva sem treva, do pensamento sem pensamento; inebriada em seu êxtase beatífico, ela se encontra imersa no mesmo sonho de Deus, o sonho da criação cósmica."

"Uma alma livre!" – Eu exclamei, maravilhado.

"Quando uma alma enfim se liberta dos três jarros de ilusões corpóreas, ela se unifica com o Infinito sem qualquer perda de individualidade.

Cristo, por exemplo, já havia conquistado sua liberdade derradeira antes mesmo de nascer como Jesus. Em três etapas de seu passado, simbolizadas aqui na Terra pelos três dias de sua experiência de morte e ressurreição, ele alcançou o poder de se elevar plenamente até o Espírito.

O homem não desenvolvido deve se submeter a incontáveis encarnações terrestres, astrais e causais, a fim de se desprender de seus três corpos. Um mestre que conquistou a liberdade final pode escolher se quer voltar a Terra como profeta, para ajudar outros seres humanos a regressarem a Deus, ou se, como eu, prefere residir no cosmo astral. Lá, um redentor carrega uma parte do peso do karma dos seus habitantes, e assim os ajuda a abreviar seu ciclo de reencarnações no cosmo astral, a fim de rumarem em definitivo para as esferas causais [204]. Ou, então, uma alma liberta pode entrar no mundo causal para ajudar seus habitantes a encurtarem seu prazo no corpo causal, e assim conquistarem a Liberdade Absoluta."

"Ó querido mestre ressurrecto, quero saber mais a respeito do karma que obriga as almas a regressarem aos três mundos." – Eu poderia ouvir meu mestre onisciente, pensei, por toda a eternidade. Nunca em sua vida terrena eu tinha sido capaz, em tão pouco tempo, de assimilar tanto de sua sabedoria. Agora, pela primeira vez, eu obtinha percepção clara e definitiva das casas enigmáticas no tabuleiro de xadrez da vida e da morte.

"O karma físico diz respeito aos desejos do homem. Eles devem ser completamente esgotados antes que se torne possível sua residência permanente nos mundos astrais. Há dois tipos de moradores vivendo nas esferas astrais. Os primeiros ainda possuem karma físico insatisfeito e devem, por conta disso, reabitar um corpo denso, a fim de saldar suas dívidas kármicas. Estes podem ser classificados, após a morte física, como visitantes temporários do mundo astral.

Após a morte astral, seres que não expiaram seu karma físico não têm permissão de entrar na excelsa esfera causal das ideias cósmicas, mas estão obrigados a realizar viagens de ida e volta entre os mundos astrais e físicos, alternadamente conscientes de seu corpo físico de 16 elementos grosseiros, e de seu corpo astral de 19 elementos sutis. Todavia, quando uma criatura não desenvolvida perde o seu corpo terreno, permanece a maior parte do tempo no profundo estupor do sono da morte, e dificilmente terá consciência do belo reino astral. Uma vez encerrado o descanso astral, regressa ao plano físico para novas lições, se acostumando gradualmente, vida após vida, aos mundos de sutil textura astral.

Já os moradores usuais, isto é, aqueles que já se encontram há longo tempo no universo astral, livres de todos os anseios materiais, já não precisam mais regressar às vibrações grosseiras da Terra. Eles só têm karma astral ou causal para esgotar. Na morte astral, eles se transferem para o mundo causal, infinitamente mais sutil e delicado. Então, ao final de certo período, determinado pela lei cósmica, estes seres evoluídos retornam a Hiranyaloka ou a um planeta astral de mesma elevação, onde renascem em novo corpo etéreo para redimir o que lhes falta redimir de seu karma astral.

Meu filho, agora você pode compreender melhor que ressuscitei, por decreto divino, como um redentor de almas reencarnadas no astral, especialmente das que desceram da esfera causal – e não das que subiram da Terra: estas, se ainda conservam vestígios de karma físico, não podem se elevar aos mais altos planetas astrais, como Hiranyaloka.

Muitos habitantes terrestres não aprenderam, através do olho desenvolvido pela meditação, a apreciar as alegrias e vantagens superiores da existência astral; e, por conta disso, após sua morte eles ainda anseiam retornar aos prazeres limitados e imperfeitos da Terra; assim também muitos seres astrais, durante a desintegração de seus corpos sutis, não chegam a vislumbrar o excelso estado de alegria espiritual no mundo das ideias; atados em suas recordações da felicidade astral mais densa e adornada, eles ainda anseiam revisitar o paraíso astral. Tais seres devem se redimir do pesado karma astral para que possam obter, após a morte astral, uma estadia permanente no mundo do pensamento causal, tão sutilmente separado do Criador.

Assim, é somente quando um ser não deseja mais experiências no cosmo astral, tão belo em sua visão, quando já não sente a tentação de retornar a ele, é que permanece no mundo causal. Completando ali a obra de redenção do karma causal, do desapego de cada pequena semente dos desejos passados, a alma aprisionada faz saltar a última das três rolhas da ignorância e, emergindo da última jarra, a do corpo causal, ela finalmente se mescla ao Eterno.

Compreende agora?" – O sorriso do mestre trazia consigo um raro encanto!

"Sim, por conta desta graça sobrenatural que acabou de me ofertar. Estou emudecido de alegria e gratidão."

Jamais, seja de um cântico ou de um relato, recebi um conhecimento tão inspirador! É verdade que as Escrituras hindus se referem aos mundos astral e causal, assim como aos três corpos do homem, mas que frias e inexpressivas são aquelas páginas, se comparadas à ardente autenticidade de meu mestre ressurrecto! Para ele, não existia nenhum "país não-descoberto, de cujas fronteiras nenhum viajante regressa"! [*Nota do Editor:* referência a *Hamlet*, de Shakespeare.]

Após um momento, meu guru continuou seu relato:

"A interpenetração dos três corpos do homem se revela de muitas maneiras através de sua tríplice natureza. Mesmo no estado de vigília na Terra, um ser humano é mais ou menos consciente de seus três veículos. Quando seus sentidos estão funcionando, ao saborear, cheirar, apalpar, ouvir e ver, ele está operando principalmente com seu corpo físico. Quando utiliza seus poderes de vontade e de visualização, está exercitando as faculdades de seu corpo astral. Já o seu instrumento causal se manifesta quando o homem mergulha profundamente na reflexão introspectiva ou na meditação: pensamentos cósmicos geniais visitam o homem que se habitua a estabelecer contato com seu corpo causal. Neste sentido, podemos classificar um indivíduo como predominantemente 'sensual', 'enérgico' ou 'intelectual'.

Um homem se identifica com seu veículo físico durante 16 horas por dia, depois cai no sono; quando ele tem sonhos, permanece no mundo astral, criando sem esforço qualquer objeto, assim como fazem os seres astrais. Se o sono é profundo e sem sonhos, o homem transfere por muitas horas a sua consciência, ou noção do eu, ao corpo causal; tal sono é bastante revigorante. Quem sonha está em contato com seu corpo astral, e não com o causal; tal sono não é completamente restaurador."

Eu estive observando Sri Yuktêswar amorosamente, enquanto ele seguia com sua maravilhosa exposição. Todavia, não pude evitar constatar:

"Ó guru angélico, o seu corpo é exatamente igual àquele sobre o qual chorei, pela última vez, no ashram de Puri."

"Oh, sim, meu novo corpo é uma cópia perfeita do antigo. Eu materializo e desmaterializo esta forma à vontade, em qualquer momento, e com muito mais frequência do que fazia quando me encontrava sobre a Terra. Através desta desmaterialização instantânea, agora posso viajar de planeta em planeta, como num expresso de luz; na realidade o que faço é *saltar* do cosmo astral ao causal ou ao físico, e de volta. Por isso, embora você estivesse mudando de lugar tão velozmente nos últimos dias, não tive dificuldade alguma de achá-lo em Bombaim!"

"Oh, mestre, eu andava muito aflito com a sua morte!"

"Ah, então eu morri? Você não está sendo contraditório?"

Os olhos de Sri Yuktéswar cintilavam de alegria e amor. Ele voltou ao seu relato espiritual:

"Você não tem feito mais do que sonhar na Terra; e em seu planeta-sonho, você viu meu corpo-sonho. Mais tarde, enterrou aquela figura-sonho. Agora meu corpo-sonho mais sutil (que você vê neste momento, e abraça um bocado apertado!) ressuscitou num planeta-sonho um tanto mais sutil. Algum dia, este corpo-sonho mais sutil desaparecerá, pois ele também não deve existir para sempre. Todas as bolhas de ilusão um dia devem enfim estourar, atendendo ao toque de despertar. Ó Yogananda, meu filho, busca discernir o que é sonho e o que é Realidade!"

Esta ideia de ressurreição, vinda do Vedanta [205], me deixou profundamente maravilhado. Envergonhei-me por ter chorado a suposta morte de meu mestre, quando vi seu corpo sem vida em Puri. Compreendi, enfim, que meu guru sempre esteve completamente desperto em Deus: sua própria vida e morte na Terra, e sua ressurreição atual, nada mais eram para ele que relatividades ou ideias de Deus no sonho cósmico.

Sri Yuktéswar prosseguiu:

"Meu filho, eu já lhe disse a verdade sobre minha vida, morte e ressurreição. Não se aflija por mim; em vez disso, espalhe por toda parte a história da minha ressurreição. Diga que migrei da Terra−sonho de Deus, onde vivem os homens, para outro planeta−sonho de Deus, onde vivem almas com vestes astrais. Assim, quiçá uma nova esperança venha inundar os corações dos que ainda sonham neste mundo, aturdidos pela angústia da vida e pelo medo da morte."

"Sim, mestre!" − E com que satisfação eu iria compartilhar com o mundo inteiro a minha ventura pela sua ressurreição!

"Na Terra, meus padrões de conduta foram inconfortavelmente altos, inadequados à natureza da maioria dos homens. Frequentemente o repreendi mais do que devia. Você foi posto à prova e se saiu bem; seu amor brilhou ainda mais alto que as nuvens de todas as reprimendas. Hoje, também estou aqui para lhe dizer: nunca mais o olharei com o rigor da censura. Não o repreenderei mais." − Disse meu guru, com um incomparável olhar de ternura.

Ora, e quanto eu não senti falta dos castigos de meu grandioso guru! Cada um deles foi como um anjo, descido do céu para me proteger de meus próprios erros.
"Ó mestre, mestre amado! Pois me reprove mais um milhão de vezes! Repreenda−me agora, se necessário for!"

"Não devo voltar a repreendê−lo." − Sua divina voz era grave e, todavia, corria nela uma correnteza subterrânea de riso. − "Você e eu sorriremos juntos, enquanto nossas duas figuras forem diferentes no sonho−maya de Deus. Até o instante em que, finalmente, mergulharemos unificados no Amado Cósmico; então nossos sorrisos serão o Seu sorriso, e nosso cântico de alegria, em uníssono, vibrará por toda a eternidade, como o testemunho das almas sintonizadas com Deus!"

Sri Yuktéswar também jogou luz sobre assuntos que não posso revelar aqui. Durante as duas horas que passou comigo no quarto de hotel em Bombaim, ele teve resposta para cada uma de minhas perguntas. Certas profecias sobre o mundo, confiadas a mim naquele dia de junho ele 1936, inclusive já se cumpriram.

"Agora devo ir, amado!"

Ao ouvir tais palavras, senti que o mestre começava a desvanecer dentro do círculo de meus braços. Por fim, sua voz ressou nos recantos mais íntimos de minha alma:

"Meu filho, sempre que você entrar pela porta de nirbikalpa samádhi e me chamar, eu virei, como vim hoje: em carne e osso."

Com esta promessa celestial, Sri Yuktéswar desapareceu de minha vista. Uma voz das nuvens repetia, trovejando musicalmente:
"Diga a todos! Quem souber, por meio do êxtase em nirbikalpa, que seu planeta é um sonho de Deus, pode vir ao ultrassutil planeta-sonho de Hiranyaloka para me encontrar ali, ressuscitado num corpo exatamente igual ao que tive na Terra. Yogananda, diga isto a todos!"

Assim se foi a tristeza da separação. As queixas aflitas por sua morte, que por tanto tempo me roubaram a paz, debandaram envergonhadas. A beatitude jorrava como fonte, escorrendo pelos poros recém-abertos em minha alma: no dilúvio do êxtase que me transbordava, os poros obstruídos pelo desuso desde eras remotas agora se alargavam, purificadíssimos. Pensamentos e sentimentos subconscientes de minhas vidas passadas derramaram suas impurezas kármicas, renovados pela visita divina de Sri Yuktéswar.

Neste capítulo de minha autobiografia, obedeci às ordens de meu guru, divulgando a bendita notícia, embora confunda mais uma vez uma geração cética. Rastejar, o homem sabe muito bem; o desespero raramente lhe parece um estranho; tais perversões, todavia, não pertencem ao verdadeiro destino do homem. Quando quiser, ele se colocará no caminho da liberdade. Durante muito tempo, tempo em demasia, ele deu ouvidos ao deprimente pessimismo de seus conselheiros que repetem, "tu és pó", sem perceber a natureza indomável da alma.

Eu não fui o único a ter o privilégio de contemplar o Guru Ressurrecto.

Uma das discípulas de Sri Yuktéswar era uma mulher idosa, conhecida pelo apelido afetuoso de *Ma* (Mãe), cuja moradia se achava próxima do ashram de Puri. O mestre frequentemente parava para conversar com ela durante seus passeios matinais. Na noite de 16 de março de 1936, Ma chegou ao ashram e pediu permissão para ver seu guru.

"Mas como, se o mestre morreu faz uma semana!" – Swâmi Sebananda, agora o responsável pelo ashram de Puri, a olhou com tristeza.

"Impossível!" – Ela protestou, sorrindo.

"Não." – Então, Sebananda lhe contou os detalhes do enterro. – "Venha, vou levá-la ao jardim da frente, onde fica a sepultura do mestre."

Ma abanou a cabeça, negativamente, e disse:

"Para ele, não existe sepultura. Esta manhã, às dez horas, ele passou em frente à minha porta durante seu passeio habitual. Eu falei com ele por alguns minutos, em plena luz do dia. Ele me fez um convite: 'Venha esta noite ao ashram'. E aqui estou eu: suas bênçãos se derramam sobre esta velha cabeça branca! Quis o imortal guru que eu compreendesse em que corpo transcendente ele me visitou esta manhã!"

Assombrado e aliviado, Sebananda ajoelhou-se diante dela:

"Ma, que peso angustiante suas palavras acabam de tirar do meu coração! Ele ressuscitou!"

44. Uma visita a Mahatma Gandhi em Wardha

"Sejam bem-vindos a Wardha!"

Com tais palavras cordiais, seguidas da entrega de guirlandas de *khaddar* (algodão fiado em casa), Mahadev Desai, secretário de Mahatma Gandhi, cumprimentou a Srta. Bletch, o Sr. Wright e a mim. Nosso pequeno grupo, feliz por deixar a poeira e o calor do trem, acabava de chegar à estação de Wardha, em uma manhã de agosto. Depois de colocarmos nossa bagagem num carro de bois, entramos num automóvel sem capota, com o Sr. Desai e seus companheiros, Babasaheb Deshmukh e o Dr. Pingale. Uma rápida viagem por estradas rurais enlameadas nos trouxe a Maganvadi, o ashram do santo político da Índia.

O Sr. Desai nos conduziu imediatamente ao escritório, onde Mahatma Gandhi se encontrava sentado à moda oriental. Tinha uma caneta numa das mãos e papel de rascunho na outra; em sua face, um amplo, amoroso e conquistador sorriso!

"Bem-vindos!" – Ele escreveu no papel, em hindi; era segunda-feira, o seu dia de voto de silêncio semanal.

Embora este fosse o nosso primeiro encontro, sorrimos um para o outro, com afeto. Em 1925, Mahatma Gandhi concedeu a honra de sua visita à nossa escola em Ranchi, e escreveu suas graciosas impressões no livro destinado aos visitantes.

O pequenino santo de 45 quilos irradiava saúde física, mental e espiritual. Seus olhos castanhos suaves cintilavam com inteligência, sinceridade e discernimento. Ali estava o estadista cuja perspicácia fora desafiada em centenas de batalhas legais, sociais e políticas, emergindo vitorioso de todas elas. Nenhum outro líder no mundo alcançou recanto tão garantido nos corações de seu povo como o que Gandhi ocupa no seio de milhões de iletrados da Índia. O espontâneo tributo das massas se exprime no famoso título, *Mahatma*, ou "Grande Alma" [206]. É unicamente por amor a eles que Gandhi limita sua roupa a uma espécie de tanga, conhecida mundialmente através de caricaturas: trata-se de um símbolo de sua unidade com as multidões oprimidas que não podem vestir outra coisa.

"Os residentes do ashram estão inteiramente às suas ordens; por favor, recorram a eles se precisarem de qualquer coisa." – Com sua usual cortesia, o Mahatma estendeu-me outra nota escrita rapidamente, quando o Sr. Desai já se preparava para conduzir nosso grupo do escritório à casa de hóspedes.

Nosso guia nos levou, atravessando pomares e campos de flores, a um edifício coberto de telhas e com gradeados nas janelas. No pátio frontal, um poço de sete metros e meio de diâmetro era usado para o suprimento de água, segundo nos informou o Sr. Desai; perto dali, vimos uma roda de cimento, girando para descascar arroz. Cada um de nossos pequenos dormitórios demonstrava não ter mais que o mínimo necessário: uma cama de cordas trançadas à mão.

Mahatma Gandhi e
Paramahansa Yogananda

A cozinha exibia orgulhosamente uma torneira num canto; no outro, uma cavidade no chão, com fogo, para o preparo dos alimentos. Singelos sons arcádicos alcançavam nossos ouvidos: eles vinham das gralhas, dos pardais e do gado, mesclados com os golpes de um cinzel desgastando a pedra. Ao notar o diário de viagem do Sr. Wright, o Sr. Desai o abriu e escreveu numa página a lista dos votos *Satyagraha* [207], proferidos por todos os estritos seguidores (*satyagrahis*) do Mahatma:

"Não-violência. Verdade. Não roubar. Celibato. Não possuir. Trabalho corporal. Controle do paladar. Destemor. Igual respeito para com todas as religiões. *Swadeshi* (uso de produtos manufaturados no lar). Livrar-se do preconceito da intocabilidade dos párias [os indianos sem casta]. Estes onze votos devem ser observados em espírito de humildade."

(O próprio Gandhi assinou esta página no dia seguinte, adicionando a data: 27 de agosto de 1935.)

Duas horas após a nossa chegada, eu e meus companheiros fomos convocados para o almoço. O Mahatma já tinha cruzado as pernas sob as arcadas do pórtico do ashram, oposto a seu escritório, do outro lado do pátio. Cerca de vinte e cinco satyagrahis descalços sentavam-se à moda oriental diante de pratos e xícaras de latão. Toda a comunidade participou do coro de preces; em seguida, foi servida uma refeição em grandes panelas de latão que continham *chapatis* (pães de trigo integral sem fermento) untados com *ghee* (manteiga de leite de búfala), *talsari* (vegetais picados e cozidos) e uma geléia de limão.

O Mahatma comeu *chapatis*, beterrabas cozidas, alguns vegetais crus e laranjas. Ao lado de seu prato encontrava-se um monte de amargas folhas de *neem*, indicadas para a limpeza do sangue. Com sua colher, ele separou uma porção e a colocou em meu prato. Mastiguei-as bem depressa e enguli com água, recordando os dias de criança, quando mamãe me forçava a ingerir a dose desagradável. Gandhi, todavia, comia tranquilamente a pasta de *neem*, sem fazer nem um esboço de careta.

À tarde, tive a oportunidade de conversar com uma renomada discípula de Gandhi, filha de um almirante inglês, a Srta. Madeleine Slade, a quem chamam agora de Mirabehn. Seu rosto calmo e firme iluminou-se de entusiasmo enquanto ela me falava sobre suas atividades diárias, num hindi impecável:

"A obra de reconstrução rural tem suas recompensas! Um de nossos grupos vai todas as manhãs, às cinco horas, servir os habitantes da aldeia vizinha; e eles também lhes ensinam algumas regras elementares de higiene. Fazemos questão de limpar suas fossas sanitárias, assim como suas cabanas de palha e barro. Os camponeses são analfabetos: não podem ser educados a não ser pelo exemplo!" – Ela sorriu jovialmente.

Observei com admiração esta inglesa de linhagem aristocrática, cuja verdadeira humildade cristã lhe permitia ser varredora de ruas, trabalho geralmente feito somente pelos "intocáveis" [outra referência aos indianos sem casta].

Eventualmente ela me contou um pouco da sua história de vida:

"Vim para a Índia em 1925. Vivendo neste país, sinto que 'retornei ao meu lar'. Hoje eu já não desejaria retornar à minha antiga vida, nem aos meus antigos interesses."

Por mais alguns minutos, trocamos ideias sobre os Estados Unidos. Eis o que ela tinha a dizer:

"Sempre me agrada e me surpreende encontrar em muitos dos norte-americanos que vêm visitar a Índia um profundo interesse pelos assuntos espirituais [208]."

As mãos de Mirabehn logo se ocuparam com uma *charka* (roda de fiar). Graças aos esforços do Mahatma, hoje as *charkas* são onipresentes em toda a Índia rural.

Gandhi tem bons motivos econômicos e culturais para encorajar o renascimento das indústrias caseiras, mas não estimula o repúdio fanático ao progresso moderno como um todo: maquinaria, trens, automóveis, telégrafo etc., todos desempenharam papéis importantes em sua prodigiosa vida! Cinquenta anos de serviço público, dentro ou fora das prisões, lutando diariamente contra os detalhes práticos e as duras realidades do mundo político – tudo serviu apenas para aumentar seu equilíbrio, sua amplitude de ideias, sua sensatez e apreciação bem-humorada do singular espetáculo humano.

Nosso trio se deliciou com um jantar às dezoito horas, como convidados de Babasaheb Deshmukh. Às dezenove horas já estávamos de volta ao ashram Maganvadi, em tempo de participar das preces noturnas: subimos ao terraço superior, onde trinta satyagrahis formavam um semicírculo ao redor de Gandhi. Ele tinha as pernas cruzadas sobre uma esteira de palha, com um antigo relógio de bolso ao lado. O sol, prestes a sumir, lançava seus últimos raios às palmeiras e figueiras; os sussurros da noite e o trilar dos grilos tinham começado. Eu me sentia elevado e preenchido por aquela atmosfera de pura serenidade.

Sob a direção do Sr. Desai, iniciou-se um canto solene; em seguida, uma leitura do *Gita*. O Mahatma sugeriu que eu fizesse a oração de encerramento. Que divina concordância de pensamentos e aspirações! E uma lembrança que ficou para sempre: a meditação, no terraço de Wardha, sob a luz das primeiras estrelas a despontar na noitinha.

Às vinte horas, pontualmente, Gandhi encerrou o seu voto de silêncio. Os trabalhos hercúleos de sua vida exigiam que ele organizasse seu tempo – cada minuto era importante:

"Bem-vindo, Swâmiji!"

Desta vez a saudação do Mahatma não era transmitida em papel. Tínhamos acabado de descer do terraço para o seu escritório, mobiliado simplesmente com esteiras quadrangulares (nenhuma cadeira), uma mesa baixa com livros, papéis e algumas penas de escrever comuns (nenhuma caneta-tinteiro); em um canto, um exótico relógio ressoava o seu tique–

taque. Tudo era abarcado por uma aura de paz e devoção. Sorrindo de forma sedutoramente cativante, ele me falou sobre o voto de silêncio:

"Anos atrás, eu iniciei a minha observância semanal de um dia de silêncio como um modo de ganhar tempo, no intuito de cuidar de minha correspondência. Hoje, no entanto, essas vinte e quatro horas se tornaram uma necessidade vital do meu espírito. Um voto de silêncio periódico não é uma tortura, mas uma bênção."

Concordei, de coração [209]. Em seguida, o Mahatma me fez algumas perguntas sobre a América e a Europa; depois trocamos ideias sobre a Índia e as condições do mundo.
Quando o Sr. Desai entrou na sala, Gandhi se dirigiu ao seu secretário:

"Mahadev, por favor, arranje tudo para que o Swâmiji possa falar sobre ioga, amanhã à noite, no salão da prefeitura de Wardha."

Quando dei boa noite ao Mahatma, ele me ofereceu uma garrafa de óleo de citronela [espanta insetos]:

"Os mosquitos de Wardha ignoram tudo sobre *ahimsa* [210], Swâmiji!" – Disse ele, rindo.

Bem cedinho na manhã seguinte nosso pequeno grupo fez a primeira refeição: mingau de trigo integral, com leite e melado. Às dez e meia, fomos chamados ao pórtico do ashram para almoçar com Gandhi e os satyagrahis. Naquele dia, o cardápio incluía arroz, uma nova seleção de vegetais e sementes de cardamomo.
À tarde, vaguei pelos terrenos do ashram, até alcançar o pasto de algumas vacas imperturbáveis. A proteção das vacas é uma paixão de Gandhi:

"Para mim, a vaca é o símbolo de todo o mundo sub-humano [animal]: ela amplia a solidariedade do homem para além de sua própria espécie. Através da vaca, o homem é impelido a perceber sua identidade com tudo o que vive. Os antigos rishis escolheram a vaca para tal glorificação por um motivo muito óbvio para mim: na Índia, é a vaca que trazia a abundância. Não só dava leite, mas tornava possível a agricultura. A vaca é um poema de compaixão; lê-se 'piedade' em todas as pintas deste animal. Ela é a segunda mãe de milhões de criaturas. Proteger a vaca significa proteger toda a criação de Deus incapaz de falar por si mesma. A súplica dos seres inferiores da criação é mais intensa justamente por não serem dotados de fala."

Alguns rituais diários são obrigatórios para o hindu ortodoxo. Um deles é o Bhuta Yajna, uma oferenda de alimento ao reino animal. Esta cerimônia simboliza o entendimento que o homem adquiriu de suas obrigações para com as formas menos evoluídas do universo, identificadas por instinto ao corpo (uma ilusão, aliás, que também atormenta o homem), embora lhes falte a faculdade libertadora da razão, algo peculiar à humanidade.

Dessa forma, Bhuta Yajna reforça no homem a disposição de prestar socorro ao fraco: em troca, ele é confortado pela boa vontade dos seres invisíveis superiores. A humanidade também se encontra na obrigação moral de proteger as dádivas da Natureza, tão prodigiosa na terra, no mar e no céu. A barreira evolutiva de incomunicabilidade entre a Natureza, os animais, o homem e os anjos astrais é transposta por rituais (*yajnas*) diários de silencioso amor.

Outros dois *yajnas* são Pitri e Nri. Pitri Yajna é uma oferenda aos ancestrais: um símbolo de que o homem reconhece sua dívida para com as gerações passadas, cuja sabedoria acumulada ilumina a humanidade atual. Nri Yajna é uma oferta de alimento aos estranhos ou aos pobres: um símbolo das responsabilidades atuais do homem, seus deveres para com os seus contemporâneos.

No início da tarde, como bom vizinho, cumpri um Nri Yajna, realizando uma visita a outro ashram de Gandhi, exclusivo para meninas. O Sr. Wright me acompanhou numa viagem de dez minutos, feita de automóvel. Chegando lá, observei muitos rostos pequeninos, como flores no topo dos longos saris coloridos!

Ao final de uma breve palestra em hindi [211], que dei ao ar livre, tombou dos céus um súbito aguaceiro. Gargalhando, o Sr. Wright e eu entramos no carro e aceleramos de volta a Maganvadi, entre precipitantes lençóis de prata. Que intensidade tropical, e que travessia emocionante!

Ao adentrar novamente na casa de hóspedes, fiquei mais uma vez comovido com a austera simplicidade e as provas de autossacrifício, visíveis em toda parte. Algum tempo após seu casamento, Gandhi pronunciou o voto de "não possuir", renunciando ao seu trabalho na advocacia, que lhe garantia uma renda anual superior aos 20 mil dólares. Desde então, ele distribuiu toda a sua riqueza aos mais necessitados.

Sri Yuktéswar costumava ridicularizar com alguma gentileza as concepções, em geral errôneas, sobre a renúncia:

"Um mendigo não pode renunciar à riqueza. Quando um homem se lamenta, dizendo: 'meus negócios faliram; minha mulher me abandonou; vou renunciar a tudo e ingressar num ashram', a que sacrifício mundano ele estará se referindo? Ele não renunciou ao dinheiro nem ao amor: estes é que renunciaram a ele!"

Já santos como Gandhi, pelo contrário, não só fizeram sacrifícios materiais tangíveis, mas também realizaram a renúncia, muito mais difícil, aos motivos egoístas e aos objetivos pessoais, imergindo seu mais íntimo ser nas águas correntes da coletividade, passando a viver a serviço da humanidade.

Kasturabai, a notável esposa do Mahatma, não colocou objeções quando ele deixou de reservar uma parte de sua riqueza para o uso dela e de seus filhos. Casados desde o início da adolescência, Gandhi e sua mulher fizeram o voto de celibato após o nascimento de quatro filhos [212]. Como uma heroína tranquila em meio ao intenso drama que tem sido sua vida em comum, Kasturabai tem seguido seu esposo até mesmo nas prisões, partilhado seus jejuns de três semanas e arcado integralmente com a sua parte nas intermináveis responsabilidades do marido. Ela prestou a Gandhi o seguinte tributo:

"Eu lhe agradeço por pelo privilégio de ser sua colaboradora e companheira na vida. Agradeço pelo mais perfeito casamento neste mundo, baseado em brahmacharya (autodomínio), e não em sexo. Agradeço por ter me considerado sua igual no labor de toda a sua vida em favor da Índia. Agradeço por não ser um desses esposos que gastam seu tempo em jogos, corridas de cavalos, mulheres, vinho e canções, se cansando de suas esposas e filhos como um menino logo se entedia de seus brinquedos infantis. Que gratidão eu sinto por você não ser um desses homens que passam a vida enriquecendo com a exploração do trabalho alheio!

Quão agradecida estou por você ter colocado Deus e a pátria acima do suborno, e por ter tido a coragem de seguir suas convicções, e pela sua fé absoluta em Deus. Quão agradecida estou por ter tido um esposo que considerou primeiro Deus e a pátria, e só depois a mim. Eu lhe agradeço por haver tolerado a mim, e às minhas falhas na juventude, quando eu resmungava contra a mudança que você trouxe ao nosso modo de vida, do muito para o pouco.

Quando criança, eu vivi no lar de seus pais. A sua mãe foi uma grande e bondosa mulher; ela me treinou, me ensinando a ser uma esposa valente, corajosa, e a conservar o amor e o respeito de seu filho, meu futuro esposo. Ao longo dos anos, na medida em que você se convertia no mais amado líder da Índia, não senti nenhum dos temores que perturbam a esposa quando seu marido sobe a escada do sucesso, como tantas vezes ocorre em outros países. E eu sabia que a morte nos encontraria – ainda como esposo e esposa."

Durante anos, Kasturabai exerceu as funções de tesoureira, gerindo os fundos públicos que o idolatrado Mahatma é capaz de levantar aos milhões. Muitas histórias bem-humoradas são contadas nos lares da Índia, narrando o nervosismo dos maridos quando suas esposas, usando joias, vão assistir as pregações de Gandhi: a magia na linguagem do Mahatma, suplicando pelos oprimidos, enfeitiça os braceletes de ouro e os colares de brilhantes, que saltam dos pescoços e braços das mulheres abastadas direto para as cestas de coleta!

Certo dia Kasturabai, em seu papel de tesoureira pública, não pôde prestar contas do desembolso de quatro rúpias. Gandhi publicou pontualmente o balancete; inexorável, apontou o débito de quatro rúpias, atribuindo-o à sua esposa.

Eu narrei este caso diversas vezes às minhas classes de estudantes norte-americanos. Certa noite, no meio da aula, uma senhora indignada desabafou:

"Mahatma ou não, se fosse meu marido, eu lhe daria um olho roxo por conta deste desnecessário insulto público!"

Após alguns gracejos bem-humorados entre nós, sobre esposas americanas e esposas hindus, eu dei uma explicação mais completa:

"A senhora Gandhi considera o Mahatma não como seu marido, mas como seu guru, alguém que tem o direito de corrigi-la, mesmo pelos erros mais insignificantes. Algum tempo após a repreensão pública de Kasturabai, Gandhi foi condenado à prisão sob acusação política. Então, enquanto ele calmamente dava adeus a Kasturabai, ela lhe caiu aos pés, dizendo com humildade: 'Mestre, se alguma vez o ofendi, por favor, me perdoe' [213]."

Às três horas daquela tarde em Wardha, dirigi-me, por marcação prévia, ao escritório do santo que conseguiu fazer de sua própria esposa um discípulo inabalável – um raro milagre! Gandhi ergueu os olhos com seu sorriso inesquecível.

"Mahatmaji, por favor, me dê a sua definição de ahimsa." – Eu lhe pedi, enquanto cruzava as pernas sobre a esteira sem almofadas.

"Evitar danos a qualquer criatura viva, seja em pensamento ou ação."

"Eis um belíssimo ideal! O mundo, todavia, perguntará sempre: é permitido matar uma cobra para proteger uma criança, ou em defesa da própria vida?"

"Bem, eu não poderia matar uma cobra sem violar dois de meus votos: destemor e não-matar. Antes eu tentaria, internamente, acalmar a cobra com vibrações de amor. Não posso, de forma alguma, rebaixar meus princípios para adequá-los às circunstâncias." – E acrescentou, com sua encantadora franqueza. – "Mas devo confessar que eu não poderia continuar serenamente esta conversa se uma víbora aparecesse bem diante de mim!"

Acabei notando diversos livros ocidentais em sua mesa. Eram todos um tanto recentes, e falavam sobre regimes alimentares. Ele explicou, esboçando um sorriso:

"Sim, a dieta é importante no movimento Satyagraha, assim como em qualquer outro lugar. Uma vez que defendo a castidade completa para os satyagrahis, estou sempre tentando descobrir o melhor regime alimentar para o celibatário. Devemos vencer o paladar antes de poder controlar o instinto de procriação. No entanto, semi-inanição e dietas desequi-libradas não servem como soluções. Depois de vencer a gula interna, o satyagrahi deve seguir uma dieta vegetariana racional, com todas as vitaminas, minerais, calorias etc. Usando de sabedoria interna e externa em relação à comida, o fluido sexual do satyagrahi se converte facilmente em energia vital para o corpo inteiro."

O Mahatma e eu comparamos nossos conhecimentos quanto aos bons substitutos para a carne:

"O abacate é excelente." – Advoguei. – "Há numerosas plantações de abacate perto do meu centro na Califórnia."

O interesse brilhou na face de Gandhi:

"Gostaria de saber se cresceriam em Wardha. Os satyagrahis apreciariam um novo alimento."

"Ora, eu faço questão de mandar alguns abacateiros de Los Angeles para Wardha (infelizmente não resistiriam à longa viagem). Os ovos são um alimento com elevado teor de proteína; eles são proibidos aos satyagrahis?"

"Somente os ovos fecundados." – O Mahatma deu uma risada. – "Por muitos anos, não apoiei seu uso; ainda hoje não os como. Todavia, certa vez uma de minhas noras estava morrendo devido à má nutrição; seu médico insistia para que a alimentassem com ovos. Não concordei, e o aconselhei a dar à doente algum substituto do ovo – ao que o médico respondeu:
'Gandhiji, galinhas não fecundadas põem ovos sem o esperma vital; assim não se viola o preceito de não matar.'
Desde então, consenti de bom grado que minha nora se alimentasse de ovos; em pouco tempo, ela de fato recuperou a saúde."

Na noite anterior, Gandhi havia expressado o desejo de receber o Kriya Yoga de Láhiri Mahasaya. Fiquei comovido com a amplitude do Mahatma, e de seu espírito de pesquisa. Ele se parece com um menino em sua divina busca, revelando a pura receptividade que Jesus enalteceu nas crianças: "Delas é o reino dos céus" [*Mateus*, 19:14].

Chegava a hora da minha prometida instrução. Diversos satyagrahis entravam na sala: o Sr. Desai, o Dr. Pingale e alguns outros que desejavam se iniciar na técnica de Kriya.

Primeiro ensinei à pequena classe os exercícios Yogôda. Visualiza-se o corpo dividido em vinte partes: daí, a vontade dirige a energia a cada uma, sucessivamente. Logo, cada um dos presentes vibrava diante de mim como um motor humano. Era fácil observar as ondas de energia nas vinte partes do corpo de Gandhi, quase sempre expostos à vista! Apesar da magreza, ele não desagrada aos olhos; a pele de seu corpo é suave e sem rugas.

Em seguida, iniciei o grupo na técnica libertadora de Kriya Yoga.

O Mahatma estudou, com reverencia e dedicação, praticamente todas as religiões do mundo. As Escrituras jainistas, o *Novo Testamento* bíblico e os escritos sociológicos de Liev Tolstói [214] são as três fontes principais das convicções de não-violência de Gandhi. Eis como ele resumiu o seu credo:

"Creio que a *Bíblia*, o *Alcorão* e o *Zend-Avesta* [215] são revelações divinas, como os *Vedas*. Eu creio na instituição dos gurus; todavia, em nosso tempo, milhões de criaturas devem caminhar sem guru, porque é raro encontrar uma combinação de perfeita pureza com perfeita capacidade de instrução. Mas que ninguém se desespere temendo jamais vir a conhecer as verdades religiosas, porque os princípios fundamentais do hinduísmo, como os de todas as grandes religiões, são imutáveis e fáceis de compreender.

Eu acredito, como todo hindu, em Deus e em Sua unidade, no renascimento e na salvação. (...) Meus sentimentos pelo hinduísmo já são tão indescritíveis quanto os que nutro pela minha própria esposa. Ela me comove e me impele adiante como nenhuma outra mulher do mundo pôde fazer. Não que ela seja isenta de erros: ousaria dizer que ela possui muito mais faltas do que posso ver. Mas entre nós existe o sentimento de um vínculo indissolúvel. Sinto o mesmo pelo hinduísmo, com todas as suas faltas e limitações. Nada me encanta mais do que a poesia do *Bhagavad Gita* ou do *Ramayana*. Nos momentos em que eu imaginava estar exalando o último suspiro, o *Gita* era a minha consolação.

O hinduísmo não é uma religião que exclua as culturas alheias. Nele há lugar para o culto de todos os profetas do mundo [216]. Não se trata uma religião missionária, no sentido comum do termo. Absorveu, sem dúvida, muitas tribos em seu seio, mas esta absorção foi de um caráter evolutivo, imperceptível. O hinduísmo ensina cada homem a adorar a Deus segundo a sua própria fé ou dharma [217], assim vivendo em paz com todas as demais religiões."

Sobre Jesus Cristo, Gandhi escreveu:

"Tenho certeza de que se ele vivesse entre os homens, hoje, abençoaria as vidas de muitos que talvez nunca ouviram pronunciar o seu nome. Afinal, está escrito: 'Nem todo o que me diz: Senhor, Senhor! entrará no reino dos céus, mas aquele que faz a vontade de meu Pai, que está nos céus' [*Mateus*, 7:21]. Com a lição de sua própria vida, Jesus demonstrou à humanidade a determinação e o sentido que deveriam ser os de todos nós. Creio que ele pertence não apenas ao cristianismo ou aos cristãos, mas ao mundo inteiro, a todas as nações e etnias."

Em minha última noite em Wardha, falei ao público que tinha sido convocado pelo Sr. Desai, no salão da prefeitura local. No espaço lotado, inclusive no parapeito das janelas, aglomeravam-se cerca de quatrocentas pessoas, todas reunidas para ouvir minha palestra sobre a ioga. Falei primeiro em hindi, e depois em inglês. Nosso pequeno grupo retornou ao ashram em tempo de dar boa noite ao Mahatma, absorto em sua correspondência e em sua paz.

Ainda estava escuro quando me levantei, às cinco horas. A vida na aldeia começava a se animar: primeiro um carro de bois à porta do ashram, depois um lavrador com sua pesada carga equilibrada precariamente na cabeça. Ao final da primeira refeição, nosso trio procurou Gandhi para os *pronams* de despedida. O santo se levanta às quatro horas para a sua prece matutina.

Eu me ajoelhei para tocar seus pés:

"Mahatmaji, adeus! Sob a sua guarda, a Índia não corre perigo."

Muitos anos se passaram após nossa iluminada visita a Wardha; a terra, os oceanos e os céus escureceram com o mundo em guerra. Sozinho entre os grandes líderes, Gandhi ofereceu às forças armadas a alternativa prática da não-violência. Para reparar as queixas e combater as injustiças, o Mahatma empregou recursos não violentos que reiteradamente comprovaram a sua eficácia. Eis como ele resumiu a sua doutrina:

"Eu percebi que a vida persiste em meio à destruição. Deve existir, portanto, uma lei superior à da destruição. É somente sob essa lei que se poderá conceber a sociedade organizada e a vida digna de ser vivida.

E, se essa é a lei da vida, devemos praticá-la em nosso dia a dia. Sempre que houver guerras, sempre que nos defrontarmos com um oponente, devemos buscar a conquista pelo amor. Em minha própria vida, descobri que a lei do amor tem me dado respostas que a lei da destruição jamais seria capaz de dar.

Na Índia, nós tivemos a prova ocular da operação desta lei, na mais ampla escala possível. Não digo que a não-violência tenha penetrado nos corações dos 360 milhões de habitantes da índia, mas afirmo, sim, que num tempo incrivelmente curto ela penetrou mais fundo do que qualquer outra doutrina.

Para atingir o estado mental de não-violência, precisamos passar por um treinamento demorado e rigoroso. É uma vida de disciplina, assim como a vida do soldado. Alcançamos o estado perfeito quando nossa mente, nosso corpo e nossas palavras alcançam a coordenação adequada. Todo problema evoluirá para uma solução se decidirmos fazer da lei da verdade e da não-violência a lei da vida.

Assim como um cientista fará maravilhas com as diversas aplicações das leis da natureza, um homem que aplica as leis do amor com precisão científica poderá realizar maravilhas ainda maiores. A não-violência é infinitamente mais maravilhosa e sutil do que as forças da natureza – como, por exemplo, a eletricidade. A lei do amor é uma ciência muito superior a qualquer ciência moderna.

Consultando a história, podemos afirmar que o uso da força bruta jamais foi capaz de solucionar os problemas do homem. A Primeira Guerra Mundial, para o pavor da Terra, produziu uma bola-de-neve de pesado karma que, aumentando ainda mais, acabou se convertendo na Segunda Guerra Mundial. Somente o calor da fraternidade poderá derreter a atual e gigantesca bola-de-neve de karma sanguinário; ou, do contrário, correndo solta, ela ainda fará surgir uma Terceira Guerra Mundial. Esta trindade profana de guerras não deixará espaço para uma Quarta Guerra, uma vez que teremos nos exterminado em conflitos nucleares. Assim, o uso da lógica da selva, no lugar da razão humana, para a resolução de nossas disputas, fará da Terra novamente uma selva. Se não formos irmãos em vida, o seremos em uma morte violenta e atômica.

A guerra e o crime não compensam, jamais compensaram. Os bilhões de dólares que se dissolveram na fumaça das bombas detonadas, convertidos em nada, teriam sido suficientes para construir um mundo melhor, liberto de quase todas as doenças e totalmente livre da pobreza. Então, não teríamos uma terra de medo, caos, fome e peste, mas um mundo sem fronteiras, de paz, prosperidade e conhecimentos de amplitude cada vez mais elevada."

O apelo de Gandhi à não-violência toca fundo na suprema consciência do homem. Que as nações não sejam mais as aliadas da morte, mas da vida; não da destruição, mas da construção; não do ódio, mas dos milagres criativos do amor.

Ensina o *Mahabharata*:

"Devemos perdoar qualquer ofensa. A continuação das espécies se fez possível graças à capacidade humana de perdoar. O perdão é a pura santidade: através do perdão, o universo se mantém coeso. O perdão é a força dos fortes; o perdão é sacrifício; o perdão é a tranquilidade da mente. Perdão e doçura são as qualidades de quem é o senhor de si mesmo. Representam a virtude que jamais perece."

A não-violência é o resultado natural da lei do perdão e do amor. Gandhi proclamou:

"Se for necessário perder uma vida numa batalha justa, devemos estar preparados, assim como Jesus, para derramar o nosso próprio sangue: não o dos outros. E assim, haverá menos sangue derramado no mundo."

Algum dia um novo épico será escrito sobre os satyagrahis da Índia, que resistiram ao ódio com o amor, à violência com a não-violência, e se deixaram assassinar impiedosamente, em vez de pegar em armas. Disto resultou que, em certas ocasiões históricas, foram os seus inimigos que jogaram as armas ao chão e fugiram, cheios de vergonha, abalados em suas convicções mais profundas, após estarem frente a frente com homens que valorizavam a vida dos outros acima da sua própria.

Disse Gandhi: "Eu preferiria esperar, quiçá durante séculos, se fosse preciso, a buscar a liberdade de minha pátria através do derramamento de sangue". E a *Bíblia* nos adverte: "Todos os que empunharem a espada, morrerão pela espada" [*Mateus*, 26:52].

Eis como o Mahatma resumiu o seu entendimento do nacionalismo:

"Eu me considero um nacionalista, mas o meu nacionalismo é tão amplo como o universo. Ele inclui em sua vastidão todas as nações da Terra [218], ele inclui o bem-estar do mundo inteiro. Não desejo que a minha Índia se erga sobre as cinzas de outras nações. Não quero que a Índia explore um único ser humano. Quero que a Índia seja forte, para que ela também possa contagiar com sua força as demais nações. Hoje isto não se dá em nenhuma nação da Europa: elas não transmitem força às outras.

O presidente Woodrow Wilson mencionou os seus belos catorze pontos, mas disse: 'Afinal, se nosso esforço para atingir a paz vier a fracassar, ainda poderemos recorrer as nossas armas'.

Bem, eu quero inverter essa posição e dizer: *Nosso armamento já fracassou.* Vamos procurar algo novo. Experimentemos a força do amor; experimentemos a força de Deus, que é a verdade. Quando conquistarmos tal força, nenhum outro recurso será necessário."

Pelo treinamento que o Mahatma ministrou a milhares de verdadeiros satyagrahis (os que professaram os onze votos rigorosos mencionados no início deste capítulo); por sua paciente educação das multidões hindus para que compreendessem os benefícios espirituais (e eventualmente materiais) da não-violência; por equipar seu povo com armas não-violentas; e por despertar a solidariedade do mundo através de inúmeros exemplos de heróico martírio entre os satyagrahis, Gandhi nos retratou dramaticamente o caráter prático da não-violência: o seu poder de resolver disputas sem recorrer a guerra.

Através de meios não-violentos, Gandhi já conquistou um maior número de concessões políticas para a sua terra do que as obtidas por qualquer outro líder, de qualquer outro país, pela via violenta.

Os métodos não-violentos para a erradicação de todos os males e injustiças têm sido notavelmente aplicados, não só na arena política, mas no campo complexo e delicado das reformas sociais da Índia. Gandhi e seus seguidores puseram fim a muitas velhas rixas entre maometanos e hindus. Hoje, centenas de milhares de muçulmanos encaram o Mahatma como seu líder. Até mesmo os intocáveis [os indianos sem casta] encontraram nele um paladino destemido e triunfante. Palavras do Mahatma:

"Se existir um renascimento para mim, quero voltar como pária entre os párias, pois assim poderei lhes prestar um serviço mais eficaz."

O Mahatma é verdadeiramente uma "grande alma". Todavia, os que mais lhe chamaram por este título foram os milhões de analfabetos: o profeta da paz é venerado em sua pátria. O camponês mais humilde se colocou à altura do grande desafio de Gandhi. O Mahatma acredita com toda sinceridade na inerente nobreza do homem. As falhas inevitáveis nunca o desiludiram. Eis o que ele escreveu sobre a natureza humana:

"Mesmo que seu oponente o tenha enganado vinte vezes, um satyagrahi está pronto para confiar nele pela vigésima primeira primeira vez, pois uma confiança implícita na natureza humana é a verdadeira essência de seu credo [219]."

Certa vez, um ouvinte fez esta observação a Gandhi:

"Mahatmaji, o senhor é um homem excepcional. Não deve esperar que o mundo todo se comporte como você."

"Ora, é curioso como iludimos a nós mesmos, imaginando que podemos sim melhorar nosso corpo, mas que é impossível despertar os poderes ocultos da alma." – Respondeu Gandhi. – "Eu me empenho na tentativa de mostrar que, se possuo algum desses poderes, ainda sou um mortal tão frágil quanto qualquer outro: nunca houve nada de extraordinário a meu respeito. Sou um simples indivíduo, sujeito a errar como qualquer companheiro mortal. Eu admito que possuo humildade suficiente para confessar meus erros e corrigir os passos que dei até aqui. Confesso que tenho uma fé inalterável em Deus e em Sua bondade, e uma paixão inextinguível pela verdade e pelo amor. Mas não é isso o que toda pessoa tem latente, dentro de si? Se podemos fazer novas descobertas e invenções no mundo objetivo dos fenômenos, devemos declarar consolidada a nossa falência no domínio espiritual? Será impossível multiplicar as exceções de modo a torná-las a nova regra? Estará o homem condenado a ser sempre um bruto, com poucas e excepcionais exceções? [220]"

Os norte-americanos podem se recordar com orgulho do sucesso da experiência de não-violência de William Penn, fundador de um povoado na Pensilvânia, no século XVII. Ali "não havia fortalezas, nem soldados, nem milícia, nem mesmo armas". Em meio às selvagens guerras de fronteiras e às matanças que repetidamente ocorriam entre os novos colonos e os pele-vermelhas, somente os quakers da Pensilvânia nunca foram molestados. "Outros foram assassinados, outros foram massacrados; eles, no entanto, continuavam a salvo. Nenhuma mulher quaker foi molestada; nenhuma criança quaker foi morta; nenhum homem quaker foi torturado". Quando os quakers, por fim, foram obrigados a renunciar ao governo do Estado, "estourou a guerra e houve colonos da Pensilvânia assassinados. Mas somente três quakers foram mortos: aqueles que chegaram ao extremo de renegar a sua fé com o porte de armas, para sua defensa".

"O uso da força na Primeira Grande Guerra não trouxe a tranquilidade." – Declarou Franklin D. Roosevelt [presidente dos EUA]. – "A vitória e a derrota foram igualmente estéreis. O mundo deveria ter aprendido essa lição."

"Quanto mais armas de violência, mais miséria para a humanidade." – Ensinou Lao Tse [sábio da China antiga]. – "O triunfo da violência culmina num festival de luto."

"Eu luto pela paz do mundo, e por nada menos que a paz." – Explicou Gandhi. – "Se o movimento indiano obtiver sucesso nas bases não-violentas de Satyagraha, dará um novo significado ao patriotismo; e, se é que posso dizer isto com a humildade intacta, um novo significado à própria vida humana."

Que o Ocidente reflita, antes de rejeitar as ideias de Gandhi, nesta definição de Satyagraha dada pelo Rabi da Galileia:

"Ouviste que foi dito: olho por olho e dente por dente; mas eu vos digo: não resistais ao mal (com o mal); mas a quem vos bater na face direita, oferece também a esquerda." (*Mateus* 5:38-40)

A época de Gandhi se deu, com a bela precisão do tempo cósmico, em um século já desolado e devastado por duas guerras mundiais. Uma caligrafia divina aparece na parede de granito de sua vida: uma advertência contra o derramamento de sangue entre irmãos.

Mahatma Gandhi visitou minha escola com treinamento de ioga em Ranchi. Eis a mensagem que ele escreveu no livro de visitas de Ranchi:

"Esta instituição me impressionou profundamente. Tenho grandes esperanças de que esta escola encoraje o uso prático da roda de fiar [221]."

(Assinado:) Mohandas Gandhi, 17 de setembro de 1925

45. A mãe bengali "permeada de alegria"

"Senhor, eu lhe peço que não deixe a Índia sem antes conhecer Nirmala Devi. Sua santidade é intensa: ela é conhecida em toda a parte como Ananda Moyi Ma (mãe permeada de alegria)." — Minha sobrinha, Amiyo Bose, me encarava com um olhar suplicante.

"É claro! Quero muito ver esta santa mulher. Na verdade, eu já li sobre o seu adiantamento na realização divina. Um artigo sobre ela apareceu anos atrás na revista *East–West*."

"Eu já estive com ela." — Continuou Amiyo. — "Recentemente Ananda Moyi Ma visitou a pequena cidade onde vivo, Jamshedpur. Por conta das súplicas de um discípulo, ela foi à casa de um moribundo. Ela permaneceu junto ao leito do agonizante; e, quando lhe tocou a testa com a mão, o rangido da morte cessou. A doença desapareceu no mesmo instante; com surpresa e alegria, o homem se viu curado e bem-disposto."

Alguns dias depois, eu soube que a Mãe Beatífica se encontrava hospedada na casa de um discípulo, no bairro Bhowanipur, em Calcutá. O Sr. Wright e eu partimos imediatamente da casa de meu pai, naquela mesma cidade. Quando o Ford se aproximava da moradia de Bhowanipur, meu companheiro e eu presenciamos uma cena notável em plena rua.

Ananda Moyi Ma estava de pé, em cima de um automóvel conversível de capota abaixada, abençoando cerca de uma centena de discípulos. Tudo indicava que ela já estava partindo dali. O Sr. Wright estacionou o Ford a alguma distância e me seguiu a pé até a multidão silenciosa. A santa lançou um olhar em nossa direção, desceu do carro e caminhou ao nosso encontro.

"Pai, o senhor veio!"

Com tais palavras de fervor, falando em bengali, ela pôs o braço em volta de meu pescoço e a cabeça em meu ombro.

O Sr. Wright, a quem eu tinha acabado de dizer que não conhecia a santa pessoalmente, se deleitava com esta extraordinária demonstração de boas vindas. Os olhos de uma centena de discípulos também estavam fixos, surpresos diante daquela cena afetuosa.

De imediato, eu havia percebido que a santa se encontrava em elevado estado de samádhi. Esquecida de sua aparência externa como mulher, só tinha a consciência de ser uma alma imutável; desse plano [de consciência], ela saudava com alegria a outro devoto de Deus. Ela me pegou pela mão e me conduziu até o automóvel onde estava.

"Ananda Moyi Ma, estou retardando a sua saída!" – Protestei.

"Pai, eu estou me encontrando com o senhor pela primeira vez nesta vida, após séculos! Por favor, não me deixe ainda."

Assim, nós sentamos juntos no assento traseiro do carro. A Mãe Beatífica logo entrou em estado imóvel de êxtase. Seus belos olhos se elevaram em direção ao céu e pararam, semiabertos, sondando o Paraíso interno, tão distante e tão próximo. Os discípulos cantavam suavemente: "Vitória à Mãe Divina!".

Em minhas andanças pela Índia, eu havia encontrado muitos homens realizados em Deus, mas nunca me deparei com uma santa tão sublime. Sua face delicada tinha o brilho da inefável ventura que lhe valera o título de Mãe Permeada de Alegria [Divina]. Longas tranças negras caíam por trás de sua cabeça, livres, sem véu. Em sua testa, um sinal vermelho de pasta de sândalo simbolizava o olho espiritual, sempre aberto em seu interior. Ela tinha um rosto pequeno, mãos pequenas e pés pequenos: que contraste com sua magnitude espiritual!

Enquanto a santa permanecia em seu transe, fiz algumas perguntas sobre ela a uma de suas discípulas. Eis o que a *chela* me disse:

"A Mãe Beatifica viaja bastante, percorrendo grandes partes da Índia; em muitas regiões, ela tem centenas de discípulos. Seus corajosos esforços permitiram a realização de muitas reformas sociais desejáveis. Embora seja brâmane, a santa não reconhece distinções de casta [222]. Um grupo de discípulos viaja sempre ao lado dela, cuidando de seu conforto. Nós temos de ser como mães para ela, pois não toma conhecimento de seu próprio corpo. Se ninguém lhe dá alimento, não come, nem pede. Mesmo quando as refeições são colocadas à sua frente, ela não as toca. Para evitar seu desaparecimento deste mundo, nós, os discípulos, a alimentamos com nossas próprias mãos. Durante dias a fio, costuma permanecer em transe divino, quase sem respirar, e com os olhos imóveis. Um de seus principais discípulos é o marido. Porém, muitos anos atrás, logo após o casamento, ele fez um voto de silêncio."

A *chela* apontou para um homem de ombros largos, feições harmoniosas, cabelos compridos e barba grisalha. Ele se encontrava de pé, silencioso em meio ao grupo, com as palmas das mãos unidas – na atitude reverente do discípulo.

Emergindo de seu mergulho refrescante no Infinito, Ananda Moyi Ma voltou a focalizar sua consciência no mundo material:

"Pai, me diga, por favor, onde é a sua morada." – Sua voz era clara e melodiosa.

"Atualmente, em Calcutá ou Ranchi; mas, em breve, retornarei à América."

"América?"

"Sim, uma santa hindu será verdadeiramente estimada pelos que buscam a espiritualidade no Ocidente. Você gostaria de ir?"

"Se o Pai puder me levar, eu irei."

Esta resposta provocou um alarme imediato entre os discípulos que estavam mais próximos. Um deles me disse, com firmeza:

"Vinte ou mais discípulos sempre viajam com a Mãe Beatífica. Não poderíamos viver sem nossa Mãe. Aonde ela for, nós iremos."

Abandonei meu plano, com relutância, pois ele adquiria proporções impraticáveis de crescimento espontâneo!

"Por favor, venha pelo menos até Ranchi com seus devotos." – Eu pedi, ao me despedir da santa. – "Você, que é uma criança divina, certamente irá apreciar os pequeninos da minha escola."

"Quando o Pai me levar, irei com prazer."

Ananda Moyi Ma e Paramahansa Yogananda

Pouco tempo depois, a *Vidyalaya* de Ranchi se preparou para a prometida visita da santa. Os meninos aguardavam ansiosos qualquer dia de festa: sem lições, mas com horas de música e uma refeição festiva para completar a alegria!

"Vitória! Ananda Moyi Ma, ki jai!"

Este canto, complementado por grupos de entusiásticas gargantas infantis, saudou a comitiva da santa cruzando os portões da escola. Chuvas de flores de calêndula, címbalos a tinir, grandes conchas assopradas vigorosamente, e o tambor *mridanga* a rufar!

A Mãe Permeada de Alegria passeou sorridente pelos terrenos ensolarados da Vidyalaya, sempre carregando dentro de si o seu próprio paraíso em miniatura.

"É lindo aqui." – Disse Ananda Moyi Ma, com o olhar cintilante, quando a conduzi pelo edifício da sede.

Ela se sentou ao meu lado, com seu sorriso de menina. Dava a impressão de ser a amiga mais íntima; e, todavia, estava sempre envolta numa aura de distanciamento – o paradoxal isolamento da Onipresença.

"Por favor, me conte algo sobre a sua vida."

"O Pai já sabe de tudo; para que repetir?"

Ela sentia, era evidente, que os fatos de uma breve encarnação nem sequer mereciam referência. Rindo, insisti delicadamente em meu pedido.

"Pai, eu pouco tenho a dizer." – Ela estendeu as mãos, num gesto de quem suplica perdão. – "Minha consciência nunca se associou a este corpo temporário. Antes de vir a este mundo, pai, 'eu era a mesma'. Quando fui uma pequenina, 'eu era a mesma'. Quando cresci e floresci como mulher, ainda então 'eu era a mesma'. Quando a família onde nasci fez os acordos para que este corpo se casasse, 'eu era a mesma'.

Um dia, meu marido se ajoelhou diante de mim, cruzou as mãos e implorou meu perdão, dizendo:

'Mãe, porque profanei o seu templo corporal tocando-o com o pensamento da luxúria – sem saber que nele habitava não a minha esposa, mas a Mãe Divina – eu faço este voto solene: serei seu discípulo, um seguidor celibatário, sempre cuidando de você em silêncio como um servo, nunca mais falando com ninguém enquanto eu viver. Que eu possa assim expiar o pecado que cometi hoje contra você, minha guru.'

E, mesmo quando eu aceitei calmamente esta proposta do meu marido, 'eu era a mesma'. E agora, pai, diante da sua presença, 'eu sou a mesma'. Depois desta vida, embora ao meu redor a dança da criação se alterne nos salões da eternidade, 'eu serei a mesma'."

Ananda Moyi Ma mergulhou em um profundo estado de êxtase. Sua figura adquiriu a imobilidade de uma estátua; ela voou para o seu reino, que estava sempre lhe chamando de volta. Então, as escuras lagoas de seus olhos agora pareciam mortas. Esta expressão costuma surgir quando os santos removem sua consciência do corpo físico; que não passa, então, de uma peça de argila sem alma. Sentamos juntos durante uma hora, em transe extático. Ela voltou a este mundo com um pequeno riso de alegria.

"Por favor, Ananda Moyi Ma, venha comigo ao jardim. O Sr. Wright vai tirar algumas fotografias." – Eu lhe pedi.

"Pois não, pai. A sua vontade é a minha." – Seus olhos gloriosos retinham um imutável esplendor divino, ao posar para vários retratos [*Nota do Editor:* uma das fotografias ilustra a imagem deste capítulo].

Veio a hora do banquete! Ananda Moyi Ma cruzou as pernas sobre o cobertor que lhe servia de assento, tendo um discípulo junto ao seu ombro para alimentá-la. A santa, tal qual uma criancinha, engolia obedientemente a comida que o discípulo lhe punha na boca. Era óbvio que a Mãe Permeada de Alegria não via diferença entre o molho de curry e as frutas cristalizadas!

Ao se aproximar o crepúsculo, a santa partiu junto com a sua comitiva, sob uma chuva de pétalas de rosa; enquanto ia embora, abençoava os meninos com as mãos erguidas. Suas faces pequeninas cintilantes expressavam o amor que ela havia despertado neles, sem qualquer esforço aparente.

"'Amarás ao Senhor teu Deus de todo o teu coração, e de toda a tua alma, e de todo o teu entendimento, e de todas as tuas forças', proclamou o Cristo, 'este é o primeiro mandamento'" [*Marcos*, 12:30].

Rejeitando todo apego inferior, Ananda Moyi Ma jura fidelidade exclusiva ao Senhor. Com a lógica segura da fé, e jamais recorrendo às distinções excessivamente rebuscadas dos eruditos, a santa, em sua simplicidade de menina, solucionou em si o único problema da vida humana: estabelecer a sua unidade com Deus.

O homem se esqueceu desta simplicidade absoluta, hoje nublada por mil complicações. Recusando um amor monoteísta ao Criador, as nações tentam mascarar sua infidelidade com o respeito formal ao culto exterior da caridade. Tais gestos humanitários são virtuosos porque, durante um momento, desviam o homem da adoração de si mesmo, mas não o eximem de sua primordial responsabilidade na vida, "o primeiro mandamento" a que Jesus se referiu. A edificante obrigação de amar a Deus é assumida pelo homem desde que ele respira pela primeira vez o ar concedido gratuitamente por seu único Benfeitor.

Após sua visita à escola em Ranchi, eu tive uma nova oportunidade de ver Ananda Moyi Ma. Alguns meses depois, ela e o seu grupo de discípulos aguardavam um trem na plataforma da estação de Serampore. Quando me aproximei, ela me disse:

"Pai, eu seguirei para o Himalaia. Pessoas bondosas construíram para nós um ashram em Dehra Dun."

Observando o seu embarque, fiquei maravilhado ao constatar que, fosse em meio à multidão, num trem ou num banquete, ou mesmo simplesmente sentada em silêncio, seus olhos nunca se desviavam de Deus.

Dentro de mim, ainda consigo escutar sua voz ao se despedir, um eco de doçura imensurável:

"Veja: agora e sempre, unida ao Eterno, 'eu sou sempre a mesma'."

46. A iogue que nunca se alimenta

"Senhor, para onde vamos esta manhã?"

Enquanto dirigia o Ford, o Sr. Wright desviou os olhos da estrada por tempo suficiente para me encarar com uma expressão interrogativa. Ele raramente sabia, de véspera, qual seria a próxima região de Bengala a ser explorada.

"Se Deus quiser, nosso caminho nos levará a conhecer uma oitava maravilha do mundo: uma santa mulher cujo único alimento é o ar puro!"

"Ora, após Teresa Neumann, as maravilhas se repetem."

Mesmo assim, o Sr. Wright deu um sorriso ansioso; até acelerou a velocidade do carro: mais trigo excepcional para o seu moinho; para o seu diário de viagem, que não era o de um turista qualquer!

Nós tínhamos acabado de deixar para trás a escola de Ranchi; havíamos levantado antes do nascer do sol. Além de meu secretário e de mim, mais três amigos bengalis formavam a comitiva. Sorvemos o ar revigorante, o vinho natural da manhã. Nosso motorista conduzia o automóvel com todo o cuidado, entre camponeses madrugadores e carretas de duas rodas, lentamente puxadas por bois parrudos, resolvidos a disputar a estrada com um intruso metálico e sua buzina.

"Senhor, gostaríamos de saber mais sobre a santa que jejua."

"Seu nome é Giri Bala. A primeira vez que ouvi falar dela foi anos atrás, pelos lábios de um amável erudito, Sthiti Lal Nundy. Ele vinha com frequência à nossa cosa de Gurpar Road para dar lições particulares a meu irmão Bishnu. Eis o que me disse Sthiti Babu: 'Eu conheço Giri Bala muito bem. Ela usa uma certa técnica iogue que lhe permite viver sem alimento. Fui seu vizinho em Nawabganj, perto de Ichapur, ao norte de Bengala. Decidi vigiá-la de perto e nunca vi nenhuma evidência de que ingerisse comida ou bebesse. Meu interesse cresceu a tal ponto que procurei o Marajá de Burdwan [223] e lhe pedi lhe que realizasse uma investigação. Espantado com a história, ele a convidou a ir até o seu palácio. Então, ela concordou em se submeter a uma prova, e viveu dois meses fechada num pequeno retiro da residência do marajá. Posteriormente, voltou ao palácio para uma permanência de vinte dias; e, em seguida, para uma terceira prova, de quinze dias. O próprio marajá me declarou que os três exames rigorosos o convenceram, acima de qualquer suspeita, de que ela de fato jamais se alimentava.

Esta história de Sthiti Babu permaneceu em minha mente por mais de vinte e cinco anos. Algumas vezes, nos Estados Unidos, eu me indagava se o rio do tempo não tragaria a *yogini* [mulher iogue] antes que eu pudesse encontrá-la. Hoje, ela já deve ser bem idosa. Ainda não sei onde ela vive, nem se ainda vive. Todavia, em algumas horas chegaremos a Purulia, onde o irmão de Giri Bala tem uma casa."

Às dez e meia, nosso pequeno grupo conversava com esse irmão, Lambadar Dey, um advogado em Purulia:

"Sim, minha irmã ainda vive. Às vezes, ela fica comigo aqui, mas neste momento ela está no lar de nossa família, em Biur." – Lambadar Babu lançou um olhar duvidoso ao Ford. – "Swâmiji, eu imagino que nenhum automóvel já se aventurou até um lugar tão remoto e isolado como Biur. Seria mais seguro se todos se resignassem aos solavancos de uma carreta de bois."

Nosso grupo, por unanimidade, jurou se manter fiel ao Orgulho de Detroit.

"O Ford vem lá dos Estados Unidos." – Eu disse ao advogado. – "Seria uma vergonha lhe privar da oportunidade de conhecer o coração de Bengala!"

"Então, que Ganesha [o deus que remove obstáculos] os acompanhe!" – Disse Lambadar Babu, com uma risada. E acrescentou: – "Se conseguirem chegar até lá, estou certo de que a sua visita será um grande prazer para Giri Bala. Ela conta quase setenta anos, mas ainda conserva uma excelente saúde."

"Por favor, senhor, me diga: é verdade que ela não se alimenta de nada?" – Eu o fitei diretamente nos olhos, essas indiscretas janelas da alma.

"É verdade." – Seu olhar era franco e leal. – "Por mais de cinco décadas, nunca a vi provar a menor migalha. Se chegasse de repente o fim do mundo, eu não ficaria tão surpreendido quanto se visse minha irmã comendo alguma coisa."

A risada foi geral, devido à improbabilidade destes dois eventos cósmicos.

"Giri Bala nunca buscou a solidão inacessível para suas práticas de ioga." – Prosseguiu Lambadar Babu. – "Até aqui, toda a sua vida transcorreu no convívio de seus familiares e amigos. Dessa forma, hoje todos estão inteiramente acostumados às estranhas condições em que ela vive. Qualquer um deles ficaria pasmo se Giri Bala subitamente resolvesse comer! Minha irmã vive em discreto retiro, como convém a uma viúva hindu, mas nosso pequeno círculo em Purulia e Biur sabe que ela é, literalmente, uma 'mulher excepcional'."

A sinceridade nas palavras do irmão era evidente. Nosso pequeno grupo lhe agradeceu calorosamente e partiu para Biur. Paramos numa loja para comprar *luchis* e curry, eventualmente atraindo um enxame de garotos que circundou o Sr. Wright, para ver um ocidental comer com os dedos, à maneira simples dos indianos [224]. Um exigente apetite nos revigorou e nos preparou devidamente para a jornada da tarde; pois, sem que pudéssemos suspeitar naquele momento, ela viria a ser bastante penosa.

Em seguida o nosso caminho, rumo ao leste, cruzando arrozais queimados pelo sol, levava à zona Burdwan de Bengala. Prosseguíamos por estradas abertas na vegetação densa; as canções de *maynas* e *bulbuls* [aves canoras da Ásia], de pescoço listado, partiam de árvores cujas folhagens se pareciam com enormes guarda-sóis. De vez em quando, cruzávamos com uma carreta de bois; o ruidoso "rim rim" do eixo, e das rodas de madeira com aros de ferro, contrastava nitidamente em nossas mentes com o deslizar dos pneus no asfalto aristocrático das cidades.

"Richard, pare. Essa mangueira abarrotada de frutos está nos gritando um convite perfeito!"

Meu súbito pedido resultou num solavanco de protesto do Ford. Como meninos, corremos os cinco para o terreno coberto de mangas; a árvore gentilmente ofertava os seus frutos na medida em que se tornavam maduros.

"Muitas mangueiras nascem para não serem vistas, e para desperdiçarem sua doçura no chão de pedras." – Constatei.

"Não há nada igual a isto nos Estados Unidos, hein, Swâmiji?" – Disse, rindo, Sailesh Mazumdar, um dos meus estudantes bengalis.

"Não mesmo." – Eu admiti, repleto de mangas e de alegria. – "Que falta senti desta fruta no Ocidente! Um paraíso hindu sem mangas é inconcebível!"

Atirei uma pedra, fazendo despencar uma beldade orgulhosa do galho mais alto. Então, entre nacos de ambrosia aquecida pelo sol tropical, me lembrei de perguntar ao Sr. Wright:

"Richard, todas as máquinas fotográficas estão no carro?"

"Sim, senhor, no porta-malas."

"Bem, se Giri Bala provar que é uma verdadeira santa, quero escrever a respeito dela no Ocidente. Uma *yogini* hindu, com poderes tão inspiradores, não deveria viver e morrer desconhecida como a maioria destas mangas."

Meia hora mais tarde, eu ainda caminhava naquela paz silvestre. Coube ao Sr. Wright o alerta:

"Senhor, devemos alcançar Giri Bala antes do pôr do sol, a fim de termos luz suficiente para as fotografias. Os ocidentais são um bocado céticos; sem fotos, não se convencem!" – Ele deu um sorriso malicioso.

Este sábio recado era indiscutível; dei as costas à tentação da paisagem e entrei novamente no carro.

"Você tem toda razão, Richard, eu sacrifico o paraíso das mangas no altar do realismo ocidental. Temos de conseguir essas fotografias!"

A estrada se tornou gradualmente mais doentia: rugas na trilha das carretas, tumores de barro endurecido – as tristes enfermidades da velhice. Às vezes, nosso grupo descia do carro para permitir que o Sr. Wright manobrasse mais facilmente o Ford, enquanto nós fazíamos o possível para ajudar, empurrando a traseira do automóvel.

"Lambadar Babu nos disse a pura verdade." – Reconheceu Sailesh. – "O Ford não nos transporta; nós é que o transportamos."

Entrar e sair do carro já estava se tornando monótono, mas nosso tédio se amenizava, de vez em quando, com o surgimento de uma aldeia na paisagem: cada uma delas formava um cenário de fantástica simplicidade.

Eis o registro do Sr. Wright em seu diário de viagem, em 5 de maio de 1936:

"Nosso caminho se torcia e se recurvava, cruzando bosques de palmeiras entre vilarejos antigos e intactos, aninhados na sombra da floresta. E como são fascinantes ao extremo estes aglomerados de cabanas de barro e tetos de sapé, sempre com um dos nomes de Deus pintado sobre a porta! Muitas criancinhas nuas, brincando inocentemente no campo, paravam para arregalar os olhos, ou fugir desesperadamente desta carruagem enorme, preta e sem bois, que cortava a sua aldeia numa velocidade raramente vista. As mulheres simplesmente espiavam das sombras, enquanto os homens descansavam preguiçosamente sob as árvores, à margem do caminho, aparentando indiferença. Em certo vilarejo, todos os habitantes tomavam banho alegremente num grande tanque (vestidos, depois trocando os trajes molhados por outros secos). As mulheres carregavam água para suas casas em imensas jarras de latão.

A estrada nos conduzia por montes e cumes, como numa divertida aventura; fomos sacudidos em todas as direções, mergulhamos em pequenos riachos; fomos obrigados a seguir por desvios devido a uma estrada pavimentada ainda por terminar; deslizamos sobre leitos de rios secos e arenosos; e então, finalmente, quase às cinco horas da tarde, nos aproximamos de nosso destino: Biur.

Esta pequenina aldeia no interior do distrito de Bankura, escondida sob a proteção de densa folhagem, é inacessível aos viajantes na estação das chuvas, segundo nos informaram; então, os riachos são torrentes furiosas, e as estradas se assemelham a serpentes cuspindo o seu veneno: a lama.

Pedindo por um guia a um grupo de devotos que voltava para casa após as orações no templo (afastado da aldeia), fomos assediados por uma dúzia de garotos que treparam de ambos os lados do veículo, ansiosos para nos levar até a casa de Giri Bala.

O caminho levava a um bosque de tamareiras abrigando um grupo de cabanas de barro; todavia, antes de alcançá-lo, o Ford se inclinou por um momento num ângulo perigoso, dando um solavanco antes de voltar suas quatro rodas ao chão. A estreita trilha, rodeando árvores e uma cisterna, nos conduziu sobre buracos e sulcos profundos. O carro primeiro foi bloqueado por uma moita de arbustos; a seguir, encalhou numa pequena elevação de terreno, nos obrigando a descer (outra vez!) para remover parte da terra. Continuamos, devagarinho, com toda a precaução. De repente, o caminho foi interrompido por uma massa de arbustos no meio da trilha da carroça, exigindo um desvio por uma saliência íngreme até encalharmos novamente na terra seca, desta feita exigindo um resgate com uso de enxada.

Muitas vezes o caminho nos pareceu intransponível, mas nossa peregrinação devia continuar: garotos aldeãos iam buscar pás e demoliam os obstáculos (bênçãos de Ganesha!), enquanto centenas de crianças e pais nos olhavam, assombrados com o fato de um veículo como aquele ter chegado até ali.

Nós seguíamos penosamente a nossa rota, nos guiando por dois antigos sulcos de carretas; as mulheres nos observavam com olhos muito arregalados, das portas de suas cabanas; os homens seguiam em nosso rastro, de ambos os lados e por trás; e as crianças corriam para aumentar a procissão. Quiçá nós fomos os primeiros a dirigir um Ford até estas paragens; o 'Sindicato dos Transportadores em Carretas de Boi' deve ter muito poder por aqui! Que impressão sensacional nós causávamos naqueles aldeãos: um grupo de viajantes com um motorista norte-americano, pioneiros montados num veículo ruidoso e metálico, irrompendo diretamente na praça principal de sua aldeia, e invadindo o seu antigo isolamento e santidade!

Nós fomos parar numa viela estreita, a uns trinta metros do lar ancestral de Giri Bala. Após a longa luta com a estrada, coroada por um último trecho brutal, nós sentíamos enfim a emoção do sucesso. Nos aproximamos de um grande prédio de tijolos e gesso, de dois andares, dominando as cabanas de adobe ao redor; a casa estava em reforma, pois em torno dela se via o característico andaime tropical de bambus.

Com ansiosa esperança e reprimido júbilo, paramos diante das portas abertas; ali vivia a criatura abençoada pelo Senhor com o sinal dos que não têm fome. Os habitantes da aldeia, jovens e velhos, nus e vestidos, se mostravam espantados com nossa chegada ali: as mulheres, um pouco à distância, mas também curiosas; os homens e meninos, sem nenhuma cerimônia, colados em nossa volta, enquanto seus olhos fixavam um espetáculo aparentemente inédito para eles.

Uma figura baixa logo surgiu no vão da porta, era Giri Bala! Estava envolta num traje de seda dourado. Segundo o costume tipicamente hindu, ela avançou, nos espiando com modéstia e hesitação por sob a dobra superior do manto de *swadeshi* [veste típica indiana] que lhe cobria a cabeça. Seus olhos cintilavam como brasas queimando sem chama, por entre as sombras do manto; aproximando-se mansamente, ela logo nos cativou com seu rosto de benevolência e autorrealização, livre da mácula do apego às coisas mundanas.

Ela concordou em silêncio com o nosso pedido de fotografá-la e filmá-la algumas vezes com nossas câmeras [225]. Tímida, ela suportou pacientemente nossas técnicas fotográficas de ajuste e posição, e de arranjos de luz. Ao final, tínhamos guardado para a posteridade muitas imagens da única mulher no mundo que se sabe ter vivido sem comer nem beber por mais de cinquenta anos (bem mais do que Teresa Neumann).

Ao permanecer diante de nós, inteiramente coberta em suas vestes, sem mostrar nada além da face de olhar acanhado, as mãos e os pés, não podíamos deixar de notar a sua expressão profundamente maternal: era um rosto de extraordinária paz, com lábios largos, trêmulos, quase infantis, um nariz delicado, olhos estreitos e reluzentes, e um sorriso pensativo."

Eu compartilhei das mesmas impressões do Sr. Wright sobre Giri Bala: a espiritualidade a envolvia por completo, tal qual o seu véu de brilho suave. Ela fez o gesto de *pronam* diante de mim, conforme a tradicional saudação de uma dona de casa a um monge. Seu encanto simples e sorriso pacato nos deram uma acolhida superior à oratória supérflua; logo, nossa penosa viagem até ali havia sido inteiramente esquecida.

A pequenina santa se sentou de pernas cruzadas na varanda. Embora demonstrasse os sinais da idade, não tinha aspecto frágil; a pele cor de oliva conservava a sua tradicional tonalidade, pura e saudável.

Falando em bengali, me dirigi a Giri Bala:

"Mãe, durante mais de vinte e cinco anos pensei com ansiedade nesta peregrinação e neste encontro! Quem me contou de sua vida sagrada foi Sthiti Lal Nundy Babu."

Ela acenou com a cabeça, em sinal de reconhecimento:

"Sim, era um bom vizinho, quando morávamos em Nawabganj."

"Depois de ouvir sua história, atravessei o oceano e estive longe durante muitos anos, mas nunca me esqueci do meu plano de vê-la um dia. O drama sublime que a senhora está representando de modo tão oculto deveria ser divulgado a um mundo que há longo tempo se esqueceu do divino alimento interior."

Por um instante, a santa ergueu os olhos, sorrindo com sereno interesse. Depois respondeu, com toda humildade:

"Baba (Venerado Pai) sabe o que é melhor."

Fiquei contente por ela não ter recebido minha sugestão como uma ofensa; afinal, nunca se sabe como os grandes iogues (ou *yoginis*) reagirão à ideia da publicidade de suas vidas. Via de regra, eles evitam a fama, desejosos de prosseguir em silêncio na profunda investigação da alma. Todavia, quando chega a hora, uma autorização interna lhes permite exibir suas vidas abertamente, em benefício das mentes que buscam a verdade.

Eu prossegui:

"Mãe, me perdoe por sobrecarregá-la com tantas perguntas. Por favor, responda somente às que lhe agradarem; eu compreenderei o seu silêncio."

Ela estendeu as mãos em gesto gracioso e disse:

"Responderei com todo prazer, na medida em que uma pessoa insignificante como eu possa dar respostas satisfatórias."

"Oh, não, insignificante não!" – Protestei, com sinceridade. – "A senhora é uma grande alma."

"Eu sou a humilde serva de todos. Gosto de cozinhar e de alimentar os outros."

Ora, eis um passatempo estranho para uma santa que não come!, eu pensei, antes de prosseguir com a pergunta decisiva:

"Que seus próprios lábios me digam, mãe: é verdade que vive sem nenhum alimento?"

"É verdade." – Ela se manteve silenciosa por alguns instantes; seu próximo comentário indicava que ela esteve se esforçando para lembrar do passado. – "Desde a idade de doze anos e quatro meses até minha idade atual, de sessenta e oito (um período superior a cinquenta anos), não ingeri alimento nem tomei líquidos."

"A senhora não sente a tentação de comer?"

"Se eu sentisse necessidade de alimentos, teria de comer." – De forma simples, mas majestosa, ela declarou essa verdade axiomática, conhecida muito bem por um mundo que gira em torno de três refeições por dia!

"Mas a senhora decerto se alimenta de alguma coisa!"

O meu tom de voz sinalizada uma objeção. Entendendo exatamente o que eu quis insinuar, ela sorriu e me respondeu:

"Sem dúvida!"

"A sua nutrição provém das energias sutis do ar e da luz solar [226], assim como do poder cósmico que reabastece seu corpo através da medula oblonga."

"Baba sabe." – Ela concordou mais uma vez, com seu jeito suave.

"Mãe, por favor, me conte algo de sua vida, de seus primeiros anos. Sua história desperta profundo interesse em todos os buscadores da Índia, e até em nossos irmãos e irmãs do outro lado do mundo."

Giri Bala colocou de lado sua habitual reserva, falando mais relaxadamente, com uma voz ao mesmo tempo firme e suave:

"Assim seja... Bem, eu nasci aqui nesta região de florestas. Minha infância não teve nada de excepcional, a não ser pela aberração de um apetite insaciável. Meu noivado ocorreu quando eu ainda era bem jovem. Minha mãe costumava me advertir:

'Filha, tente controlar sua voracidade. Quando chegar o tempo de viver entre estranhos, na casa da família de seu marido, o que pensarão de você quando a virem comendo sem parar?'

A calamidade que ela havia previsto de fato aconteceu. Eu tinha apenas doze anos quando me reuni à família de meu marido em Nawabganj. Pela manhã, à tarde e à noite, minha sogra me humilhava para que eu sentisse vergonha dos meus hábitos de gula. Todavia, as suas repreensões foram uma bênção disfarçada: acabaram por despertar as minhas tendências espirituais adormecidas. Em dada manhã, ela foi impiedosa na sua tarefa de me ridicularizar. Eu lhe respondi, inspirada por Baba:

'Nunca mais comerei enquanto viver, e lhe darei provas disso em breve.'

'Ah, é?' – Minha sogra riu, zombando da ideia. – 'E como pode viver sem alimentação quem não consegue viver sem comer tanto?'

Este comentário era irrefutável! No entanto, uma resolução de aço havia tomado conta do meu coração. Isolada em um lugar solitário, busquei meu Pai Celestial. Rezei incessantemente:

'Senhor, eu Te suplico, me envia um guru, alguém que possa me ensinar a viver de Tua luz, e não de alimentos.'

Então, fui dominada por um êxtase. Sob um encantamento beatífico, parti para o *ghat* de Nawabganj, às margens do Ganges. Enquanto seguia no caminho, encontrei o sacerdote da família de meu marido. Eu lhe fiz um pedido:

'Ó venerável senhor, diga-me, por favor, como poderei viver sem comida?'

Ele demorou os olhos em mim, sem responder. Depois, me deu um consolo:

'Filha, venha ao templo hoje à noite. Vou realizar uma cerimônia védica especialmente em sua intenção.'

Mas tal resposta vaga não era a que eu procurava; assim, continuei a andar em direção ao *ghat*. O sol matutino fazia as águas reluzirem; eu me purifiquei no Ganges, como se fosse para uma iniciação sagrada. Ao me afastar da margem do rio, de roupa molhada sobre o corpo, à luz clara do dia, vi meu mestre se materializar diante de mim!

'Minha querida pequenina.' – Disse ele, em tom de amorosa compaixão. – 'Eu sou o guru enviado por Deus para satisfazer a sua prece urgente. Ele ficou profundamente comovido com a essência dessa prece! De hoje em diante, você viverá da luz astral; os átomos de seu corpo serão alimentados na corrente infinita.'"

Giri Bala fez silêncio. Eu logo tomei o lápis e o bloco de anotações do Sr. Wright, traduzindo para o inglês alguns trechos de minha conversa [em bengali], a fim de informá-lo.

Em seguida, a santa reatou a história, com uma voz suave, quase sussurrante:

"O *ghat* estava deserto, mas meu guru lançou em torno de nós uma aura de luz protetora, para que nenhum banhista vagando por ali pudesse vir nos incomodar. Ele me iniciou numa técnica de *kriya* que liberta o corpo da dependência para com a grosseira alimentação dos mortais. A técnica inclui o uso de certo mantra [227] e um exercício respiratório mais difícil que aqueles realizáveis por uma pessoa comum. Não há uso de magia nem de ervas medicinais; nada além de *kriya*."

Imitando o repórter de um jornal norte-americano que, sem perceber, me ensinou sua arte, interroguei Giri Bala sobre muitos assuntos que achei serem interessantes para compartilhar com o mundo. Ela me deu, ao longo de respostas diversas, as seguintes informações (trata-se de um resumo):

"Nunca tive filhos; fiquei viúva muitos anos atrás. Durmo muito pouco, já que o sono e a vigília são o mesmo para mim. Medito à noite, e realizo meus deveres domésticos ao longo do dia. Sinto ligeiramente a mudança de clima de uma estação para a outra. Nunca estive doente nem jamais padeci de qualquer mal-estar duradouro. Sinto apenas uma leve dor quando sou ferida acidentalmente. Não tenho excreções físicas. Posso controlar as batidas de meu coração e minha respiração. Rotineiramente, contemplo em visões o meu guru e outras grandes almas."

Eventualmente, fiz esta pergunta:

"Mãe, por que não ensina aos demais o método de viver sem alimento?"

Minhas ambiciosas esperanças foram aniquiladas no mesmo instante, embora eu pensasse nos milhões de famintos que há no mundo:

"Não. Eu recebi de meu guru ordens estritas para que não divulgasse o segredo. Ele não pretende se intrometer no drama divino da criação. Os agricultores não ficariam lá muito felizes se eu ensinasse muita gente a viver sem alimentos! As frutas deliciosas se espalhariam pelo solo, sem nenhuma utilidade. Me parece que a miséria, a inanição e a doença são como os chicotes de nosso karma: eles nos impelem, no fim das contas, a buscar o verdadeiro significado da vida."

"Mãe, e de que adianta então: que utilidade há nisto, em ter sido eleita para viver sem se alimentar?"

"Provar que o homem é Espírito." – Seu rosto se iluminou de sabedoria. – "Demonstrar que, pelo adiantamento na via para Deus, o homem pode gradualmente aprender a viver da Luz Eterna, e não mais dos alimentos densos."

A santa entrou em profundo estado meditativo. Seu olhar se dirigiu para cima: a suave profundeza de seus olhos se tornou inteiramente inexpressiva. Ela exalou um certo suspiro, o prelúdio do transe extático, isento de respiração. Por algum tempo, voaria pelo reino onde não existem perguntas, pelo paraíso da beatitude interior!
A escuridão tropical havia preenchido o céu. A luz de uma lâmpada de querosene tremeluzia sobre as cabeças de muitos aldeãos que haviam se sentado de pernas cruzadas nas sombras, totalmente silenciosos. Cintilantes vaga-lumes e lâmpadas a óleo nas cabanas distantes teciam belos arabescos na noite de veludo. Soava o momento doloroso da partida; uma jornada lenta, tediosa, era a perspectiva do pequeno grupo.
Eu esperei a santa abrir os olhos para lhe fazer mais um pedido:

"Giri Bala, por favor, me dê uma lembrança: uma pequena tira de um de seus *saris* [traje tradicional das mulheres indianas]."

Logo ela retornou com um pedaço de um *sari* de seda de Benares, oferecendo-o com a mão, enquanto se prostrou repentinamente ao solo.
Eu repliquei com outra reverência:

"Mãe, me permita, com mais razão, tocar os seus pés sagrados!"

47. Eu retorno ao Ocidente

"Eu já dei muitas lições de ioga na Índia e nos Estados Unidos; mas devo confessar que me sinto muito feliz, como hindu, em dar aula a uma classe de estudantes ingleses."

Os estudantes da classe que eu instruía em Londres riram, compreensivamente; os conflitos políticos jamais perturbaram a paz de um iogue.

A Índia é, hoje, uma recordação sagrada para mim. É 26 de setembro de 1936. Estou na Inglaterra para cumprir uma promessa, feita dezesseis meses atrás, de retornar a Londres para outras conferências.

Afinal, a Inglaterra também se mostra receptiva à mensagem atemporal da ioga. Repórteres e cinematografistas fervilhavam como enxames em torno do prédio do meu apartamento, em Grosvenor House. O Conselho Nacional Britânico da Fraternidade Mundial de Credos organizou uma reunião, em 29 de setembro, na Igreja Congregacionista de Whitefield, onde falei na assembléia sobre o oportuno tema "Como pode a Fé na Fraternidade salvar a Civilização". As palestras em Caxton Hall, às oito horas da noite, atraíram multidões: em duas noites, os excedentes esperaram no auditório de Windsor House para a repetição da palestra às nove e meia da noite. As classes de ioga nas semanas seguintes aumentaram tanto que o Sr. Wright se viu obrigado a arranjar nossa transferência para outro salão, mais amplo.

A tenacidade inglesa tem admirável expressão nas relações espirituais. Após minha partida, os estudantes de ioga em Londres se orginizaram em um novo Centro da SRF, mantendo todas as semanas suas reuniões de meditação, mesmo ao longo dos anos amargos da Segunda Guerra Mundial.

Foram semanas inesquecíveis na Inglaterra: alguns dias de passeios turísticos em Londres e, em seguida, na bela zona rural. O Sr. Wright e eu usamos o Ford, nosso companheiro tão fiel, para visitar o local de nascimento e a tumba de grandes poetas e heróis da história britânica.

Nosso pequeno grupo partiu de Southampton para os Estados Unidos, em fins de outubro, a bordo do "Bremen". A visão da majestosa Estátua da Liberdade no porto de Nova York nos causou um misto de alegria e emoção.

O Ford, um pouco danificado por suas batalhas nas estradas dos velhos continentes, ainda era possante; agora fazia sem dificuldades a viagem transcontinental até a Califórnia. Até que, viva!, em fins de 1936 chegamos ao Centro de Monte Washington.

As festas de fim de ano são celebradas no Centro de Los Angeles, com uma meditação coletiva de oito horas em 24 de dezembro (o Natal espiritual), prosseguindo no dia 25 com um banquete (o Natal social). As celebrações neste ano contaram com um maior número de participantes: queridos amigos e discípulos, muitos vindos de longe, para acolher amavelmente os três viajantes que acabavam de dar a volta ao mundo.

O banquete de Natal incluiu algumas iguarias, trazidas de uma distância de 24 mil quilômetros, especialmente para esta alegre ocasião: cogumelos *gucchi* da Cachemira, *rasagulla* [bolinhos doces] e polpa de mangas enlatadas, biscoitos *papar* [tradicionais da Índia] e um óleo da flor hindu de *keora* para dar sabor e aroma aos sorvetes. À noite, nos reunimos em volta de uma enorme e iluminada árvore de Natal, perto da lareira onde crepitavam toras de cipreste aromático.

Hora dos presentes! Todos eles trazidos de regiões longínquas do mundo – Palestina, Egito, Índia, França e Itália. Com que trabalho o Sr. Wright contava as nossas malas em cada entroncamento ferroviário e em cada alfândega, ao longo de nossa viagem, para evitar que mãos sorrateiras surrupiassem os tesouros destinados aos seres queridos nos Estados Unidos! Fragmentos de oliveira sagrada da Terra Santa; delicadas rendas e bordados da Bélgica e da Holanda; tapetes persas; xales da Cachemira com tecido de excelente qualidade; bandejas de madeira de sândalo, de fragrância perene, vindas de Mysore; pedras conhecidas como "Olho de Shiva", das Províncias

Centrais; antigas moedas hindus de dinastias há muito tempo extintas; vasos e taças incrustadas de jóias; miniaturas; tapeçarias; incenso; perfumes; *swadeshi* [algodão estampado]; trabalhos em laca; esculturas em marfim de Mysore; chinelos da Pérsia, com sua exótica ponta em forma de interrogação; velhos e estranhos manuscritos com iluminuras; veludos; gorros ao estilo de Gandhi; cerâmica; azulejos; peças trabalhadas em bronze; esteiras para oração – Um verdadeiro saque a três continentes!

Um por um, distribuí os embrulhos vistosamente embrulhados, formando uma imensa pilha sob a árvore.

"Irmã Gyanamata!"

Estendi uma longa caixa à santa senhora norte-americana, de doce olhar e profunda realização espiritual, a quem coube a responsabilidade de dirigir Monte Washington durante a minha ausência. Após abrir seu presente, ela ergueu um *sari* dourado, tecido com a seda de Benares.

"Obrigada, senhor; isto traz aos meus olhos o quadro vivo da Índia lendária."

"Sr. Dickinson!"

O pacote seguinte continha um presente que eu havia comprado num bazar de Calcutá. "O Sr. Dickinson gostará disto", eu pensei naquele dia. Discípulo muito querido, o Sr. Dickinson esteve presente a todas as nossas festas de Natal, desde 1925, o ano da fundação do Centro de Monte Washington.

Nesta décima primeira celebração anual, ele permanecia de pé à minha frente, desatando as fitas de um pacote retangular.

"A taça de prata!" – Lutando com suas emoções, ele contemplou o presente, uma longa taça de prata. Depois, se sentou a alguma distância, ainda deslumbrado. Sorri para ele, com amor, antes de retomar meu papel de Papai Noel.

A noite de celebração se encerrou com uma prece ao Doador de todas as dádivas; e, a seguir, um grupo entoou canções de Natal.
Alguns dias depois, o Sr. Dickinson veio conversar comigo:

"Senhor, me permita agradecer devidamente pela taça de prata. Não pude encontrar palavras na noite de Natal."

"Eu trouxe aquele presente especialmente para você."

"Eu esperei quarenta e três anos por esta taça de prata! É uma longa história, que venho guardando oculta dentro de mim." – O Sr. Dickinson me lançou um olhar acanhado. – "O começo foi dramático: eu estava me afogando. Meu irmão mais velho tinha me empurrado, de brincadeira, para as águas de uma lagoa de quatro metros e meio de profundidade, numa pequena cidade de Nebraska. Aquela altura eu tinha apenas cinco anos. Quando estava por afundar pela segunda vez, uma ofuscante luz multicolor apareceu, preenchendo todo o espaço. No centro eu via a figura de um homem com olhos tranquilos e um sorriso confiante. Meu corpo submergia pela terceira vez quando um dos companheiros de meu irmão curvou o tronco fino e longo de um salgueiro, em ângulo estreito com as águas, de modo que eu pudesse agarrá-lo com minhas mãos desesperadas. Então, os meninos me içaram até a margem e me prestaram os primeiros socorros, com sucesso.

Doze anos depois, quando eu já era um jovem de dezessete anos, visitei Chicago junto com minha mãe. Estávamos em setembro de 1893; o grande Parlamento Mundial de Religiões realizava suas sessões. Mamãe e eu descíamos uma das ruas principais quando tornei a ver a poderosa radiação de luz. Alguns passos adiante, caminhando devagar, estava o mesmo homem que apareceu, anos atrás, na minha visão. Ele se aproximou de um grande auditório e sumiu por trás da porta. Eu gritei:

'Mamãe, aquele era o homem que apareceu para mim quando eu estava me afogando!'

Em seguida, nós corremos para entrar no edifício; o homem estava sentado na plataforma destinada ao conferencista. Não demoramos a saber

que era Swâmi Vivekananda [discípulo de Sri Ramakrishna], da Índia. Ao término da sua comovente palestra, me adiantei para encontrá-lo. Ele sorriu com simpatia ao me ver, como se fôssemos velhos amigos. Eu era tão jovem que não sabia como expressar meus sentimentos, mas em meu coração tinha a esperança de que ele se oferecesse para ser meu instrutor. Ele leu o meu pensamento:
'Não, meu filho, eu não sou o seu guru.' – Com seus olhos belos e penetrantes, Vivekananda me encarou profundamente. – 'O seu mestre virá mais tarde; e lhe dará uma taça de prata.' – Após uma pequena pausa, ele acrescentou, sorrindo: – 'Ele irá derramar sobre a sua cabeça mais bênçãos do que você está em condições de receber agora.'
Eu saí de Chicago alguns dias depois, e nunca mais vi o grande Vivekananda. Todavia, cada uma das palavras que ele pronunciou foi indelevelmente gravada nos recantos mais íntimos de minha consciência.
Então, os anos se passaram, e nenhum mestre apareceu. Uma noite, em 1925, rezei profundamente a Deus para que me enviasse a meu guru. Algumas horas mais tarde fui despertado do sono pelos acordes de uma suave melodia. Uma banda de seres celestiais, tocando flautas e outros instrumentos, surgiu diante de meus olhos. Depois de impregnar o ar com sua gloriosa música, os anjos desvaneceram, vagarosamente.
Na noite seguinte, assisti pela primeira vez a uma de suas conferências aqui em Los Angeles; e então eu soube que a minha prece tinha sido atendida."

Nós sorrimos um para o outro, em silêncio.

"Durante os últimos onze anos, fui seu discípulo de Kriya Yoga." – Prosseguiu o Sr. Dickinson. – "Às vezes, eu cismava sobre a taça de prata; já tinha quase me convencido de que as palavras de Vivekananda eram apenas metáforas. Todavia, na noite de Natal, quando o senhor me entregou a pequena caixa de presente, pela terceira vez em minha vida eu vi a mesma claridade ofuscante. No minuto seguinte, eu contemplava o presente de meu guru, profetizado por Vivekananda quarenta e três anos antes: uma taça de prata!"

48. Em Encinitas, na Califórnia

"Eis aqui uma surpresa, senhor! Durante a sua jornada em terras estrangeiras, construímos este ashram em Encinitas. É um presente para quem retorna ao lar. Seja bem-vindo!"

A Irmã Gyanamata e alguns outros *chelas* me conduziram, por um portão, a uma alameda sombreada de árvores. Vi um edifício que se projetava ao oceano azul, lembrando um grande navio branco. De início fiquei mudo, depois comecei a usar interjeições como "Oh!" e "Ah!", até que todo o vocabulário humano se mostrou incapaz de expressar tamanha alegria e gratidão que brotavam de meu coração.

Fiz um *tour* pelo ashram: eram dezesseis salas muito espaçosas, cada uma delas encantadoramente mobiliada. O majestoso salão central, com largas janelas alcançando o teto, se abria para um altar de relva, oceano e céu: uma sinfonia em esmeralda, opala e safira. Um manto sobre a enorme lareira do salão contém a imagem emoldurada de Láhiri Mahasaya, sorrindo sua bênção sobre este distante céu do Pacífico.

Exatamente embaixo do salão, construídas na própria rocha escarpada, duas cavernas destinadas à meditação confrontam as infinitudes de céu e mar. Nos terrenos do eremitério existem recantos para o banho de sol, caminhos de pedra conduzindo a pérgolas sossegadas, roseirais, um bosque de eucaliptos e um pomar.

Fixada numa das portas do ashram, temos uma oração extraída do *Zend-Avesta* [livro sagrado do zoroastrismo]:

"Que venham até aqui as boas e heróicas almas dos santos, e que possam caminhar de mãos dadas conosco, ofertando as virtudes curativas de seus dons abençoados tão difundidos quanto a terra, tão distantes quanto os rios, tão abrangentes quanto o sol, para a promoção de homens melhores, e para o aumento da abundância e da glória. Que a obediência vença a desobediência dentro desta casa; que aqui a paz triunfe sobre a discórdia; que a entrega de coração livre supere a avareza; que a fala verdadeira suplante o engano; e que a reverência sobrepuje o desprezo. Que nossas mentes se deleitem e nossas almas se elevem, que nossos corpos também sejam glorificados, e que possamos Te ver, ó Luz Divina, para nos aproximarmos de Ti, para girarmos em torno de Ti, e para que possamos estar em todos os momentos na Sua companhia!"

Este ashram da SRF se tornou possível graças à generosidade de alguns discípulos americanos: homens de negócios com infindáveis responsabilidades que ainda encontram tempo para a sua prática diária de Kriya Yoga. Nenhuma palavra sobre a construção do eremitério chegou até mim durante minha estada na Índia e na Europa. Foi uma grata surpresa, uma alegria imensa!

Durante meus primeiros anos nos Estados Unidos, esquadrinhei o litoral da Califórnia em busca de um pequeno terreno para um ashram à beira mar. Sempre que me deparava com um local apropriado, invariavelmente algum obstáculo surgia para me contrariar. Contemplando agora os terrenos ensolarados de Encinitas [228], assisto humildemente ao cumprimento da profecia de Sri Yuktéswar, feita num passado distante: "um ashram junto ao oceano" [ver capítulo 12].

Poucos meses depois, na Páscoa de 1937, celebrei nos gramados do novo ashram o primeiro de muitos cultos pascais ao sol despontando no horizonte. Assim como os magos da antiguidade, várias centenas de estudantes contemplaram com veneração o milagre diário: o rito do sol nascente no céu oriental. A oeste, o Oceano Pacífico se estendia pelo horizonte, marmurando seu louvor solene com a quebra das ondas; ao longe, um barquinho de velas brancas e o vôo solitário de uma gaivota.

"Cristo, tu ressuscitaste!" – Não apenas com o sol da primavera, mas na eterna aurora do Espírito.

Muitos meses felizes transcorreram rapidamente; no cenário de beleza perfeita que é Encinitas, completei um livro projetado há muito tempo: *Cantos Cósmicos*. Traduzi para o inglês cerca de quarenta cantos e os adaptei à notação musical do Ocidente. Incluí o canto de Shânkara, *Nem nascimento, nem morte*; dois favoritos de Sri Yuktéswar: *Acorde, acorde, ó meu santo!* e *Desejo, meu Grande Inimigo*; o antiquíssimo *Hino sânscrito a Brahma*; velhas canções bengalis, como *Eles ouviram o teu nome* e *Que luz brilhante!*; a canção de Tagore, *Quem está em meu templo?*; e uma série de composições minhas: *Serei sempre Teu, Na terra que está além de meus sonhos, Surgindo do céu silencioso, Ouve o chamado de minha alma, No templo do silêncio* e *Tu és minha vida*.

No prefácio deste livro de canções, narrei a minha primeira experiência notável sobre a reação dos ocidentais à música vocal do Oriente. Aconteceu no decorrer de uma de minhas conferências públicas; a data: 18 de abril de 1926; o local: Carnegie Hall, em Nova York.

Em 17 de abril, eu havia dito confidencialmente a um estudante norte-americano:

"Sr. Hunsicker, estou pensando em pedir à assistência que cante um antigo hino hindu, intitulado *Ó Deus de Beleza*."

"Senhor, essas canções orientais são estranhas ao entendimento dos norte-americanos." – O Sr. Hunsicker protestou.

Mas eu discordei dele, rindo:

"Ora, a música é uma linguagem universal. Os ocidentais não deixarão de sentir a aspiração da alma neste canto tão elevado."

Veio o dia 18 de abril. Durante a palestra, o Sr. Hunsicker se sentou atrás de mim na plataforma, provavelmente temendo por minha segurança. Suas dúvidas eram infundadas; não apenas houve uma completa ausência de vaias, mas por uma hora e vinte e cinco minutos os acordes de *Ó Deus de Beleza* haviam soado ininterruptamente de três mil gargantas. Ó queridos nova-iorquinos, desapareceu o seu tédio de prazeres fúteis: seus corações dispararam em um simples hino de regozijo! Curas divinas aconteceram naquela noite entre os devotos que cantavam com amor o bendito nome do Senhor.

Eis a tradução da letra da canção de Guru Nanak:

Ó Deus de beleza! Ó Deus de beleza!
Na floresta, Tu és verde;
Na montanha, Tu és alto;
No rio, Tu és inquieto;
No oceano, Tu és solene!
Para o servidor, Tu és o serviço;
Para o amante, Tu és o amor;
Para o aflito, Tu és a simpatia;
Para o iogue, Tu és bem-aventurança!
Ó Deus de beleza! Ó Deus de beleza!
A Teus pés, eu me curvo!

Mas a vida de menestrel não foi meu papel por muito tempo. Logo eu estaria ocupado, intercalando minha presença física entre Los Angeles e Encinitas, trabalhando em cultos de domingo, aulas, palestras em clubes e faculdades, entrevistas com alunos, fluxos incessantes de correspondência, artigos para a *East-West*, direção de atividades na Índia e em diversos outros pequenos centros nas cidades americanas. Muito tempo foi dedicado, também, a organização dos estudos de Kriya e outros ensinamentos da SRF, em uma série de apostilas para os distantes buscadores da ioga, tão dedicados quanto aqueles que estavam mais próximos.

A bem-aventurada fundação de uma Igreja da Autorrealização de Todas as Religiões ocorreu em 1938, em Washington, D.C. Situada em meio a jardins paisagísticos, a imponente igreja fica em um bairro da cidade apropriadamente chamado de *Friendship Heights* [Monte da Amizade]. O líder de Washington é Swâmi Premananda, educado na escola de Ranchi e na Universidade de Calcutá. Eu o havia convocado em 1928 para assumir a liderança do centro da SRF em Washington.

Durante uma visita ao novo templo, eu lhe disse:

"Premananda, esta sede ao leste é um memorial em pedra de sua devoção incansável. Aqui na capital da nação você ergueu a luz dos ideais de Láhiri Mahasaya."

Saindo de Washington, Premananda me acompanhou em uma breve visita ao centro da SRF em Boston. Que alegria ver novamente a turma de Kriya Yoga que permaneceu firme e forte em sua prática, desde 1920! O líder de Boston, Dr. M. W. Lewis, hospedou meu companheiro e eu em uma suíte moderna, decorada com grande estilo artístico.

O Dr. Lewis me explicou o motivo para tanta pompa, com um largo sorriso:

"Senhor, durante seus primeiros anos nos Estados Unidos, você ficou nesta cidade em um quarto individual, sem banheiro. Eu queria que você soubesse que Boston também possui alguns apartamentos bem luxuosos!"

As sombras da carnificina que se aproximava se estendiam sobre o mundo; o ouvido mais aguçado já podia ouvir os terríveis tambores da guerra. Durante as entrevistas com milhares de buscadores na Califórnia, e por meio de uma correspondência que abarcava o mundo inteiro, descobri que homens e mulheres estavam investigando profundamente os seus próprios corações; a trágica insegurança externa havia enfatizado a necessidade da Ancoragem Eterna.

"Nós de fato aprendemos o valor da meditação", escreveu-me o líder do centro da SRF em Londres, em 1941, "e sabemos que nada pode perturbar nossa paz interior. Nas últimas semanas, durante as reuniões, ouvimos as sirenes alertando os ataques e escutamos a explosão de bombas de ação retardada, mas nossos alunos ainda se reúnem e desfrutam de nosso belo serviço".

Outra carta chegou até mim da Inglaterra devastada pela guerra pouco antes dos Estados Unidos entrarem no conflito. Eis o que o Dr. L. Cranmer Byng, notável editor da série *The Wisdom Of The East* [A Sabedoria do Oriente], escreveu:

"Quando li a revista *East-West*, percebi o quão distantes parecíamos estar, aparentemente vivendo em dois mundos diferentes. Beleza, ordem, calma e paz vêm até mim de Los Angeles, navegando para o porto como um navio carregado com as bênçãos e o conforto do Santo Graal para uma cidade sitiada.

Eu vejo como em um sonho o seu palmeiral e o templo em Encinitas, com suas praias e sua vista para as montanhas; e, acima de tudo, a sua comunhão de homens e mulheres de mente espiritual. É uma comunidade compreendida na unidade, absorvida no trabalho criativo e reabastecida na contemplação. É o mundo que eu tanto ansiava, o mundo de cuja criação eu esperava ter minha pequena parte, e agora...

Talvez, ainda nesta vida, eu nunca alcance suas praias douradas nem adore em seu templo. Mas é algo confortador ter tido tal visão, e saber que no meio da guerra ainda existe uma paz que habita em seus portos e entre suas colinas. Saudações a toda a Irmandade, de um soldado comum, escrevendo na torre de vigia e esperando o amanhecer."

Os anos de guerra trouxeram um despertar espiritual entre os homens cujas diversões nunca antes incluíram o estudo do *Novo Testamento*. Uma doce destilação das ervas amargas da guerra! Para satisfazer uma necessidade crescente, uma pequena e inspiradora Igreja da Autorrealização de Todas as Religiões foi construída e inaugurada em 1942 em Hollywood. O local fica de frente para Olive Hill e para o distante Planetário de Los Angeles. A igreja, com acabamento em azul, branco e dourado, reflete-se entre os jacintos d'água em uma grande piscina. Os jardins estão repletos de flores, alguns cervos de pedra, uma pérgula de vidro colorido e um pitoresco poço dos desejos. Juntamente com os centavos e os desejos caleidoscópicos do homem, vêm muitas aspirações puras pelo único tesouro do Espírito! Uma bondade universal flui de pequenos nichos com estátuas de Láhiri Mahasaya e Sri Yuktáswar, assim como de Krishna, Buda, Confúcio, São Francisco e, finalmente, uma bela reprodução em madrepérola de Cristo na Última Ceia. Outra Igreja da Autorrealização de Todas as Religiões foi fundada em 1943 em San Diego. Um templo tranquilo no topo de uma colina: fica em um vale de eucaliptos, com vista para a cintilante Baía de San Diego. Certa noite, sentado neste refúgio tranquilo, eu derramei meu coração em uma canção. Sob meus dedos estava o doce órgão da igreja, em meus lábios o lamento de um antigo devoto bengali que buscava o consolo eterno:

Neste mundo, Mãe, ninguém pode me amar;
Neste mundo eles não conhecem o amor divino.
Onde está o amor, o puro amor?
Onde está o amor verdadeiro por Ti?
É lá que o meu coração anseia estar.

Meu companheiro na capela, Dr. Lloyd Kennell, o líder do centro de San Diego, abriu um sorriso com a letra da música.

"Diga-me a verdade, Paramhansaji, valeu a pena?" – Ele olhou para mim com um semblante sincero. Eu compreendi sua pergunta lacônica: – "Você foi feliz na América? E quanto as desilusões, as mágoas, os líderes dos centros que foram incapazes de liderar, os alunos que não podiam ser ensinados?"

"Abençoado o homem a quem o Senhor testa, doutor! Ele se lembrou de vez em quando de colocar um fardo sobre mim!" – Pensei, então, em todos os fiéis, no amor, na devoção e na compreensão que havia achado no coração da América. Com a voz mais pausada, eu continuei: "Mas minha resposta é: Sim, mil vezes sim! Valeu a pena; tem sido uma inspiração constante, mais do que jamais pude sonhar, ver o Ocidente e o Oriente se aproximando pelo vínculo mais duradouro, o espiritual!"

Em silêncio, fiz uma oração:

"Que Babaji e Sri Yuktéswarji sintam que fiz minha parte, não desapontando a grande esperança com que me enviaram até aqui."

Então, eu voltei para o órgão; desta vez minha canção foi tingida por um tom marcial:

O giro da roda do Tempo estraga
Muitas noitinhas de lua cheia
E muitas manhãs alegres;
Mas, ainda assim, minha alma segue marchando!

Escuridão, morte e fracassos competiam
Para bloquear meu caminho; eles tentaram ferozmente,
Com ciúmes de meu amor pela Natureza;
Mas, ainda assim, minha alma segue marchando!

A semana do Ano-Novo de 1945 me encontrou trabalhando em meu escritório em Encinitas, revisando o manuscrito deste livro.

"Paramhansaji, por favor, venha para fora."

O Dr. Lewis, em uma visita (vindo de Boston), sorriu para mim do lado de fora da minha janela, com um olhar suplicante. Em seguida, estávamos passeando ao sol. Meu companheiro apontou para as novas torres em processo de construção ao longo da propriedade da Irmandade, ao lado da rodovia costeira.

"Senhor, vejo muitas melhorias aqui desde a minha última visita." – Dr. Lewis vem duas vezes por ano de Boston para Encinitas.

"Sim, doutor, um projeto que considerei há muito tempo está começando a tomar sua forma definitiva. Neste belo ambiente, iniciei uma colônia mundial em miniatura. A fraternidade é um ideal melhor compreendido pelo exemplo do que pelo preceito! Um pequeno grupo harmonioso aqui pode inspirar diversas outras comunidades sobre a terra."

"É uma ideia esplêndida, senhor! A colônia certamente será um sucesso se cada um fizer a sua parte com sinceridade!"

"A palavra 'mundo' possui amplo significado, mas o homem deve alargar sua lealdade, considerando a si mesmo como um cidadão do mundo. 'O mundo é minha pátria; é minha América, minha Índia, minhas Filipinas, minha Inglaterra, minha África': uma pessoa que siga verdadeiramente tal lema encontrará em toda parte o espaço adequado para uma vida útil e feliz. O seu orgulho local natural sofrerá uma expansão ilimitada; ela estará em contato com as correntes criativas universais."

O Dr. Lewis e eu paramos ao lado da piscina de lótus nas imediações do ashram. Abaixo de nós estava o Oceano Pacífico, ilimitado.

"As ondas dessas mesmas águas quebram igualmente nas costas do oeste e do leste, na Califórnia e na China." – Meu companheiro jogou uma pedrinha na beirada do mar. – "Encinitas é um local simbólico para uma colônia mundial."

"Isso é verdade, doutor. Aqui ainda organizaremos muitas conferências e congressos de religião, convidando delegados de todas as terras. As bandeiras das nações serão penduradas em nossos salões. Pequenos templos serão construídos sobre o terreno, dedicados às principais religiões do mundo.
Assim que for possível, eu pretendo abrir um Instituto de Yoga aqui. O abençoado papel da Kriya Yoga no Ocidente mal começou: ela será a técnica de autorrealização para a superação de toda miséria humana!"

Mais tarde naquela noite, meu querido amigo – o primeiro Kriya Yogi nos Estados Unidos – discutiu comigo a necessidade de colônias mundiais fundadas em uma base espiritual. Juntos, chegamos à conclusão de que os males atribuídos a uma abstração antropomórfica chamada "sociedade" podem ser abordados de forma mais realista na porta de cada coração. A utopia deve brotar no seio privado, antes que possa florescer em virtude cívica. O homem é uma alma, não uma instituição; somente suas reformas internas podem dar permanência às externas. Ao enfatizar os valores espirituais, a autorrealização, uma colônia que exemplifica a fraternidade mundial é capacitada a enviar vibrações inspiradoras muito além de sua localidade física.

15 de agosto de 1945, fim da Segunda Guerra Mundial! Fim de um mundo; aurora de uma enigmática Era Atômica! Os residentes do ashram se reuniram no salão principal para uma oração de ação de graças:

"Pai Celestial, que nunca mais aconteça algo assim! Teus filhos partirão daqui em diante como irmãos!"

Foi-se a tensão dos anos de guerra; nossos espíritos ronronaram ao sol da paz. Olhei com alegria para cada um dos meus camaradas norte-americanos.

"Senhor", eu pensei, com gratidão no coração, "Tu deste a este monge uma grande família!"

FIM

Notas

[1] Nome concedido a um mestre espiritual. Seu significado é "o que dissipa as trevas" – do sânscrito *gu*, "trevas"; e *ru*, "o que dissipa".

[2] Um praticante de ioga – do sânscrito *yoga*, "união". A ioga (ou o yoga; no sânscrito o termo é masculino) é uma antiquíssima ciência da meditação em Deus.

[3] Meu nome de batismo foi substituído por um novo, Yogananda. Isto se deu em 1914, quando ingressei na veneranda Ordem Monástica dos Swâmis. Em 1935, meu guru me deu um título espiritual mais elevado, o de Paramahansa (ver capítulos 24 e 42).

[4] A segunda casta; composta, segundo a tradição, de legisladores e guerreiros.

[5] Estes antigos poemas épicos são uma fonte preciosa de história, mitologia e filosofia da Índia.

[6] Este nobre poema sânscrito, que faz parte do épico *Mahabharata*, é uma espécie de bíblia do hinduísmo. Mahatma Gandhi escreveu: "Aqueles que meditarem no *Gita* retirarão dele novas alegrias e novos significados todos os dias. Não existe uma única trama espiritual com fios embaraçados que o *Gita* não possa desembaraçar". [*Nota do Editor:* O *Bhagavad Gita* também foi publicado pelas Edições Textos para Reflexão].

[7] *Nota do Editor:* todos os valores monetários presentes na obra se referem aproximadamente ao ano de sua publicação, 1946. Como curiosidade, em Julho de 2022 125 mil rúpias valiam mais de 1.500 dólares.

[8] Pode-se pronunciar tanto Láiri quanto Laíri; é mudo o "a" final do título: Maáchái. O acento tônico recai na primeira e na terceira sílabas de Bábají. Sri Yuktéswar soa algo como "Chrii luctésuor". Diz-se "Patânjali", "Guitânjali", "Guita" etc.

[9] *Babu* (senhor) é utilizado como aposto aos nomes próprios em Bengali.

[10] Uma técnica iogue ensinada por Láhiri Mahasaya. Ela acalma e silencia o tumulto sensorial, permitindo ao homem alcançar cada vez mais identidade com a Consciência Cósmica (ver capítulo 26).

[11] Em 1959, Daya Mata fez uma peregrinação ao lar de Láhiri Mahasaya em Benares, residência atual de um neto do mestre, Abhoy Charan Láhiri. Este informou que seu pai Tincouri (então apenas um jovem) estava presente quando Ganga Dhar tirou a fotografia. Durante sua visita, Daya Mata viu o pequeno quarto, hoje um santuário, onde se encontram um tablado de madeira que foi o assento habitual de Láhiri Mahasaya; suas sandálias; uma peça de roupa usada por ele; seu exemplar do *Bhagavad Gita* manuscrito em sânscrito; e um recipiente contendo algumas de suas sagradas cinzas. "Ali seus devotos se reuniam em torno dele enquanto Láhiri Mahasaya comentava as Escrituras" – explicou.

[12] *Íswara* é o nome sânscrito para indicar Deus em seu aspecto de Legislador Cósmico; da raiz *is*, "legislar". As Escrituras hindus contêm milhares de nomes para designar Deus, cada um correspondendo a um diferente matiz de significado filosófico. Deus, sob o aspecto de *Íswara*, cria e dissolve todos os universos, de forma metódica e periódica.

[13] A potencialidade infinita do som deriva da Palavra Criadora, AUM, o poder vibratório cósmico por trás de toda a energia atômica. Qualquer palavra proferida com límpida compreensão e profunda concentração tem valor materializante. A repetição oral ou silenciosa de palavras inspiradoras provou sua eficiência até mesmo em sistemas de psicoterapia – como, por exemplo, o de Émile Coué. O segredo consiste em introduzir um "crescendo" na frequência vibratória da mente.

[14] Káli é um símbolo de Deus sob o aspecto da eterna Mãe Natureza.

[15] *Swa*, a raiz sânscrita de Swâmi, significa "aquele que se unificou com o seu Eu Divino".

[16] Este costume hindu, onde os pais escolhem a esposa para seus filhos, tem resistido às rudes investidas do tempo. Não obstante, até hoje é elevada a porcentagem de casamentos indianos felizes.

[17] Sádhu: quem adotou sádhana, ou um caminho de disciplina espiritual.

[18] Assim que descobri, por estas palavras, que mamãe tinha conhecimento secreto da breve duração de sua vida, compreendi pela primeira vez porque havia insistido tanto em apressar os planos para o casamento de Ananta. Embora ela tivesse morrido antes do casamento, seu desejo materno natural era o de ajudar às cerimônias nupciais tanto quando fosse possível.

[19] A oferta de esmola é um gesto habitual de respeito para com os sádhus.

[20] O talismã era um objeto produzido no Astral. De estrutura evanescente, tais objetos devem por fim desaparecer de nosso mundo físico (ver capítulo 43). Inscrito no amuleto, havia um mantra, ou a letra de um canto específico. Em parte alguma, os poderes do som e de *vach*, a voz humana, foram tão profundamente pesquisados como na Índia. A vibração AUM, que reverbera em todo o universo, apresenta três manifestações ou *gunas*: criação, preservação e destruição (*Taittirya Upanishad* 1,8). Cada vez que o homem pronuncia uma palavra, ele põe em ação uma das três qualidades de AUM. Esta lei se encontra por trás daquele mandamento que, em todas as Escrituras, impõe ao homem o dever de falar a verdade. O mantra inscrito no amuleto possuía, quando pronunciado de modo correto, uma potência vibratória espiritualmente benéfica. O alfabeto sânscrito, em sua construção ideal, é formado por 50 letras – cada uma delas tendo a sua pronúncia determinada e invariável. George Bernard Shaw escreveu um ensaio sagaz (e, como era de se esperar, satírico) sobre a impropriedade fonética do alfabeto inglês de base latina, no qual 26 letras se esforçam para suportar, sem êxito, o pesado encargo de indicadoras de sons. Com sua habitual crueza ("Se a introdução de um alfabeto inglês custar uma guerra civil... eu não a lamentarei"), o Sr. Shaw propõe a adoção urgente de um novo alfabeto de 42 letras. Ora, tal alfabeto sem dúvida se aproximaria da perfeição fonética do sânscrito, cujo emprego de 50 letras evita erros de pronúncia. Se a teoria hindu da existência extremamente antiga do homem civilizado no planeta é correta, então seria possível explicar por que a mais antiga língua, o sânscrito, é também a mais perfeita (ver capítulo 10). Disse Sir William Jones, fundador da Sociedade Asiática: "O sânscrito, seja qual for a sua idade, possui maravilhosa estrutura; mais perfeita que o grego, mais rica que o latim e mais sofisticada que ambos".

[21] *Choto Mahasaya*, ou "pequeno senhor", era como alguns santos hindus se dirigiam a mim.

[22] Brahma é o nome dado a Deus em Seu aspecto de Criador; deriva da raiz sânscrita *brih*, "expandir".

[23] Em meditação profunda, a primeira experiência do Espírito é percebida na base da espinha; e depois a sensação *sobe*, até eventualmente alcançar o cérebro. Beatitude torrencial avassala o iogue, mas ele aprende a controlar suas manifestações exteriores. [*Nota do Editor:* tal processo espiritual também é conhecido como "o despertar da Kundalini"].

[24] Na época de nosso encontro, Pranabananda já era um mestre completamente iluminado. Entretanto, os últimos anos de sua vida profissional haviam ocorrido muito antes, quando ainda não se estabelecera definitivamente em *nirbikálpa*

samádhi. Nesse perfeito e imutável estado de consciência, um iogue não encontra dificuldade alguma em desempenhar seus deveres mundanos. Após a sua aposentadoria, Pranabananda escreveu *Pranab Gita*, um profundo comentário do *Bhagavad Gita*, publicado em hindi e bengali. O poder de aparecer em mais de um corpo é um *siddhi* (poder iogue) mencionado nos *Yoga Sutras de Patânjali* (ver cap. 24). É o fenômeno da *bilocação*, registrado na vida de muitos santos através dos séculos (inclusive santos católicos).

[25] Sannyási: literalmente, "renunciado"; deriva da raiz do verbo sânscrito "pôr de lado", "rejeitar".

[26] O karma é o conjunto dos efeitos de ações passadas, nesta vida ou em existências anteriores; do sânscrito *kri*, "fazer".

[27] Na época de nosso encontro, Kebalananda ainda não havia ingressado na Ordem dos Swâmis, e seu nome mais conhecido era Shastri Mehásaya. Para evitar confusão com o nome de Láhiri Mahasaya e do Mestre Mahasaya (cap. 9), quando me refiro a meu professor particular de sânscrito, uso seu último nome, monástico, de Swâmi Kebalananda. Seu nome de família era Ashutosh Chatterji.

[28] Uma vez que a verdadeira natureza de Deus é Beatitude, o devoto, sintonizando-se com Ele, experimenta uma inata e ilimitada alegria. "A primeira das paixões da alma e da vontade é a alegria" – São João da Cruz, autor de *Subida ao Monte Carmelo*. Um de seus aforismos místicos dizia assim: "Para chegar Àquilo que não se tem, é preciso tomar o caminho que não se tem; para atingir Aquilo que não se é, necessário se faz tomar o caminho onde não se é; para obter o Tudo, é preciso abandonar tudo".

[29] O ponto entre as sobrancelhas, logo acima dos olhos, é a sede do "olho espiritual" ou "terceiro olho".

[30] Rama é a principal figura sagrada do *Ramayana*, a epopeia sânscrita.

[31] O princípio do "ego", *ahânkara* (literalmente, "eu faço") é a raiz do dualismo ou da aparente separação entre o homem e seu Criador. Ahânkara coloca os seres humanos sob o domínio de maya (a ilusão cósmica); o que é subjetivo (ego) se apresenta falsamente como objetivo, e assim as criaturas supõem que são as criadoras.

"*Nada do que faço sou eu quem faz!* Assim pensará quem se conecta à verdade das verdades, sempre seguro de que este é o mundo dos sentidos que brincam com as sensações." (V, 8-9)

"Realmente vê quem percebe que os trabalhos existem no mundo da Natureza para exercício da Alma; quem, apesar de agir, não é o agente [causador]." (XIII, 29)
"Difícil é ultrapassar o véu divino das várias aparências que Me escondem; contudo, os que Me adoram o atravessam para chegar além." (VII, 14)
Trechos do *Bhagavad Gita*.

[32] Káli representa o Princípio Eterno imanente na natureza. Ela é tradicionalmente representada como uma figura feminina de quatro braços, alçando-se sobre a forma deitada e inativa do Deus Shiva, ou o Infinito, porque as atividades da natureza ou do mundo dos fenômenos nascem do Espírito latente. Os quatro braços simbolizam os atributos primordiais: dois benéficos e dois destrutivos, indicando a dualidade essencial da matéria, ou criação.

[33] Maya: a ilusão cósmica; literalmente, "o medidor". Sendo uma forma de poder mágico na criação, maya faz com que se apresentem limitações e divisões aparentes no Ilimitável e Indivisível.

[34] Os rishis, literalmente "videntes", foram os autores dos *Vedas* nos tempos imemoriais da antiguidade na Índia.

[35] "Comprar e vender, sem jamais se esquecer de Deus!" – O ideal é que a mão e o coração trabalhem juntos, em harmonia um com o outro. Certos escritores do Ocidente julgam que o ideal espiritual hindu é o de uma espécie de "fuga do mundo", de inatividade, de retraimento antissocial. Todavia, o plano védico para a vida humana é muito bem equilibrado, reservando metade do tempo ao estudo, ao trabalho e aos deveres domésticos; e a outra metade, à contemplação e às práticas de meditação.

[36] Os pranayamas são técnicas ou métodos para se controlar a força vital (*prana*) por meio da respiração regulada; também servem para estabilizar e tranquilizar a mente.

[37] Patânjali é o mais notável dos antigos expoentes da ioga.

[38] Um math é, rigorosamente falando, um mosteiro, mas o termo costuma ser aplicado a um ashram – ou eremitério. Muitos gurus da Índia possuem seu próprio ashram.

[39] "Toda ciência é transcendental ou deixa de existir. Hoje a botânica está formulando sua teoria correta: os avatares de Brahma em breve serão parte dos livros didáticos de história natural" (Ralph Waldo Emerson).

[40] O título veio da raiz latina *crescere*, "aumentar". Pela invenção do crescógrafo e de outros instrumentos, Bose foi nomeado cavaleiro em 1917.

[41] A flor de lótus é um símbolo sagrado muito antigo da Índia. Ao desabrocharem, suas pétalas sugerem a expansão da alma; já o crescimento de sua beleza pura, emergindo da lama, simboliza o próprio caminho espiritual.

[42] A estrutura atômica da matéria era bem conhecida dos antigos indianos. Um dos seis sistemas da filosofia hindu é o Vaisesika, da raiz sânscrita *visesas*, ou "individualidade atômica". Um dos mais importantes expositores do Vaisesika foi Aulukya, também chamado Kanada, "o comedor de átomos", nascido há cerca de 2.800 anos atrás. Em um artigo da revista *East West*, de abril de 1934, foi apresentado este breve resumo dos conhecimentos científicos do Vaisesika:

"Muito embora a teoria atômica moderna seja em geral considerada um novo avanço da ciência, ela foi brilhantemente exposta, faz muitíssimos anos, por Kanada, 'o comedor de átomos'. O termo sânscrito *anus* traduz-se adequadamente por 'átomo', conforme a posterior acepção literal grega de 'não cortado', ou indivisível. Outras exposições científicas dos tratados Vaisesika da era anterior a Cristo incluem: (1) o movimento das agulhas em direção aos imãs; (2) a circulação da água nas plantas; (3) *akasha* ou éter, inerte e sem estrutura, como base transmissora de forças sutis; (4) o calor solar como causa de todas as outras formas de calor; (5) o calor como causa da alteração molecular; (6) a lei da gravidade, em virtude da propriedade, inerente aos átomos terrestres, de serem atraídos para o centro da Terra – a causa da queda dos corpos; (7) a natureza cinética de toda energia – toda causa implica sempre um gasto de energia ou uma redistribuição do movimento; (8) dissolução universal através da desintegração atômica; (9) radiação do calor e dos raios luminosos – partículas infinitamente pequenas viajando em todas as direções com velocidade imensurável (corresponde a teoria moderna dos 'raios cósmicos'); (10) a relatividade do tempo e do espaço."

[43] Versos traduzidos para o inglês por Manmohan Ghosh, a partir do original bengali de Rabindranath Tagore, publicado no *Visvabhárati Quarterly*. [*Nota do Editor:* Tagore foi o primeiro não europeu a vencer o Nobel de Literatura, em 1913, com o livro de poemas intitulado *Gitanjali: Oferenda Lírica* – também publicado pelas Edições Textos para Reflexão].

[44] Trata-se do título de respeito com que habitualmente o chamavam. Seu nome era Mahendra Nath Gupta; ele assinava seus trabalhos literários simplesmente com a letra "M".

[45] *Nota do Editor:* Trata-se de uma tradução do inglês *bioscope*, ou *bioscop*, uma espécie de projetor de filmes rudimentar, criado pelos irmãos Max e Emil Skladanowsky na Alemanha, em 1895.

[46] *Sânskrita* quer dizer: "polida, completa". O sânscrito é a irmã mais velha de todas as línguas indo-europeias. Seu alfabeto chama-se *Devanágari*, literalmente: "morada divina". "Quem conhece a minha gramática, conhece Deus!" – Panini, grande filólogo da antiga Índia, prestou este tributo à perfeição matemática e psicológica do sânscrito. Quem puder retraçar esta linguagem até suas origens deve, provavelmente, acabar onisciente.

[47] Não confundir com Jatinda (Jotin Ghosh), que será lembrado por sua oportuna aversão aos tigres.

[48] As Escrituras hindus ensinam que o apego à família constitui uma ilusão caso impeça o devoto de procurar Aquele que nos concede todos os dons, inclusive o dom de amar os parentes, para não mencionar o próprio dom da vida. Jesus também disse: "Quem ama pai ou mãe mais do que a mim, não é digno de mim." (*Mateus*, 10:37)

[49] *ji* é um sufixo habitual de respeito, usado especialmente em contatos pessoais; por exemplo: swâmiji, guruji, Sri Yuktéswarji.

[50] São as regras que constam nos *shastras*, literalmente, "livros sagrados". Há quatro classes de escrituras: *shruti*, *smati*, *purâna* e *tantra*. Estes tratados abordam todos os aspectos da vida religiosa e social hindu, os campos do direito, medicina, arquitetura, arte etc. Os shrutis são os *Vedas*, escrituras "diretamente ouvidas" ou "reveladas". Os smatis, ou "lendas rememoradas", vieram a ser escritos num passado remoto, sob a forma dos poemas épicos, o *Mahabharata* e o *Ramayana*. Os dezoito purânas são, ao pé da letra, "alegorias antigas". Já os tantras significam, literalmente, "ritos" ou "rituais": tais tratados transmitem verdades profundas sob o véu de um intrincado simbolismo.

[51] O *dhóti* é uma peça de roupa amarrada em torno da cintura, cobrindo as pernas.

[52] Brindaban, às margens do rio Junna, é a Jerusalém dos hindus. Ali o Senhor Krishna manifestou toda a sua glória em benefício da humanidade.

[53] Durgapuja é o "Culto a Durga". Este é o mais importante festival do ano em Bengala, e se estende por nove dias no final de setembro. Imediatamente a seguir, celebra-se durante dez dias o festival de Dashahara ("Aquele que remove dez pecados": três do corpo, três da mente e quatro da linguagem). Estes dois cultos ou

pujas são consagrados a Durga, literalmente "A Inacessível" – um aspecto da Mãe Divina, Shakti, personificação da força criadora feminina.

[54] *Yuktéswar* significa "unido a Ishwara" (um dos nomes de Deus). *Giri* é a classificação de um dos dez ramos da antiga ordem dos Swâmis. *Sri*, para homens e mulheres, significa "sagrado"; não é um nome, mas antes um título de respeito.

[55] Samádhi significa literalmente "dirigir juntos". Trata-se de um estado superconsciente beatífico, no qual o iogue experimenta a identificação da alma individualizada com o Espírito Cósmico.

[56] Roncar, segundo os fisiologistas, também é um indício de profundo relaxamento.

[57] Os poderes onipresentes de um iogue, pelos quais vê, saboreia, cheira, toca e escuta sem o uso dos órgãos sensoriais exteriores, foram descritos da seguinte maneira no *Taitiriya Arânyaka*: "o cego furou a pérola; o sem dedos a atravessou com um fio; o sem pescoço a usou; e o sem língua lhe fez o louvor".

[58] "Nenhuma criatura, seja ela qual for, manifesta hostilidade em presença de um homem aperfeiçoado em *ahimsa* (ou *ainsa* – não violência)." *Yoga Sutras de Patânjali* (2:35)

[59] Uma cobra costuma atacar rapidamente qualquer objeto móvel ao seu alcance. Em muitos casos, a imobilidade completa é a única esperança de salvação.

[60] Láhiri Mahasaya na verdade o chamou de "Priya" (nome de batismo de meu mestre), e não "Yuktéswar" (nome monástico, que ainda não tinha sido adotado por meu guru durante a vida de Láhiri Mahasaya). "Yuktéswar" é usado aqui, assim como em algumas outras passagens deste livro, para evitar que o leitor se confunda com a atribuição de dois nomes a mesma pessoa.

[61] "Portanto, eu lhes digo: tudo o que vocês pedirem em oração, creiam que já o receberam, e assim lhes sucederá." (*Marcos*, 11:24). Mestres unidos a Deus são inteiramente capazes de transferir suas realizações divinas a discípulos adiantados, como Láhiri Mahasaya fez com Sri Yuktéswar naquela ocasião.

[62] Uma vez ele esteve doente, em Cachemira, mas eu me encontrava longe dele (ver capítulo 21).

[63] Um corajoso médico, Charles Robert Richet, Prêmio Nobel de Medicina (1913), escreveu o seguinte: "A metapsíquica (parapsicologia) ainda não é uma ciência oficialmente reconhecida. Mas o será. Em Edimburgo, perante cem

fisiologistas, tive a oportunidade de afirmar que os cinco sentidos não são os nossos únicos meios de conhecimento; e que, às vezes, um fragmento da realidade atinge a inteligência por outras vias. Ora, a raridade de um fenômeno não é razão para se negar sua existência. E a dificuldade que um estudo apresenta seria motivo para não se buscar compreendê-lo? Aqueles que levantam uma barreira contra a metapsíquica como ciência culta sentirão tanta vergonha de si mesmos como aqueles que se opuseram à química apoiados na declaração de que a busca da pedra filosofal era uma ilusão. Em matéria de princípios, temos somente os de Lavoisier, Claude Bernard e Pasteur, que se resumem num só: o experimental, sempre e em toda parte. Bem-vinda seja, assim, a nova ciência que vem modificar a orientação do pensamento humano."

[64] O rabi Israel H. Levinthal afirmou em uma conferência em Nova York: "Nosso ser consciente e subconsciente é coroado pela superconsciência". Há muitos anos, o psicólogo inglês F. W. H. Myers sugeriu que "oculto nas profundezas de nosso ser há um monte de lixo, e também uma arca de tesouros". Em contraste com a psicologia que centraliza todas as suas pesquisas no subconsciente da natureza humana, a nova psicologia da superconsciência focaliza sua atenção onde se encontra o tesouro: a única região que pode explicar as mais altruístas, mais heroicas e mais grandiosas ações do homem.

[65] "O homem, em seu estado de vigília, entrega-se a inúmeros esforços para usufruir os prazeres sensuais; quando todo o conjunto dos órgãos dos sentidos se cansa, o homem esquece até mesmo do prazer que tem à mão e entrega-se ao sono para gozar de descanso em sua alma, a sua verdadeira natureza", escreveu Shânkara, o grande sábio vedantista. "A felicidade do êxtase ultra sensual [ou "além do sensual"] é, portanto, extremamente fácil de alcançar; e é muito superior às delícias dos sentidos que sempre terminam em desgosto".

[66] Os *Upanishads* ou *Vedanta* (literalmente, "parte final dos *Vedas*") aparecem a certos intervalos nos quatro *Vedas* e são sumários essenciais que formam a base doutrinária da religião hindu. Arthur Schopenhauer (filósofo alemão) exaltou seus "pensamentos profundos, originais e sublimes", acrescentando: "O acesso aos *Vedas* (referência às primeiras traduções ocidentais dos *Upanishads*) é, aos meus olhos, o maior privilégio que este século (XIX) pode reivindicar em relação a todos os séculos anteriores" [*Nota do Editor:* Schopenhauer também foi publicado pelas Edições Textos para Reflexão, numa edição intitulada *A Metafísica do Amor e outras reflexões*, que são trechos selecionados de sua obra-prima, *O Mundo como Vontade e Representação*, um extenso e profundo comentário dos *Vedas* dentro da linguagem ocidental].

[67] "No princípio era o Verbo, e o Verbo estava com Deus, e o Verbo era Deus." (*João*, 1:1)
[68] "Pois o Pai a ninguém julga, mas confiou todo o julgamento ao Filho." (*João*, 5:22) "Nenhum homem jamais viu Deus; o Filho unigênito, que está no seio do Pai, nos revelou esse mesmo Pai." (*João*, 1:18) "Deus (...) criou todas as coisas por meio de Jesus Cristo." (*Efésios*, 3:9) "Quem acredita em mim, fará as obras que eu faço; e obras ainda maiores que estas fará; porque eu vou a meu Pai." (*João*, 14:12) "O Consolador, que é o Espírito Santo, a quem o Pai enviará em meu nome, vos ensinará todas as coisas e trará todas as coisas à vossa memória, tudo quanto eu vos disse." (*João*, 14:26)

Estas palavras bíblicas se referem à natureza tríplice de Deus como Pai, Filho e Espírito Santo (*Sat, Tat, Aum* nas Escrituras hindus). Deus, o Pai, é o Absoluto Imanifesto, existindo além da criação vibratória. Deus, o Filho, é a Consciência de Cristo (Brahma ou Kutástha Chaitânya) existindo dentro da criação vibratória; esta Consciência de Cristo é o "Unigênito", ou o único reflexo do Infinito Incriado. A manifestação exterior da onipresente Consciência de Cristo é a "testemunha" (*Apocalipse*, 3:14), é Aum, o Verbo, o Espírito Santo, a força divina, criativa e invisível que dá estrutura a todo o universo por meio da vibração. Aum é o Consolador beatífico, ouvido em meditação, e revela ao devoto a Verdade última, trazendo "todas as coisas à memória".

[69] Puri fica em torno de quinhentos quilômetros ao sul de Calcutá, é uma famosa cidade de peregrinação para os devotos de Krishna; seu culto é celebrado ali, todos os anos, com dois enormes festivais, *Snanayátra* e *Rathayátra*.

[70] Em 1929, a invenção do rádio microscópio revelou um novo mundo de raios até então desconhecidos. "O próprio homem, assim como todas os tipos de matéria supostamente inerte, emitem sem cessar os raios que este instrumento 'vê'", informou a *Associated Press*. "Aqueles que acreditam em telepatia e clarividência encontram nesta notícia a primeira prova científica da existência de raios invisíveis que realmente viajam de uma pessoa para outra. Este rádio microscópio é, na realidade, um espetroscópio de rádio frequência. Sua função relativa à matéria fria e opaca é a mesma do espetroscópio, ao revelar as espécies de átomos que compõem as estrelas [analisando sua luz] (...) A existência de tais raios surgindo do homem e de todas as coisas vivas havia sido especulada pelos cientistas há muitos anos. Hoje temos a primeira prova experimental de sua existência. Tal descoberta mostra que todo átomo e toda molécula na natureza é uma contínua estação radio-emissora (...) Assim, até mesmo após a morte, a substância que constitui um homem prossegue

emitindo esses raios delicados. O comprimento de onda destes raios varia, desde o de ondas mais curtas do que as já usadas pelo rádio, até as mais longas. O exame destas ondas é quase inconcebível. Existem milhões delas. Uma só molécula grande pode emitir um milhão de diferentes comprimentos de onda ao mesmo tempo. As ondas mais longas desta espécie viajam com a facilidade e a rapidez das ondas de rádio. Existe uma assombrosa diferença entre estes novos raios de rádio e os raios familiares, como os da luz: é o tempo prolongado, chegando a milhares de anos, em que estas ondas de rádio continuarão sendo emitidas da matéria imperturbada."

[71] *Sat* significa literalmente "ser"; daí "essência; realidade; verdade"; *Sanga* significa "associação". Sri Yuktéswar chamou de Sat–Sanga, ou Satsanga, "associação com a verdade", a organização que representa o seu ashram.

[72] "Se, portanto, o teu olho for único, todo o teu corpo será luminoso" (*Mateus*, 6:22). Durante a meditação profunda, o olho único ou espiritual torna-se visível na parte central da testa. Este olho onisciente é mencionado de vários modos nas Escrituras, como o terceiro olho, a estrela do Oriente, o olho interno, a pomba descendo do céu, o olho de Shiva, o olho da intuição etc.

[73] "Aquele que criou o ouvido, não ouvirá? Aquele que formou o olho, não verá? (...) Aquele que proporciona conhecimento ao homem, não saberá?" (*Salmos*, 94:9–10)

[74] A tradição folclórica de todos os países traz referências a encantamentos com poder sobre a natureza. Os índios americanos são bem conhecidos por terem desenvolvido rituais sonoros para a chuva e o vento. Tan Sen, o grande músico hindu, era capaz de extinguir o fogo pelo poder de sua canção. Em 1926, Charles Kellog, um naturalista da Califórnia, demonstrou o efeito da vibração tonal sobre o fogo, sob o olhar de um grupo de bombeiros de Nova York. Este foi o relato de um deles: "Passando um arco, igual a um arco aumentado de violino, sobre um diapasão de alumínio, ele produziu um chiado semelhante à intensa estática do rádio. De imediato, a chama amarela do gás, com sessenta centímetros de altura, que se movia no interior de um tubo de vidro vazio, minguou para uma altura de quinze centímetros e se tornou mera labareda azul crepitante. Outra passada do arco, outro chiado vibratório, e ela se extinguiu por completo".

[75] As referências astronômicas presentes na literatura hindu da antiguidade permitiram aos eruditos determinar com segurança as épocas em que seus autores escreveram os livros. O conhecimento científico dos rishis era bem vasto: o *Kaushitaki Brâhmana* lista fenômenos astronômicos exatos, indicando que em 3.100

a.C. os hindus já estavam muito adiantados em astronomia, que tinha o valor prático de determinar os tempos favoráveis às cerimônias astrológicas. Um artigo na revista *East-West*, de fevereiro de 1934, assim se referiu ao *Jyotish*, ou o conjunto dos tratados védicos de astronomia: "Ele contém a tradição científica que manteve a Índia na vanguarda de todas as nações da antiguidade, e a transformou na Meca dos buscadores de conhecimento. *Brama Gupta*, um dos livros do *Jyotish*, é um tratado astronômico que estuda fenômenos como o movimento heliocêntrico dos planetas em nosso sistema solar, a obliquidade da eclíptica, a forma esférica da Terra, a luz refletida da Lua, o movimento diário de rotação da Terra em redor de seu eixo, a presença de estrelas fixas na Via Láctea, a lei da gravitação, e outros fatos científicos que só vieram à luz, para o mundo ocidental, no tempo de Copérnico e de Newton".

Hoje também sabemos que os chamados "algarismos arábicos", de valor incalculável para o desenvolvimento da matemática no Ocidente, chegaram à Europa no século IX, trazidos pelos árabes, mas originários da Índia, onde aquele sistema de notação já tinha sido formulado desde a antiguidade. Maiores esclarecimentos sobre a vasta herança científica da Índia podem ser encontrados em *História da Química Hindu*, do Dr. P. C. Ray; e em *Ciências Positivas dos Antigos Hindus*, do Dr. B. N. Seal.

[76] Uma das jovens escolhidas por minha família como uma possível noiva eventualmente veio a se casar com meu primo, Prabhas Chandra Ghose.

[77] Tais ciclos são explicados na primeira parte do livro de Sri Yuktéswar, intitulado *A Ciência Sagrada*.

[78] As Escrituras hindus situam a época atual [este livro foi escrito no século XX] dentro do Káli Yuga de um ciclo universal incomparavelmente mais longo que o simples ciclo equinocial de 24.000 anos, ao qual Sri Yuktéswar se refere. O ciclo universal das Escrituras tem a extensão de 4.300.560.000 anos, e equivale a um Dia da Criação ou o tempo de vida atribuído ao nosso sistema planetário em sua presente forma. Esta vasta cifra calculada pelos rishis se baseia na relação entre a duração do ano solar e um múltiplo de Pi (3,14159: relação entre a circunferência e o diâmetro do círculo). A duração de vida para todo um universo, segundo os antigos videntes, é de 314.159.000.000.000 anos solares, ou "Uma Idade de Brahma".

As Escrituras hindus declaram que um planeta como o nosso é dissolvido por uma destas duas razões: os habitantes, em conjunto, ou se tornam completamente bons ou completamente maus. A mente do planeta gera, desse modo, um poder que liberta os átomos cativos, cuja permanência conjunta formava um corpo no firmamento.

Volta e meia são publicados horrendos prognósticos sobre um iminente "fim do mundo". Os ciclos planetários, todavia, sucedem-se em ordem, de acordo com um plano divino. Nenhuma desintegração da Terra ocorrerá de imediato; nosso planeta ainda tem pela frente, em sua forma atual, numerosos ciclos equinociais ascendentes e descendentes.

[79] "A lamparina do corpo é o olho; logo, se teu olho for *único*, todo o teu corpo será luminoso; se, porém, for mau, também o teu corpo será tenebroso. Cuida, pois, de que a luz que está em ti não seja trevas." (*Lucas*, 11:34-35)
Na *Bíblia*, em inglês, lê-se respectivamente "single eye" (olho único) e "evil eye" (olho mau). Versões latinas e neolatinas da *Bíblia* habituaram o leitor a uma interpretação moral deste versículo, traduzindo "olho único" por "olho simples" ou "olho bom"; e "olho mau" ganhou o sentido de "tenebroso, perverso". Entretanto, "olho único" refere-se ao olho ímpar na testa, o único que permite ver o corpo luminoso ou astral do homem; corpo a que se refere, aliás, o resto da frase do evangelista. "Olho mau" é o que pouco vê, ou nada vê, menção aos dois olhos físicos sob a testa, espiritualmente ineficazes por só enxergarem o mundo físico de três dimensões, estando cegos para frequências vibratórias mais sutis.

[80] O Sânkhya é um dos seis sistemas da filosofia hindu. Ele ensina a emancipação final através do conhecimento de vinte e cinco princípios, começando com *prakiti* ou natureza, e terminando com *purusha* ou alma. O trecho na sequência foi retirado de *Aforismos de Sânkhya* (1:92).

[81] "Podemos comer os frutos das árvores do jardim; mas do fruto da árvore que está no meio do jardim, Deus disse: Não comereis dele, nem o tocareis, senão morrereis." (*Gênese*, 3:2-3)

[82] "A mulher que me deste por companheira, deu-me da árvore e eu comi. A mulher disse: A serpente me enganou e eu comi." (*Gênese*, 3:12-13)

[83] "Assim, Deus criou o homem à Sua própria imagem; à imagem de Deus o criou; criou-os homem e mulher. E Deus os abençoou e lhes disse: Crescei e multiplicai-vos, e povoai a terra, e dominai-a." (*Gênese*, 1:27-28)

[84] "E o Senhor Deus formou o homem do barro da terra e lhe soprou nas narinas o hálito da vida; e o homem tornou-se uma alma vivente." (*Gênese*, 2:7)

[85] "Mas a serpente (força sexual) era mais sutil que qualquer outro animal (qualquer outro sentido do corpo)." (*Gênese*, 3:1)

[86] "E o Senhor Deus plantou um jardim a leste no Éden; e ali colocou o homem que havia criado." (*Gênese*, 18) "Por isso o Senhor Deus o expulsou do jardim do Éden para cultivar o solo do qual saíra." (*Gênese*, 3:23) O primeiro homem, criado por Deus, tinha sua consciência centralizada no olho único onipotente, na testa ("a leste"). Os grandes poderes criadores de sua vontade, focalizados nesse ponto, perderam–se quando o homem começou a "cultivar o solo" de sua natureza física.

[87] Nome dado a um iogue muçulmano; vem do árabe *faqir* ou *fakir*, que significa literalmente "pobre"; originalmente era aplicado a dervixes [místicos do Islã] que fizerem um voto de pobreza.

[88] Mais tarde, meu pai contou que a Estrada de Ferro Bengala Nagpur, onde ele trabalhava, tinha sido uma das companhias lesadas por Afzal Khan.

[89] Como já não me lembro mais do nome do amigo de Sri Yuktéswar, eu me refiro a ele simplesmente como "Babú" (senhor).

[90] "Taba asi" é o "Até logo" em bengali; sua tradução é literalmente um paradoxo cheio de esperança: "Venho, então".

[91] Trata–se do som característico da desmaterialização dos átomos corporais.

[92] Embora o mestre evitasse dar maiores explicações sobre o assunto, a sua relutância em visitar a Cachemira ao longo daqueles dois verões talvez se devesse ao seu conhecimento prévio de que ainda não havia chegado a sua hora de ficar doente (ver capítulo 21).

[93] Parvati: literalmente, "das montanhas". Na mitologia, a deusa é representada como filha do Rei Himalaia (literalmente, "casa das neves"), cujo lar é um pico específico na fronteira com o Tibete.

[94] Na Índia, fumar na presença dos mais velhos e superiores é considerado algo desrespeitoso.

[95] Muitos santos cristãos, inclusive Tereza Neumann (ver capítulo 39), são versados na transferência metafísica de doenças.

[96] Cristo afirmou, pouco antes de ser conduzido ao Calvário: "Pensas que não posso orar a meu Pai e que Ele não me dará, agora mesmo, mais de doze legiões de anjos? Mas, então, como se cumpriram as Escrituras que afirmam que assim convém acontecer?" (*Mateus*, 26:53–54)

[97] Uma esposa hindu acredita ser indício de desenvolvimento espiritual se morre antes de seu marido, como prova dos leais serviços a ele prestados; ou seja, "morrer dentro da armadura", morrer servindo, em batalha.

[98] Aqui eu preciso fazer justiça ao professor Ghoshal, admitindo que as tensas relações entre nós não se deviam a qualquer falha sua, mas antes ao fato de eu faltar muitas aulas. O professor Ghoshal é um grande orador, de vastos conhecimentos filosóficos. Em anos posteriores chegamos a um entendimento cordial.

[99] Um discípulo sempre descalça os sapatos antes de adentrar um ashram hindu. Ao sair, calça-os outra vez, na entrada.

[100] "Esta atma é Brahma": literalmente, "Esta alma é Espírito". O Supremo Espírito, o Incriado, é inteiramente incondicionado (*neti, neti* – não isto, não aquilo), mas na Vedanta é com frequência intitulado como *Sat Chit Ananda*, isto é: Ser, Inteligência e Beatitude.

[101] Shânkara às vezes também é chamado de Shânkarachárya; achárya significa "instrutor espiritual". Datas referentes à vida de Shânkara são matéria de discussão entre os eruditos. Alguns textos hindus indicam que o grande monista viveu no século VI a.C., enquanto diversos historiadores ocidentais o situam no século VIII d.C.

[102] Não se sabe com exatidão em que época viveu Patânjali, embora muitos estudiosos o situem no século II a.C. Os rishis escreveram tratados sobre uma vastidão de assuntos; e seus textos trazem uma visão tão penetrante que os séculos têm sido impotentes para colocá-los em esquecimento. Todavia, para a consternação dos historiadores, tais sábios não fizeram nenhum esforço para grafar em suas obras literárias os seus nomes e as datas em que as escreveram. Sabiam que suas vidas eram importantes tão somente por um breve período, como lampejos da grande Vida Infinita; e que a verdade é atemporal, sendo impossível gravar-lhe nomes específicos: ela não é propriedade particular de ninguém.

[103] "Chitta vritti nirôdha" (*Yoga Sutras*, I:2), que também pode ser traduzido como "cessação de todas as modificações da substância mental". *Chitta* é um termo amplo, que serve para designar toda a capacidade de pensar; ele compreende as forças vitais prânicas, *manas* (mente ou consciência dos sentidos), *ahankara* (princípio do ego) e *buddhi* (inteligência intuitiva). *Vritti* (literalmente "redemoinho") refere-se às ondas de pensamento e de emoção que incessantemente aparecem e desaparecem na consciência do homem. *Nirôdha* significa neutralização, cessação, controle, domesticação.

[104] Os seis sistemas ortodoxos (com base nos *Vedas*) são *Shânkya, Yoga, Vedanta, Mimamsa, Nyaya* e *Vaisesika*. Os leitores com tendência ao estudo mais aprofundado certamente vão se deliciar com as sutilezas e o amplo alcance destas antigas formulações, resumidas em inglês, em *Uma História da Filosofia Hindu, vol. 1,* pelo professor Surendranath Dasgupta (Cambridge University Press, 1922).

[105] Não deve ser confundido com o "Nobre Caminho Óctuplo" do budismo, um guia para a conduta do homem; abrangendo: (1) ideais corretos; (2) motivo correto; (3) linguagem correta; (4) ação correta; (5) meios de vida corretos; (6) esforço correto; (7) recordação correta (do Ser) e (8) realização correta (samádhi).

[106] Aqui o Dr. Jung se refere ao Hatha Yoga, um ramo especializado em posições corporais e técnicas para promover a saúde e a longevidade. Hatha é útil e produz resultados físicos espetaculares, mas este ramo de ioga é pouco utilizado pelos iogues que buscam a libertação espiritual.

[107] Vestido tradicional das mulheres indianas.

[108] Na Índia, ter certa gordura é sempre algo desejável, visto que a maioria das pessoas é magra.

[109] As Escrituras hindus afirmam: "Aqueles que habitualmente falam a verdade, desenvolvem o poder de materializar suas palavras. O que eles ordenam com todo o coração vem a se realizar." (*Yoga Sutras*, II:36)

[110] Autor do *Manava Dharma Shastras* ou *Leis de Manu*. Tais instituições da lei comum canonizada vigoram na Índia até os dias atuais.

[111] O início da era materialista, segundo cálculos das Escrituras hindus, foi em 3.012 a.C. Esse ano marcou o início da última Dwapara Yuga descendente, do Ciclo Equinocial, e também o princípio da Kali Yuga do Ciclo Universal. Muitos antropólogos, crendo que há 10.000 anos a humanidade vivia na barbárie da Idade da Pedra, rejeitam sumariamente as tradições amplamente difundidas das antiquíssimas civilizações da Índia, China, Egito, e muitas outras; para tais estudiosos, tudo isto não passa de "mito".

[112] *Yoga Sutras*, II:1. Ao usar as palavras Kriya Yoga, Patânjali se referia ou a uma técnica posteriormente ensinada por Babaji ou a outra muito semelhante. Em todo caso, o fato de Patânjali mencionar uma técnica definida como domínio da força vital é algo comprovado por outro aforismo dos *Yoga Sutras*, em II:49 (citado no parágrafo seguinte).

[113] "Estas coisas diz o Amém, a testemunha fiel e verdadeira, o começo da criação de Deus" (*Apocalipse*, 3:14) "No começo era o Verbo, e o Verbo estava com Deus e o Verbo era Deus (...) Todas as coisas foram feitas por Ele (o Verbo ou AUM); e sem Ele nada foi feito" (*João*, 1:1-3). O AUM dos *Vedas* veio a ser a palavra sagrada *Hum* dos tibetanos, *Amin* dos muçulmanos e *Amém* dos judeus e cristãos. Em hebraico, seu significado é "seguro, fiel".

[114] A palavra sânscrita bikalpa significa "diferença, não identidade". Sabikalpa é o estado de samádhi "com diferença", nirbikalpa é o estado "sem diferença". Ou seja, em sabikalpa samádhi o devoto ainda retém uma ligeira sensação de estar separado de Deus; já em nibikalpa samádhi ele tem a experiência integral de sua identidade como Espírito.

[115] *Vidyalaya* significa "escola". *Brahmacharya* faz referência a um dos quatro estágios do plano védico para a vida humana, que engloba: (1) o do estudante celibatário (*brahmachari*); (2) o chefe de família com responsabilidades mundanas (*grihastha*); (3) o eremita (*vanaprastha*); e (4) o residente na floresta ou o viajante, livre de todas as preocupações terrenas (*sannyasi*). Tal esquema ideal de vida, apesar de não ser amplamente seguido na Índia moderna, ainda tem muitos seguidores devotos. Os quatro estágios são religiosamente levados a cabo sob a direção permanente de um guru.

[116] Por conta do crescente interesse no Ocidente pelas ásanas (posições iogues para a saúde), não faltam publicações e livros ilustrados sobre elas.

[117] Este era um dos comentários favoritos de Láhiri Mahasaya, com o qual ele encorajava seus discípulos a perseverarem na via da meditação. Significa literalmente: "Fazendo, fazendo, e algum dia, feito". Também podemos traduzir livremente este pensamento dessa forma: "Um esforço hoje; outro amanhã; e um dia você atinge a Meta Divina".

[118] O guru, ainda vivo, de Láhiri Mahasaya (ver capítulo 33).

[119] A segunda técnica de Kriya, ensinada por Láhiri Mahasaya, permite ao devoto que a dominou sair do corpo e a ele retornar, conscientemente, em qualquer momento. Iogues adiantados usam a segunda Kriya durante a última saída, a da morte – um momento que eles, invariavelmente, já sabem de antemão.

[120] Eu descrevo o meu encontro com Keshabananda no capítulo 42.

[121] A vontade, projetada do ponto médio entre as sobrancelhas, é o "aparelho" que irradia o pensamento. O sentimento do homem (ou seu poder emocional),

concentrado calmamente no coração, o permite atuar como um rádio mental que capta as mensagens de outras pessoas, próximas ou distantes. Em telepatia, as refinadas vibrações dos pensamentos do indivíduo transmissor se propagam através de vibrações sutis do éter astral, e a seguir através do éter mais grosseiro da Terra, criando ondas elétricas que, por sua vez, se transformam em ondas de pensamento na mente do indivíduo receptor.

[122] Toda alma, em seu estado puro, é onisciente. A alma de Kashi se recordava de todas as características do menino Kashi, e por isso imitava sua voz rouca a fim de que eu pudesse reconhecê-la.

[123] Tagore venceu o Prêmio Nobel de Literatura de 1913 por conta desta obra [*Nota do Editor:* você também pode encontrar nossa tradução de *Gitanjali* em e-book, pelas Edições Textos para Reflexão].

[124] Escritor e editor inglês, amigo íntimo de Mahatma Gandhi. O Sr. Andrews é respeitado em toda a Índia pelos muitos serviços que prestou à sua pátria adotiva.

[125] "Tendo a alma nascido muitas vezes ou, como dizem os hindus, 'viajado pela estrada da existência, através de milhares de nascimentos' (...), nada existe de que ela não tenha obtido conhecimento; não admira que seja capaz de recordar (...) o que conheceu anteriormente (...). Pois investigação e aprendizagem são reminiscência." (Ralph Waldo Emerson, em *Homens Representativos*)

[126] A partir dos sessenta anos, Rabindranath também se dedicou com afinco ao estudo da pintura. Seus quadros, influenciados pela vanguarda da época, participaram de exposições em diversas capitais européias e em Nova York.

[127] Pode-se encontrar um cuidadoso estudo sobre o poeta em *A filosofia de Rabindranath Tagore* (1918), de autoria do célebre erudito Sir S. Radhakrishnan.

[128] Tolstoi defendeu muitos ideais comuns ao pensamento de Mahatma Gandhi; eles inclusive chegaram a trocar cartas a respeito da não violência. Tolstoi considerava que o principal ensinamento de Cristo era: "Não resistais ao mal (com o mal)" (*Mateus*, 5:39); ou seja, nós devemos "resistir ao mal" apenas com o seu oposto logicamente eficaz: o bem ou o amor.

[129] Me parece que o conto tem base histórica: uma nota do editor nos informa que o bispo encontrou os três eremitas enquanto navegava de Archangel para o mosteiro de Slovetsky, na foz do rio Dvina.

[130] Guglielmo Marconi, o grande inventor, admitiu a inadequação teleológica da ciência ao dizer: "É absoluta a incapacidade da ciência para resolver a questão sobre

o que é a vida. Tal fato seria realmente aterrador se não houvesse a fé. O mistério da vida é decerto o mais persistente problema jamais proposto ao pensamento do homem".

[131] Uma pista da direção tomada pelo gênio de Einstein é dada pelo fato de ele ter sido um discípulo do grande filósofo Spinoza (ou Espinosa), cuja obra mais conhecida é *Ética demonstrada à maneira dos geômetras*.

[132] Isto nos remete a um trecho do poema de John Milton: "Ele, só para Deus; ela, para Deus nele".

[133] Dandi swâmis são os membros de certa ordem de monges que carregam ritualmente um *danda* (bastão de bambu) como símbolo de Brahma danda (bastão de Brahma); que é, no homem, a coluna vertebral. O despertar dos sete centros cérebro-espinais constitui a verdadeira via para o Infinito.

[134] Trailanga era um *muni*, um monge que observa *mauna*, silêncio espiritual. A palavra sânscrita "muni" tem parentesco com a grega "monos", "sozinho, único", da qual derivam as palavras inglesas *monk* (monge) e *monism* (monismo).

[135] As vidas de Trailanga e de outros grandes mestres nos recordam das palavras de Jesus: "E estes sinais acompanharão os que acreditarem: em meu nome (a Consciência Crística) eles expulsarão os demônios; falarão novas línguas; tocarão nas serpentes; e se beberem algo mortífero, não lhes fará dano algum; porão as mãos sobre os enfermos e estes ficarão curados" (*Marcos*, 16:17-18).

[136] Muitas vezes a vítima do cólera permanece consciente e racional até o momento da morte.

[137] *Nota do Editor:* eis mais uma obra citada que já foi traduzida e publicada pelas Edições Textos para Reflexão. Nosso e-book também traz a arte de grandes ilustradores que já embelezaram edições desta obra poética atemporal, o *Rubaiyat de Omar Khayyam*.

[138] Seu nome significa "Mãe Sagrada" ou "Mãe Respeitada". Mataji também tem vivido ao longo dos séculos; ela é quase tão adiantada espiritualmente quanto o irmão. Permanece em êxtase numa gruta secreta, junto ao *ghat* de Dasasamedh.

[139] O incidente nos faz lembrar de Tales de Mileto. O grande filósofo grego ensinou que não havia diferença entre a vida e a morte. "Por que não morre, então?", perguntou-lhe um crítico. "Porque não faz diferença", respondeu Tales.

[140] "Se um homem guardar a minha palavra (permanecer em Consciência Crística, sem interrupções), ele jamais conhecerá a morte." (*João*, 8:51)

[141] Mais tarde a base se tornou um sanatório militar. Desde o início dos anos 1860 o governo britânico já havia instalado na Índia um serviço telegráfico.

[142] Ranikhet, no distrito de Almora, fica ao pé do Nanda Devi, um dos mais altos picos da cordilheira do Himalaia, com 7.821 metros.

[143] "O sábado foi feito para o homem, e não o homem para o sábado." (*Marcos*, 2:27)

[144] A lei do karma exige que cada desejo humano encontre a sua satisfação final. Assim, são justamente os desejos não espirituais que formam a corrente que amarra o homem à roda das reencarnações.

[145] "Que é um milagre? É uma censura, uma sátira implícita à humanidade." (Edward Young, em *Pensamentos Noturnos*)

[146] A teoria da estrutura atômica da matéria é exposta nos antigos tratados hindus *Vaisesika* e *Nyaya*. "Existem vastos mundos nos espaços vazios de cada átomo, multifacetados como as partículas de poeira num feixe de luz solar." (*Yoga Vasishtha*)

[147] Sofrimento físico, mental e espiritual, o que se traduz, respectivamente, em doenças, em anomalias psíquicas (ou "complexos"), e em ignorância da própria alma divina.

[148] Na via do Infinito, até mesmo homens iluminados como Láhiri Mahasaya podem se entregar a excessos e receber castigo. No próprio *Bhagavad Gita* lemos muitas passagens onde o divino guru, Krishna, castiga o príncipe dos devotos, Arjuna.

[149] Este homem, mais tarde conhecido pelo nome de Maitra Mahasaya, alcançou um grande avanço em realização espiritual. Encontrei Maitra Mahasaya logo após minha formatura na escola secundária; ele visitou o ashram Mahamandal em Benares, enquanto eu residia ali. Naquela oportunidade, ele me contou sobre a materialização de Babaji perante o seu grupo em Moradabad. Maitra Mahasaya me explicou: "Em consequência daquele milagre, me tornei um discípulo de Láhiri Mahasaya pelo resto da vida".

[150] Diversas passagens bíblicas revelam que a lei da reencarnação era compreendida e aceita. Os ciclos de reencarnação constituem uma explicação mais razoável para os diferentes estados de evolução nos quais a humanidade se encontra, em comparação com a teoria ocidental comum; esta pretende que algo (consciência

do ego) veio do nada, existiu em variados graus de luxúria ao longo de trinta ou noventa anos e depois retornou ao vazio original. A inconcebível natureza de tal vazio é um problema para o deleite do coração de um escolástico medieval.

[151] "Quantas espécies de morte há em nossos corpos! Nada existe aí que não seja morte." (Martinho Lutero, em *Conversas à Mesa*)

[152] A oração principal dos muçulmanos, tradicionalmente repetida cinco vezes ao dia.

[153] "Busque a verdade na meditação, não em livros antigos. Para encontrar a lua, olhe para o céu, não para o lago." (Provérbio persa)

[154] O Kriya Yoga tem muitas ramificações. Láhiri Mahasaya discerniu os quatro graus essenciais, isto é, os que possuem o mais elevado valor prático.

[155] Outros títulos concedidos a Láhiri Mahasaya por seus discípulos foram Yogibar (O Maior dos Iogues), Yogiraj (Rei dos Iogues) e Munibar (O Maior dos Santos). Eu mesmo acrescentei o de Yogavatar (Avatar ou Encarnação da Ioga).

[156] Ele totalizou trinta e cinco anos de serviço num departamento do governo.

[157] Os tratados de medicina hindus são a base da chamada Ayurveda. Hipócrates, famoso médico do século V a.C., tomou emprestado muito de sua bagagem médica das fontes hindus.

[158] Mudra é um gesto ritual realizado com os dedos e as mãos. *Sambhabi mudra* afeta certos nervos e provoca um estado de profunda calma. Os mudras empregados no culto e nas práticas de ioga têm seu fundamento em antigos tratados hindus que classificam minuciosamente os *nadis* (72 mil canais de força vital no corpo) e suas relações com a mente. Uma complexa linguagem de mudras também é encontrada na iconografia e nas danças rituais da Índia.

[159] "Certo número de selos encontrados recentemente em escavações arqueológicas do vale do rio Indo, datados do terceiro milênio antes de Cristo, mostram figuras sentadas em posições meditativas. Tais posições ainda são usadas no sistema iogue atual, e confirmam a teoria de que já naquela época se conheciam alguns dos rudimentos de ioga. Assim, podemos concluir que a introspecção sistemática com auxílio de métodos comprovados tem sido praticada na Índia há pelo menos cinco mil anos." – Retirado do artigo do Professor Norman Brown para o *Boletim do American Council for Learned Societies*, maio de 1939, Washington, D. C.

[160] "O homem incapaz de se maravilhar, o que habitualmente não admira, nem adora [a Natureza], ainda que seja o presidente de inúmeras sociedades científicas e carregue o título de todos os seus laboratórios e observatórios, ainda é só um par de óculos, atrás dos quais não existem olhos." (Thomas Carlyle, em *Sartor Resartus*)

[161] Mais tarde Sri Yuktéswar foi iniciado formalmente na Ordem dos Swâmis pelo *Mahant* (chefe de mosteiro) de Buddh Gaya.

[162] *Sanatan Dharma*: literalmente, "religião eterna", o título dado ao corpo dos ensinamentos védicos. Eventualmente o *Sanatan Dharma* veio a ser chamado Hinduísmo porque os gregos que invadiram o noroeste da Índia, sob o comando de Alexandre o Grande, chamaram de *indus* ou *hindus* aos habitantes das margens do rio Indo. A palavra "hindu", portanto, se refere estritamente aos seguidores do *Sanatan Dharma*, ou Hinduísmo. Já o termo "indiano" se aplica igualmente a hindus, muçulmanos e outros habitantes do solo da Índia (e também, pela confusão geográfica de Colombo, aos indígenas da América). O antigo nome da Índia é *Aryavarta*, literalmente "morada dos arianos". A raiz sânscrita de *arya* é "digno, santo, nobre". O mais recente mau emprego de "ariano" para indicar características não espirituais, mas físicas, levou o grande orientalista Max Muller a se manifestar: "Para mim, um etnólogo que fale de uma raça ariana, de sangue ariano, de olhos e cabelos arianos etc., comete um erro tão grande como o do linguista que se refere a um dicionário dolicocéfalo ou a uma gramática braquicéfala".

[163] O termo *paramguru* se refere ao guru de um guru. Assim, Babaji, o guru de Láhiri Mahasaya, é o paramguru de Sri Yuktéswar.

[164] Láhiri Mahasaya abandonou o corpo em 26 de setembro de 1895. Alguns dias depois ele teria completado 67 anos.

[165] Dar três voltas sobre si mesmo e encarar o norte são partes de um ritual védico usado pelos mestres que sabem antecipadamente a hora em que deverão abandonar o corpo físico. A última meditação, durante a qual o mestre se funde com o AUM cósmico, é chamada *mahasamádhi* ou "grande samádhi" (ver nota 55).

[166] Kabir foi um grande santo do século XVI; entre seus numerosos discípulos, contavam-se hindus e muçulmanos. Por ocasião da sua morte, os discípulos discutiram acaloradamente acerca do ritual a ser seguido na cerimônia fúnebre. O mestre, exasperado, surgiu no ar e deu as instruções: "Metade dos meus restos mortais deverá ser enterrada segundo os ritos muçulmanos. Deixem a outra metade ser ungida e cremada de acordo com o ritual hindu". Então, ele desapareceu. Quando os discípulos removeram o sudário que cobria seu corpo, nada se achou a

não ser um belo arranjo de flores. Metade destas flores foram enterradas em Maghar, pelos muçulmanos, que lá veneram até hoje um santuário dedicado a Kabir. A outra metade foi cremada em uma cerimônia hindu.

Em sua juventude, Kabir foi procurado por dois discípulos, que desejavam receber orientação intelectual ao longo da via mística. O mestre simplesmente respondeu: "A ideia de um *caminho espiritual* pressupõe distância; se Ele estiver perto, tu não necessitas de caminho algum; em verdade, provoca-me um sorriso ouvir que um peixe na água tenha sede!"

[167] Estando no Ocidente, tenho visto muitos daqueles semblantes, e os reconheço de imediato.

[168] Sri Yuktéswar e eu quase sempre conversávamos em bengali.

[169] O relatório foi posteriormente publicado em livro: *New Pilgrimages Of The Spirit*, ou *Novas Peregrinações do Espírito* (Boston, Beacon Press, 1921).

[170] O Dr. Robinson e sua esposa visitaram a Índia em 1939 e foram convidados de honra em uma reunião de Yogôda Satsanga.

[171] Burbank também me deu uma fotografia sua, autografada. Hoje a guardo com o mesmo zelo e estima com que, no passado, um comerciante indiano guardava um retrato de Lincoln. O hindu, que se encontrava nos Estados Unidos durante a Guerra Civil, sentia tanta admiração por Lincoln que não desejava retornar à Índia antes de obter um retrato do Grande Emancipador. Assim, se plantando inflexivelmente na porta da casa de Lincoln, o comerciante se recusou a ir embora enquanto o Presidente não lhe permitisse contratar os serviços de Daniel Huntington, um famoso artista de Nova York. Terminado o retrato, o hindu o levou em triunfo para Calcutá.

[172] O registro específico desta e de outras datas na obra se deve unicamente ao fato de meu secretário, o Sr. Wright, manter um diário de minhas viagens.

[173] Referência a *Mateus*, 4:4. A bateria do corpo humano não se alimenta apenas de substâncias grosseiras (pão), mas igualmente de energia cósmica vibratória (o Verbo, ou AUM). O poder invisível flui para o interior do corpo humano através da porta da medula oblonga. Este sexto centro corpóreo se localiza na parte posterior do pescoço, acima dos cinco *chakras* (em sânscrito, "rodas" ou centros de força vital irradiante). A medula oblonga, entrada principal por onde penetra AUM, ou a energia de vida universal que abastece o corpo, relaciona-se diretamente, por polaridade, com o centro da Consciência Crística (*Kutastha*) no olho único, entre as sobrancelhas, sede do poder de vontade do homem. Assim, a energia cósmica se

armazena no cérebro, no sétimo centro, reservatório de infinitas possibilidades (mencionado nos *Vedas* como a "lótus de mil pétalas de luz"). A *Bíblia* se refere a AUM sob a designação de Espírito Santo ou força vital invisível que sustenta divinamente a criação. "Quê? Não sabeis que vosso corpo é o templo do Espírito Santo, que habita em vós, proveniente de Deus, e que vós não vos pertenceis?" (*I Coríntios*, 6:19)

[174] Durante as horas que antecederam minha chegada, Teresa já havia tido muitas visões dos últimos dias da vida de Cristo. Seu transe geralmente começa com cenas dos acontecimentos posteriores à última Ceia. Suas visões sagradas terminam com a morte de Jesus na cruz; ou, às vezes, com o seu sepultamento.

[175] Referência aos acontecimentos narrados no *Fédon* de Platão.

Uma passagem de Eusébio [historiador romano] relata um interessante encontro entre Sócrates e um sábio hindu. Eis o texto em questão: "Aristoxenus, o músico, narra a seguinte história sobre os hindus. Um destes homens encontrou Sócrates em Atenas e lhe perguntou qual era o objeto de sua filosofia: 'Uma investigação dos fenômenos humanos.' – Replicou Sócrates. O que fez o hindu explodir de riso: 'Como pode um homem investigar os fenômenos humanos quando ignora os divinos?'" (Aristoxenus era um dos pupilos do filósofo Aristóteles).

[176] Nós interrompemos nossa viagem nas Províncias Centrais, a meio caminho através do continente, para visitar Mahatma Gandhi em Wardha. Tais dias foram descritos no capítulo 44.

[177] Prafulla era o jovem que estava junto ao mestre quando a cobra se aproximou (ver capítulo 12).

[178] *Pronam*: literalmente, "santo nome" ou "saudação santa". Trata-se de uma saudação entre os hindus, acompanhada por mãos com as palmas erguidas do coração até a testa. Um *pronam* na Índia substitui a saudação ocidental pelo aperto de mão.

[179] A Srta. Bletch, impossibilitada de acompanhar minhas andanças com o Sr. Wright, permaneceu com meus parentes em Calcutá.

[180] A represa, uma imensa instalação hidrelétrica, fornece luz à cidade de Mysore e às fábricas de seda, sabões e óleo de sândalo.

[181] Por esta pergunta, podemos supor que o "Filho de Zeus" duvidava de que já tivesse atingido a perfeição. E, de fato, mesmo na área da guerra Alexandre jamais cruzou o Ganges. Encontrando grande resistência a noroeste, o exército macedônio

se amotinou e se recusou a ir mais adiante. Alexandre foi obrigado a desistir da Índia.

[182] Todos os observadores gregos destacam a ausência de escravidão na Índia, em contraste com a estrutura da sociedade helênica.

[183] "A inclusão numa destas quatro castas dependia, no início, não do nascimento, mas das capacidades inatas do homem, demonstradas pelo objetivo que ele buscasse alcançar na vida", nos conta um artigo da *East-West*, de janeiro de 1935. "Tal objetivo poderia ser: (1) *kama*, desejo, atividade relacionada com a vida dos sentidos (estágio de sudra); (2) *artha*, ganho, satisfação pelo domínio dos desejos (estágio de vaixá); (3) *dharma*, autodisciplina, uma vida de responsabilidade e de ação correta (estágio de xátria); e (4) *moksha*, liberação, uma vida de espiritualidade e de ensino religioso (estágio de brâmane). Estas quatro castas prestam serviço à humanidade empregando: (1) o corpo; (2) a mente; (3) a força de vontade; e (4) o Espírito. Estes quatro estágios têm seus correspondentes nas eternas *gunas* ou qualidades da natureza – *tamas, rajas* e *sattva*: obstrução, atividade e expansão; ou, matéria, energia e inteligência. Cada uma das quatro castas apresenta a seguinte correlação com as gunas: (1) tamas (ignorância); (2) tamas e rajas (mescla de ignorância e atividade); (3) rajas e sattva (mescla de atividade e iluminação); e (4) sattva (iluminação). Dessa forma, a natureza de cada homem define a casta a que ele pertence, pela predominância nele de uma só guna, ou da mistura de duas. Na realidade cada homem possui todas as três gunas em proporções variadas. Um verdadeiro guru será capaz de determinar com exatidão a casta (ou o status evolutivo) de um homem".

[184] *Paramahansa*: literalmente, *parama*, o mais alto; e *hansa*, cisne – "o cisne mais alto". O cisne branco é representado na mitologia como o veículo ou montaria de Brahma, o Criador. Diz-se que o *hansa* sagrado tem o poder de extrair, de uma mistura de água e leite, somente o leite; trata-se de um símbolo de discernimento espiritual. *Ham-sa* são duas palavras sagradas em sânscrito que possuem uma conexão vibratória com a respiração que entra e sai. *Aham-Sa* é literalmente "Eu sou Ele".

[185] Em geral, eles contornavam a dificuldade me chamando simplesmente de *sir* (senhor): Sir Yogananda, ou Senhor Yogananda.

[186] No ashram de Puri, Swâmi Sebananda ainda dirige uma pequena e próspera escola de ioga para meninos e grupos de meditação para adultos. Reuniões de santos e especialistas acontecem lá periodicamente.

[187] *Yoga Sutras de Patânjali*, II:9.

[188] As *melas* religiosas são mencionadas no antigo *Mahabharata*. O viajante chinês Hiuen Tsang deixou o relato de uma vasta Kumbha Mela realizada em Allahabad, em 644 d.C. A *mela* maior ocorre a cada doze anos; a imediatamente menor (*ardha* ou metade) ocorre a cada seis anos. *Melas* menores são convocadas a cada três anos. As quatro cidades onde as *melas* se congregam são Allahabad, Hardwar, Nasik e Ujjain. Hiuen Tsang conta-nos que Harsha [ou Harshavardhana], rei da Índia do norte, distribuiu aos monges e peregrinos na Kumbha Mela uma grande quantidade de riquezas do tesouro real. Quando Hiuen retornou para a China, recusou as jóias e o ouro oferecidos por Harsha; mas levou consigo, como objetos de grande valor, centenas de manuscritos religiosos.

[189] Não estive presente na morte de minha mãe, de meu irmão mais velho Ananta, de minha irmã mais velha Roma, de meu mestre, de papai e de muitos outros seres queridos. (Papai abandonou este mundo em Calcutá, em 1942, com a idade de 89 anos).

[190] As centenas de milhares de sádhus na Índia são controladas por uma comissão executiva de sete líderes, cada um representando uma das sete grandes regiões do país. O atual *mahamandaleswar* ou presidente é Joyendra Puri. Este santo é extremamente reservado, em geral limitando sua linguagem a três palavras: "Verdade, Amor e Trabalho". Um discurso mais do que suficiente!

[191] Ao que parece que há vários métodos de se lograr um tigre. Um explorador australiano, Francis Birtles, afirmou ter achado as selvas indianas "variadas, belas e seguras". Essa segurança era obtida com um feitiço: papel de apanhar moscas. "Todas as noites, eu estendia uma quantidade dessas fitas ao redor de meu acampamento, e assim nunca fui perturbado. A razão é psicológica: o tigre é um animal consciente de sua grande dignidade. Ele ronda, espreita e desafia o homem até que se cola ao papel pega moscas; então, se retira furtivamente. Nenhum tigre digno se atreveria a enfrentar um homem depois de colar as patas num papel viscoso, destinado a apanhar moscas!"

[192] Sri Yuktéswar deixou o mundo naquela hora; sete da noite, em 9 de março de 1936.

[193] Os costumes funerários na Índia exigem a cremação para os chefes de família; swâmis e monges de outras ordens não são cremados, mas enterrados (embora possa haver exceções ocasionais). Quando o monge professa os votos monásticos, considera-se que seu corpo foi cremado simbolicamente no fogo da sabedoria.

[194] Em sabikalpa samádhi, alcançamos a realização de nossa unidade com o Espírito, mas não podemos manter sua consciência cósmica, exceto no estado de transe, totalmente imóvel. A meditação incessante nos permite atingir o estado superior, nirbikalpa samádhi; então, poderemos nos mover livremente através do mundo, sem nos desconectar nem por um instante da percepção de Deus. Em nirbikalpa samádhi, o iogue dissolve os últimos vestígios de seu karma material ou terreno. Todavia, ainda pode possuir certo karma astral e causal para esgotar; e, por isso, reveste-se de corpo astral – e depois de causal, nas esferas de mais elevada vibração (ver também o capítulo 26).

[195] Sri Yuktéswar usou a palavra *prana*; para traduzi-la, criei a palavra "vitatrons". As Escrituras hindus mencionam o *anu*, "átomo" [que pode ser relacionado ao conceito científico homônimo]; o *paramanu*, "além do átomo", referente às energias eletrônicas mais refinadas; e finalmente o *prana*, a "força criadora vitatrônica". Átomos e elétrons são forças cegas; já o prana dispõe de inteligência inerente. Por exemplo, o prana (ou "vitatrons") coordena, nos espermatozóides e óvulos, o desenvolvimento do embrião de acordo com um design kármico.

[196] Referente a *mantra*: sons-semente cantados com a voz, e também descarregados pela arma mental da concentração. Os *Puranas* (antigos *shastras* ou tratados espirituais) descrevem guerras mântricas entre devas e asuras (equivalentes de deuses e demônios). Certa vez, um asura tentou assassinar um deva com um poderoso canto, mas, devido à pronúncia incorreta do sânscrito, a bomba mental agiu como um bumerangue e acabou matando o próprio demônio.

[197] Não faltam exemplos de tais poderes na Terra, como no caso de Helen Keller e de outras pessoas extraordinárias [*Nota do Editor:* Helen Adams Keller (1880 – 1968) foi uma escritora, conferencista e ativista social norte-americana. Foi a primeira pessoa cega e surda da história a conquistar um bacharelado].

[198] Certa vez perguntaram ao Senhor Buda: "Por que o homem deveria amar todas as pessoas igualmente?" Buda respondeu: "Porque nas numerosas e diversificadas vidas de cada homem, toda alma lhe foi, nesta ou naquela vida, muito querida".

[199] "As oito qualidades elementares que participam de toda vida criada, desde os átomos até o homem, são: terra, água, fogo, ar, éter, movimento, mente e individualidade." (*Bhagavad Gita*, VII:4)

[200] "Corpo" significa qualquer alojamento da alma, seja grosseiro ou sutil. Os três corpos são como gaiolas para a Ave do Paraíso.

[201] Assim como Babaji ajudou Láhiri Mahasaya a se libertar de um desejo subconsciente, vestígio de alguma vida passada, criando para ele um palácio dourado (como foi descrito no capítulo 34).

[202] "E Jesus lhes disse: 'Onde estiver o corpo, ali se ajuntarão as águias.'" (*Lucas*, 17:37). Esteja a alma alojada em corpo físico, astral ou causal, é aí que as águias dos desejos se nutrem, como aves de rapina, das fraquezas da sensualidade humana ou dos apegos astrais e causais. Assim, a alma se torna prisioneira dos próprios desejos.

[203] "A quem vencer, eu o farei coluna no templo de meu Deus, e dele não mais sairá (isto é, não mais reencarnará) (...) A quem vencer, concederei que se assente comigo em meu trono, assim como eu venci e me sentei com meu Pai em Seu trono." (*Apocalipse*, 3:12, 21).

[204] Sri Yuktéswar quis dizer que assim como, em sua encarnação terrena, ele às vezes carregava o fardo da doença para aliviar o karma de seus discípulos, da mesma forma, agora, a sua missão de salvador o capacita a transferir para si certo karma astral dos residentes de Hiranyaloka – apressando, desta forma, a sua evolução para o mundo causal superior.

[205] Vida e morte são somente relatividades do pensamento. A tradição espiritual do Vedanta diz que Deus é a única Realidade: toda criação ou existência separada é maya ou ilusão. Esta filosofia monista teve a sua mais alta expressão nos comentários de Shânkara aos antigos *Upanishads*.

[206] Seu nome de família é Mohandas Karamchand Gandhi. Ele nunca se refere a si mesmo como "Mahatma". De acordo com alguns autores, quem primeiro o chamou por este título foi Rabindranath Tagore.

[207] *Satyagraha*: na tradução literal do sânscrito, "ater-se à verdade". Satyagraha é o famoso movimento de não-violência liderado por Gandhi.

[208] Mirabehn me fez recordar outra distinta mulher ocidental, a Srta. Margaret Woodrow Wilson, filha mais velha do grande presidente norte-americano. Quando a encontrei em Nova York, ela demonstrou ter grande interesse pela Índia. Mais tarde se dirigiu para Pondicherry, onde passou os últimos cinco anos de sua vida trilhando a via da disciplina aos pés do iluminado mestre Sri Aurobindo Ghosh.

[209] Nos Estados Unidos, já faz muitos anos que venho observando períodos de votos de silêncio, para a consternação de visitantes e secretários.

[210] *Ahimsa*: qualidade do que é inofensivo; não-violência; a rocha em que se alicerça o credo de Gandhi. Ele recebeu profunda influência dos jainistas, que reverenciam *ahimsa* como a virtude primordial. O jainismo, uma seita do hinduísmo, se difundiu amplamente no século VI a.C., graças a Mahavira, um contemporâneo de Buda. Possa Mahavira ("grande herói") contemplar Mahatma Gandhi, séculos depois, como um filho de suas ideias.

[211] O hindi, uma língua indo-ariana, ricamente baseada em raízes sânscritas, é predominante no norte da Índia. O dialeto principal do hindi ocidental é o hindustani, escrito tanto com caracteres *devanagari* (sânscrito) quanto com os caracteres arábicos. Seu subdialeto, o urdu, é falado pelos muçulmanos e pelos hindus no norte da Índia [*Nota do Editor:* hoje (2023) o urdu é o idioma nacional do Paquistão, e um dos 24 idiomas nacionais da Índia, entre os quais se inclui o hindi].

[212] Gandhi descreveu sua vida com impiedosa franqueza em *História da Minha Experiência com a Verdade*. Diversas biografias repletas de nomes famosos silenciam quase completamente acerca dos períodos de autoanálise ou de desenvolvimento interior. O leitor fecha cada um desses livros com certa insatisfação, como se dissesse: "Eis aqui um homem que conheceu muita gente notável, mas nunca conheceu a si mesmo". Tal reação é impossível com a leitura da autobiografia de Gandhi: ele expõe suas faltas e subterfúgios com devoção impessoal à verdade, algo raro nos anais de qualquer época.

[213] Kasturabai Gandhi morreu na prisão de Poona, em 22 de fevereiro de 1944. Gandhi, que raramente se emociona em público, chorou silenciosamente. Pouco depois, os admiradores de Kasturabai sugeriram criar em sua honra um Fundo *In Memoriam*: então, 12.500.000 rúpias (quase 4 milhões de dólares) choveram de todos os cantos da Índia. Gandhi cuidou para que esse capital fosse aplicado na assistência social das mulheres e crianças nas aldeias mais pobres do país.

[214] Henry David Thoreau, John Ruskin e Giuseppe Mazzini são outros escritores ocidentais cujas teorias sociológicas Gandhi estudou cuidadosamente.

[215] A sagrada Escritura dada por Zoroastro à Pérsia, em cerca de 1.000 a.C.

[216] Dentre as grandes religiões do mundo, uma característica ímpar do hinduísmo é a sua derivação, não de um único grande fundador, mas dos *Vedas*, que são impessoais. Dessa forma, o hinduísmo dá liberdade para a incorporação de cultos e profetas de todas as épocas e territórios. As Escrituras Védicas regulam não apenas as

práticas de devoção, mas todos os costumes sociais importantes, num esforço para harmonizar cada ação do homem com a lei divina.

[217] *Dharma* é uma palavra sânscrita que inclui muitos significados: pode se referir simplesmente "a lei", a uma conformidade com a lei ou com a justiça natural; também pode se referir ao dever inerente às circunstâncias em que o homem se encontra em determinado momento. As Escrituras definem o *dharma* como "as leis universais naturais, cujo cumprimento permite ao homem se salvar da degradação e do sofrimento".

[218] "Que o homem não se exalte por amor a seu país; mas, antes, que se exalte por amor à sua espécie." (Provérbio persa)

[219] "Então Pedro se aproximou e disse: 'Senhor, até quantas vezes meu irmão pecará contra mim e eu lhe perdoarei? Até sete?' Jesus lhe respondeu: 'Não te digo até sete, mas até setenta vezes sete.'" (*Mateus*, 18:21-22)

[220] Certa vez Charles P. Steinmetz, o grande engenheiro eletricista, foi interpelado pelo Sr. Roger W. Babson: "Em que área a pesquisa científica encontrará maior desenvolvimento dentro dos próximos cinquenta anos?" Steinmetz respondeu: "Penso que a maior descoberta será feita no campo da espiritualidade. A história nos demonstra com clareza que nela estão as forças que tiveram a maior influência no desenvolvimento dos homens. Apesar disso, até hoje nós estivemos simplesmente brincando com elas, e nunca as estudamos com a seriedade que demos às forças físicas. Algum dia, homens e mulheres aprenderão que as coisas materiais não trazem felicidade, e são de pouca utilidade para torná-los verdadeiramente criadores e poderosos. Então, os cientistas do mundo inteiro voltarão seus laboratórios para o estudo de Deus, da prece e das forças espirituais que, até aqui, pouco foram pesquisadas. Quando esse dia chegar, o mundo verá mais progresso, numa única geração, do que conheceu nas quatro últimas."

[221] *Nota do Editor:* Para Gandhi, a roda de fiar simbolizava a prosperidade da Índia, além de servir de modo prático, para manter a economia girando.

[222] Ananda Moyi Ma nasceu em 1896, num vilarejo em Bengala. Ela não teve uma formação religiosa regular (para os padrões da Índia), e manifestou sua sabedoria sem a necessidade de um guru.

[223] Sua Santidade Sri Bijay Chand Mahtab, já falecido. Sua família possui, sem dúvida, algum registro das três investigações do marajá sobre Giri Bala.

[224] Sri Yuktéswar costumava dizer: "O Senhor nos deu os frutos da boa terra. Gostamos de ver nossa comida, de cheirá-la e saboreá-la, e o hindu também gosta de apalpá-la!"

[225] O Sr. Wright também filmou Sri Yuktéswar durante o seu último Festival de Solstício de Inverno, em Serampore.

[226] "Tudo o que comemos é radiação; nosso alimento equivale a determinados *quantas* de energia", disse o Dr. George W. Crile, de Cleveland, numa reunião de médicos em Memphis, em 17 de maio de 1933. Seguem alguns trechos do seu discurso: "Os raios do sol fornecem esta radiação importantíssima aos alimentos, e estes cedem correntes elétricas ao sistema nervoso, ou seja, ao circuito elétrico do corpo. Os átomos são sistemas solares. São veículos abarrotados de radiação solar, semelhantes a molas em espiral a que se deu corda ou tensão. Sob a forma de alimentos, nós ingerimos estes átomos inumeráveis, repletos de energia. Uma vez no corpo humano, estes caminhões cheios são descarregados no protoplasma do organismo, lhe fornecendo nova energia química, novas correntes elétricas. Todo o nosso corpo é formado por esses átomos: músculos, cérebro e órgãos sensoriais (olhos, ouvidos etc.)".

Algum dia, os cientistas desvendarão como o homem pode viver diretamente da luz solar. Escreve o Dr. William L. Laurence, no *New York Times*: "A clorofila é a única substância na natureza que possui, de algum modo, o poder de agir como armadilha para a luz solar. Ela aprisiona a energia do sol, armazenando-a na planta. Sem a clorofila, não existiria a vida humana. Nós obtemos a energia de que precisamos para viver da energia solar armazenada na planta que comemos, ou na carne dos animais que comem as plantas. Além disso, hoje também retiramos do carvão ou do petróleo a energia solar aprisionada na clorofila dos vegetais que viveram milhões de anos atrás. Vivemos do sol, através da clorofila".

[227] Um poderoso canto vibratótio. A tradução literal do sânscrito *mantra* é "instrumento do pensamento". Segundo o *Dicionário Webster*, os mantras são "sons ideais, inaudíveis, que representam um aspecto da criação". Quando é vocalizado em sílabas, um mantra constitui uma terminologia universal. Os poderes infinitos do som derivam de AUM, o "Verbo", ou zumbido criador do Motor Cósmico.

[228] Encinitas é uma pequena cidade costeira da Califórnia. Ela está situada aproximadamente 160 quilômetros ao sul de Los Angeles e 40 quilômetros ao norte de San Diego.

Epílogo: As aventuras de Makunda

Este é um livro de muitas jornadas, há nesta obra muitos livros dentro de um só. Seu título, *Autobiografia de um iogue contemporâneo* (depois abreviado para *Autobiografia de um iogue*), abarca dentro de si muitos outros títulos possíveis: *As aventuras de Makunda*; *Encontros com santos notáveis*; *Turismo espiritual na Índia*; *A vida de Láhiri Mahasaya*; *O mistério de Babaji*; *O Kriya Yoga*; *A espiritualidade no Oriente e no Ocidente* etc. Que todos estes pudessem servir de título para a obra-prima de Paramahansa Yogananda diz muito sobre a sua abrangência e a sua importância espiritual. Publicada logo após o fim da Segunda Guerra Mundial, mas escrita ainda ao longo do terror, ela sinaliza uma nova esperança, uma nova era para a espiritualidade humana: que tenha sobrevivido ao tempo, e que seja até hoje um bestseller global, é um sopro de alívio para todos aqueles que despertaram da ilusão material.

Yogananda é o nome monástico de Makunda, nascido numa abastada família indiana, em 1893. Quando jovem, viveu cercado de pais e irmãos mais ou menos devotos, como o indiano médio da época, mas logo cedo ficou claro para todos que o seu caminho na espiritualidade seria único. A sua vida é toda pontuada por sinais e milagres. Dizer que nasceu predestinado é pouco, é como se cada etapa de sua vida fizesse parte do capítulo de alguma epopeia lendária. A criança que, quando adulta, seria a responsável pela divulgação do yoga no Ocidente; mas que acabou levando aos ocidentais muito mais do que isso: toda a cultura da Grande Índia, da Índia ancestral, se resume em sua figura, em seu sorriso, em sua vontade de ensinar com complacência – coisa que não recebeu nem mesmo de seu próprio guru.

A própria estrutura do livro demonstra isso. Makunda vai nos seduzindo pouco a pouco. Não se gaba do que veio a conquistar em seu caminho em nenhum momento, mas principalmente no início retrata a si mesmo de maneira humilde, um jovem que sonhava conhecer o Himalaia, e que se interessava mais pelos monges e gurus do que por sânscrito ou matemática.

Os milagres, grandes ou pequenos, ficam em segundo plano, tudo o que lhe interessa descrever de fato é como, desde o início, ele sempre esteve em busca de Deus – com Seus muitos nomes e nuances.

Assim, não se trata de uma obra que queira *provar* alguma coisa. Até mesmo Makunda só passou a acreditar em certas coisas depois de vivenciá-las. O ceticismo fazia parte de seu dia a dia, tanto que precisou ver para crer em muitos dos milagres dos santos e das santas que cruzaram o seu caminho; ou melhor, que ele tratou de ir atrás. Foi amigo tanto de cientistas quanto de gurus, circulava tanto em meio aos mais ricos quanto entre renunciantes estritos, alguns dos quais sequer usavam roupas.

Mas a sua obra fala, em essência, de sua relação com Deus, e de como essa relação se refletiu diretamente em sua convivência com os seres humanos, os filhos de Deus, os reflexos do divino. No entanto, isso não fica tão evidente em nenhum momento do texto, não é algo que Makunda quisesse nos trazer como uma espécie de mandamento, "Ame a Deus acima de todas as coisas", não: Makunda faz disso o seu exemplo de vida, é algo que fica subentendido nas entrelinhas, como uma fragrância perene fluindo de suas palavras. É assim que somos conquistados, é assim que esta leitura pode ser verdadeiramente transformadora.

A semente que Makunda se incumbiu de plantar no Ocidente dá frutos até hoje. Afinal, não foi por acaso que os Beatles foram parar em um retiro espiritual na Índia, nos anos 1960. Naquela altura, o yoga já era algo amplamente conhecido, principalmente entre os jovens, e embora outros iogues lhe tenham precedido na peregrinação pelo Ocidente, foi *Autobiografia de um iogue* a principal obra de divulgação da ciência espiritual indiana. E, mais recentemente, a importância da obra se fez evidente no funeral de um dos grandes visionários de nosso tempo: era ela que Steve Jobs quis que aqueles que foram ao seu enterro lessem, quiçá para que pudessem compreender que a sua própria morte não era o ponto final de nada.

Até hoje, espalhada pelo mundo, incluindo o Brasil, a *Self-Realization Fellowship*, ou Irmandade da Autorrealização, divulga os livros e os ensinamentos de Makunda. Até hoje, anualmente, milhares de devotos fazem a leitura conjunta da obra em épocas específicas do ano. Até hoje, graças ao Paramahansa, o Kriya Yoga também vive no Ocidente, e não ficou oculto sob os véus da Índia milenar.

Não foi uma tarefa simples. Makunda foi obrigado a abandonar a família e, principalmente, o seu guru, numa época em que a viagem da Índia para os Estados Unidos levava meses, e a troca de mensagens era algo bem mais problemático. No entanto, tal distanciamento foi mais físico do que espiritual, pois o Paramahansa seguia o seu propósito de vida, aquilo que literalmente nasceu, foi encarnado para fazer. Era, em suma, uma Vontade maior do que a sua própria; e ele, em sua imensa sabedoria, soube viver inteiramente alinhado a ela.

"Valeu a pena?" – perguntou a Makunda um de seus primeiros discípulos nos Estados Unidos.

"Sim, mil vezes sim! Valeu a pena; tem sido uma inspiração constante, mais do que jamais pude sonhar, ver o Ocidente e o Oriente se aproximando pelo vínculo mais duradouro, o espiritual!"

Makunda, ou Paramahansa Yogananda, foi feliz no cumprimento de sua missão. As suas aventuras neste mundo se encerraram em 1952, quando, ao final de um discurso, citou um trecho de um de seus poemas, *Minha Índia*, antes de deixar seu corpo tombar ao chão, para que o Espírito pudesse retornar a sua origem. Eis as suas últimas palavras:

Lá onde o Ganges, os bosques, as grutas do Himalaia e os homens sonham com Deus – eu sou abençoado, meu corpo tocou este solo.

Rafael Arrais

www.ingramcontent.com/pod-product-compliance
Lightning Source LLC
LaVergne TN
LVHW010234151225
827783LV00015B/781